Tributação e sustentabilidade ambiental

Tributação e sustentabilidade ambiental

Ana Alice De Carli
Leonardo de Andrade Costa
Ricardo Lodi Ribeiro (ORGS.)

Prefácio de Vladimir Passos de Freitas

FGV EDITORA

Copyright © 2015 Ana Alice De Carli; Leonardo de Andrade Costa; Ricardo Lodi Ribeiro

EDITORA FGV
Rua Jornalista Orlando Dantas, 37
22231-010 | Rio de Janeiro, RJ | Brasil
Tels.: 0800-021-7777 | 21-3799-4427
Fax: 21-3799-4430
editora@fgv.br | pedidoseditora@fgv.br
www.fgv.br/editora

Todos os direitos reservados. A reprodução não autorizada desta publicação, no todo ou em parte, constitui violação do copyright (Lei no 9.610/98).

Os conceitos emitidos neste livro são de inteira responsabilidade dos autores.

Impresso no Brasil | Printed in Brazil

1ª edição — 2015

Coordenação editorial e copidesque: Ronald Polito
Revisão: Marco Antonio Corrêa e Clarisse Cintra
Projeto gráfico, diagramação: Mari Taboada
Capa: Ilustrarte Design e Produção Editorial
Imagem de capa: © Denys Kurylow / Shutterstock

Ficha catalográfica elaborada pela Biblioteca Mario Henrique Simonsen/FGV

> Tributação e sustentabilidade ambiental / Ana Alice De Carli, Leonardo de Andrade Costa, Ricardo Lodi Ribeiro (Orgs.). - Rio de Janeiro : Editora FGV, 2015.
> 312 p.
>
> Inclui bibliografia.
> ISBN: 978-85-225-1712-1
>
> 1. Direito ambiental. 2. Direito tributário. 3. Proteção ambiental. 4. Meio ambiente. 5. Sustentabilidade e meio ambiente. I. De Carli, Ana Alice. II. Costa, Leonardo de Andrade. III. Ribeiro, Ricardo Lodi, 1969- . IV. Fundação Getulio Vargas.
>
> CDD - 341.347

Sumário

Prefácio 7
   Vladimir Passos de Freitas

A contribuição especial da água: novo tributo de arrecadação zero
na hipótese de consumidor ecologicamente consciente 11
   Ana Alice De Carli

Os *trade-offs* na imposição de restrições ou perda de incentivos e benefícios
fiscais com fundamento na Política Nacional do Meio Ambiente 27
   Andréa Romualdo Lavourinha
   Daniela Gueiros Dias
   Gabriela de Souza Conca
   Leonardo de Andrade Costa

A extrafiscalidade ambiental no ICMS 45
   Ricardo Lodi Ribeiro

Why a carbon tax is the best way to address global climate change 63
   Reuven S. Avi-Yonah
   David M. Uhlmann

What went wrong? Lessons from a short-lived carbon price in Australia 75
   Elena de Lemos Pinto Aydos

Phishing & VAT fraud in CO_2 permits: Dice in the EU-ETS now;
Dice in power tomorrow 99
   Richard Thompson Ainsworth

Reforma fiscal verde e desenvolvimento sustentável:
tributação ambiental no Brasil. Perspectivas 121
   Carlos E. Peralta

A sustentabilidade e o sistema tributário: as sete virtudes e os sete pecados   153
  Carlos Henrique Tranjan Bechara
  João Rafael L. Gândara de Carvalho
  Guilherme Villas-Bôas

Instrumentos tributários para a sustentabilidade: uma análise comparativa da destinação do ICMS pelos estados segundo critérios ambientais   177
  Melina Rocha Lukic

A cobrança do Imposto sobre a Propriedade Predial e Territorial Urbana nas áreas de preservação permanente   199
  Marcos André Vinhas Catão
  Luciana Prates Caldas Cordeiro

A extrafiscalidade ambiental e a alíquota mínima do ISS   217
  Gustavo da Gama Vital de Oliveira

A "tributação do sol": estímulos para uma matriz energética sustentável e confiável   233
  Pedro Curvello Saavedra Avzaradel
  Gabriel Sant'Anna Quintanilha

Tributação das externalidades como elementos de uma política de sustentabilidade ambiental   249
  Elizabete Rosa de Mello
  Carlos Roberto Rodrigues Batista

O financiamento do seguro de acidentes do trabalho como instrumento de aprimoramento do meio ambiente do trabalho   265
  Fábio Zambitte Ibrahim

O controle ambiental dos benefícios fiscais: o próximo (e necessário) passo na evolução do instituto   281
  Andressa Guimarães Torquato Fernandes

O diálogo hermenêutico entre o direito ambiental e o direito tributário: ou de como a sustentabilidade depende de políticas tributárias   295
  Ana Paula Caldeira
  Claudio Carneiro

Prefácio

Honra-me o convite para prefaciar a obra *Tributação e sustentabilidade ambiental*, formulado pelos organizadores, professores Ana Alice De Carli, da Universidade Federal Fluminense (UFF), Leonardo Andrade Costa, da Fundação Getulio Vargas (FGV Direito Rio), e Ricardo Lodi Ribeiro, da Universidade do Estado do Rio de Janeiro (Uerj).

O tema é de todo oportuno. A proteção do meio ambiente deixou de ser, na última década, uma postura romântica de proteção da fauna e da flora para tornar-se algo essencial à própria sobrevivência, com dignidade, do ser humano na Terra. Com isso as questões ambientais deixaram de ter por foco apenas os recursos naturais, que por si só são importantes, para incluir também a questão econômica e a social.

Em um país em desenvolvimento, carente de empregos e com graves problemas de exclusão social, o exame dos conflitos ambientais não pode mais ser feito com um só olhar. Ao contrário, deve ser visto sob a ótica de interesses postos no tripé ambiente/economia/sociedade. Para tanto a Constituição Federal dá-nos o fundamento normativo nos arts. 1º, inc. III, 6º, *caput*, 170, inc. VI, e 225, *caput*.

A conciliação desses interesses é que tornará a realização de serviços ou a produção de riquezas sustentável, ou seja, a que não se esgota porque feita de forma racional e com os olhos postos em todas as facetas da questão.

Evidentemente, o discurso é mais fácil do que a prática. Esta exige renúncias, concessões, conciliação de interesses. É fácil, por exemplo, afirmar que as empresas devem adotar práticas autossustentáveis e assim atender as recomendações do Pacto Global da Organização das Nações Unidas, em 1999. Difícil é uma empresa acatar a recomendação, mas ver diminuídas suas vendas, porque seus preços ficaram mais altos do que os da concorrente que não tem qualquer preocupação ambiental. Outros tantos exemplos poderiam ser dados, mas esse é suficiente para deixar claras as dificuldades de implementação.

Desnecessário dizer que a repressão por meio dos órgãos da administração ambiental, as ações civis públicas indenizatórias ou de recuperação do dano ambiental e mesmo a sanção criminal são insuficientes para a proteção integral do meio ambiente.

Diante desse quadro, cabe ao Estado incentivar as boas práticas de proteção do meio ambiente. Só assim os bem-intencionados terão condições de ter competitividade no mercado. Isso pode dar-se mediante diversas práticas, como uma bem planejada tributação ambiental, pagamento por serviços ambientais ou compra de créditos e carbono.

A obra jurídica que ora se analisa tem exatamente esse propósito, no caso, com foco na tributação. E vem em boa hora. O tema, em que pese sua relevância, é dos que menos têm avançado na área do direito ambiental. Foi no distante ano de 1995 que José Marques Domingos de Oliveira lançou a primeira obra sobre o tema, *Direito tributário e meio ambiente: proporcionalidade, tipicidade aberta, afetação da receita*, pela Editora Renovar. De lá para cá pouco se evoluiu. Alguns livros e artigos foram publicados, monografias, dissertações e teses foram aprovadas, porém, do ponto de vista normativo, a realidade se nega a consolidar a teoria.

Bastaria isso para tornar este livro oportuno. Mas ele vai além. Enfrenta, por meio de autores experientes e com sólida formação acadêmica, os assuntos de maior relevância atualmente no Brasil.

Ana Alice De Carli aborda a complexa questão das águas, sugerindo a criação de uma contribuição social. Nada mais oportuno, seja pela notória importância do tema, seja porque a Lei nº 9.437, de 1997, reconhece a água como bem dotado de valor econômico e, inclusive, admite a cobrança por seu uso (arts. 1º, inc. II, e 19).

Leonardo de Andrade Costa, Andréa Romualdo Lavourinha, Daniela Gueiros Dias e Gabriela de Souza Conca avaliam as vantagens e desvantagens associadas à fixação de restrições ou mesmo à perda de benefícios e incentivos fiscais em decorrência do não cumprimento de medidas necessárias à preservação ou correção de danos causados pela degradação da qualidade ambiental, com fundamento na Política Nacional do Meio Ambiente (PNMA).

Ricardo Lodi Ribeiro analisa o "esverdeamento" do sistema tributário nacional, apontando a necessidade de que "políticas ambientais sejam estabelecidas nos principais impostos do nosso sistema".

Reuven S. Avi-Yonah e David M. Uhlmann focam a *carbon tax*, dando suporte à tese de que se trata da melhor forma de combater o câmbio climático. Elena de Lemos Pinto Aydos comenta a cobrança da *carbono tax* na Austrália e Richard Ainsworth pesquisou as fraudes que ocorreram no mercado de CO_2 na União Europeia.

Carlos Eduardo Peralta Montero escreve sobre a "Reforma fiscal verde e desenvolvimento sustentável: tributação ambiental no Brasil. Perspectivas", dando forte contribuição para o estudo da tributação ambiental para promoção da consciência ambiental e consequente sustentabilidade. Carlos Henrique Bechara, João Rafael L. Gândara de Carvalho e Guilherme Villas-Bôas, de forma objetiva, apontam as sete virtudes e os sete pecados relacionados com a sustentabilidade do sistema tributário.

Melina Rocha Lukic faz análise comparativa da utilização do ICMS pelos estados para fins ambientais. Marcos A. V. Catão e Luciana Prates Caldas Cordeiro abordam a inexigibilidade do IPTU em imóvel localizado em área de preservação permanente, ressaltando que a jurisprudência vem se posicionando de forma pouco aprofundada, ou seja, que não se exclui a incidência do IPTU porque tais áreas não caracterizam desapropriação indireta. Gustavo da Gama V. de Oliveira trata da "Extrafiscalidade ambiental e a alíquota mínima do ISS", abordagens de grande interesse por complementarem a visão ampla dos tributos e sustentabilidade.

Pedro Curvello Saavedra Avzaradel e Gabriel Sant'Anna Quintanilha enveredam seus estudos para a importante, e quase desconhecida, questão de estímulos para impulsionar a produção de energia solar, sabidamente uma das fontes que causa menos problemas ambientais e que no Brasil é ignorada pelos operadores jurídicos. Na mesma linha, Carlos Roberto R. Batista e Elizabete R. de Mello, sob o título "Administração da energia: a tributação como instrumento de uma política de sustentabilidade", comentam as diversas formas de poluição, apontando equívocos como a tributação de veículos automotores com base na potência de seus motores e não no índice de emissão de poluentes, concluindo que "a tributação adequada para o futuro será aquela que viabilizará a sustentabilidade ambiental".

Fábio Zambitte direciona seus estudos para o meio ambiente do trabalho, fazendo considerações sobre as discrepâncias nos critérios de quantificação do fator acidentário de prevenção. Andressa Torquato também sustenta a importância da tributação como instrumento para o incentivo ao uso de fontes de energia não poluentes.

Os estudos terminam com tema que fecha o círculo de ideias, ou seja, o trabalho de Ana Paula C. C. Carneiro e Claudio C. B. P. Coelho sobre "O diálogo hermenêutico entre o direito ambiental e o direito tributário: ou de como a sustentabilidade depende de políticas tributárias". No artigo os autores demonstram a conexão entre o direito tributário e o ambiental, sublinhando ser do governo, em suas três esferas, valer-se do poder de tributar para intervir na relação ambiental.

Como se vê, a obra que ora se prefacia é completa na abordagem e única na riqueza de ideias e sugestões para que se encontre o meio termo entre o desenvolvimento econômico e a proteção ambiental. Em última análise, a perseguida sustentabilidade. Pela qualidade dos trabalhos, pela qualificação técnica dos autores, ela passa a integrar o rol das obras de consulta obrigatória a todos que se dediquem às áreas ambiental e tributária.

Vladimir Passos de Freitas
Professor de Direito Ambiental do Programa de Pós-Graduação
stricto sensu da Pontifícia Universidade Católica do Paraná (PUC-PR).

A contribuição especial da água: novo tributo de arrecadação zero na hipótese de consumidor ecologicamente consciente

Ana Alice De Carli*

1. Introdução

Os fatos da vida revelam que o homem ainda padece de certo analfabetismo funcional em relação à natureza, porquanto convive com ela, dela extrai seu alimento, a água para as mais variadas funções e a matéria-prima para o desenvolvimento de bens e serviços, ou seja, depende dos recursos naturais para tudo, mas, infelizmente, pouco ou nada sabe sobre as suas diferentes formas de vida e, bem assim, os seus limites.[1] Aliás, poucas são as pessoas que na atualidade, apesar dos constantes problemas de acesso ao direito fundamental à água, por exemplo, procuram usar tal recurso finito com razoabilidade e responsabilidade, isto é, buscando a sustentabilidade do mesmo.

A propósito, com vistas a chamar atenção da sociedade internacional sobre a importância de preservação do *ouro azul,* a Organização das Nações Unidas (ONU), ao promover a campanha "Água para a Vida 2005/2015", estabeleceu o dia 22 de março para sua celebração e seu reconhecimento global. Tal data tem inicialmente objetivo pedagógico, que é o desenvolvimento de elementos que possibilitem a construção de uma relação mais próxima e de respeito entre o homem e esse líquido vital e essencial para o desenvolvimento humano e econômico.

Nesse caminho em que se busca maior aproximação entre o homem e a natureza e, bem assim, o nascedouro de uma relação de cuidado e res-

---

* Doutora e mestre em direito público e evolução social. Professora e pesquisadora de direito da Universidade Federal Fluminense (UFF). Autora do livro *A água e seus instrumentos de efetividade: educação ambiental, normatização, tecnologia e tributação*, pela Editora Millennium, 2013. Pesquisadora do Grupo de Estudos em Meio Ambiente e Direito (Gemadi). Professora do Mestrado em Tecnologia Ambiental da UFF/VR.
[1] CECHIN, Andrei. *A natureza como limite da economia*: a contribuição de Nicholas Georgescu-Roegen. São Paulo: Senac; Edusp, 2010.

peito entre ele e a água, a efetividade de dois conceitos que se enfeixam, *proteção e preservação*, é premissa básica. Não raro, o que se vê são pessoas preocupadas em proteger pessoas e preservar seus patrimônios, o que não ocorre na mesma dimensão em relação aos demais seres vivos da natureza, a exemplo das águas.

O mundo moderno não tem mais como fugir das complexidades que se apresentam das mais diversas formas e nos diferentes contextos geográficos, sociais e econômicos sem olvidar dos problemas que em regra as acompanham.

Nesse cenário está o problema do acesso à água com qualidade e quantidade em suas múltiplas funções, desde a água para consumo humano até a água utilizada em todos os ciclos de produção de um bem — a água virtual.

Desse modo, conforme se verificou em outra obra,[2] o direito, *per se*, não dá conta, por meio de suas normas, de controlar a conduta antrópica, com vistas a garantir a preservação e a proteção dos recursos hídricos, fazendo-se necessária a conjugação de um conjunto de ações e de medidas, entre elas a utilização do tributo como um dos instrumentos idôneos a garantir o uso sustentável dos mananciais de água doce.

A propósito, no art. 170, da Carta Magna brasileira de 1988, estão plasmados os princípios norteadores da atividade econômica, entre os quais se destaca a defesa do meio ambiente, donde se extrai o princípio da sustentabilidade ambiental. Tal norma foi inserida pela Emenda Constitucional nº 42/2003, e sua melhor interpretação é no sentido de que toda atividade antrópica de natureza econômica deve ter como premissa inafastável a observância do princípio da sustentabilidade ambiental, merecendo tratamento diferenciado conforme o impacto ambiental em todas as fases do produto; ou seja, as externalidades negativas ambientais precisam ser avaliadas desde o projeto de elaboração do produto até seu descarte, internalizando, de alguma forma, os custos decorrentes de prejuízos.

No que se refere aos recursos hídricos, o Brasil se orgulha por deter cerca de 12% do potencial de água doce do mundo; ocorre que, além de essa distribuição ser desigual, conforme gráfico seguinte, seu uso, em regra, segue padrões insustentáveis, acompanhados da falta de saneamento básico.

---

[2] Ver DE CARLI, Ana Alice. *A água e seus instrumentos de efetividade*, 2013, op. cit.

GRÁFICO 1

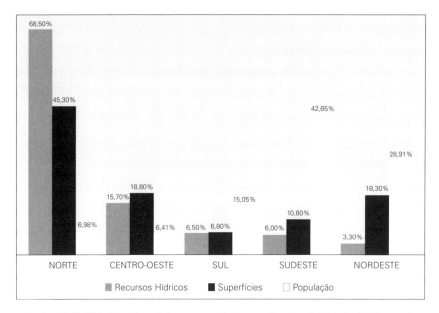

Fonte: DE CARLI, Ana Alice. A água e seus instrumentos de efetividade, 2013, op. cit.

Como é possível verificar no gráfico, a demanda por água nas regiões Sul e Sudeste é muito superior à sua própria disponibilidade hídrica, considerando a alta densidade demográfica (especialmente no Sudeste), as atividades agrícolas e industriais, cujo uso consuntivo é significativamente alto.

No Brasil, o acesso ao direito fundamental à água potável ainda não é exercido por grande parcela da população, que padece por falta de água e de serviços de coleta e tratamento de esgoto. A ausência de políticas efetivas de saneamento básico repercute diretamente na qualidade da água. Assim, o exercício do direito à agua em condições de consumo está intrinsecamente ligado à concretização dos direitos ao saneamento básico (coleta e tratamento de esgoto, destinação racional e inteligente do lixo).

É notório que se vive na atualidade, mesmo em *terra brasilis*, a "crise da água". Para ilustrar, na região do estado de São Paulo, por exemplo, um de seus principais sistemas hídricos, o Sistema Cantareira (formado por cinco bacias hidrográficas: áreas onde há recurso hídrico para captação) está em colapso. A situação é extremamente grave, visto que sua capacidade hídrica no dia 17 de outubro de 2014 chegou ao patamar de 3,9%, segundo informações da Companhia de Saneamento Básico do Estado de São Paulo S.A. (Sabesp).

Mas o problema de escassez de água não é recente no Brasil, A região Nordeste do país convive com essa dura realidade há séculos, pois além de deter somente cerca de 3% do total de recursos hídricos existentes no território, sofre com as constantes secas.

É nesse cenário preocupante que se insere a proposta deste artigo, qual seja, a criação de uma *contribuição em prol da água*. Desse modo, considerando a premente necessidade de se aumentar o escopo instrumental de gestão dos recursos hídricos no Brasil, a instituição de uma exação para racionalizar o uso das águas brasileiras teria como finalidade despertar nas pessoas a consciência ambiental de sustentabilidade nos usos do líquido vital.

2. A tributação como instrumento de proteção do *ouro azul*

A proteção e a preservação dos recursos hídricos impõem uma gestão escorada em um conjunto de instrumentos, os quais, consoante as suas peculiaridades, podem atuar concomitantemente, no intuito de garantir a administração eficiente dos mananciais de água e, por conseguinte, a efetividade do direito ao acesso sustentável à agua potável.

Nesse contexto, reconhece-se que entre os instrumentos idôneos à gestão do *ouro azul* estão: 1. os atos normativos impositivos e norteadores das condutas antrópicas (regulação), seguidos de sanções; 2. os programas de educação ambiental e de incentivo à participação coletiva, em prol da defesa dos recursos naturais, em especial, do líquido vital; 3. os projetos e os programas específicos que viabilizam o uso de inovações e adequação de antigas tecnologias; e, por fim, sem esgotar o rol, 4. o tributo como mecanismo de indução de comportamento sustentável em relação ao uso da água, isto é, a tributação em seu aspecto extrafiscal.

No que se refere à tributação como instrumento em prol da defesa do meio ambiente,[3] é de se notar que a noção de tributo tem mudado ao longo do tempo, adaptando-se às conjunturas sociais, políticas e econômicas de um

---

[3] Com efeito, como as normas jurídicas inibidoras de conduta ou de imposição de fazer, o Estado pode lançar mão dos tributos como instrumento de proteção ambiental, a partir de três perspectivas: 1) pela via da receita, com as espécies tributárias já existentes, concedendo incentivos e benefícios fiscais; 2) criando tributos específicos voltados à preservação dos bens ambientais; e 3) pela disciplina jurídica da utilização e aplicação dos recursos arrecadados com os tributos de forma a estimular ações ambientalmente sustentáveis. Nessas hipóteses tem-se como elemento a extrafiscalidade em sentido amplo.

país. Nesse sentido, Ricardo Lobo Torres[4] apresenta as principais concepções de tributo no cenário do estado de direito, considerando suas múltiplas perspectivas no contexto da modernidade:

a) No *Estado Liberal Clássico ou Estado Guarda Noturno* (...) o conceito jurídico de tributo se cristaliza a partir de algumas ideias fundamentais: a liberdade do cidadão, a legalidade estrita, a destinação pública do ingresso e a igualdade.
b) No *Estado do Bem-estar Social (ou Estado Intervencionista)* no século XX, com a ampliação de suas necessidades e com o predomínio das ideias positivistas transformou-se o conceito jurídico de tributo. A relação essencial com a igualdade, por exemplo, foi relegada a segundo plano, substituída pelos aspectos econômicos da incidência tributária (...). Enfatizaram-se, em contrapartida, o vínculo obrigacional existente no tributo e na forma de arrecadação.
c) No *Estado Democrático Fiscal* (...) o conceito de tributo deve ser buscado a partir da abordagem constitucional e sob a perspectiva do Estado Democrático de Direito (...). O conceito de tributo se desenha no relacionamento com a liberdade, os direitos fundamentais e os princípios constitucionais vinculados às ideias de segurança (legalidade) e justiça (capacidade contributiva, custo/benefício e solidariedade), bem como na recuperação da importância de sua destinação pública. (sem grifo no original)

Nessa trilha, o tributo, que em diferentes contextos históricos tem evoluído para se adequar às mudanças, no Estado moderno, tem sua finalidade sempre atrelada ao interesse público, sendo certo que sua incidência — ou não — poderá decorrer de suas dúplices faces: *fiscal e extrafiscal*. Com efeito, o Código Tributário Nacional (CTN), em seu art. 30, conceitua *tributo* como: "toda prestação pecuniária compulsória, em moeda ou cujo valor nela se possa exprimir, que não constitua sanção de ato ilícito, instituída em lei e cobrada mediante atividade administrativa plenamente vinculada".[5]

Desse modo, verifica-se que o tributo não incide em razão de ato contrário à lei, mas sim em decorrência de uma das situações previstas na lei instituiva da exação. Assim, faz-se mister deixar claro que uma coisa é a sanção decor-

---

[4] TORRES, Ricardo Lobo. *Tratado de direito constitucional financeiro e tributário*. Rio de Janeiro: Renovar, 2007. v. IV, p. 23-25.
[5] Este conceito legal é criticado por alguns tributaristas, a exemplo de Luciano Amaro, que qualifica tributo como: "a prestação pecuniária não sancionatória de ato ilícito, instituída em lei e devida ao Estado ou a entidades não estatais de fins de interesse público". Ver AMARO, Luciano. *Direito tributário brasileiro*. 16. ed. São Paulo: Saraiva, 2010. p. 47.

rente do poder regulatório do Estado (p. ex., cobrança de multa por excesso de velocidade, ou por descumprimento de regras ambientais). Outra hipótese é o uso do tributo com caráter extrafiscal para mudar, coibir ou incentivar o agir do homem em relação a determinada situação fática; exemplo, tributo para fomentar usos sustentáveis dos mananciais de água.

Nessa linha de reflexão, Carlos da Costa e Silva Filho[6] sugere a utilização de instrumentos de outras áreas do direito, que podem, segundo o estudioso, "ser reinventados para proporcionar uma efetiva proteção ao Meio Ambiente", a exemplo do tributo.

Para realizar suas funções institucionais o Estado precisa de vários instrumentos, entre eles a tributação, a qual, como cediço, é a principal fonte de recursos do Estado, para que leve a bom termo suas competências e atribuições, como a implantação do sistema universal de saúde pública, a prestação jurisdicional, a segurança pública e a implementação do sistema universal de saneamento básico: este ainda apresenta sérias lacunas no Brasil.

As finanças públicas, cuja base se apoia em receitas oriundas do patrimônio estatal e dos particulares (p. ex., os tributos), precisam estar equilibradas para dar conta das despesas do Estado, a fim de executar as atividades afetas à sua estrutura e responsabilidades funcionais de forma sustentável no tempo. Afinal, as pessoas possuem interesses diversos e nem sempre (ou quase nunca) homogêneos, de onde emergem distintas e infinitas demandas, as quais, em seu conjunto, formam as necessidades gerais ou sociais;[7] sendo as demandas coletivas, por natureza, complexas, elas extrapolam o restrito somatório das necessidades individuais. Nesse passo, importante ressaltar a necessária adequação entre as possibilidades estatais e as vontades pessoais e coletivas.

Oportuno realçar que os casos fortuitos e de força maior, a exemplo das catástrofes ambientais, especialmente, exigem decisões rápidas, recursos financeiros imediatos, além de uma relação intersistêmica entre o poder público e a sociedade civil. Nesse diapasão, pontua Terence Dorneles

---

[6] SILVA FILHO, Carlos da Costa. Outorga onerosa do direito de construir: instrumento de política no contexto da fiscalidade ambiental. In: DOMINGUES, José Marcos (Coord.). *Direito tributário e políticas públicas*. São Paulo: MP, 2008. p. 151-235.

[7] NADAL, Fábio; COZATTI, Márcio Faria. *Direito financeiro simplificado para concursos públicos*. São Paulo: Impactus, 2008. p. 19. Conforme ensinam os autores: "a necessidade pública não se confunde com necessidade individual (cujo grupamento dá lugar às necessidades gerais que são, por excelência, homogêneas) e necessidade coletiva (não revestida de homogeneidade e que surge da contraposição de interesses)".

Trennepohl:[8] "As políticas públicas representam ações governamentais, buscando objetivos gerais e específicos. Essa a razão de dizer que são sistematizações de ações do Estado com objetivos setoriais e gerais, articulando sociedade, Estado e mercado".

O Estado, como articulador e realizador das políticas públicas, precisa lidar com situações complexas: de um lado, o poder público se depara com limitações de recursos — financeiros, humanos, naturais e tecnológicos —; e, de outro, precisa fornecer resposta pronta e apropriada às demandas individuais e coletivas, que parecem infinitas. Diante desses desafios, por meio de um processo de escolhas políticas, é premente evidenciar preparo técnico e habilidade política, levando em conta os contextos social, cultural e econômico, porquanto os fatos sociais e respectivos cenários são dinâmicos e evoluem em velocidade nem sempre compatível com o agir político.

As políticas públicas voltadas à preservação do meio ambiente e, por conseguinte, dos recursos hídricos sofrem impacto de externalidades positivas e negativas[9] de caráter social, econômico e ecológico, as quais servem de bússola para o agir do poder público, o qual emprega os mais variados instrumentos, consoante ressaltado, inclusive por meio da utilização do tributo com características extrafiscais.

Vale salientar que foi o economista inglês Arthur C. Pigou quem, pela primeira vez, aventou a possibilidade do uso dos tributos em prol do meio ambiente.[10] Paulo Henrique do Amaral,[11] seguindo as lições do mencionado economista, acentua que uma das funções do tributo ecológico é interiorizar as externalidades negativas ambientais, cabendo aos produtores, fornecedores e consumidores analisar o grau de ingerência negativa de determinado bem sobre o ecossistema. Nesse sentido argumenta o referido estudioso:[12]

---

[8] TRENNEPOHL, Terence Dorneles. *Incentivos fiscais no direito ambiental*: para uma matriz energética limpa e o caso do etanol brasileiro. 2. ed. São Paulo: Saraiva, 2011. p. 99.
[9] ROSEN, Harvey S. *Public finance*. 4. ed. United States: Irwin, 1995, p. 91-98. Conforme lições do autor, a noção de externalidade extrai-se da seguinte situação: "when the activity of one entity (a person or a firm) directly affects the welfare of another in a way that is not transmitted by market prices, that effects is called an externality". Tradução livre: quando uma atividade, seja de uma pessoa física ou jurídica, afeta diretamente o bem-estar e isso não é repassado ao preço da atividade, esse efeito é denominado de externalidade.
[10] FREITAS NETO, Jayme Barboza de et al. O tributo ambiental à luz do direito comparado. In: ORLANDO, Breno Ladeira Kingma et al. (Coord.). *Direito tributário ambiental*. Rio de Janeiro: Lumen Juris, 2009. p. 57-78.
[11] AMARAL, Paulo Henrique. *Direito tributário ambiental*. São Paulo: Revista dos Tribunais, 2007. p. 160-170.
[12] Ibid., p. 161.

O tributo verde tem (...) papel reorientador da atividade empresarial e popular (não se deve esquecer a ingente necessidade de modificação das práticas individuais, visando à proteção do meio ambiente), sem que se possa criticá-lo por forçado, artificial. Tais tributos não criam uma variante que distorce a melhor decisão econômica, e a correspectiva liberdade, mas pelo contrário, a fazem brotar com dados reais, pois o custo ambiental é real. Não se trata de tributar, mas de tributar racionalmente, mostrando a lógica e a coerência do sistema com os valores sociais (e constitucionalmente) eleitos.

Os valores sociais constitucionalmente aceitos pela sociedade brasileira, a que alude o autor em tela, estão inculpidos já no Preâmbulo da Constituição Federal de 1988, o qual, embora destituído de força normativa, segundo alerta de parcela da doutrina[13] e do Supremo Tribunal Federal (STF),[14] é revestido de relevância social e produz efeitos no mundo jurídico, pois representa síntese dos anseios da coletividade brasileira em um dado momento do tempo. Dentre os valores lá contemplados estão "o bem-estar, o desenvolvimento, a igualdade e a justiça", os quais conferem respaldo a dois princípios basilares: o da dignidade humana e o da solidariedade socioambiental. A propósito, Sérgio Ferraz[15] articula a noção de justiça social à finalidade da existência de tributo.

Nesse contexto, os governantes, ao definirem as prioridades de decisões e ações, devem observar os mencionados valores (bem-estar, desenvolvimento, igualdade e justiça), os princípios da dignidade da pessoa humana, da solidariedade socioambiental e da sustentabilidade ambiental (do qual é possível extrair a dignidade da natureza), bem como os objetivos fundamentais da República Federativa do Brasil, expressos no art. 3º, da Carta de 1988, que são: a construção de uma sociedade guiada pelos valores da liberdade, soli-

---

[13] Com base na doutrina do jurista português Jorge Miranda, Pedro Lenza apresenta três correntes que discorrem acerca da natureza jurídica do preâmbulo. Para a primeira delas, a tese da irrelevância jurídica, o preâmbulo encontra-se no âmbito político (tese adotada pelo STF), não tendo, portanto, relevância para o direito; para a segunda, a tese da plena eficácia, o preâmbulo tem a mesma relevância das demais normas constitucionais; já a terceira linha de pensamento, a tese da relevância jurídica indireta, posiciona-se entre as duas primeiras, aceitando o conteúdo do preâmbulo como norma, mas não se confundindo com as normas inseridas no corpo do texto da Constituição. Ver LENZA, Pedro. *Direito constitucional esquematizado*. 16. ed. rev. atual. e ampl. São Paulo: Saraiva, 2012. p. 169.
[14] Ver ADI nº 2.076-AC. Disponível em: <www.stf.jus.br>. Acesso em: 16 mar. 2012.
[15] FERRAZ, Sérgio. Tributo e justiça social. In: MARTINS, Ives Gandra S. (Org.). *O tributo*: reflexão multidisciplinar sobre sua natureza. Rio de Janeiro: Forense, 2007. p. 289-298.

dariedade e justiça; a erradicação da pobreza e das desigualdades sociais e regionais; e a promoção do bem de todos.

Nessa senda, oportunas são as palavras de Marilene T. M. Rodrigues:[16] "no Estado Democrático de Direito, a finalidade essencial da imposição tributária é transferir riquezas do particular para o Estado, para que possa exercer suas principais atividades políticas, econômicas e sociais, em benefício da sociedade (...)".

Os tributos têm como diretriz primordial proporcionar recursos para que o Estado possa levar a efeito as responsabilidades afetas ao interesse público; ou seja, finalidade fiscal. Nessa linha de argumentação, eles também podem favorecer a mudança de paradigmas e comportamentos e impulsionar a gestão dos mananciais de águas, por meio da utilização da denominada *extrafiscalidade*.

A noção de *extrafiscalidade* adotada neste texto é extraída da Lei nº 12.305/2010 (diploma normativo que disciplina a Política Nacional de Resíduos Sólidos), que autoriza a União, os estados, o Distrito Federal e os municípios a conceder incentivos fiscais para os empreendedores que trabalham com reciclagem de resíduos sólidos, bem como às empresas cujo objeto é a limpeza urbana, além de incentivos à realização de projetos em parceria com as cooperativas de catadores de material próprio para reúso.

A *extrafiscalidade* diferencia-se da *fiscalidade* na medida em que seu objetivo primeiro não é arrecadatório, mas sim alterar, por meio dos tributos, cenários sociais e econômicos, seja coibindo ou incentivando condutas. Nesse sentido, esclarecem Gustavo Goiabeira de Oliveira e Eduardo Barros Miranda Périllier:[17]

> Por intermédio desses tributos extrafiscais o Estado exerce o seu poder tributário de forma a intervir no controle da economia e do meio social [pode-se inserir aqui o Meio Ambiente], passando o tributo a agregar ao lado da função meramente arrecadatória uma função extrafiscal, ou seja, ele passa a ser visto como instrumento de intervenção ou regulação pública, de dirigismo estatal.

---

[16] RODRIGUES, Marilene T. M. O tributo e suas finalidades. In: MARTINS, Ives Gandra S. (Org.). *O tributo*: reflexão multidisciplinar sobre sua natureza, 2007, op. cit., p. 191.
[17] OLIVEIRA, Gustavo Goiabeira de; PÉRILLIER, Eduardo Barros Miranda. A extrafiscalidade como instrumento de controle ambiental. In: ORLANDO, Breno Ladeira Kingma et al. (Coord.). *Direito tributário ambiental*. Rio de Janeiro: Lumen Juris, 2009. p. 103-122.

Parcela da doutrina clássica sustenta que o poder de tributar decorre da soberania estatal.[18] Ricardo Lobo Torres,[19] por sua vez, justifica, a partir de uma visão filosófica, o tributo como "o dever fundamental estabelecido pela Constituição no espaço aberto pela reserva da liberdade e pela declaração dos direitos fundamentais".

A Constituição Federal de 1988 apresenta rol taxativo das competências tributárias de todos os entes federados (União, estados, Distrito Federal e municípios). Desse modo, cada ente político, no exercício de seu poder de tributar, institui determinados tributos, respeitando os limites de sua competência conferidos pelo constituinte.[20]

A competência tributária, segundo lições de Leonardo de Andrade Costa,[21] "é a atribuição constitucionalmente conferida ao Ente Político para instituir e disciplinar os tributos específicos de sua competência, também por meio de lei editada por seu Poder Legislativo". Nesse sentido, a título de exemplo, cabe aos estados a instituição do Imposto sobre Circulação de Mercadorias e Prestação de Serviços (ICMS); os municípios podem editar norma instituidora do Imposto Predial e Territorial Urbano (IPTU); a União tem competência exclusiva para editar contribuições especiais, as quais abarcam as Contribuições Sociais Gerais, as de Seguridade Social e as de Intervenção no Cenário Econômico e das Categorias Profissionais ou Econômicas, por força do art. 149 da Carta Constitucional de 1988.

Com efeito, malgrado caber à União a exclusividade para instituir contribuições especiais,[22] a Carta de 1988 permite duas exceções: *a primeira* diz respeito à prerrogativa dos estados, do Distrito Federal e dos municípios de instituírem contribuição para o custeio do regime previdenciário dos seus servidores (art. 149, §1º). *A segunda exceção* surgiu com a Emenda Constitu-

---

[18] Ver MACHADO, Hugo de Brito. *Curso de direito tributário*. 21. ed. São Paulo: Malheiros, 2002. p. 37.
[19] TORRES, Ricardo Lobo. *Tratado de direito constitucional financeiro e tributário*, 2007, op. cit.
[20] Explica Leonardo de Andrade Costa: "A doutrina diverge quanto à titularidade do poder de tributar. Alguns defendem a tese de que os entes políticos federados o possuem, enquanto na doutrina clássica, entendem ser indivisível o poder estatal, primariamente titularizado pelo povo e delegável apenas ao poder constituinte originário. Neste sentido, as pessoas jurídicas de direito público dotadas de autonomia na Federação somente receberiam competência tributária e não propriamente o poder tributário". Ver COSTA, Leonardo de Andrade Costa. *Direito tributário nacional*. Material Didático FGV DIREITO. Rio de Janeiro, 2014.2.
[21] Ibid., p. 159-161.
[22] As quais, conforme será demonstrado no quadro sinóptico adiante, não se confundem com a contribuição de melhoria, que é outra espécie tributária, cuja competência é comum a todos os entes federativos, nos termos do art. 145, III, CF/88.

cional nº 39/2002, a qual acrescentou o art. 149-A ao texto da Carta de 1988, permitindo aos municípios a criação, por lei, da contribuição para o custeio do serviço de iluminação pública.

O Sistema Tributário Nacional contempla várias figuras tributárias,[23] as quais, segundo a hermenêutica do STF,[24] a partir da adoção da tese quinquipartite de tributos, comportam cinco espécies. Não se pode, entretanto, descuidar de mencionar que, após a assentada jurisprudência da Suprema Corte de Justiça brasileira, aprovou-se a Emenda Constitucional nº 39/2002, que introduziu o art. 149-A, estabelecendo a competência dos municípios para instituir a denominada Contribuição de Iluminação Pública, ou seja, mais uma exceção à regra matriz do art. 149 da Carta de 1988, que determina a competência exclusiva da União para criar contribuições.

Os tributos, conforme já mencionado, podem ter caráter *fiscal — propósito meramente arrecadatório, para fazer face às atividades afetas às funções estatais — ou extrafiscal, cuja finalidade primeira é servir de instrumento para o Estado intervir na realidade socioeconômica, embora não afaste o intuito arrecadatório com vistas a concretizar determinados objetivos.*

É na perspectiva da extrafiscalidade que se insere a proposta a seguir perfilhada, a qual, acredita-se, é um dos instrumentos possíveis e idôneos para a proteção das águas, em suas múltiplas funções.

3. A contribuição especial da água e o consumidor consciente

Na verdade, não se objetiva com a tese de criação de uma nova exação, ou seja, com a criação de uma contribuição em prol da água aumentar a carga tributária brasileira, que já é alta, mas sim buscar mudanças de comportamento do consumidor do *ouro azul*. Vale esclarecer, de pronto, que a cobrança do referido tributo só vai ocorrer para aqueles que utilizarem o líquido precioso sem o devido cuidado e consciência ecológica, conforme será explicado.

A escolha dessa exação repousa na premissa de que a solidariedade norteia todas as contribuições sociais, alcançando determinadas pessoas que

---

[23] Esta temática também não é passível de convergência na doutrina, porquanto há uma série de posicionamentos no tocante às espécies tributárias, mas por fugir ao desiderato deste trabalho, não há condições de perfilá-los. Aos interessados indica-se a obra de Luciano Amaro como referência: AMARO, Luciano. *Direito tributário brasileiro*, 2010, op. cit.
[24] BRASIL. Poder Judiciário. Supremo Tribunal Federal. *Recurso Extraordinário nº 138.284-8, e Recurso Extraordinário nº 146.733*. Disponível em: <www.stf.jus.br>. Acesso em: 21 maio 2014.

pertencem a certo grupo (p. ex., contribuição do empregador sobre a folha de salários para a Seguridade Social, art. 195, I, *a*, CF/88). Na hipótese dos mananciais de águas, a solidariedade alcança toda a coletividade, visto ser bem escasso e necessário à sobrevivência de todos os seres vivos e para o desenvolvimento do país em suas mais variadas dimensões.

Vale acrescentar que não se pensou na contribuição de intervenção no domínio econômico em razão de sua total inadequação, porquanto essa exação alcança apenas determinado grupo econômico, ao passo que a contribuição social, que ora se propugna, deve atingir toda a coletividade, com fundamento nos princípios da solidariedade hídrica e da sustentabilidade ambiental.

Assim, cumpre delinear as características da contribuição especial da água, aqui perfilhada:

1) No que diz respeito ao **sujeito ativo**, entende-se que seriam os **Estados-membros**.
2) Na posição de **sujeitos passivos** estariam todos os **consumidores de água no *locus* urbano**[25] (famílias, empreendedores e profissionais autônomos).
3) Os **beneficiários** da eventual receita arrecadada seriam:
    a) os **Comitês das Bacias Hidrográficas**, nos termos do ato normativo instituidor da exação e
    b) aqueles **consumidores que usaram a água racionalmente, de forma sustentável e abaixo do quantitativo estabelecido previamente na lei** instituidora da contribuição, variando o patamar máximo de acordo com a situação hídrica de cada região, além do aspecto climático.

É imperioso repisar que o objetivo da criação do novo tributo é fundamentalmente mudar o comportamento das pessoas em relação aos usos da água, ou seja, de utilizar a via do tributo como instrumento de educação ambiental hídrica.

Desse modo, com a criação dessa nova exação têm-se, basicamente, três situações possíveis:

1) Todos utilizam o potencial de água até o patamar mínimo determinado pela lei instituidora da contribuição. Essa, na verdade, é a *ratio essendi* da nova

---

[25] Para os demais usuários de água (indústrias, agropecuária e empresas prestadoras de serviço de saneamento básico) já existe a figura da outorga pelo uso da água, prevista na Lei nº 9.433/1997.

figura tributária, uma vez que o que se objetiva é o uso racional e sustentável do líquido precioso, ou seja, o tributo com face extrafiscal, com vistas a alterar comportamentos, e não fiscal, meramente arrecadatório.
2) Todos ultrapassam o limite de litros de água expresso no diploma normativo. Nesse caso, a contribuição não atingiu seu desiderato, qual seja, despertar a consciência dos consumidores da necessidade de proteger e preservar esse bem finito. Nessa situação não haverá consumidores beneficiados, tampouco mananciais. A rigor, o que existirão são perdedores: o homem predador e o ecossistema hídrico em estado de exaustão.
3) A grande maioria dos consumidores do líquido vital adotou a sustentabilidade no seu uso. Nesse caso, independentemente do móvel de cada indivíduo, se ecológico ou econômico, a contribuição especial da água começa a alcançar seu objetivo, a conscientização ambiental. O eventual produto da arrecadação, nessa hipótese, torna-se simbólico e representa um prêmio para todos os que contribuíram para um meio ambiente hídrico sustentável.

Desse modo, conforme mencionado, só haverá a incidência da contribuição, e, por conseguinte, arrecadação pecuniária se houver consumo do líquido precioso acima do patamar previsto na lei. Ou seja: se todos passarem a utilizar a água com sustentabilidade, a contribuição especial da água terá cumprido seu desiderato, qual seja, a preservação do *ouro azul*, indispensável à vida e ao desenvolvimento econômico.

É possível que alguém questione o fato de que o aumento proporcional do preço em razão do consumo de água já existe. De fato, as empresas prestadoras de serviço de fornecimento de água tratada usam tal metodologia, mas não se pode confundir o instituto do preço público, que é o pagamento pelo fornecimento de água tratada, realizado por meio de serviço público prestado diretamente pelo Estado ou por regime de colaboração, por pessoas jurídicas de direito privado, com a incidência da contribuição especial da água.

A contribuição especial da água, com natureza extrafiscal e finalidade de mudança de comportamento, incidirá somente nas hipóteses em que houver consumo da água acima do patamar estabelecido na lei instituidora da exação. Para tanto, entende-se pertinente a utilização da alíquota *ad rem*,[26] ou específica, nos termos do art. 149, III, b, CF/1988.

Vale esclarecer, a alíquota compreende a fração ou quota estabelecida na lei a que o Estado faz jus sobre o fato jurídico tributário (base de cálculo).

---

[26] Ver *Dicionário Eletrônico Houaiss 2.0*: a expressão *ad rem* significa "ligado à coisa".

Ela pode ser: a) *ad valorem*, expressando-se sobre a forma de percentual e incidindo sobre base de valor (*v.g.*, preço de venda de um bem etc.) e b) *ad rem* ou específica, ou seja, fixada em uma unidade física, podendo ser em peso, litro, metro etc. No caso da contribuição especial da água, a alíquota teria como base o quantitativo de litros de água utilizados acima do patamar delimitado na lei.

Por exemplo, a lei instituidora da contribuição em tela definiu como base para não incidência da contribuição o teto de 100 litros diários para cada pessoa, de acordo com recomendação da Organização Mundial de Saúde (OMS).[27] Assim, a cada um litro de *ouro azul* utilizado acima desse patamar incidiria R$ 1,00 (um real). Se o indivíduo utilizou, em vez de 100 litros diários, 150 litros, deverá pagar a contribuição especial de R$ 50,00.

Por outro lado, se a pessoa consumiu até 100 litros ou abaixo disso, receberá como contrapartida parte do produto arrecadado pelo Estado instituidor da contribuição.

Em síntese: o objetivo com a criação da contribuição especial da água não é arrecadatório, visto que a sua não incidência é o que se espera.

Conforme já mencionado, a Constituição Federal de 1988 estabelece a competência exclusiva à União para criar contribuições especiais. Nesse sentido, ter-se-iam duas alternativas: 1) a contribuição especial da água poderia ser criada como subespécie das contribuições sociais gerais, com base no art. 149, da Constituição Federal Brasileira de 1988,[28] ou 2) a exação da água surgiria como contribuição social autônoma, cujos instituidores seriam os estados federados. Dessa forma, cumpriria ao constituinte derivado, por meio de Proposta de Emenda à Constituição, criar o art. 149-B, o qual passaria a prever a possibilidade de cada estado instituir a sua *Contribuição Especial da Água*.

Entende-se ser mais adequado que a instituição da contribuição especial da água seja da competência dos estados federados, por terem mais condições econômicas e técnicas para prestar os serviços de saneamento básico ou de fomentar tais atividades nas municipalidades.

---

[27] Ver: <www.who.int/water>.
[28] CF/1988, art. 149. "Compete exclusivamente à União instituir contribuições sociais, de intervenção no domínio econômico e de interesse das categorias profissionais ou econômicas, como instrumento de sua atuação nas respectivas áreas (…)." (sem grifo no original)

4. Considerações finais

Por tudo o que foi exposto, advogam-se a legitimidade e a necessidade premente de se criar a contribuição em prol das águas, como forma de incentivar seu consumo consciente e responsável.

Repise-se, a *ratio essendi* da criação da nova exação é primordialmente a de mudar o agir do homem diante do *ouro azul*, o qual tem dado sinais de escassez e exaustão.

A rigor, o aspecto arrecadatório, básico na maioria dos tributos, não é relevante nesse caso, pois o efeito pedagógico que se espera é a não ocorrência do fato gerador da contribuição em tela.

REFERÊNCIAS

AMARAL, Paulo Henrique. *Direito tributário ambiental*. São Paulo: Revista dos Tribunais, 2007.

AMARO, Luciano. *Direito tributário brasileiro*. 16. ed. São Paulo: Saraiva, 2010.

BARLOW, Maude; CLARKE, Tony. *Ouro azul*: como as grandes corporações estão se apoderando da água doce do nosso planeta. Tradução de Andreia Nastri. Tradução de atualizações de Natália Coutinho Mira de Assumpção. São Paulo: M. Books do Brasil, 2003.

BRASIL. Poder Judiciário. Supremo Tribunal Federal. *Recurso Extraordinário nº 138.284-8*, e *Recurso Extraordinário nº 146.733*. Disponível em: <www.stf.jus.br>. Acesso em: 21 maio 2014.

DE CARLI, Ana Alice. *A água e seus instrumentos de efetividade*: educação ambiental, normatização, tecnologia e tributação. São Paulo: Millennium, 2013.

____; MARTINS, Saadia Borba (Org.). *Educação ambiental*: premissa inafastável ao desenvolvimento econômico sustentável. Rio de Janeiro: Lumen Juris, 2014.

CECHIN, Andrei. *A natureza como limite da economia*: a contribuição de Nicholas Georgescu-Roegen. São Paulo: Senac; Edusp, 2010.

COSTA, Leonardo de Andrade. *Direito tributário nacional*. Material Didático FGV DIREITO. Rio de Janeiro: FGV, 2. sem. 2014.

FERRAZ, Sérgio. Tributo e justiça social. In: MARTINS, Ives Gandra S. (Org.). *O tributo*: reflexão multidisciplinar sobre sua natureza. Rio de Janeiro: Forense, 2007. p. 289-298.

FREITAS NETO, Jayme Barboza de et al. O tributo ambiental à luz do direito comparado. In: ORLANDO, Breno Ladeira Kingma et al. (Coord.). *Direito tributário ambiental*. Rio de Janeiro: Lumen Juris, 2009.

LENZA, Pedro. *Direito constitucional esquematizado*. 16. ed. rev. atual. e ampl. São Paulo: Saraiva, 2012.

MACHADO, Hugo de Brito. *Curso de direito tributário*. 21. ed. São Paulo: Malheiros, 2002.

MONTEIRO, Washington de Barros. *Curso de direito civil*. Direito das obrigações. 10. ed. São Paulo: Saraiva, 1975.

NADAL, Fábio; COZATTI, Márcio Faria. *Direito financeiro simplificado para concursos públicos*. São Paulo: Impactus, 2008.

OLIVEIRA, Gustavo Goiabeira de; PÉRILLIER, Eduardo Barros Miranda. A extrafiscalidade como instrumento de controle ambiental. In: ORLANDO, Breno Ladeira Kingma et al. (Coord.). *Direito tributário ambiental*. Rio de Janeiro: Lumen Juris, 2009.

PEREIRA, Caio Mário da Silva. *Instituições de direito civil*. 10. ed. Rio de Janeiro: Forense, 1990.

RODRIGUES, Marilene T. M. O tributo e suas finalidades. In: MARTINS, Ives Gandra S. (Org.). *O tributo*: reflexão multidisciplinar sobre sua natureza. Rio de Janeiro: Forense, 2007.

ROSEN, Harvey S. *Public finance*. 4. ed. Chicago: Irwin, 1995.

SILVA FILHO, Carlos da Costa. Outorga onerosa do direito de construir: instrumento de política no contexto da fiscalidade ambiental. In: DOMINGUES, José Marcos (Coord.). *Direito tributário e políticas públicas*. São Paulo: MP, 2008.

TORRES, Ricardo Lobo. *Tratado de direito constitucional financeiro e tributário*. Rio de Janeiro: Editora Renovar, 2007. v. IV.

TRENNEPOHL, Terence Dorneles. *Incentivos fiscais no direito ambiental*: para uma matriz energética limpa e o caso do etanol brasileiro. 2. ed. São Paulo: Saraiva, 2011.

Os *trade-offs* na imposição de restrições ou perda de incentivos e benefícios fiscais com fundamento na Política Nacional do Meio Ambiente

Andréa Romualdo Lavourinha[*]
Daniela Gueiros Dias[**]
Gabriela de Souza Conca[***]
Leonardo de Andrade Costa[****]

1. Introdução

O desafio da proteção jurídica ao meio ambiente é extremamente complexo. Caracteriza-se, dentre outros aspectos, pela interseção com o campo das ciências ambientais,[1] pela necessária integração da visão tradicional dos direitos de propriedade com os deveres que emergem do direito ambien-

---

[*] Advogada do Portugal Ribeiro Advogados. Mestranda em direito em Harvard Law School, Cambridge, MA. Bacharel em direito pela FGV Direito Rio.
[**] Graduanda em direito na FGV Direito Rio, participante do programa de intercâmbio em direito em Harvard Law School, Cambridge, MA.
[***] Advogada do Pinheiro Neto Advogados. Mestranda em direito em Harvard Law School, Cambridge, MA. Pós-graduada em *Business Economics* pela FGV São Paulo. Bacharel em direito pela Pontifícia Universidade Católica de São Paulo (PUC-SP).
[****] Coordenador da pós-graduação *lato sensu* em direito tributário da Fundação Getulio Vargas do Estado do Rio de Janeiro. Professor da graduação e da pós-graduação da FGV Direito Rio. Mestre em direito econômico e financeiro pela Harvard Law School, Cambridge, MA. International Tax Program/Universidade de São Paulo (USP). Bacharel em economia e direito pela Pontifícia Universidade Católica do Rio de Janeiro (PUC-RJ). Pós-graduado em contabilidade pela Escola de Economia da FGV/EPGE.
[1] As diversas ciências que têm o meio ambiente como objeto caracterizam-se pela análise de variáveis sobre as quais o homem não tem ingerência (*e.g.*, no campo da geologia) e variáveis que sofrem influência direta e indireta da ação humana (*e.g.*, os impactos do homem às mudanças climáticas e aos recursos naturais). A dificuldade de se isolar — e, consequentemente, de se estimar com precisão — o impacto da ação humana sobre o meio ambiente contribui para a complexidade do tema. Ver COSTA, Leonardo de Andrade. A sustentabilidade ambiental na produção econômica de bens e serviços como requisito progressivo à concessão de incentivos e benefícios fiscais no Brasil. In: FLORES, Nilton Cesar (Org.). *A sustentabilidade ambiental em suas múltiplas faces*. São Paulo: Millennium, 2012. p. 149-151.

tal[2] e pelo desafio da proteção intergeracional — o direito como instrumento de garantia dos valores fundamentais se direciona hoje à proteção do meio ambiente para gerações futuras.

Nesse contexto de hipercomplexidade, ao sistema tributário têm sido conferidas novas e difíceis atribuições, além da disciplina jurídica dos tributos para fazer face às despesas públicas. A incorporação de outras funções, como aquelas extrafiscais e parafiscais, e o inevitável surgimento e desdobramento de novos problemas acentuam o caráter conciliatório da política tributária, conforme ressalta Ken Messere:[3] *"tax policy is about trade-offs, not truths"*.

Nessa linha, independentemente da preponderância de determinados valores em dado momento histórico em um sistema tributário, a ponderação e a convivência de princípios distintos, até mesmo aparentemente contraditórios, revelam-se elemento incontornável no mundo atual. Ao lado da segurança jurídica e da igualdade formal como elementos estruturantes de qualquer modelo de tributação, as demais vertentes clássicas nas quais as políticas tributárias se fundamentam — como a eficiência econômica, a adequação administrativa (praticidade) e a equidade/justiça distributiva — permanecem e devem ser sopesadas com os novos parâmetros e desafios da chamada pós-modernidade. Destaca-se nesse contexto a necessidade de garantir elevado nível de emprego para assegurar estabilidade social, ampliar a inevitável interação entre o público e o privado em um ambiente de competição global, sem descuidar dos elementos essenciais à preservação da vida para as futuras gerações. Todos esses fatores devem ser ponderados cuidadosamente, um verdadeiro exercício de ajuste em sintonia fina.

Em suma, no atual estágio civilizatório em que nos encontramos, não basta a adoção de escolhas excludentes, impõe-se o difícil exercício de sopesar adequada e proporcionalmente os valores e princípios humanistas não antropocêntricos, para a realização de ações sustentáveis no tempo.

Considerando o exposto, este artigo tem como objetivo apresentar os principais desafios — vantagens e desvantagens — para aplicação do disposto no inciso II do art. 14, da Lei nº 6.938, de 1981, norma que dispõe sobre a Política Nacional do Meio Ambiente (PNMA). Esse dispositivo legal estabelece que, "sem prejuízo das penalidades definidas pela legislação federal, estadual e municipal, o não cumprimento das medidas necessárias à preservação ou

---

[2] A criação de áreas de proteção e reservas, por exemplo, envolve a indenização de proprietários.
[3] MESSERE, Ken. *Half century of changes in taxation*. 53 Bulletin for International Fiscal Documentation 340. 1999. p. 343-344.

correção dos inconvenientes e danos causados pela degradação da qualidade ambiental sujeitará os transgressores" "à perda ou restrição de incentivos e benefícios fiscais concedidos pelo Poder Público". A mesma disciplina foi incorporada ao Regulamento do Imposto de Renda (RIR), aprovado pelo Decreto nº 3.000, de 26 de março de 1999, em subsecção intitulada *Danos à Qualidade Ambiental*.[4]

O trabalho subdivide-se em quatro tópicos, além desta introdução. Na seção 2 serão apresentadas questões controvertidas relevantes do sistema tributário relacionadas à preservação ambiental. Por sua vez, nas seções 3 e 4, respectivamente, serão apresentados aspectos positivos e negativos relacionados à aplicação do disposto no citado inciso II do art. 14, da PNMA. Por fim, na seção 5 serão postas as considerações finais acerca do tema discutido.

2. O sistema tributário como instrumento de preservação ambiental

A preservação ambiental envolve múltiplos setores de produção e de serviços, inclusive financeiros,[5] o que demanda um vasto e intrincado aparato normativo, responsável por cobrir tais setores e endereçar as principais ameaças apontadas pela comunidade global (dentre outras, ressaltam-se a mudança climática, o desmatamento, a poluição, a perda de biodiversidade e o aumento vertiginoso da população).[6]

---

[4] Dispõe o art. 616 do RIR: "Art. 616. Sem prejuízo das penalidades definidas pela legislação federal, estadual e municipal, o não cumprimento das medidas necessárias à preservação ou correção dos inconvenientes e danos causados pela degradação da qualidade ambiental sujeitará os transgressores à perda ou restrição de benefícios e incentivos fiscais (Lei nº 6.938/81, art. 14, inciso II. §1º O ato declaratório da perda ou restrição é atribuição da autoridade administrativa que concedeu os benefícios ou incentivos, cumprindo resolução do Conselho Nacional do Meio Ambiente — CONAMA (Lei nº 6.938/81, art. 14, §3º). §2º Sujeitam-se às penalidades previstas neste artigo as pessoas jurídicas que, de qualquer modo, degradarem reservas ou estações ecológicas, bem como outras áreas declaradas de relevante interesse ecológico (Lei nº 6.938/81, art. 18, parágrafo único).
[5] O Conselho Monetário Nacional (CMN) aprovou, em 25 de abril de 2014, a Resolução CMN nº 4.327/14, a qual dispõe sobre as diretrizes que devem ser observadas no estabelecimento e na implementação da Política de Responsabilidade Socioambiental pelas instituições financeiras e demais instituições autorizadas a funcionar pelo Banco Central do Brasil. Essas instituições financeiras passam a ter o dever de identificar o risco socioambiental a que estão expostas, o qual deve ser incluído como mais um componente a ser sopesado com as diversas modalidades de riscos a que se submetem ordinariamente.
[6] A *Inhabitat* elenca como as sete maiores ameaças ambientais: a mudança climática, o desmatamento, a poluição, a perda de biodiversidade, o derretimento das calotas polares e o aumento do nível dos mares, as áreas oceânicas mortas e o explosivo crescimento da população mundial.

No que tange, por exemplo, à mudança climática, a emissão de gases de efeito estufa (GEE) é realizada por diversos setores produtivos. No setor energético, a emissão é consequência da queima de combustíveis e emissões da indústria de petróleo, gás e carvão mineral.[7] Além disso, há emissões resultantes dos processos produtivos nas indústrias não resultantes da queima de combustíveis — atrelados a produtos minerais, à metalurgia e à química.[8] Ainda, na pecuária,[9] há emissões decorrentes da fermentação entérica do gado, por exemplo, e emissões decorrentes da disposição de resíduos sólidos.[10]

---

[7] Considerando a crescente preocupação com o tema, um novo conceito tem assumido relevância paralelamente às negociações internacionais climáticas: o da "bolha de carbono". Refere-se a possível risco, ainda controvertido no âmbito do sistema financeiro internacional, vinculado a investimentos em petróleo, carvão e gás, em um momento em que no plano internacional são negociadas a contenção das emissões e do aumento de temperatura em 2ºC até o fim do século XXI. No relatório intitulado *Unburnable carbon — are the world's financial markets carrying a carbon bubble?* (disponível em: <www.carbontracker.org/wp-content/uploads/2014/09/Unburnable-Carbon-Full-rev2-1.pdf>), a questão é destacada nos seguintes termos: "*The Carbon Tracker initiative is a new way of looking at the carbon emissions problem. It is focused on the fossil fuel reserves held by publically listed companies and the way they are valued and assessed by markets. Currently financial markets have an unlimited capacity to treat fossil fuel reserves as assets. As governments move to control carbon emissions, this market failure is creating systemic risks for institutional investors, notably the threat of fossil fuel assets becoming stranded as the shift to a low-carbon economy accelerates*". Por outro lado, em 7 de dezembro de 2014, Robert Siveter, da Ipieca, entidade que representa cerca da metade das empresas de óleo e gás, considerou o argumento sem fundamento: "'*We see no evidence of a carbon bubble*', he said. *Oil companies' valuations are mainly based on proven reserves, which he claimed match up with demand projections*". Disponível em: <www.rtcc.org/2014/12/06/oil-companies-at-climate-talks-dismiss-carbon-bubble-fears/#sthash.FBMWeAt3.dpuf>. Acesso em: 12 dez. 2014.

[8] Ver MCTI. Ministério da Ciência, Tecnologia e Inovação. Secretaria de Políticas e Programas de Pesquisa e Desenvolvimento. *Estimativas anuais de emissões de gases de efeito estufa no Brasil*. Brasília, 2013.

[9] Os interesses políticos de agentes relevantes na seara ambiental dificultam a adoção de medidas preventivas e remediadoras relevantes. Nesse sentido, em documentário intitulado *Cowspiracy: The sustainability secret* (disponível em: <www.cowspiracy.com>) critica-se o modo de produção agropecuário amplamente adotado e a encoberta propositalidade de agentes do terceiro setor (principalmente ONGs internacionalmente reconhecidas) das principais causas do aquecimento global. Argumenta-se que os principais agentes recebem financiamento robusto do setor pecuário, o que impediria que elencassem a criação de gado entre os principais emissores de gases de efeito estufa. Com efeito, segundo a Food and Agrculture Organization of the United Nations (FAO), "*[u]sing a methodology that considers the entire commodity chain, it estimates that livestock are responsible for 18 percent of greenhouse gas emissions, a bigger share than that of transport. However, the report says, the livestock sector's potential contribution to solving environmental problems is equally large, and major improvements could be achieved at reasonable cost*". Disponível em: <www.fao.org/ag/magazine/0612sp1.htm>. Acesso em: 6 dez. 2014.

[10] Para fins analíticos, em Sumário Executivo das estimativas anuais de emissões de GEE no Brasil, dividiu-se o inventário em cinco setores: (1) energia, (2) processos industriais, (3) agro-

A complexidade do tratamento jurídico dispensado às muitas questões ambientais envolve uma intrincada rede de normas. O aparelho regulatório e as políticas adotadas são bastante vastos, o que impõe um desafio para as autoridades responsáveis por geri-los. Por exemplo, a interseção do setor regulatório energético com outras áreas é notória. Nesse particular, com o objetivo de mitigar a sobreposição de competências regulatórias, no Brasil optou-se por dotar o órgão ambiental com competência para análise de emissões de GEE no bojo do procedimento de licenciamento ambiental, independentemente da atividade envolvida.[11] A entidade responsável pelo licenciamento pode definir limitações à emissão de GEE. No Distrito Federal, por exemplo, um inventário de emissões de GEE é exigido como parte do licenciamento ambiental.[12] [13]

Considerando esse cenário de relação entre normas jurídicas e proteção ambiental, entre os instrumentos para fomentá-la, os governantes podem fazer uso do direito tributário.[14] Dentre as possíveis estratégias a serem adotadas pelo poder público, capazes de promover sinergias entre o sistema tributário e a preservação do meio ambiente, há alternativas voltadas para a adoção (i) de um sistema punitivo ou (ii) de um sistema de incentivos.

Ao optar pela adoção de um sistema punitivo, o poder público prioriza a função fiscal arrecadatória do tributo. Embora não corresponda juridicamente a uma sanção,[15] a incidência tributária mais gravosa onera financeiramente de forma mais acentuada o poluidor, aumentando o custo de poluir. Trata-se do modelo pigouviano de internalização do custo social decorrente de danos provocados ao meio ambiente.[16] Nesse caso, o Estado arrecada e pode direcionar os recursos à preservação ambiental, a depender da espécie tributária em questão. Com efeito, as chamadas externalidades, identificadas por Pigou

---

pecuária, (4) mudança do uso da terra e floresta, (5) tratamento de resíduos. A conclusão oficial da análise dos índices de GEE emitidos aponta para o "cumprimento do compromisso nacional voluntário de que tratam a Lei nº 12.187/2009 e o Decreto nº 7.390/2010, principalmente pelas reduções alcançadas no setor Mudança de Uso da Terra e Florestas, por meio de suas ações de controle de desmatamento".

[11] GETTING THE DEAL THROUGH. *Climate regulation in 17 jurisdictions worldwide*. 2014. p. 35. Disponível em: <https://gettingthedealthrough.com/books/42/climate-regulation/>.
[12] Ibid.
[13] Ainda assim, o Conama é órgão responsável por estabelecer padrões ambientais nacionais. A Resolução nº 382/2006, complementada pela Resolução nº 436/2011, estabelece níveis máximos de emissão de poluentes por fonte energética. Ibid., p. 36.
[14] MODÉ, Fernando Magalhães. *Tributação ambiental*: a função do tributo na proteção do meio ambiente. Curitiba: Juruá, 2006.
[15] Art. 3º, da Lei nº 5.172/1966 (Código Tributário Nacional — CTN).
[16] PIGOU, Arthur Cecil. *The Economics of welfare*. 4. ed. Londres: Macmillan & Co., 1962.

como falhas do sistema econômico, podem ser positivas ou negativas. Para a correção dos denominados "desserviços" (externalidades negativas), tal como a poluição, o economista clássico defende a intervenção do Estado para garantir a internalização dos custos, por meio da adoção de sistemas de reparação ou da instituição de tributos (os mencionados tributos *pigouvianos*).

Outra forma de lidar com externalidades custosas ao meio ambiente é apresentada por Ronald Coase,[17] cuja proposta, formulada a partir de um cenário sem custos de transação, prescinde da regulação estatal direta como instrumento para alcance da solução mais eficiente economicamente. Com fundamento em um modelo bem definido de direito de propriedade e partindo da premissa da estabilidade dos institutos jurídicos, Coase sustenta que os próprios agentes de mercado responsáveis pelas externalidades poderiam negociar livremente com aqueles "prejudicados" pelos impactos negativos, chegando a um ponto ótimo. Além de servir de inspiração para os sistemas como o mercado de carbono,[18] tratado na presente obra,[19] o trabalho do economista, que recebeu prêmio Nobel em 1991, foi fundamental para demonstrar que os arranjos institucionais, em especial os institutos jurídicos relacionados ao direito de propriedade e de estabilidade do modelo normativo, influenciam o funcionamento do mercado, pois impactam diretamente nos custos de transações.

Além dessas estratégias, o poder público pode optar por criar incentivos para que os agentes atuem preventivamente. Dentre os mecanismos para criar tais incentivos, é possível optar por desonerar o contribuinte. Por meio da concessão de benefícios e incentivos fiscais, o poder público incentiva o comportamento dos agentes privados sem incorrer nos custos atrelados à

---

[17] COASE. Ronald. *The problem of social costs*. 1960. Disponível em: <www.econ.ucsb.edu/~tedb/Courses/UCSBpf/readings/coase.pdf>.

[18] No âmbito internacional, ao lado das normas de caráter eminentemente regulatório, que estabelecem a obrigatoriedade ou a proibição de determinada conduta (*"regulation"*) têm-se discutido dois modelos distintos que podem afetar os preços de bens e serviços (*"market-based approach"*), com o objetivo de induzir a redução da emissão de dióxido de carbono na atmosfera visando à proteção do meio ambiente: (a) a tributação sobre as emissões de CO_2 (*"carbono tax"*) ou (b) a adoção do programa usualmente denominado de *"cap and trade"*, por meio do qual são fixados limites de emissão e, ao mesmo tempo, são criados certificados que podem ser livremente negociados no mercado. A simples regulação (*"regulation"*), com a determinação de limites de emissões combinada com a previsão de sanções por seu descumprimento, tem sido considerada insuficiente para atingir os objetivos a que se propõe.

[19] Ver nesta obra: (1) AINSWORTH, Richard Thompson. *Phishing & VAT fraud in CO2 permits*: dice in the eu-ets now; dice in power tomorrow; e (2) AVI-YONAH, Reuven S.; UHLMANN David M. *Why a carbon tax is the best way to address global climate change*.

instituição de um tributo — tópico que será detalhado na seção 3. Na prática, porém, a matéria envolve discussões sobre os limites e parâmetros a serem adotados pelo legislador que cria e estabelece a dispensa do tributo.[20]

Com efeito, diversos requisitos formais e materiais devem ser cumpridos para a concessão de benefícios e incentivos fiscais. Entre os requisitos formais, a primeira indagação relevante corresponde à espécie de ato necessário para procedimentalizar a concessão. Em âmbito constitucional, há exigência de "lei específica" que regule a concessão de subsídio ou isenção, redução de base de cálculo, crédito presumido, anistia ou remissão.[21] Há ainda a exigência de lei complementar para definir a forma como estados e o Distrito Federal podem conceder e revogar isenções e benefícios fiscais do ICMS.[22] Atualmente, a Lei Complementar nº 24/1975 exige edição de convênio com aprovação de todos os entes políticos envolvidos.[23,24] Na seara municipal, a concessão de benefícios, incentivos e isenções do ISS depende de edição de lei complementar.[25,26]

Além dos requisitos procedimentais, a desoneração tributária impõe ainda a observância de regras materiais. Por exemplo, impõe-se a análise do impacto orçamentário-financeiro do benefício ou incentivo e o cumprimento de requisitos legais para a desoneração. Nesse sentido, a Lei de Responsabilidade Fiscal (Lei Complementar nº 101, de 2000 — LRF), por exemplo, estabelece que a concessão ou ampliação de incentivo ou benefício de natureza tributária da qual decorra renúncia de receita deve estar acompanhada de estimativa do impacto orçamentário-financeiro e, dentre outros requisitos, atender ao disposto na LDO.[27] A Lei nº 4.320/1964 também é relevante, bem como as leis orçamentárias anuais (LOAs).

---

[20] COSTA, Leonardo de Andrade. A sustentabilidade ambiental na produção econômica de bens e serviços como requisito progressivo à concessão de incentivos benefícios fiscais no Brasil. In: FLORES, Nilton Cesar (Org.). *A sustentabilidade ambiental em suas múltiplas faces*. São Paulo: Millennium, 2012.

[21] Art. 150, §6º, da Constituição da República Federativa do Brasil de 1988 (CRFB/1988).

[22] Art. 155, §2º, XII, "g" da CRFB/1988.

[23] Art. 41, §3º, dos Atos das Disposições Constitucionais Transitórias (ADCT) da CRFB/1988, c/c art. 155, §2º, XII, "g", da CRFB/1988.

[24] Cumpre notar, porém, que a necessidade jurídica de coexistência de convênio e lei específica não é pacífica na doutrina. Na prática, apenas no Distrito Federal e Rio Grande do Sul há trâmite legislativo para aprovação de benefícios fiscais em sede de ICMS, após celebração de convênio no âmbito do Conselho Nacional de Política Fazendária (Confaz).

[25] Art. 156, §3º, III, da CF/1988.

[26] COSTA, Leonardo de Andrade. "A sustentabilidade ambiental na produção econômica de bens e serviços como requisito progressivo à concessão de incentivos benefícios fiscais no Brasil", 2012, op. cit., p. 161-163.

[27] Art. 14, LRF.

Além disso, os impactos concorrenciais das desonerações representam outra área relevante. Com efeito, a CRFB/1988 estabelece que em sede de lei complementar é possível definir critérios especiais de tributação com o fim de prevenir desequilíbrios concorrenciais.[28] Ademais, um dos princípios da ordem econômica pós-1988 corresponde, justamente, à livre concorrência.

Nesse contexto, o objeto de análise deste artigo se enquadra como uma espécie de incentivo à conduta preventiva de agentes econômicos, compreendendo outra forma de estimular condutas consideradas sustentáveis pela legislação ambiental. Trata-se da perda ou restrição de benefícios e incentivos fiscais decorrente do não cumprimento de medidas necessárias à preservação ou correção de danos causados pela degradação da qualidade ambiental.

3. Vantagens: aspectos positivos da aplicação do inciso II do art. 14 da PNMA e art. 616 do RIR/1999

Muitas são as propostas sobre as medidas de natureza fiscal que poderiam ser implementadas para estimular a promoção da sustentabilidade ambiental, e grande parte delas envolve a criação de novas exações, seja para fins de desestímulo à produção por agentes poluidores — cumprindo a função extrafiscal do tributo —, seja para arrecadação de receitas e consequente instituição de fundos administrados pelo Estado para promover a preservação e reparação ambiental. Como exemplo, podemos citar a criação do denominado *carbon tax*,[29] do tributo em prol das águas[30] ou mesmo da Cide — Clima.[31]

Entretanto, como visto na seção anterior, os danos ao meio ambiente podem ser causados por agentes que integram os mais variados setores econômicos, desde a produção energética à indústria e agropecuária. Essa disparidade torna difícil a positivação de regra única que seja eficientemente aplicável a todos os possíveis transgressores. Isso ocorre essencialmente em razão da inquestionável dificuldade de se identificar todos os agressores, objetivando mensurar sua participação no dano causado e estabelecer uma regra adequada e que o atinja

---

[28] Art. 146-A, da CF/1988.
[29] Ver MAGALHÃES, Aline Souza; DOMINGUES, Edson Paulo. *Economia de baixo carbono no Brasil*: alternativas de políticas, custos de redução de emissões de gases de efeito estufa e impactos sobre as famílias. Disponível em: <www.anpec.org.br/encontro/2013/files_I/i11--faade6189f3fafff87cc50c3f7c2df42.pdf>. Acesso em: 15 dez. 2014.
[30] DE CARLI, Ana Alice. *A água e seus instrumentos de efetividade*: educação ambiental, normatização, tecnologia, tributação. Campinas: Millennium, 2013.
[31] Disponível em: <www.teses.usp.br/teses/disponiveis/2/2133/tde-29102012-134257/pt-br.php>.

na devida proporção do dano ou, ainda, que estimule seu comportamento de forma compatível com a preservação ambiental.

Diante dos entraves à introdução de uma norma geral aplicável a todos os potenciais poluidores, e a despeito dos benefícios que a adoção de novos tributos possa trazer — lembrando que o objetivo deste trabalho não é discutir a viabilidade e eficiência de tais medidas —, o art. 616 do RIR/1999 se destaca (o art. 14, II da PNMA). Como se nota de sua redação, o não cumprimento das medidas necessárias à preservação ou correção de danos ambientais pode implicar a perda ou restrição de benefícios fiscais, independentemente da atividade econômica do transgressor. Trata-se de significativa vantagem prática, já que a regra está dissociada do porte do contribuinte ou outra característica que o individualize.

Além de considerar a abrangência de aplicação desse dispositivo sobre os possíveis tributos a serem criados, que acabam sendo direcionados a setores econômicos específicos, devemos também avaliar o problema da aplicação do princípio da equidade na tributação dos diversos setores. Muito embora a CRFB/1988 permita o tratamento diferenciado dos agentes em razão do impacto causado ao meio ambiente,[32] na prática, a dificuldade de se aferir e mensurar o dano ambiental permite que setores não onerados pela tributação gerem impacto negativo ao meio ambiente de mesma magnitude que setores submetidos à incidência. Pode-se vislumbrar como exemplo a criação de uma exação que estabeleça a tributação do setor industrial em razão da emissão de gases de efeito estufa, mas não onere o setor agropecuário que, como vimos acima, pode gerar impactos ambientais de igual ou maior proporção (ver nota 13). Não obstante nesse caso estejamos falando de setores diferentes, o que em princípio atenderia a regra de igualdade trazida pela CRFB/1988,[33] a questão merece reflexão mais aprofundada, de modo a garantir efetiva justiça àqueles que por questões alheias à sustentabilidade ambiental têm suas

---

[32] "Art. 170. A ordem econômica, fundada na valorização do trabalho humano e na livre-iniciativa, tem por fim assegurar a todos existência digna, conforme os ditames da justiça social, observados os seguintes princípios:
(...)
VI — defesa do meio ambiente, inclusive mediante tratamento diferenciado conforme o impacto ambiental dos produtos e serviços e de seus processos de elaboração e prestação; (...)."
[33] "Art. 150. Sem prejuízo de outras garantias asseguradas ao contribuinte, é vedado à União, aos Estados, ao Distrito Federal e aos Municípios:
(...)
II — instituir tratamento desigual entre contribuintes que se emcontrem em situação equivalente, proibida qualquer distinção em razão de ocupação profissional ou função por eles exercida, independentemente da denominação jurídica dos rendimentos, títulos ou direitos; (...)."

atividades mais monitoradas e com impacto sobre o meio ambiente mais facilmente medido.

Aqui, evidentemente, como os danos causados pelos diversos setores ao meio ambiente são dificilmente mensuráveis e comparáveis em termos de grandeza[34] de forma objetiva, algumas atividades são relativamente mais oneradas pela imposição de um tributo. Nesse aspecto, voltamos à questão inicial quanto à vantagem da ampla abrangência dos citados inciso II do art. 14 da PNMA e art. 616 do RIR/1999.

Esse raciocínio também se aplica à concessão de benefícios fiscais como norma indutora de condutas do agente em conformidade com os objetivos da política ambiental. A vantagem da aplicação dos mencionados dispositivos se verifica pelo alcance da regra em contraponto à limitação da concessão de benefícios fiscais que são, por sua vez, direcionados a setores econômicos específicos.

Ressaltamos ainda a vantagem do inciso II do art. 14, da PNMA, e do art. 616, do RIR/1999, se comparado à cobrança de tributos tendo em vista a ausência do ônus financeiro imposto ao contribuinte vinculado à vigência da norma. No contexto brasileiro atual, em que a carga tributária chega a 36,3% do PIB[35] — fruto da arrecadação de mais de 60 diferentes tributos —, importante refletir sobre os impactos de criação de qualquer novo tributo, independentemente do motivo. O aumento da carga tributária, atrelado ao aumento da complexidade do sistema fiscal, que envolve custos de *compliance* elevadíssimos, é um importante fator inibidor de investimentos no país.

Diante desse cenário, a norma que emana dos mencionados dispositivos representa medida alternativa à imposição de ônus financeiro, o que contribui positivamente para a preservação ambiental. Isso porque o não cumprimento da legislação ambiental implica diretamente o desembolso de recursos pelo contribuinte em razão da perda de benefício fiscal, induzindo seu comportamento em conformidade com os parâmetros estabelecidos pela legislação ambiental. Obviamente, sob essa ótica, consideramos apenas o custo adicional do tributo imposto e desconsideramos o custo do contribuinte de *compliance* com a norma ambiental. Essa observação decorre da premissa de que o contribuinte deve obedecer a lei ambiental de forma independente da lei fiscal e,

---

[34] Ao tratar de grandeza, vale observar a subjetividade relativa à eleição do bem que seria mais valioso à população (se água, floresta, biodiversidade etc.) e, portanto, que deveria ser mais protegido.

[35] De acordo com relatório da OCDE publicado em 9 de setembro de 2014 e disponível em: <www.oecd-ilibrary.org/economics/country-statistical-profile-brazil_csp-bra-table-en>.

consequentemente, estará sujeito às sanções ambientais de forma dissociada da perda de benefícios fiscais. Portanto, o custo de *compliance* deve existir sob o risco de o contribuinte também se sujeitar a penalidades adicionais aplicadas pela lei ambiental.

Vale observar que, mesmo nos casos em que o agente consegue transferir o ônus fiscal para terceiros — a depender da sensibilidade da demanda e da estrutura competitiva de mercado —, ainda assim há uma perda para a sociedade em decorrência de possível injustiça na transferência integral do custo da atividade empresarial para o consumidor. Nesse sentido, discute-se se o consumidor,[36] como fomentador da atividade do empresário, também deveria ser responsabilizado pelo dano ambiental causado pelo fornecimento do produto/serviço consumido. Independentemente da conclusão a que se chegue quanto ao problema, não parece justo que o consumidor arque sozinho e integralmente com o dano ambiental causado por seu consumo. Portanto, sob qualquer ótica, em especial no contexto do caótico sistema tributário brasileiro, a simples criação de tributo novo com finalidades ambientais não seria desejável: quando o contribuinte não consegue repassar o ônus financeiro ao consumidor, ele internaliza os custos e sofre os prejuízos em um cenário já caracterizado por elevada carga tributária e baixa qualidade nos gastos públicos para prover a infraestrutura necessária ao pleno desenvolvimento da atividade empresarial sustentável; quando o contribuinte repassa o ônus ao consumidor, há um deslocamento desproporcional do ônus financeiro para o elo mais fraco da relação.

Adicionalmente a esse aspecto da questão, vale observar que a criação de um novo tributo, ou mesmo a concessão de benefício fiscal, depende de

---

[36] GOLEMAN, Daniel. *Inteligência ecológica*: o impacto do que consumimos e as mudanças que podem melhorar o planeta. Rio de Janeiro: Elsevier, 2009. p. 221-222. Revela o autor: "Os habitantes dos países desenvolvidos consomem em uma velocidade 32 vezes maior do que os pobres. O rastro deixado por essa proporção da humanidade no planeta significa não apenas o uso absurdamente maior de recursos naturais limitados como petróleo, madeira ou peixes, mas também uma produção muito maior de dejetos, como gases de efeito estufa, plásticos que sufocam a vida marinha e um mar de outras coisas que apodrecem nos aterros sanitários. O geógrafo social Jared Diamond, que faz essa observação, observa que esse ritmo de consumo tornar-se-á absolutamente insustentável à medida que milhões de habitantes de países como a China e Índia passarem a adotar o estilo de vida de países mais afluentes do mundo. (....) De posse das informações certas, os consumidores mais ricos poderiam fazer mais do que adotar práticas de consumo mais sustentáveis. As compras tornar-se-iam uma oportunidade de exercer a compaixão, com decisões de compra cujos efeitos se propagariam por todas as cadeias de suprimentos globais, alavancando, assim, melhores condições ambientais de trabalho e de saúde para os pobres do mundo".

aprovação do parlamento, o que demanda intensa discussão política e sujeição ao moroso processo legislativo. Ainda, a depender da natureza do tributo que se pretenda criar e suas feições, a norma instituidora deverá ser aprovada por quórum qualificado,[37] como ocorre com as leis complementares exigidas para criação de Cides[38] e outros impostos residuais não previstos na Constituição.[39]

Nesse sentido, a plena vigência do inciso II, do art. 14, da PNMA, e do art. 616, do RIR/1999, se apresenta como uma vantagem não trivial. Importante ressaltar, contudo, que a dispensa de atuação do Congresso nesse momento não implica, necessariamente, a aplicabilidade imediata dos mencionados dispositivos normativos. Como veremos adiante, ao tratar das desvantagens associadas à aplicabilidade dos referidos dispositivos normativos, sua eficácia jurídica plena ainda depende de regulamentação pelos órgãos da administração e colaboração das autoridades ambientais.

4. Desvantagens: desafios a serem enfrentados para aplicação do art. 14, II, da PNMA, e do art. 616 do RIR/1999

Se, como exposto, o art. 14, II, da PNMA, tem vantagens, deve-se reconhecer três sortes de problemas distintos que a norma apresenta: (i) problemas de escopo, (ii) problemas de fato, e (iii) problemas normativos.

Em relação ao escopo, o art. 14, II, da PNMA, apresenta a desvantagem de adereçar tão somente contribuintes que tenham benefício fiscal. Em outras palavras, o dispositivo não cria incentivos para que as empresas não detentoras de benefícios fiscais se mantenham em conformidade com os padrões de qualidade ambiental. Outra limitação da aludida sistemática é sua incapacidade de solucionar problemas que demandem uma atuação positiva do Estado. Atuando sobre os desdobramentos das concessões de benefícios e incentivos fiscais, a norma pressupõe a redução de arrecadação de receita

---

[37] Art. 69. As leis complementares serão aprovadas por maioria absoluta.
[38] "Art. 149. Compete exclusivamente à União instituir contribuições sociais, de intervenção no domínio econômico e de interesse das categorias profissionais ou econômicas, como instrumento de sua atuação nas respectivas áreas, observado o disposto nos arts. 146, III, e 150, I e III, e sem prejuízo do previsto no art. 195, §6º, relativamente às contribuições a que alude o dispositivo."
[39] "Art. 154. A União poderá instituir:
I — mediante lei complementar, impostos não previstos no artigo anterior, desde que sejam não cumulativos e não tenham fato gerador ou base de cálculo próprios dos discriminados nesta Constituição; (...)."

pelo Estado e, portanto, diminuição de verba que poderia ser utilizada para ação positiva para a preservação do meio ambiente.

Em relação aos problemas de fato, é possível que a regra prevista no art. 14, II, da PNMA, e art. 616 do RIR/1999 apresente elevados custos para a sua aplicação. Em primeiro lugar, há custos de monitoramento relativos à fiscalização para implementação de um modelo de gestão eficiente para a aplicação prática da norma. Em termos teóricos, os gastos necessários para verificar se o contribuinte de fato está agindo de acordo com seu licenciamento ambiental, não sendo responsável pela redução dos padrões de qualidade ambiental, são altos. Além da necessidade de um grande número de agentes do Estado para realizar a fiscalização, a variedade de normas regulamentares no direito ambiental e a aplicação concomitante de algumas delas tornam a atividade de monitoramento ainda mais complexa do que em outros ramos do direito.

O segundo problema, relacionado à aplicação prática da sistemática sob exame, diz respeito aos custos de transação. Para a efetiva aplicação do dispositivo é necessário que tanto a autoridade tributária quanto a ambiental estejam em constante diálogo e atuem de forma conjunta e integrada, controlando a atuação do contribuinte e sua conformidade com as regras para fazer jus ao benefício fiscal. Mais uma vez, dado que a competência legislativa em matéria ambiental é concorrente (art. 24, VI, VII, VIII, CRFB/1988) e a competência para gestão ambiental é comum (art. 23, VI, VII, CRFB/1988), é possível que haja necessidade de interação entre órgãos presentes não só na mesma esfera do governo, como também em esferas distintas.[40]

Em relação aos problemas normativos, o artigo aqui discutido apresenta questões interessantes a serem debatidas. Primeiramente, deve-se buscar entender se a Lei nº 6.938/1981 tem aplicabilidade geral ou se alcança somente a União, não podendo ser utilizada, portanto, pelo Fisco Estadual ou Municipal. Paulo de Bessa Antunes afirma que: "Como a Lei nº 6.938/81 é anterior à Constituição vigente é necessário que se defina como ela foi recebida pela Nova Carta. Se for construída uma teoria que entenda que a sua recepção ocorreu como lei geral, muitas questões começam a encontrar uma solução jurídica".[41]

---

[40] Nessa linha, seria essencial que a Lei Complementar nº 140/2011, editada com fundamento nos incisos III, VI e VII, do *caput* e do parágrafo único, do art. 23, da Constituição, também disciplinasse a correlação das questões já normatizadas com os aspectos tributários decorrentes da possível aplicação do disposto nos mencionados inciso II do art. 14 da Lei nº 6.938/1981 e art. 616 do RIR/1999.
[41] ANTUNES, Paulo de Bessa. *Política Nacional do Meio Ambiente*: comentários à Lei 6.938, de 31 de agosto de 1981. Rio de Janeiro: Lumen Juris, 2005. p. 8.

De fato, caso se entenda que a Lei foi recepcionada como norma geral, tanto estados quanto municípios e o Distrito Federal poderiam se valer do art. 14, II, da PNMA para revogar benefícios fiscais.

Em seguida, as questões que se põem são as seguintes: quais benefícios fiscais são objeto desta previsão legal? Haveria necessidade da questão ambiental figurar como pressuposto para a concessão do benefício? Se entendido que não, a degradação da qualidade ambiental seria um poderoso instrumento nas mãos do Fisco para revogação de todo e qualquer benefício fiscal concedido ao contribuinte.

É possível, porém, uma interpretação mais restritiva da questão posta anteriormente, protegendo-se a segurança jurídica dos contribuintes e respeitando a tipicidade tributária. Com base nela somente seria possível a revogação de benefício cujo pressuposto para concessão estivesse relacionado à preservação do meio ambiente. Nesse ponto, vale lembrar o disposto no art. 176 do Código Tributário Nacional: "A isenção, ainda quando prevista em contrato, é sempre decorrente de lei que especifique as condições e requisitos exigidos para a sua concessão, os tributos a que se aplica e, sendo caso, o prazo de sua duração". Nesse sentido, poder-se-ia defender a preservação ambiental como condição necessária para a concessão do benefício, só podendo o art. 14, II, da PNMA, alterar a situação dos contribuintes que tivessem se valido desse tipo de benefício.

Ainda no que se refere aos problemas normativos do dispositivo, vale ressaltar as dificuldades advindas da complexidade de normas ambientais e tributárias atuando em conjunto. Conforme supramencionado, o art. 14, II, da PNMA sujeita os transgressores que não cumprem as medidas necessárias à preservação ou correção dos inconvenientes e danos causados pela degradação da qualidade ambiental à perda ou restrição de benefícios e incentivos fiscais concedidos pelo poder público. Como se pode notar, o artigo não é autoaplicável, isto é, faz-se necessária a existência de norma definidora dos padrões de qualidade ambiental para o exercício dos mandamentos ali dispostos. Embora o art. 3º, II, do mesmo diploma legal defina a expressão como "alteração adversa das características do meio ambiente", compete ao órgão regulador a regulamentação de tais padrões. Os padrões de qualidade do ar, por exemplo, foram regulamentados pelo Conselho Nacional do Meio Ambiente por meio da Resolução nº 3 de 28 de junho de 1990.[42]

---

[42] A título exemplificativo, o art. 3º da Resolução dispõe: "Ficam estabelecidos os seguintes Padrões de Qualidade do Ar: I — Partículas Totais em Suspensão a) Padrão Primário 1 — concentração média geométrica anual de 80 (oitenta) microgramas por metro cúbico de ar. 2 —

Ademais, segundo o §3º, do art. 14, da PNMA, o ato declaratório da perda, restrição ou suspensão é atribuição da autoridade administrativa ou financeira que concedeu os benefícios, incentivos ou financiamento, cumprindo resolução do Conselho Nacional do Meio Ambiente (Conama). A dúvida que surge é se pode a legalidade tributária ficar sujeita ao regramento de órgãos reguladores ambientais. Dado que no direito tributário impera o princípio da tipicidade segundo o qual todos os elementos da norma tributária devem estar descritos em lei, a ideia de que para a plena eficácia da regra seria necessário apenas um regulamento do órgão ambiental colocaria em xeque esse pilar. De fato, poder-se-ia argumentar que faltaria ao sujeito passivo da obrigação tributária previsibilidade sobre qual norma regularia sua conduta e, consequentemente, ele não seria capaz de determinar como se conduzir de forma a fazer jus ao benefício.

Por fim, uma última questão que vale a pena ser discutida ainda que em linhas gerais é a possibilidade de o art. 14, II, da PNMA, ofender a CRFB/1988. Com efeito, não pode o tributo constituir sanção contra ato ilícito. A revogação do benefício por descumprimento de um ilícito ambiental, qual seja, desconformidade com as medidas necessárias à preservação ou correção dos inconvenientes e danos causados pela degradação da qualidade ambiental, ao resultar na cobrança do tributo, seria vedada. A ideia de que a revogação do benefício equivale à instituição de tributo estaria implícita na leitura conjugada dos arts. 178 e 104, III, do Código Tributário Nacional, os quais submetem a revogação do benefício fiscal ao princípio da anterioridade.[43]

concentração média de 24 (vinte e quatro) horas de 240 (duzentos e quarenta) microgramas por metro cúbico de ar, que não deve ser excedida mais de uma vez por ano. b) Padrão Secundário 1 — concentração média geométrica anual de 60 (sessenta) microgramas por metro cúbico de ar. 2 — concentração média de 24 (vinte e quatro) horas, de 150 (cento e cinquenta) microgramas por metro cúbico de ar, que não deve ser excedida mais de uma vez por ano. (…) VII — Dióxido de Nitrogênio a) Padrão Primário 1 — concentração média ari-tmética anual de 100 (cem) microgramas por metro cúbico de ar. 2 — concentração média de 1 (uma) hora de 320 (trezentos e vinte) microgramas por metro cúbico de ar. b) Padrão Secundário 1 — concentração média aritmética anual de 100 (cem) microgramas por metro cúbico de ar. 2 — concentração média de 1 (uma) hora de 190 (cento e noventa) microgramas por metro cúbico de ar".

[43] Nessa linha, importante destacar recente precedente da 1ª Turma do Supremo Tribunal Federal no Agravo Regimental no Recurso Extraordinário 564.225 que, se confirmado pelo Plenário, pode marcar uma mudança radical na jurisprudência da Corte, superando a Súmula nº 615 ("o princípio constitucional da anualidade (par-29 do art-153 da CF) não se aplica à revogação de isenção do ICM"). Neste caso, apreciado pela Turma, discutia-se a possibilidade de aplicação imediata de dois decretos do governador do estado do Rio Grande do Sul de 1999 que haviam revogado benefício fiscal de redução da base de cálculo do ICMS devido por prestadores de serviços de TV por assinatura, anteriormente concedido na forma do Convênio

5. Considerações finais

Os princípios da sustentabilidade ambiental na produção econômica de bens e serviços e do meio ambiente ecologicamente equilibrado projetam-se sobre três dimensões distintas da tributação:[44] (i) o viés impositivo das normas disciplinadoras dos tributos já existentes no atual Sistema Tributário Nacional, especificamente no que concerne à determinação da base de cálculo do tributo e/ou a fixação de alíquotas mais elevadas;[45] (ii) a vertente da concessão de benefícios e incentivos fiscais relativamente aos tributos citados no item (i); e (iii) os tributos ambientais em sentido estrito,[46] a serem possivelmente instituídos e cujos aspectos materiais de incidência contenham elemento(s) ou parâmetro(s) ambiental(is).

Este artigo abordou uma entre as diversas facetas da citada segunda dimensão, isto é, as vantagens e desvantagens associadas à fixação de restrições ou mesmo a perda de benefícios e incentivos fiscais em decorrência do não cumprimento de medidas necessárias à preservação ou correção de

---

ICMS 05/1995. Por maioria, vencidos os min. Dias Toffoli e Rosa Weber, o colegiado decidiu que deveria ser observado o art. 150, III, "b" e "c" da CF/1988, que veiculam a anterioridade do exercício financeiro e a anterioridade nonagesimal. O acórdão possui a seguinte ementa: "IMPOSTO SOBRE CIRCULAÇÃO DE MERCADORIAS E SERVIÇOS — DECRETOS Nº 39.596 E Nº 39.697, DE 1999, DO ESTADO DO RIO GRANDE DO SUL — REVOGAÇÃO DE BENEFÍCIO FISCAL — PRINCÍPIO DA ANTERIORIDADE — DEVER DE OBSERVÂNCIA — PRECEDENTES. Promovido aumento indireto do Imposto Sobre Circulação de Mercadorias e Serviços — ICMS por meio da revogação de benefício fiscal, surge o dever de observância ao princípio da anterioridade, geral e nonagesimal, constante das alíneas "b" e "c" do inciso III do artigo 150, da Carta. Precedente — Medida Cautelar na Ação Direta de Inconstitucionalidade nº 2.325/DF, de minha relatoria, julgada em 23 de setembro de 2004". BRASIL. Supremo Tribunal Federal. *RE 564225 AgR*, relator(a): min. Marco Aurélio, Primeira Turma, julgado em 2/9/2014.

[44] MAGALHÃES, José Veiga; COSTA, Leonardo de Andrade. Reeducação para adoção de uma metodologia sustentável de produtação como requisito progressivo à concessão de benefícios fiscais para a indústria. In: DE CARLI, Ana Alice; MARTINS, Saadia Borba (Org.). *Educação ambiental*: premissa inafastável ao desenvolvimento econômico sustentável. Rio de Janeiro: Lumen Juris, 2014. p. 289-302.

[45] A Lei nº 9.393, de 19 de dezembro de 1996, norma que disciplina o ITR, **retira da área tributável do imóvel** (art. 10, §1º, II), objetivando alcançar o valor da terra nua tributável, parcelas do terreno vinculadas a interesse ou preservação do meio ambiente, ou seja, é norma voltada para o aspecto impositivo da exação, a sua base de cálculo.

[46] Nessa terceira dimensão, a própria hipótese de incidência do tributo contém elemento relacionado ou vinculado diretamente à proteção do meio ambiente, seja um bem, serviço ou uma ação que se visa proteger ou desestimular. Por outro lado, nos termos já ressaltados, a simples proibição de determinada atividade, ou ação, desloca a disciplina da matéria para o campo exclusivamente regulatório.

danos causados pela degradação da qualidade ambiental, com fundamento na PNMA. Nesse sentido, constatou-se, entre outros pontos, que a norma apresenta, além de custos políticos reduzidos para sua aplicação, algumas vantagens em relação às demais alternativas tributárias — principalmente, em relação à instituição de novos tributos. Ainda assim, verificou-se que o art. 14, II, da PNMA, pode não se mostrar como a melhor solução para a questão ambiental, em razão dos vários problemas capazes de dificultar sua aplicação. Entre eles, destacam-se a necessidade de diálogo entre diversos agentes estatais e a possível afronta à CFRB/1988.

Conforme já ressaltado, no século XXI não basta a adoção de escolhas excludentes e simplistas, também ao direito tributário se impõe o difícil exercício de sopesar adequada e proporcionalmente os valores e princípios humanistas não antropocêntricos, visando a realização de ações sustentáveis no tempo — considerando que a lei da entropia[47] molda a natureza, que impõe limites à economia.[48] Não se pode garantir que o modo de vida e o crescimento econômico como atualmente concebidos sejam um processo contínuo e permanente.

REFERÊNCIAS

AINSWORTH, Richard Thompson. *Phishing & VAT fraud in CO2 permits*: dice in the eu-ets now; dice in power tomorrow. Neste volume.

ANTUNES, Paulo de Bessa. *Política Nacional do Meio Ambiente*: comentários à Lei 6.938, de 31 de agosto de 1981. Rio de Janeiro: Lumen Juris, 2005.

AVI-YONAH, Reuven S.; UHLMANN David M. *Why a carbon tax is the best way to address global climate change*. Neste volume.

BRASIL. Supremo Tribunal Federal. *RE 564225 AgR*. Relator(a): min. Marco Aurélio, Primeira Turma, julgado em 2/9/2014.

CECHIN, Andrei. *A natureza como limite da economia*: a contribuição de Nicholas Georgescu-Roegen. São Paulo: Senac; Edusp, 2010.

COASE. Ronald. *The problem of social costs*. 1960. Disponível em: <www.econ.ucsb.edu/~tedb/Courses/UCSBpf/readings/coase.pdf>. Acesso em: 14 dez. 2014.

COSTA, Leonardo de Andrade. A sustentabilidade ambiental na produção econômica de

---

[47] GEORGESCU ROEGEN, Nicholas. *O decrescimento*: entropia, ecologia, economia. Apresentação e organização de Jaques Grinevald e Ivo Rens. Tradução de Maria José Perillo Isaac. São Paulo: Senac, 2012.

[48] CECHIN, Andrei. *A natureza como limite da economia*: a contribuição de Nicholas Georgescu-Roegen. São Paulo: Senac; Edusp, 2010.

bens e serviços como requisito progressivo à concessão de incentivos e benefícios fiscais no Brasil. In: FLORES, Nilton Cesar (Org.). *A sustentabilidade ambiental em suas múltiplas faces*. São Paulo: Millennium, 2012. v. 1, p. 149-190.

COWSPIRACY. The sustainability secret. Disponível em: <www.cowspiracy.com>.

DE CARLI, Ana Alice. *A água e seus instrumentos de efetividade*: educação ambiental, normatização, tecnologia, tributação. Campinas: Millennium, 2013.

FAO. Food and Agriculture Organization of the United Nations. Disponível em: <www.fao.org/ag/magazine/0612sp1.htm>. Acesso em: 6 dez. 2014.

GEORGESCU ROEGEN, Nicholas. *O decrescimento*: entropia, ecologia, economia. Apresentação e organização Jaques Grinevald e Ivo Rens. Tradução de Maria José Perillo Isaac. São Paulo: Secac, 2012.

GETTING THE DEAL THROUGH. Climate regulation in 17 jurisdictions worldwide. 2014. p. 35. Disponível em: <https://gettingthedealthrough.com/books/42/climate-regulation/>. Acesso em: 13 dez. 2014.

GOLEMAN, Daniel. *Inteligência ecológica*: o impacto do que consumimos e as mudanças que podem melhorar o planeta. Rio de Janeiro: Elsevier, 2009.

MAGALHÃES, Aline Souza; DOMINGUES, Edson Paulo. *Economia de baixo carbono no Brasil*: alternativas de políticas, custos de redução de emissões de gases de efeito estufa e impactos sobre as famílias. Disponível em: <http://www.anpec.org.br/encontro/2013/files_I/i11-faade6189f3fafff87cc50c3f7c2df42.pdf>. Acesso em: 15 dez. 2014.

MAGALHÃES, José Veiga; COSTA, Leonardo de Andrade. Reeducação para adoção de uma metodologia sustentável de produtação como requisito progressivo à concessão de benefícios fiscais para a indústria. In: DE CARLI, Ana Alice; MARTINS, Saadia Borba (Org.). *Educação ambiental*: premissa inafastável ao desenvolvimento econômico sustentável. Rio de Janeiro: Lumen Juris, 2014. p. 261-326.

MCTI. Ministério da Ciência, Tecnologia e Inovação. Secretaria de Políticas e Programas de Pesquisa e Desenvolvimento. *Estimativas anuais de emissões de gases de efeito estufa no Brasil*. Brasília, 2013.

MESSERE, Ken. Half century of changes in taxation. *Bulletin for International Fiscal Documentation*, v. 53, p. 340-365, 1999.

MODÉ, Fernando Magalhães. *Tributação ambiental*: a função do tributo na proteção do meio ambiente. Curitiba: Juruá, 2006.

OCDE. *Relatório*. 9 set. 2014. Disponível em: <www.oecd-ilibrary.org/economics/country--statistical-profile-brazil_csp-bra-table-en>. Acesso em: 10 dez. 2014.

PIGOU, Arthur Cecil. *The economics of welfare*. 4. ed. Londres: Macmillan & Co., 1962.

A extrafiscalidade ambiental no ICMS

Ricardo Lodi Ribeiro*

1. Introdução

A utilização pelo direito tributário de instrumentos de intervenção ambiental tem como fundamento o princípio do poluidor-pagador, a partir da ideia de que o agente poluidor deverá ter a obrigação de arcar com um valor proporcional aos custos ambientais que sua atividade acarreta, fazendo com que a sociedade seja ressarcida pelos danos externos causados por sua atuação.[1] Nesse cenário, a obrigação tributária pode ter como função induzir os agentes a práticas ambientalmente adequadas, conferindo tratamento mais benigno às condutas harmonizadas com a preservação do meio ambiente, ou, ao revés, apresentar um caráter redistributivo, no qual os custos ambientais das atividades que causam danos são redistribuídos, e ainda um caráter restaurador, restaurando os danos ambientais já verificados.[2]

Desse modo, a intervenção do Estado por meio da tributação como meio indutor de comportamento e orientador da atividade econômica é um poderoso instrumento de atuação,[3] que atinge pelo estímulo o elemento econômico da equação empresarial. Contudo, a utilização do direito tributário como mecanismo de intervenção ambiental não carece da criação de novas espécies

---

* Professor adjunto de direito financeiro da Universidade do Estado do Rio de Janeiro (Uerj). Coordenador do Programa de Pós-Graduação em Direito da Uerj. Presidente da Sociedade Brasileira de Direito Tributário (SBDT). Doutor em direito pela Universidade Gama Filho (UGF). Mestre em direito tributário pela Universidade Candido Mendes (Ucam). Ex-procurador da Fazenda Nacional. Ex-procurador do estado (SP). Advogado e parecerista. End. Lattes: http://lattes.cnpq.br/6849586571027880.

[1] PERALTA MONTERO, Carlos Eduardo. *Tributação ambiental*: reflexões sobre a introdução da variável abiental no sistema tributário. São Paulo: Saraiva, 2014. p. 201-205.

[2] RIBEIRO, Ricardo Lodi; ANNARUMMA, Clara. Tributação como instrumento de proteção ao meio ambiente. In: DE CARLI, Ana Alice; MARTINS, Saadia Borba. *Educação ambiental*: premissa inafastável ao desenvolvimento econômico sustentável. Rio de Janeiro: Lumen Juris, 2014. p. 338.

[3] Para um estudo mais aprofundado da utilização das normas tributárias como indutoras do comportamento dos agentes econômicos, ver: SHOUERI, Luís Eduardo. *Normas tributárias indutoras e intervenção econômica*. Rio de Janeiro: Forense, 2005.

tributárias para a proteção do meio ambiente, sendo mais eficaz a adoção da extrafiscalidade ambiental nos tributos já existentes, considerando-se o quadro de sobrecarga dos contribuintes que desaconselha a criação de novos impostos, sem que antes seja realizada uma reforma tributária, não necessariamente no plano constitucional, de modo a *esverdear* o sistema tributário nacional a fim de articulá-lo com as políticas públicas ambientais.[4]

Não é outra a opinião de Pedro Herrera Molina:[5] *"La verdadera 'reforma fiscal ecológica' debe llevarse a cabo introduciendo el interes ecológico em sistema fiscal y no convirtiendo el ordenamiento tributário em uma selva de impuestos indirectos".*

Nesse sentido, a proteção do meio ambiente pela tributação não passa pela proliferação de vários tributos especiais com cunho ambiental, mas pela introdução do interesse ecológico nos tributos que o compõem. É que, mais eficaz do que criar novos tributos para a tutela do meio ambiente, será promover o *esverdeamento* dos tributos já presentes em nosso sistema tributário, por meio da extrafiscalidade.[6]

Sendo a proteção ao meio ambiente uma responsabilidade que o art. 23, VI da Constituição Federal, no âmbito da competência comum, atribui à União, aos estados e aos municípios, a extrafiscalidade ambiental, observados as suas possibilidades e limites, deve ser adotada na instituição tributária por todos os entes federativos. No caso dos estados, sendo o ICMS seu imposto mais importante, não há que excepcioná-lo das preocupações ambientais, política que costuma ser estabelecida por meio da adoção de alíquotas seletivas. Contudo, o imposto estadual tem sua feição extrafiscal tolhida pela restrição à concessão de benefícios fiscais perpetrada pelo art. 155, §2º, XII, g, CF, o que exige do aplicador uma investigação mais aprofundada sobre as possibilidades da implementação de diretrizes ambientais na exigência do referido imposto.

---

[4] TUPIASSU, Lise Vieira da Costa. *Tributação ambiental*: a utilização de instrumentos econômicos e fiscais na implementação do direito ao meio ambiente sustentável. Rio de Janeiro: Renovar, 2006. p. 138.
[5] HERRERA MOLINA, Pedro. *Derecho tributário ambiental (Environmental tax law)*: la introducción del interesés ambiental em lo ordenamiento tributário. Barcelona: Marcial Pons, 2000. p. 46.
[6] RIBEIRO, Ricardo Lodi; ANNARUMMA, Clara. Tributação como instrumento de proteção ao meio ambiente. In: DE CARLI, Ana Alice; MARTINS, Saadia Borba. *Educação ambiental*: premissa inafastável ao desenvolvimento econômico sustentável. Rio de Janeiro: Lumen Juris, 2014. p. 345.

2. Extrafiscalidade: limites e possibilidades

A extrafiscalidade se revela quando o objetivo precípuo da tributação não é a arrecadação de recursos, mas o estímulo ou desestímulo a determinada atividade do contribuinte. Dá-se a *extrafiscalidade positiva* quando uma tributação mais baixa induz o contribuinte a praticar o fato gerador. Na *extrafiscalidade negativa* a tributação elevada desestimula a realização do fato gerador. Assim, quando a lei tributária onera pesadamente uma conduta inconveniente ao interesse público, seja do ponto de vista econômico, social, ambiental ou em qualquer seara da atuação estatal, não está punindo um ato ilícito, mas está desincentivando uma situação que, embora não seja contrária à lei, deve por ela ser desestimulada. Desse modo, é possível ao legislador tributar pesadamente a fabricação de cigarros (atividade lícita, mas prejudicial à saúde dos usuários), mas não pode tributar a fabricação de drogas (atividade ilegal). Vale notar que muitas vezes a licitude ou ilicitude da conduta depende do grau de ofensa ao bem tutelado pelo ordenamento jurídico, como se dá, por exemplo, na extrafiscalidade ambiental. Muitas das atividades industriais lícitas apresentam um grau de degradação ao meio ambiente, que pode ser coibido por uma tributação alta, a fim de estimular a adoção de práticas mais limpas. No entanto, a partir de determinado patamar, a poluição começa a não mais ser tolerada pelo legislador, que passa a puni-la até mesmo com pena privativa de liberdade. Nessa fase, já não há mais que se falar em tributação, mas em punição.

A extrafiscalidade quase sempre vai entrar em conflito com o princípio da capacidade contributiva, e na seara ambiental não é diferente, uma vez que poluir não é índice de manifestação de riqueza. Durante muito tempo, uma visão exclusivista do princípio da capacidade contributiva, que lhe concebia como uma orientação de caráter absoluto, levou à crise do princípio diante da inevitável ascensão da extrafiscalidade no estado social. Os contornos normalmente fixados pela doutrina para a formulação da capacidade contributiva não pareciam suficientes para explicação do fenômeno da tributação extrafiscal. Nesse contexto, o princípio em tela reduziu-se à mera proibição do arbítrio,[7] e, embora fosse até levado em consideração pelos tribunais, poderia ser afastado diante de qualquer alegação fundamentada. Em nosso país, o próprio STF, não raras vezes, acabou por afastar a aplicação do princípio em razão da extrafiscalidade.[8]

---

[7] HERRERA MOLINA, Pedro Manuel. *Capacidad económica y sistema fiscal*: análisis del ordenamiento español a la luz del Derecho alemán. Barcelona: Marcial Pons, 1998. p. 77.
[8] STF, 1ª Turma, RE nº 344.331/PR, rel. min. Ellen Gracie, *DJU*, 14 mar. 2003, p. 40.

No entanto, não é suficiente a simples alusão a um objetivo extrafiscal para afastar, como num passe de mágica, a aplicação da capacidade contributiva. A contradição entre esta e outros interesses caros ao direito, como a simplificação administrativa e a especial tutela constitucional a determinados grupos, é resolvida mediante a ponderação e a aplicação do princípio da razoabilidade. Assim se dá também com a extrafiscalidade.

Muitos autores, ainda hoje, defendem o afastamento da capacidade contributiva em nome do estabelecimento de uma política extrafiscal nos campos social, econômico, ambiental e da saúde.[9] E foi justamente essa tendência que ocasionou o desprestígio do princípio da capacidade contributiva nos anos 1960 e 1970. No entanto, como é quase consenso na moderna doutrina, não se pode afastar a aplicação da capacidade contributiva diante de um mero objetivo extrafiscal. É preciso, ao contrário, que o objetivo extrafiscal seja razoável,[10] e que prevaleça diante de um juízo de ponderação de valores tendo no outro polo a Igualdade e a capacidade contributiva,[11] a fim de que não sejam criados privilégios odiosos sob o pano da extrafiscalidade.

De fato, a quebra do tratamento igualitário conferido pelo legislador aos que revelam a mesma capacidade contributiva só pode se legitimar em função da finalidade extrafiscal, caso estejam presentes os requisitos mínimos do referido princípio e quando os fins extrafiscais almejados sejam também amparados pela Constituição.[12]

Por outro lado, é necessário que a tutela a esses interesses esteja inserida não só na competência tributária da entidade federativa, mas também na competência material para estabelecer a política pública visada pela norma tributária. Desse modo, se, por exemplo, cabe à União legislar sobre o comércio exterior (art. 22, VIII, CF), não podem os estados fazer variar a alíquota de IPVA dos veículos automotores em função de sua origem estrangeira.[13] Em matérias da competência material comum, como a proteção ao meio ambiente, prevista no art. 23, VI, CF, é, em tese, legítimo e louvável o exercício da extrafiscalidade pelos três entes federativos. Assim, encontramos,

---

[9] Por todos: CARRERA RAYA, Francisco José. *Manual de derecho financiero*. Madri: Tecnos, 1993. v. I, p. 94.
[10] PÉREZ ROYO, Fernando. *Derecho financiero y tributario — parte general*. 10. ed. Madri: Civitas, 2000. p. 37.
[11] HERRERA MOLINA. *Capacidad econômica y sistema fiscal*, 1998, op. cit., p. 100.
[12] FERREIRO LAPATZA, José Juan. *Curso de derecho financiero español*. 21. ed. Barcelona: Marcial Pons, 1999. v. I, p. 62.
[13] STF, 2ª Turma, RE nº 367.785 AgR/RJ, rel. min. Eros Grau, *DJU*, 2 jun. 2006, p. 38.

por exemplo, a extrafiscalidade ambiental em tributos federais (como o IPI), estaduais (como o IPVA e o ICMS) e municipais (como o IPTU).

Contudo, o princípio da Isonomia não é atendido com o simples afastamento da capacidade contributiva diante da mera alusão a uma finalidade tutelada constitucionalmente e inserida na competência do ente federativo tributante. Para que o afastamento da capacidade contributiva não viole o princípio da Isonomia é preciso que a extrafiscalidade prevaleça sobre a manifestação de riqueza num juízo de ponderação[14] onde o fiel da balança é justamente a Igualdade.

Nesse juízo de ponderação, onde o princípio da razoabilidade presta relevante serviço, há que perquirir se o afastamento da tributação de acordo com a capacidade contributiva é *necessário* para o atendimento da finalidade extrafiscal almejada pelo legislador. É claro que o atendimento à finalidade ambiental poderá ser perseguido por meios tributários e não tributários. Não há que exigir-se aqui, para reconhecimento do requisito da *necessidade*, que a solução tributária seja a única capaz de alcançar o objetivo proposto. Mas deve ela dar uma relevante contribuição à finalidade almejada, não sendo um mero pretexto.

Em seguida, verifica-se se há *adequação* entre a finalidade do privilégio ou da discriminação e o critério de distinção escolhido pelo legislador. Nesse particular é fundamental a aferição da existência de harmonia entre os elementos estruturais da diferenciação. Segundo Humberto Ávila, a comparação à luz da Igualdade se verifica pelos seguintes elementos: a) sujeitos; b) a medida de comparação; c) elemento indicativo da medida de comparação; d) finalidade da diferenciação.[15]

Em relação aos sujeitos, deve-se responder à seguinte indagação: igual a quê? Nesse cenário é sabido que o legislador tributário está sempre estabelecendo um tratamento diverso aos vários segmentos de contribuintes. Resta saber se essas distinções são razoáveis ou odiosas. Assim, parece óbvio que o princípio da Isonomia tributária não se dirige apenas contra o tratamento desigual entre o indivíduo e o grupo do qual ele faz parte. Mas também é preciso perquirir se a carga tributária é repartida de forma equânime entre os vários segmentos da sociedade. Desse modo, não basta ao legislador tributário evitar fazer discriminações odiosas em relação a um ou a alguns médicos em relação aos demais integrantes da categoria. Tratar a todos os médicos

---

[14] HERRERA MOLINA. *Capacidad econômica y sistema fiscal*, 1998, op. cit., p. 73-77.
[15] ÁVILA, Humberto. *Teoria da igualdade tributária*. São Paulo: Malheiros, 2008. p. 42-73.

da mesma forma na tributação dos rendimentos oriundos dessa atividade é exigível, mas não suficiente. É preciso que a categoria dos médicos não seja discriminada, sem motivo razoável, em relação aos demais profissionais liberais e prestadores de serviços. Ademais, é indispensável que a razão para a distinção, como deve ser reconhecida como razoável, prevaleça, em um exame de ponderação, sobre a Igualdade, a fim de que o afastamento desta seja legitimamente reconhecido pelos critérios da necessidade, adequação e proporcionalidade.[16]

Os sujeitos devem ser cotejados de acordo com uma medida comum de comparação entre tantas disponíveis na realidade fática, de acordo com a finalidade almejada pelo legislador, como a capacidade para contribuir para o desenvolvimento econômico de determinada região, ou de produzir empregos, por exemplo.

A medida de comparação se revela pela escolha do traço distintivo relevante, como a idade, o sexo, a ocupação profissional. Porém, a medida de comparação pode ser verificada por vários critérios, devendo ser escolhido pelo legislador um elemento indicativo dessa medida que seja compatível não só com ela, mas também com a finalidade almejada.[17]

Exemplificando. O legislador do IPVA tem como finalidade extrafiscal a proteção ao meio ambiente. Para atingir essa finalidade, que é tutelada constitucionalmente e inserida em sua competência material (art. 23, VI, CF), o Estado identifica como sujeitos da comparação os proprietários de veículos automotores, contribuintes de imposto de sua competência. Como medida de comparação é escolhido o combustível utilizado pelos veículos de propriedade desses sujeitos, partindo do pressuposto de que o tipo de combustível influencia o grau de poluição causada por esses veículos. Considerando que a medida de comparação (combustível utilizado) é adequada à finalidade (proteção ao meio ambiente), cumpre verificar se o elemento indicativo da medida de comparação guarda uma correspondência estatística[18] com a medida de comparação. Nesse sentido, o legislador onera com alíquota maior os veículos movidos a gasolina, combustível não renovável de origem fóssil, que produz um alto grau de poluição, e menor em relação aos veículos que utilizam recursos renováveis menos poluentes como o álcool etanol. Da mesma forma, o legislador concede alíquotas mais baixas para os veículos movidos a gás natural, cujo grau de poluição é ainda menor. Logo, nesse exemplo, verifica-se

---

[16] Ibid., p. 162.
[17] Ibid., p. 48.
[18] Ibid.

a harmonia entre os elementos estruturais da diferenciação, revelando-se adequada a medida.

Por fim, a razoabilidade da medida é confirmada por meio do exame da proporcionalidade em sentido estrito, com a verificação se os rasgos na capacidade contributiva são justificados pelo atendimento às outras finalidades da tributação. Nessa seara é fundamental a consideração do caráter ambivalente da lei tributária que, ao incidir, traz prejuízo ao contribuinte e benefícios aos demais cidadãos. E, ao contrário, ao desonerar alguém, alivia o sujeito passivo e aumenta a carga a ser suportada pelos demais indivíduos. É nesse terceiro elemento da razoabilidade que o valor da Igualdade vai ter especial importância, a partir de considerações mais gerais relativas ao conjunto da sociedade e ao princípio da livre-concorrência, hoje bastante devedor da Isonomia tributária.

Outro cuidado que se deve tomar nos tributos informados pela extrafiscalidade ambiental é a definição do fato gerador, que não poderá se traduzir em sanção de ato ilícito, o que descaracterizaria a natureza tributária da exação, de acordo com a definição do art. 3º do CTN. É esse elemento da definição de tributo que irá diferenciá-lo das multas que, embora tenham todos os cinco outros elementos, se revelam como penalidade. Assim, a tributação não deve ter o caráter de sanção, e nem a prática de ato ilícito pode servir de elemento de distinção entre contribuintes que estejam na mesma situação. Quando a lei tributária estabelece tributo como sanção de ato ilícito, a natureza jurídica da exação será de multa e, como tal, deve ser examinada sua legitimidade diante do ordenamento jurídico, ainda que a intenção legislativa fosse a de tributar. Porém, a tributação de atos praticados sobre circunstâncias ilícitas não afasta a natureza tributária da cobrança com base no princípio do *non olet*,[19] uma vez que o art. 118, I, do CTN, determina que a validade do tributo independe da validade jurídica dos atos praticados pelos contribuintes. Desse modo, a ilicitude não pode estar descrita na hipótese de incidência (norma jurídica), sob pena de transformar a cobrança em uma sanção pecuniária, mas pode ser uma circunstância informadora do fato imponível (realidade fática). Assim, é possível a tributação ambiental levar em consideração na mensuração do

---

[19] A expressão *non olet* supostamente tem origem no diálogo do imperador Vespasiano, na Roma do século I, com seu filho Tito que, repugnado com a tributação dos mictórios públicos romanos, apelidados pelo povo de cloacas, questionou seu pai. Este então determinou que o filho cheirasse uma moeda, perguntando se tinha algum odor. Quando o filho respondeu negativamente, o imperador concluiu: "*Pecunia non olet*" (dinheiro não tem cheiro), a fim de justificar a tributação.

tributo a extrafiscalidade ligada à preservação do meio ambiente, mas não poderá a lei identificar como fato gerador o ato de poluir, que não corresponde a signo presuntivo de riqueza.

Até mesmo a fixação de taxas ambientais deverá observar a capacidade contributiva,[20] o que se revela, porém, em um plano diverso, pelo menos em parte, do que ocorre nos impostos. Como nestes, a capacidade contributiva nas taxas serve, sob aspecto objetivo, como fundamento da tributação e como obrigatoriedade de escolha pelo legislador de uma conduta praticada pelo contribuinte que seja reveladora da sua riqueza como fato gerador. Mesmo nos tributos vinculados, a hipótese de incidência não pode ser uma conduta desprovida de conteúdo econômico, como poluir o meio ambiente, conforme considerou o STF no julgamento da extinta Taxa de Fiscalização Ambiental do Ibama (TFA) instituída pela Lei nº 9.969/2000,[21] entre outros motivos por ter a lei estabelecido como sujeito passivo o potencial poluidor e não uma conduta vinculada à atividade estatal específica em relação ao contribuinte. Do mesmo vício não padeceu a Taxa de Controle e Fiscalização Ambiental (TCFA), instituída pela Lei nº 10.165/2000, uma taxa pelo exercício regular do poder de política ambiental.

Desse modo, a extrafiscalidade ambiental legítima é aquela estabelecida pela lei que identifique como fato gerador um signo presuntivo de riqueza, mas cujo elemento quantitativo seja informado por critérios relativos à proteção ao meio ambiente que, em um juízo de ponderação com a capacidade contributiva, acabem por prevalacer à luz do princípio da proporcionalidade.

3. A seletividade ambiental no ICMS

A seletividade se materializa pela variação de alíquotas em função da essencialidade do produto ou da mercadoria, e representa a modalidade mais adequada à aplicação do princípio da capacidade contributiva aos impostos indiretos, como o ICMS e o IPI, pois afere o índice de riqueza do contribuinte de fato, a partir do grau de indispensabilidade do bem consumido. Dentro dessa lógica, o consumo de bens populares é gravado com alíquotas

---

[20] Sobre aplicação do princípio da capacidade contributiva em relação a todos os tributos, inclusive às taxas, ver: RIBEIRO, Ricardo Lodi. O princípio da capacidade contributiva nos impostos, nas taxas e nas contribuições parafiscais. *Revista Fórum de Direito Tributário*, n. 46, p. 87-109, 2010.

[21] STF, Pleno, ADI 2.178, rel. min. Ilmar Galvão, *DJ*, 12 maio 2000.

menores, como ocorre com os produtos da cesta básica. Já os bens supérfluos são tributados com base em alíquotas maiores, como se dá com cigarros, bebidas e perfumes.

Assim, não é difícil perceber que a aplicação da proporcionalidade nos impostos incidentes sobre os bens de consumo popular, como gêneros alimentícios de primeira necessidade, acaba gerando um efeito regressivo, pois retira das classes menos aquinhoadas relativamente mais do que é suportado pelos abastados,[22] não se resguardando o mínimo existencial.

Por sua vez, situação parecida ocorreria na aplicação da progressividade aos impostos sobre o consumo, uma vez que, não suportando o sujeito passivo a carga tributária, a tributação de acordo com a riqueza teria o condão de transferir para o consumidor, contribuinte de fato, um encargo que não seria necessariamente adequado à sua capacidade contributiva.[23]

Além da capacidade contributiva, a seletividade por meio da essencialidade do bem também atende à extrafiscalidade, na medida em que os bens que atendem aos objetivos indutores terão alíquotas mais baixas do que aqueles que desatendem ao plano do legislador.

Na seara ambiental, a seletividade poderá levar em consideração, entre outros critérios: (i) o nível de consumo de energia do bem, como ocorre nos eletrodomésticos e maquinário; (ii) a circunstância de sua fabricação ou alimentação utilizar-se de bens renováveis ou não, como pode ser verificado nos produtos industrializados, em especial veículos; (iii) ao caráter de essencialidade vinculado à preservação dos recursos naturais escassos diante do hiperconsumo de itens supérfluos.

Em relação à seletividade no ICMS, vale destacar que foi incluído no inciso III do §2º do art. 155 da Constituição como uma faculdade ao legislador estadual: a lei estadual *poderá* aplicar alíquotas seletivas, em função da essencialidade da mercadoria. Porém, exercendo a faculdade de adoção da seletividade, afastando a proporcionalidade, exige-se do legislador estadual a adoção do critério da essencialidade do bem, de forma a não estabelecer alíquotas maiores do que as alíquotas ordinárias para bens de primeira necessidade.[24]

Por outro lado, cumpre destacar que o estabelecimento da seletividade encontra limite nas alíquotas máximas e mínimas fixadas pelo Senado Federal na forma dos incisos IV, V e VI do referido dispositivo constitucional. Hoje, a

---

[22] BALEEIRO, Aliomar. *Uma introdução à ciência das finanças*. 14. ed. Rio de Janeiro: Forense, 1987. p. 211.
[23] VALDÉS COSTA, Ramón. *Instituciones de derecho tributario*. Buenos Aires: Depalma, 1996. p. 455.
[24] MACHADO, Hugo de Brito. *Curso de direito tributário*. 30. ed. São Paulo: Malheiros, 2009. p. 376.

alíquota mínima nas operações internas é fixada em 12%, a partir do patamar definido nas operações interestaduais pela Resolução nº 22/1989 pelo Senado Federal, salvo deliberação em contrário em convênio do Conselho Nacional de Política Fazendária (Confaz).

São justamente as limitações que a Constituição estabelece para a concessão de benefícios fiscais em matéria de ICMS, aí incluídas não só as isenções e outras desonerações, mas também a fixação de alíquotas inferiores a 12%, o maior obstáculo à implementação da extrafiscalidade ambiental no principal tributo estadual.

4. A extrafiscalidade ambiental e a restrição aos benefícios fiscais no ICMS

A autonomia das entidades periféricas da Federação, que tem como objetivo precípuo a descentralização espacial do poder, pressupõe a autoadministração, ou seja, o livre exercício das competências conferidas pela Constituição. Nunca se pode perder de vista que a autoadministração depende, obviamente, de recursos financeiros para fazer frente aos misteres constitucionalmente conferidos a cada um dos entes federativos. Para garantir a possibilidade de cada um deles cumprir os objetivos impostos pela Constituição Federal, é preciso que haja uma adequação dos recursos repartidos a essas atividades administrativas que lhe foram confiadas.

O descompasso entre as atribuições materiais e as receitas tributárias gera uma sobrecarga comprometedora da autoadministração e, em consequência, da autonomia federativa, o que acaba por desfigurar o projeto de federalismo brasileiro constitucionalmente adotado.

É ínsita à ideia de autonomia a descentralização territorial do poder, permitindo que os estados definam suas próprias prioridades, independentemente das políticas definidas pela União.[25] Sem que haja a eleição de suas próprias prioridades por parte dos estados, inútil é a federação.

Inerente ao exercício da competência tributária é o poder de não tributar. Ou seja, a faculdade, a partir das suas próprias estratégias para alcançar o desenvolvimento social e econômico, de estabelecer benefícios fiscais que atendem não só à baixa intensidade de capacidade contributiva e às polí-

---

[25] CARRAZZA, Roque Antônio. *Curso de direito constitucional tributário*. 4. ed. São Paulo: Malheiros, 1993. p. 81.

ticas públicas inseridas nas suas competências materiais, mas também ao incentivo a que os agentes econômicos sejam atraídos para o território da entidade tributante. No regime capitalista, as empresas identificam o melhor local para fixar seus empreendimentos levando em conta a proximidade com o mercado consumidor, com as matérias-primas e a mão de obra especializada que serão utilizadas na produção, o maior acesso ao comércio exterior, entre outros fatores. Ocorre que os grandes centros já oferecem historicamente tais condições ao empreendedor, o que acaba por concentrar no plano espacial ainda mais a atividade econômica.

No entanto, no estado social e democrático de direito, a atividade econômica não é desenvolvida tomando por base apenas o interesse dos agentes econômicos, sendo indispensáveis as políticas públicas tendentes a combater o desequilíbrio entre as diversas regiões do país, tarefa que o nosso constituinte elegeu como um dos objetivos fundamentais da República Federativa do Brasil (art. 3º, III, CF) e um dos princípios reatores da atividade econômica (art. 170, VII, CF). É claro que em nosso federalismo descentralizado e assimétrico não pode prevalecer a postura paternalista de que somente à União é dado o estabelecimento de medidas destinadas ao combate às desigualdades regionais e à proteção ao meio ambiente, cabendo aos próprios estados e municípios o implemento de medidas que sejam capazes de promover seu desenvolvimento social e econômico autossustentado.

Nesse diapasão, a concessão de benefícios fiscais pelos próprios titulares da competência tributária é medida que se adéqua ao federalismo fiscal descentralizado e assimétrico estabelecido pela Constituição Federal de 1988, não devendo os entes centrais sufocar o exercício da autonomia local, sob pena de restar violado o *princípio da conduta amistosa federativa*. De acordo com Konrad Hesse, esse princípio se revela na fidelidade para com a Federação, não só dos estados em relação ao todo e a cada um deles, mas da União em relação aos estados, sendo inconstitucional a iniciativa que fira essa fidelidade federativa, uma vez que se rompe o dever de boa conduta que deve presidir as relações entre os integrantes da Federação, baseada na colaboração e cooperação recíprocas.[26]

Contudo, o princípio da conduta amistosa federativa, essencial à harmonia e à indissolubilidade federativas, não deve ser considerado apenas no plano vertical com a limitação ao poder central ante as esferas periféricas. No plano

---

[26] HESSE, Konrad. *Elementos de direito constitucional da República Federal da Alemanha*. Tradução de Luís Afonso Heck. Porto Alegre: Sérgio Antônio Fabris Editor, 1998. p. 212-215.

horizontal, devem os estados respeitar os interesses dos outros estados, assim como os municípios entre si. Infelizmente, nem sempre essa ideia é respeitada a partir de uma decisão dos próprios entes envolvidos que, no afã de atender aos reclames da sua população, muitas vezes acabam por exercer sua competência de forma abusiva, ferindo o interesse de outros integrantes da Federação.

É por isso que a Constituição Federal, ao estabelecer o Pacto Federativo, prevê mecanismos nacionais de uniformização e de harmonização, a fim de impedir a violação da conduta amistosa a partir do abuso no exercício da autonomia local.

Na seara fiscal, o abuso no exercício da autonomia local, provocando prejuízos aos interesses de outros entes federativos, é denominado *guerra fiscal*. Esta não se caracteriza pela simples adoção de políticas de incentivo fiscal pelos estados e municípios, visto que estas são inerentes ao federalismo que constitucionalmente adotamos. A guerra fiscal pressupõe a violação do princípio da conduta amistosa federativa, a partir de condutas artificiosas, abusivas ou ilegais, dirigidas à atração de empreendimentos que, sem essas práticas, seriam destinados a outro ente federativo.

Com o intuito de evitar a *guerra fiscal* entre os estados cujos governos, para atrair empresas para os seus territórios, poderiam conceder benefícios fiscais intermináveis, contrários aos interesses futuros do próprio erário estadual e ao princípio da conduta amistosa entre os entes federativos, o art. 155, §2º, XII, *g*, da Constituição Federal, subordinou a concessão e revogação de isenções, incentivos e benefícios fiscais em matéria de ICMS à deliberação dos estados e do Distrito Federal, conforme definido em lei complementar.

Vale notar que o referido dispositivo constitucional não vedou a concessão de benefícios fiscais pelos estados, apenas previu que a lei complementar estabeleceria uma forma pela qual tais incentivos seriam concedidos. Isso não significa um cheque em branco para que a lei complementar fixe um critério qualquer que materialmente viole o equilíbrio entre as dimensões vertical e horizontal do princípio federativo.

E é na busca desse equilíbrio que deve ser interpretada a norma em questão, que é a LC nº 24/1975, segundo a qual as concessões e revogações de isenções são efetuadas por convênios celebrados e ratificados pelos estados e o Distrito Federal. Esses convênios são elaborados pelo Confaz, composto por todos os secretários de Fazenda dos estados e do Distrito Federal, e presidido pelo ministro da Fazenda.

Sendo todos os estados convocados à reunião do Confaz, apenas com a unanimidade dos presentes se aprova convênio concedendo benefício fiscal, e com o voto de 4/5 (quatro quintos) se revoga o benefício anteriormente concedido (art. 2º, §2º). Aprovado o convênio, ocorre, no prazo de 10 dias, a sua publicação no *Diário Oficial da União*. Com a publicação, todos os governadores dos estados e do Distrito Federal, inclusive os dos estados que não compareceram à reunião, têm o prazo de 15 dias para ratificar o convênio, sendo este ratificado tacitamente diante do silêncio do chefe do Poder Executivo estadual (art. 4º).

Considera-se rejeitado o convênio se todos os estados não o ratificarem ao menos tacitamente, salvo no caso de revogação, quando a ratificação tem quórum de 4/5. Assim, basta que um governador não concorde com a concessão do benefício, rejeitando expressamente o convênio, para que ele não seja ratificado.

A concessão de benefícios fiscais por estados em desacordo com os convênios gera a nulidade do ato e a ineficácia do crédito fiscal atribuído ao estabelecimento recebedor da mercadoria, bem como a exigibilidade do imposto não pago ou devolvido, além da ineficácia da lei ou ato que conceda remissão do débito correspondente, sem prejuízo da presunção de irregularidade das contas, a juízo do Tribunal de Contas da União, e a suspensão do recebimento das quotas referentes ao Fundo de Participação dos Estados, de acordo com o art. 8º da LC nº 24/1975. Portanto, são ineficazes, do ponto de vista legal, as isenções e demais benefícios fiscais concedidos sem a observância do convênio, ainda que previstos em leis estaduais, como reconhece farta jurisprudência do STF.[27]

Sendo a exigência prevista no art. 155, §2º, XII, g, CF, uma salvaguarda do regime federativo no plano horizontal, impedindo que os estados violem o princípio da conduta amistosa federativa, causando lesão aos direitos de outros estados, não há como deixar de reconhecer que o dispositivo diminui a autonomia local e, indiretamente, a dimensão vertical do princípio federativo.

Logo, à luz do princípio da proporcionalidade, a restrição à autonomia local só será válida na medida em que for necessária à preservação da própria Federação, a fim de evitar a guerra fiscal.

---

[27] De que são exemplos: STF, Pleno, ADI nº 1.247 MC/PA, rel. min. Celso de Mello, *DJU*, 8 set. 1995, p. 28.354; STF, Pleno, ADI 1.179/SP, rel. min. Carlos Velloso, *DJU*, 19 dez. 2002, p. 69; STF, Pleno, ADI nº 1.308/RS, rel. min. Ellen Gracie, *DJU*, 4 jun. 2004, p. 28; STF, Pleno, ADI 2.548/PR, rel. min. Gilmar Mendes, *DJe*, 15 jun. 2007. Na sessão plenária do dia 1/6/2011, o STF declarou, por votação unânime, a inconstitucionalidade de várias leis estaduais que estabeleceram benefícios fiscais de ICMS sem convênio, em decisões contidas no Informativo nº 629, de 30/5 a 3/6 de 2011: ADIs 2.906, 2.376, 3.674, 3.413e 4.457, relatadas pelo min. Marco Aurélio, 2.549, relatada pelo min. Ricardo Lewandowski, 4.152, 3.664 e 3.803, relatadas pelo min. Cezar Peluso, 3.702 e 1.247, relatadas pelo min. Dias Toffoli, 3.794 e 2.688, relatadas pelo min. Joaquim Barbosa.

De logo, cabe, por isso, afastar a exigência do convênio em relação a benefícios fiscais que não estejam relacionados à guerra fiscal, por não se traduzirem em incentivos setoriais, mas se basearem na capacidade contributiva ou na extrafiscalidade dissociada do fomento ou da atração de empreendimentos econômicos, como ocorre com as normas com finalidades ambientais.

Nesse sentido, o STF considerou constitucional a Lei nº 14.586/2004 do estado do Paraná que concedeu isenção de ICMS sobre o serviço público de água, luz, telefone e gás sobre os imóveis destinados a templo de qualquer culto.[28] No caso em questão, questionava-se a legitimidade da norma em face da ausência de convênio, tendo o Tribunal, em decisão unânime exarada na esteira do voto do relator, ministro Marco Aurélio, dispensado a exigência do convênio sob o entendimento de que na situação concreta não se estava diante do estímulo à atração do contribuinte de direito ao desempenho de determiada atividade econômica, mas de benefício dirigido ao contribuinte de fato, já contemplado pela imunidade dos templos nas situações em que pratica o fato gerador.

Nos parece que o aspecto mais importante da referida decisão reside no reconhecimento de que a exigência do convênio somente é necessária quando o benefício fiscal se insere no contexto de competição da guerra fiscal.

Desenvolvendo um pouco mais essa ideia, que se baseia na preservação da autonomia local sempre que sua restrição não seja indispensável à preservação do federalismo fiscal no plano horizontal, conclui-se que os convênios não são necessários em relação aos benefícios fiscais destinados ao consumidor final em razão da sua hipossuficiência econômica, como na fixação de alíquotas reduzidas aos produtos da cesta básica, bem como em isenções conferidas em razão da especial tutela a determinados segmentos, como aos deficientes físicos, incentivos à preservação do patrimônio histórico, cultural, artístico e paisagístico, à educação, à cultura, à ciência, à preservação do meio ambiente, ao combate à pobreza, ao desenvolvimento da habitação popular e a outros interesses materialmente caros aos valores constitucionais, cuja tutela não é reservada à União, mas atribuída também aos estados, de acordo com o art. 23, CF.

Por outro lado, mesmo no que se refere ao incentivo à atração de investimentos para o território dos estados, seara em que é inafastável a interpretação que vincula a concessão de benefícios ao procedimento previsto na LC nº 24/1975, é preciso reconhecer a obsolescência da atual disciplina legal, cunhada no auge da centralização do autoritarismo militar, e por isso

---

[28] STF, Pleno, ADI nº 3.421/PR, rel. min. Marco Aurélio, *DJe*, 28 maio 2010.

mesmo produto de um federalismo orgânico em que a figura da União predominava sobre a autonomia estadual. De fato, exigir a unanimidade entre os estados para a aprovação de qualquer benefício fiscal equivale a quase sempre inviabilizar qualquer proposta desoneradora, abrindo espaço para medidas unilaterais abusivas por parte dos governos estaduais. É preciso adotar um critério legal que, ao mesmo tempo que coíba o exercício do abuso de direito caracterizado como guerra fiscal, seja capaz de permitir aos estados a possibilidade de estabelecerem sua política tributária em seu principal imposto incentivando a atração de investimentos que, sem os benefícios, tenderiam a se concentrar nas regiões mais ricas, por serem mais próximas do mercado consumidor, da mão de obra qualificada e dos canais de acesso ao comércio internacional.

Tramitam no Congresso Nacional vários projetos de lei para a alteração da LC nº 24/1975,[29] que procuram flexibilizar a exigência da unanimidade para a aprovação de benefícios fiscais em matéria de ICMS. Tais propostas são alvissareiras no sentido de equilibrar as exigências da restrição da autonomia local em nome da perspectiva horizontal do federalismo com sua dimensão vertical que preserva as competências dos entes periféricos.

Especificamente, no que se refere à extrafiscalidade ambiental, não se pode confundir as preocupações do legislador estadual com o atendimento de uma obrigação constitucional dirigida aos estados pelo art. 23, VI, CF, com uma política de atração de investimentos setoriais. Por essa razão, estendemos que as leis estaduais que estabelecem incentivos fiscais baseados na extrafiscalidade ambiental não estão sujeitas à exigência do convênio do Confaz, seja para o estabelecimento de normas desoneradoras como as isenções, reduções de base de cálculo, diferimentos, mas também para a fixação de alíquotas internas inferiores ao percentual exigido nas operações interestaduais.

---

[29] Entre eles, o Projeto de Lei do Senado — Complementar nº 240 de 2006, de autoria do senador Flexa Ribeiro, que estabelece o quórum de 4/5 para a concessão de benefícios fiscais em matéria de ICMS; o Projeto de Lei do Senado — Complementar nº 85, de 2010, do senador Marconi Pirilo, que exige maioria absoluta; o Projeto de Lei Complementar da Câmara dos Deputados nº 85/2011, de autoria dos deputados Eduardo da Fonte e Sandes Júnior, que cumulam o critério da maioria absoluta com a anuência de pelo menos um estado de cada região do país; o Projeto de Lei do Senado nº 170/2012, do senador Ricardo Ferraço, que revoga por completo a LC nº 24/1975, estabelecendo quórum de 3/5, sendo pelo menos um estado de cada região. Para o estudo das propostas legislativas de alteração da LC nº 24/1975, ver aprofundado estudo de Nina da Conceição Pencak em monografia inédita aprovada na Faculdade de Direito da Uerj, em 2014, intitulada, *Federalismo, guerra fiscal e os benefícios fiscais no ICMS*.

5. Conclusão

A Constituição Federal estabeleceu no art. 23, VI, a obrigação para a União, os estados e os municípios de proteger o meio ambiente e combater a poluição em qualquer das suas formas. Nesse cenário, o direito tributário ambiental, sob o fundamento do princípio do poluidor pagador, recomenda o *esverdeamento* de todo o sistema tributário nacional a partir do estabelecimento da extrafiscalidade dirigida a esses objetivos, com base nas competências materiais para o estabelecimento de políticas públicas e da competência para instituir tributos.

Esse *esverdeamento* do sistema tributário nacional é estabelecido sem prejuízo do atendimento dos princípios da legalidade e da capacidade contributiva. Em relação a esse último, a extrafiscalidade ambiental deverá prevalecer sobre ele em juízo de ponderação baseada no princípio da proporcionalidade.

No âmbito estadual, o ICMS é o principal instrumento de extrafiscalidade ambiental, a partir da seletividade das alíquotas dos produtos e da concessão de benefícios fiscais harmonizados com as políticas públicas de proteção ao meio ambiente.

O estabelecimento de uma política extrafiscal ambiental no ICMS não pode ser inviabilizado pelos problemas e desafios do nosso federalismo fiscal brasileiro, uma vez que esse regime é marcado por um viés cooperativo e assimétrico, estebelecido na Carta de 1988, que preserva a autonomia dos entes locais e está baseado na auto-organização, no autogoverno, e na auto-administração.

Decorrente da competência tributária é o poder de estabelecer desonerações ficais. Salvo exceções previstas constitucionalmente, o poder de conceder benefícios fiscais é exclusivamente deferido ao titular da competência tributária.

Por essa razão, o atendimento ao princípio federativo dá-se pelo difícil equilíbrio da dimensão vertical deste, com a contenção do poder central perante a autonomia local, com seu aspecto horizontal, a partir da fixação de regras nacionais uniformizadoras e harmonizadoras que impeçam ou dificultem que o abuso no exercício da autonomia local cause prejuízo aos demais entes federativos da mesma ordem.

Nesse sentido, a autonomia local para a concessão de benefícios fiscais em matéria de ICMS é limitada pela Constituição Federal pelo art. 155, §2º, XII, g, CF. Esse dispositivo deve ser interpretado de forma a dar uma adequada harmonização entre os planos vertical e horizontal do federalismo fiscal, de forma a serem consideradas legítimas as restrições à autonomia local que, à luz do princípio da proporcionalidade, se justifiquem para preservação do princípio da conduta amistosa federativa.

Em virtude disso, no caso do ICMS, a LC nº 24/1975, que exige convênio aprovado pela unanimidade dos estados para a concessão de benefício fiscal, não deve ser aplicada em relação a desonerações que não se relacionem com a guerra fiscal, como aquelas baseadas na mensuração da capacidade contributiva e na extrafiscalidade associada ao meio ambiente, à cultura, à educação, à proteção a pessoa deficiente etc.

Mesmo em relação aos incentivos econômicos, a solução dada pela LC nº 24/1975 não atende mais aos contornos federativos estabelecidos pela Constituição de 1988, merecendo a matéria uma nova disciplina capaz de dotar os estados da possibilidade de desenvolverem suas próprias políticas fiscais, ressalvada a possibilidade da nova disciplina preservar mecanismos de combate à guerra fiscal, que superem, em eficiência e eficácia, o atual modelo.

Os vários projetos de lei que tramitam no Congresso Nacional e pretendem flexibilizar a exigência da unanimidade na aprovação dos benefícios fiscais em matéria de ICMS são tentativas de equilibrar as restrições à autonomia local em nome da manutenção do princípio da conduta amistosa dos entes federativos.

Sendo a proteção ao meio ambiente uma obrigação constitucional dos estados e a tributação ambiental um importante instrumento para o atingimento desse objetivo, não há que se confundir as normas que concedem benefícios de ICMS sob o fundamento da extrafiscalidade ambiental com a guerra fiscal combatida pelo art. 155, §2º, XII, g, CF.

Por essas razões, o exercício da extrafiscalidade ambiental no ICMS não está subordinado à exigência de convênio do Confaz para a fixação, pelo legislador estadual, de benefícios fiscais fundamentados na proteção ao meio ambiente no referido imposto estadual.

REFERÊNCIAS

BALEEIRO, Aliomar. *Uma introdução à ciência das finanças*. 14. ed. Rio de Janeiro: Forense, 1987.

CARRAZZA, Roque Antônio. *Curso de direito constitucional tributário*. 4. ed. São Paulo: Malheiros, 1993.

FERREIRO LAPATZA, José Juan. *Curso de derecho financiero español*. 21. ed. Barcelona: Marcial Pons, 1999. v. I.

HERRERA MOLINA, Pedro Manuel. *Capacidad económica y sistema fiscal*: análisis del ordenamiento español a la luz del derecho alemán. Barcelona: Marcial Pons, 1998.

____. *Derecho tributário ambiental (Environmental tax law)*: la introducción del interesés ambiental em lo ordenamiento tributário. Barcelona: Marcial Pons, 2000.

HESSE, Konrad. *Elementos de direito constitucional da República Federal da Alemanha*. Tradução de Luís Afonso Heck. Porto Alegre: Sérgio Antônio Fabris Editor, 1998.

MACHADO, Hugo de Brito. *Curso de direito tributário*. 30. ed. São Paulo: Malheiros, 2009.

PENCAK, Nina da Conceição. *Federalismo, guerra fsical e os benefícios fiscais no ICMS*. Monografia (bacharelado) — Faculdade de Direito, Universidade do Estado do Rio de Janeiro, Rio de Janeiro, 2014.

PERALTA MONTERO, Carlos Eduardo. *Tributação ambiental*: reflexões sobre a introdução da variável ambiental no sistema tributário. São Paulo: Saraiva, 2014.

PÉREZ ROYO, Fernando. *Derecho financiero y tributario — parte general*. 10. ed. Madri: Civitas, 2000.

RIBEIRO, Ricardo Lodi. *Limitações constitucionais ao poder de tributar*. Rio de Janeiro: Lumen Juris, 2010.

____. O princípio da capacidade contributiva nos impostos, nas taxas e nas contribuições parafiscais. *Revista Fórum de Direito Tributário*, n. 46, p. 87-109, 2010.

____. *Tributos*: teoria geral e espécies. Niterói: Impetus, 2013.

RIBEIRO, Ricardo Lodi; ANNARUMMA, Clara. Tributação como instrumento de proteção ao meio ambiente. In: DE CARLI, Ana Alice; MARTINS, Saadia Borba. *Educação ambiental*: premissa inafastável ao desenvolvimento econômico sustentável. Rio de Janeiro: Lumen Juris, 2014. p. 327-354.

SHOUERI, Luís Eduardo. *Normas tributárias indutoras e intervenção econômica*. Rio de Janeiro: Forense, 2005.

TUPIASSU, Lise Vieira da Costa. *Tributação ambiental*: a utilização de instrumentos econômicos e fiscais na implementação do direito ao meio ambiente sustentável. Rio de Janeiro: Renovar, 2006.

VALDÉS COSTA, Ramón. *Instituciones de derecho tributario*. Buenos Aires: Depalma, 1996.

Why a carbon tax is the best way to address global climate change

Reuven S. Avi-Yonah[*]
David M. Uhlmann[**]

I. Introduction

Global climate change can be addressed either by command and control regulation (the approach adopted by the Obama Administration in the absence of Congressional action) or by market-based mechanisms such as a cap and trade system or a carbon tax. Most commentators prefer the latter because the government does not have the information available to the private sector about what is the most efficient way to reduce greenhouse gas emissions.

This paper will argue that the most efficient and effective way to address climate change is a carbon tax imposed on all coal, natural gas, and oil produced domestically or imported. A carbon tax would enable the market to account for the societal costs of carbon dioxide emissions and thereby promote emission reductions, just like a cap and trade system. A carbon tax would be easier to implement and enforce, however, and simpler to adjust if the resulting market-based changes were either too weak or too strong. A carbon tax also would produce revenue that could be used to fund research and development of alternative energy and tax credits to offset any regressive effects of the carbon tax. Because a carbon tax could be implemented and become effective almost immediately, it would be a much quicker method of reducing greenhouse gas emissions than a cap and trade system.

The paper will first describe the theoretical trade-off between the two market-based mechanisms, and then analyze the advantages and disadvantages of each one.

---

[*] Irwin I. Cohn. Professor of Law and Director, International Tax LLM Program, the University of Michigan Law School. This paper is a revised version of part III of AVI-YONAH, Reuven; UHLMANN, David. Combating global climate change: why a carbon tax is a better response to global warming than cap and trade. *Stan. Envir. L. J.*, v. 28, n. 3, 2009.
[**] Jeffrey F. Liss. Professor from Practice and Director, Environmental Law and Policy Program, the University of Michigan Law School.

2. The theoretical trade-off

Both cap and trade and a carbon tax are market-based mechanisms for curbing greenhouse gas emissions, and therefore they are both superior to traditional command and control methods, for the reasons explained above. However, cap and trade and the carbon tax also differ in one important theoretical dimension, as well as in many important practical ones. Cap and trade, because it imposes an overall cap on the level of emissions permitted in the economy, provides certainty as to the environmental benefit that results from its implementation ("Benefit Certainty"). However, precisely because it imposes a fixed cap without regard to the cost to the economy at large or to individual polluters of attaining that cap, cap and trade suffers from lack of certainty in regard to the cost it imposes ("Cost Certainty"). A carbon tax, on the other hand, provides Cost Certainty because the precise amount of the tax is set in advance. However, because the effect of imposing a carbon tax on greenhouse gas emissions is not knowable in advance, the carbon tax does not offer Benefit Certainty.

From a purely theoretical perspective, disregarding for the moment any political implications, it is not clear whether Cost Certainty or Benefit Certainty is more important. Some scholars have argued that a focus on Benefit Certainty is superior because it puts the emphasis on the environment rather than on the economics, but since any policy imposes important costs, it seems short-sighted and somewhat misleading to focus only on the benefits. It could also be argued on the other side that since the benefits of any policy to reduce greenhouse gas emissions are world-wide and long-term, while the cost of any policy adopted by the US will be confined to the US and immediate, it is more important to focus on the costs rather than the benefits.

Both cap and trade and the carbon tax can be adjusted to mitigate Cost and Benefit Uncertainty. A cap and trade regime can have provisions for borrowing and banking allowances which permit firms burdened with sudden cost increases (e.g., as a result of a spike in the price of allowances) to alleviate that cost without affecting the overall cap. However, if the price of allowances rises and remains high as the cap continues to be lowered, one can expect to see political pressure to enact "safety valves" that prevent the cap from being lowered further, and this would impair Benefit Certainty. Under a carbon tax, the tax rate can be raised or lowered as necessary to obtain the needed Benefit Certainty, although this requires overcoming political opposition every time the government seeks to raise the tax rate.

We do not take a position regarding whether Benefit or Cost Certainty is more important as a purely theoretical matter. Rather, our preference for the carbon tax is based on practical observations regarding its implementation, and we now turn to discuss the practical advantages and disadvantages of the carbon tax, as compared to cap and trade.

3. Advantages of the carbon tax

3.1 Simplicity

In 2009, the House of Representatives (but not the Senate) passed the America's Climate Security Act of 2009. It was an exceedingly long and complicated bill, running to 214 pages. Other cap and trade proposals have similar lengthy and complex provisions over hundreds of pages. There are far fewer carbon tax proposals, but a leading one, sponsored by Rep. Larson, is 17 pages long.

Why is cap and trade so much more complicated than the carbon tax? A carbon tax is inherently simple: A tax is imposed at $x per ton of CO_2 content on the main sources of CO_2 in the economy, namely coal, oil and natural gas (other greenhouse gas sources, such as methane, are ignored, but this is justified because energy accounts for 6,051 out of 7,147 million tons of greenhouse gases in the economy). The tax is imposed "upstream", i.e., at the point of extraction or importation, which means than it can be imposed on only 2,000 taxpayers (500 coal miners and importers, 750 oil producers and importers, and 750 natural gas producers and importers). Credits can be given to carbon sequestration projects and to other projects that reduce greenhouse gas emissions, and exports are exempted. Beyond that, the main question is what to do with the revenue, which will be discussed below.

Cap and trade, on the other hand, is inherently more complicated. While the cap can also be imposed "upstream", it has several features that require complexity. First, the proposal needs to determine how allowances will be created and distributed, either for free or by auction. Free distribution requires deciding which industries will get how many allowances, while an auction requires a complex monitoring system to prevent cheating. Second, the trading in allowances needs to be set up and monitored, some system needs to be devised to prevent the same allowance from being used twice, and penalties need to be established for polluters who exceed their allowances. Third, if allowances are to be traded with other countries, that trade needs to be monitored as well. Fourth, to prevent Cost Uncertainty, cap and trade proposals typically have complex provisions for banking and borrowing allowances, and some of them provide for safety valves as well. Fifth, offsets are needed for carbon sequestration and similar projects, and those are more complicated that credits against a carbon tax liability. Finally, most cap and trade proposals involve provisions for coordinating with the cap and trade policies of other countries, and for punishing countries that do not have a greenhouse gas emission reduction policy.

It is important to note that this difference in complexity is inherent in the two policies as initially proposed, before any legislative amendments and before any implementation and enforcement issues. A pure cap and trade system is inevitably more complex than any carbon tax.

Cap and trade is also untried: We have never had an economy-wide cap and trade system, while we have extensive experience with economy-wide excise taxes on a wide variety of products, including gasoline. This is why the Larson carbon tax bill can simply envisage adding three new relatively short sections to the existing excise tax part of the Internal Revenue Code. Cap and trade, on the other hand, is a major new and separate piece of legislation. A new Administration determined to implement cap and trade would probably have to take about two years to get the program passed in Congress and set up for implementation. A carbon tax can be enacted and enforced tomorrow. Given that we have already delayed action for a decade or more, and that every year that passes makes the climate change problem more difficult to solve, a carbon tax in hand is better than cap and trade on the bush.

In addition to its inherent complexity, cap and trade is also more difficult to enforce. An elaborate mechanism needs to be set up to distribute and collect allowances and to ensure that allowances are real (a difficult task, especially if allowances from non-US programs are permitted) and that polluters are penalized it they emit greenhouses gases without an allowance. A new administrative body needs to be set up for this purpose, and new employees with the relevant expertise need to be hired. A carbon tax, on the other hand, can be enforced by the IRS with its existing staff, who have the relevant expertise in enforcing other excise taxes.

Cap and trade also raises collateral issues that are not present in a carbon tax, such as the need for the SEC to enforce rules regarding futures trading in allowances. A good example are the tax implications of both policies. A carbon tax, as a federal tax, has no tax implications: it is simply collected and is not deductible. Allowances under cap and trade, on the other hand, raise a multitude of tax issues: What are the tax implications of distributing allowances for free? What are the tax implications of trading in allowances? Should allowance exchanges be permitted to avoid the tax on selling allowances? What amount of the purchase price of a business should be allocated to its allowances? If borrowing and banking occur, what are the tax consequences? Can allowances be amortized? None of these issues arise under the carbon tax.

3.2 Revenue

A carbon tax by definition generates revenue. A relatively modest tax of $10 per ton of CO_2 content is estimated to generate $50 billion per year; the Larson bill envisages a tax of $16.5 per ton and generates correspondingly larger amounts. While the current Federal budget deficit and even larger actuarial deficit may justify revenue raising measures in general, we believe that revenues from a carbon tax should be segregated and devoted to reducing greenhouse gas emissions. Revenues could be used to provide tax credits for alternative energy development, since the positive externalities that result from such research and development means that it is likely to be undersupplied by the private sector even with a carbon tax in place. Revenues could also be used to support carbon sequestration projects and other projects that reduce greenhouse gas emissions, like mass transit.

Segregating the revenue from a carbon tax and using the proceeds to support further greenhouse gas reduction is justified because it reduces Benefit Uncertainty, which is the most serious drawback of a carbon tax compared to cap and trade. In addition, segregating the revenue is likely to reduce some political opposition to raising taxes in general that is based on the perception that government is wasteful.

In theory, cap and trade can be used to generate the same amount of revenue as a carbon tax, if all the allowances are auctioned. However, in practice, every single cap and trade proposal introduced in Congress, as well as most academic proposals and all existing cap and trade programs in the US and abroad include some free distribution of allowances. For example, the EU cap and trade regime distributed 95% of the allowances for free, and most Congressional proposals distribute over half of the allowances for free. The reason is obvious: For politicians, the greatest attraction of cap and trade is that it creates from nothing a new, scarce resource that they can use to reward their constituents and donors. But if allowances are distributed for free, cap and trade generates less revenue than a carbon tax, and this means less potential to support R&D, carbon sequestration and other greenhouse gas reducing efforts. Moreover, it seems unlikely that free allocation of allowances to favorite industries at the discretion of politicians would produce the optimal reduction in greenhouse gas emissions. Some polluting industries are likely to get too many allowances, and that would affect the price that allowances trade for. At the extreme, the result would be what happened in Europe, where politicians created so many free allowances that no reduction from business as usual was required at all, the price of allowances collapsed, and the EU failed to meet its goals under the Kyoto protocol.

A similar risk to free distribution of allowances under a carbon tax would be pressure from affected industries for tax exemptions. But the process of enacting tax exemptions is more visible that the process of distributing free allowances, and any exemption to one of the three industries affected (coal, natural gas and oil) would be met by resistance from the other two, hopefully resulting in no exemptions at all.

3.3 Cost certainty

A carbon tax ensures Cost Certainty: the cost is the amount of the tax, and whatever the incidence of the tax (i.e., whether it can be passed on to consumers or not), the cost cannot rise above the tax rate. This enables business to plan ahead, secure in the knowledge that raising the tax rate (beyond any automatic adjustment, which can be planned for) requires another vote in Congress that they can hope to influence.

A cap and trade regime, on the other hand, suffers from inherent Cost Uncertainty. While allowances may be initially distributed for free, the key question for polluting businesses that need to acquire allowances to address a reduction in the cap is what would be the future price of allowances. Existing cap and trade programs like the Southern California RECLAIM system for NOx emissions, in which the allowance prices spiked in 2000 to more than twenty times their historical level, and the EU ETS regime, in which the price of allowances collapsed when it became clear that too many allowances had been distributed, illustrate the problem of Cost Uncertainty in cap and trade programs. Cost Uncertainty makes it inherently difficult for businesses to plan ahead. The fundamental problem is that the reduction in the cap that is built into cap and trade would necessarily make allowances more expensive, but how much more expensive depends on the development of future technologies, which cannot be predicted with any accuracy over the longer time period (50 years or more) required for a cap and trade program to achieve its environmental goals.

Cap and trade proponents argue that Cost Uncertainty can be mitigated by provisions for banking extra allowances for use in future years, and borrowing allowances from future years to use in the present. These provisions add complexity, and it is unclear whether they will be effective: In the early years of the program, there are few allowances to bank, while borrowing risks leaving the business with insufficient allowances in the future when the cap is lower.

Ultimately, the only sure way of preventing Cost Uncertainty in a cap and trade regime is to build in a "safety valve," which would permit businesses to receive or purchase at a fixed price additional allowances if the market price of allowances becomes too high. Several of the current proposals in Congress have such built-in safety valves. However, the problem with safety valves is that they sacrifice Benefit Certainty, which is the main advantage of cap and trade: By definition, providing extra allowances when the cap is lowered means raising the cap.

Even if a cap and trade program has no safety valve built into it from the start, this commitment to Benefit Certainty may be misleading: If the lowered cap begins to seriously hurt businesses and the prices of allowances spike, one should expect strong pressure on politicians to stop lowering the cap. Benefit Certainty under cap and trade as implemented in practice may therefore be an illusion, while Cost Uncertainty is very real.

3.4 Signaling

A carbon tax sends a clear signal to polluters: Your activity imposes a negative externality on others, and you should be forced to internalize that cost by paying the tax. There is no ambiguity about the message that is intended to be conveyed: Any greenhouse gas emissions are costly, and even if people are willing to pay the price, they should be aware of the cost they are imposing.

A cap and trade system, however, sends a very different and ambiguous message. On the one hand, its goal is to reduce greenhouse gas emissions. On the other hand, it achieves this goal by either allowing polluters to purchase the right to pollute (from the government or from each other), or to receive permits to pollute for free. The underlying message is that the government permits you to pollute as long as you are willing to pay.

Of course, the cost imposed may be the same, whether a tax is paid or whether an allowance is purchased (although it is not the same if allowances are distributed for free). However, labels are important, and calling the cost a tax sends a different signal than calling it the purchase price for a permit to pollute.

Admittedly, most of the activities that give rise to greenhouse gases were until recently considered perfectly legitimate and even positive. Driving a car or riding an airplane have no inherent moral value, and operating an industrial plant creates jobs. But we have recently learned that these activities impose a cost on the rest of us, and taxing them directly or indirectly forces us to acknowledge this cost in an unambiguous way. Permitting polluters to purchase the right to pollute does not send the same signal.

4. Disadvantages of carbon tax

4.1 Political resistance

The main reason that all the leading Presidential candidates, and most academics, support cap and trade rather than a carbon tax is concern that a carbon tax cannot get enacted because it is a tax. Politicians vividly remember the fate of the Clinton-Gore BTU tax proposal in 1993, and "to be BTU'd" has become a synonym among Clinton Administration veterans for what happens to politically unpopular proposals.

However, 2014 is not 1993. As a result in large part from Vice President Gore's Nobel-prize winning efforts, the US public has shown overwhelming support for taking decisive action to curb greenhouse gas emissions, and when asked, they express just as much willingness to support a carbon tax as a cap and trade regime (which is more difficult to explain). If a new Administration were to propose a carbon tax in 2017, it seems unlikely that it will pay a political price, especially if the revenue is segregated and used to reduce greenhouse gas emissions.

Moreover, opponents of cap and trade inevitably liken it to a carbon tax. If allowances are auctioned, or even if they have to be purchased from private parties, the resulting cost is likely to be passed on to consumers. Thus, cap and trade is not just more complicated, it is also subject to the same criticism as a carbon tax (it will "increase gas prices at the pump"- an argument every voter understands). If we are to do anything about greenhouse gas emissions, politicians need to face inevitable resistance whether they propose cap and trade or a carbon tax.

The main opposition to the carbon tax is likely to come not from ordinary voters, but from organized groups that are likely to benefit from cap and trade. These include industry groups that can easily reduce their emissions and can therefore expect to derive income from selling excess allowances (which they envisage receiving for free), and Wall Street, which can imagine the hefty fees it will charge for arranging trades in allowances and futures trading to hedge against Cost Uncertainty. However, the carbon tax will also have its supporters, primarily industry groups that will suffer from Cost Uncertainty under cap and trade and prefer Cost Certainty under the carbon tax. In the end, these lobbying efforts may cancel each other, leaving politicians free to enact either proposal.

Thus, we do not believe that political considerations should be decisive in rejecting the carbon tax. Politics are too uncertain to base policy preferences on, and if the carbon tax is superior as a substantive matter, it should be tried regardless of political predictions.

4.2 Benefit uncertainty

The main substantive disadvantage of a carbon tax compared to cap and trade is Benefit Uncertainty: There can be no assurance that any given tax level will result in the desired reduction in greenhouse gas emissions. If the desired benefit is not achieved, the tax may have to be raised, resulting in renewed political opposition.

However, there are several reasons not to reject the carbon tax because of Benefit Uncertainty. First, as pointed out above, cap and trade may in fact be subject to similar Benefit Uncertainty, because if costs rise too high one can expect pressure to adjust the cap (even if there is no built-in safety valve).

Second, the tax rate can in fact be adjusted. General experience with other taxes has shown that once a tax is in place, it is usually not too hard to raise its rate despite political opposition to tax hikes; this is why "an old tax is a good tax." The US income tax began in 1913 with a rate of 1%, and has been raised (and lowered) many times since then. The Value Added Tax (VAT), which is now the most important tax in the world, was typically introduced in over 100 countries at a much lower rate than the current one. If it becomes clear that the carbon tax rate needs to be raised to achieve the necessary reduction in emissions, and if voters remain convinced of the need to reduce emissions, the rate will be raised.

Finally, neither cap and trade (without a safety valve) nor a carbon tax can truly achieve Benefit Certainty, because the desired level of emissions (450 ppm) is based on *world-wide* emissions, not US emissions, while any US policy by definition can only affect US emissions. We can have the strictest cap and trade regime and suffer the full cost, but if China and India do nothing, we will not have Benefit Certainty.

From this perspective, both a US cap and trade and a US carbon tax have one principal goal: to persuade the rest of the world that we are serious, and therefore that they should cooperate in a global policy to curb greenhouse gas emissions. Both cap and trade and a carbon tax are equally useful from that perspective, but for the reasons explained above, a carbon tax can be implemented much faster than cap and trade. If the goal is Benefit Certainty, that requires bringing the large developing countries to the bargaining table, and a carbon tax is better and faster in doing so than cap and trade.

4.3 Tax exemptions

Proponents of cap and trade argue that it is better than a carbon tax because the political bargain over which industries will get relief from its cost has to be reached up front as part of the decision of how to allocate allowances. A carbon tax, on the other hand, will be subject to pressure to enact permanent exemptions for affected industries, which will permanently weaken its effect and enhance its Benefit Uncertainty.

However, it is not clear that a carbon tax needs to be weakened by any exemptions. The proposal we support would apply the tax upstream to only three industries (coal, oil and natural gas producers and importers). None of these three industries is in a particularly good position to argue for exemptions vis-a-vis the other two, and the ultimate incidence of the tax is too unclear for other industries to effectively argue for exemptions.

The choice between free allocation of allowances under cap and trade and exemptions under a carbon tax is similar to the familiar debate in the tax literature over whether direct subsidies or tax expenditures are superior. While the traditional view has favored direct subsidies because they are arguably more transparent and easier to administer, recently the consensus has shifted to view both types of program as equally transparent, and so the choice between them comes down to administrative considerations, which generally favors tax expenditures that can be administered by the IRS.

In the cap and trade vs. carbon tax debate, the choice between free allowances and tax exemptions is simpler. Tax exemptions are not necessary at all, but if they are enacted they will be quite transparent and subject to criticism as giveaways to favored and unpopular industries. They will also be relatively easy to administer by the IRS. Free allowances, on the other hand, are inherently more complicated to distribute and monitor for the reasons given above. This debate therefore favors the carbon tax.

4.4 Coordination

Another alleged advantage of cap and trade and disadvantage of the carbon tax is that it is easier to coordinate with the regimes implemented by other countries, and especially the EU ETS. Proponents of cap and trade envisage direct transfers of allowances between the US cap and trade and the EU ETS, as well as other potential cap and trade regimes in, e.g., Canada.

However, this advantage is largely illusory at present. The initial EU ETS has not been successful because too many allowances were distributed, and it is unclear whether its replacement would be more successful. Canada is still debating between cap and trade and a carbon tax. There is no global cap and trade regime to exchange allowances with.

Moreover, exchanging allowances with foreign cap and trade regimes exponentially increases the enforcement difficulties inherent in cap and trade. Foreign allowances would have to be carefully monitored and verified to prevent widespread cheating. This problem is exacerbated under the EU ETS because allowances are distributed "downstream" to many different polluters. A carbon tax, on the other hand, can easily be collected on imports and rebated on exports, and as long as it is also imposed on domestic production, it does not pose significant WTO compliance issues.

If as a result of enacting a US carbon tax the US is able to participate in negotiating a world-wide accord on curbing greenhouse gases, and if that accord is built on a global cap and trade regime, then we can consider adopting a US cap and trade system to match with that regime. In the absence of such a regime, it makes no sense to enact cap and trade just because the EU has adopted a deeply flawed one.

5. Conclusion

For these reasons, we believe that the most efficient and effective way to address climate change is a carbon tax imposed on all coal, natural gas, and oil produced domestically or imported. A carbon tax would enable the market to account for the societal costs of carbon dioxide emissions and thereby promote emission reductions, just like a cap and trade system. A carbon tax would be easier to implement and enforce than cap and trade, and simpler to adjust if the resulting market-based changes were either too weak or too strong. A carbon tax also would produce revenue that could be used to fund research and development of alternative energy and tax credits to offset any regressive effects of the carbon tax. Finally, because a carbon tax could be implemented and become effective almost immediately, it would be a much quicker method of reducing greenhouse gas emissions than a cap and trade system.

What went wrong? Lessons from a short-lived carbon price in Australia

Elena de Lemos Pinto Aydos[*]

1. Introduction

After two years of a functioning Carbon Pricing Mechanism (CPM) Australia's Prime Minister Tony Abbott delivered his campaign promise of abolishing the scheme. Australia is the first country to discard a mandatory carbon price and move back from its main climate mitigation policy, generating uncertainty regarding the country's capacity to meet domestic emissions reduction goals by 2020 and beyond.

The CPM commenced on 1 July 2012 as a 'hybrid model', that is, an emissions trading scheme (ETS) proceeded by a three years' transitional period with a fixed carbon price, having the practical effect of a carbon tax. The CPM, despite displaying an innovative framework, was subject to resistance from its inception. Political debate centred particularly on the nature of the scheme (carbon tax or emissions trading) and impacts to the international competitiveness of domestic energy-intensive trade-exposed (EITE) industries.

A legislative package, also known as the 'carbon tax repeal legislation', passed in the House of Representatives and received Royal Assent on 17 July 2014. The legislation entered into effect from 1 July 2014, dismantling the CPM.

This chapter provides a critical analysis of the CPM and its innovative features. Part I describes the legal framework of the scheme, highlighting the transitional phase known as 'fixed charge years' and the implementation of safety valves aimed at ensuring the stability of the carbon price following auction. Part 2 analyses the links between the CPM and other market-based

---

[*] Doutoranda em direito pela Universidade de Sydney, Austrália, em cotutela com a Universidade de Tilburg. Mestre em direito pela Universidade Federal de Santa Catarina (UFSC, 2010), Especialista em direito tributário pela Universidade Federal do Rio Grande do Sul (UFRGS, 2006) e especialista em direito do estado pela UFRGS (2005). Atualmente concentra seus estudos nas áreas de direito ambiental e mudanças climáticas, comércio de carbono, tributação ambiental e direito da OMC.

instruments. Part 3 assesses the industry support mechanism under the Jobs and Competitiveness Program. Part 4 discusses the political process that led to the implementation and ultimately the abolishment of the CPM. The successes and failures of the two years of the scheme provide relevant lessons to countries discussing or planning to implement a carbon price in the near future.

2. Legal framework

In 2008, the Australian Labor Government proposed the introduction of an emissions trading scheme known as the Carbon Pollution Reduction Scheme (CPRS).[1] A thorough policy development process was put in place, starting with a Green Paper on ETS design issues in July, followed by the Garnaut Review, Treasury modelling and a White Paper in December.[2] As further analysed *infra* (Part 4), the legislation package failed to obtain support within the Parliament and was abandoned by the Labor Party.

Three years later, in July 2011, the Australian Federal Government released a Clean Energy Action Plan and legislative package.[3] The main feature of the action plan was the introduction of a price on carbon through the Carbon Pricing Mechanism (CPM). In November 2011, the legislative package passed in Parliament, receiving Royal Assent in December 2011.[4] The CPM commenced on 1 July 2012, near the end of the first commitment period under the Kyoto Protocol.

The CPM covered CO_2 equivalent (CO_2-e) emissions (*i.e.* carbon dioxide, methane, nitrous oxide and perfluorocarbons from aluminium smelting) from

---

[1] Carbon Pollution Reduction Scheme Bill 2009 (Cth) ('CPRS Bill').
[2] DEPARTMENT OF CLIMATE CHANGE. *Carbon pollution reduction scheme*: green paper. 2008; COMMONWEALTH OF AUSTRALIA. *Australia's low pollution future*: the economics of climate change mitigation. 2008; COMMONWEALTH. *Climate change carbon pollution reduction scheme white paper*. Parl Paper, n. 42, 2008.
[3] AUSTRALIAN GOVERNMENT. *Securing a clean energy future*: the Australian government's climate change plan. 2011.
[4] *Clean Energy Act 2011* (Cth) ('CE Act'); *Clean Energy Regulator Act 2011* (Cth) ('Regulator Act'); *Climate Change Authority Act 2011* ('Authority Act'); *Australian National Registry of Emissions Units Act 2011* (Cth) ('ANREU Act'); *Clean Energy (Charges-Customs) Act 2011* (Cth); *Clean Energy (Charges-Excise) Act 2011* (Cth); *Clean Energy (Consequential Amendments) Act 2011* (Cth); *Clean Energy (Household Assistance Amendments) Act 2011* (Cth); *Clean Energy (Unit Issue Charge-Auctions) Act 2011* (Cth); *Clean Energy (Unit Issue Charge-Fixed Charge) Act 2011* (Cth); *Clean Energy (Unit Shortfall Charge-General) Act 2011* (Cth); *Clean Energy (Tax Laws Amendments) Act 2011* (Cth).

stationary energy, non-legacy waste,[5] transport,[6] industrial processes and fugitive emissions, except from decommissioned coal mines. While land use activities were left out of the CPM, a range of abatement and carbon sequestration projects in the land sector are eligible under a domestic voluntary offsets crediting scheme, the Carbon Farming Initiative (CFI), further described below.

Only the biggest polluters in Australia, with a threshold of 25,000 tonnes CO_2-e per year or more of the covered emissions, were included as participants in the scheme (approximately 500 entities).[7] A lower threshold applied to landfill facilities in order to prevent waste being diverted from large landfill facilities into facilities below the threshold.[8] Natural gas retailers were also included in relation to the potential greenhouse gas emissions embodied in the amount of gas supplied.[9]

Around 60 per cent of Australia's emissions were covered by the CPM, while legislation on fuel tax and synthetic greenhouse gases applied an equivalent carbon price to some business transport emissions, non-transport use of liquid and gaseous fuels (except natural gas) and synthetic greenhouse gases. Combined, these instruments covered (directly and indirectly) around two-thirds of Australia's emissions.[10]

2.1 A an innovative pricing system

An innovative feature of the scheme was the adoption of a phased approach to pricing, starting with a fixed price, with flexibility increasing over time.[11] During the first three years of the scheme, known as fixed charge years (from

---

[5] Legacy waste is waste accepted by the landfill prior to the introduction of the CPM (CE Act 2011 s 32). Legacy waste is not covered by the CPM but is eligible for abatement projects under the Carbon Farming Initiative. *Carbon Farming Initiative Act 2011* (Cth) ('CFI Act') ss 53(1)(b), 55(1)(b)).
[6] Rail, domestic aviation and shipping.
[7] CE Act 2011 s 20(4).
[8] Ibid. s 23(10).
[9] Ibid. s 33.
[10] Explanatory Memorandum, Clean Energy Bill 2011 (Cth) ('CE Bill Memorandum') 33 ('coverage of the carbon price').
[11] CE Act 2011 s 5 (definition of 'fixed charge year'; definition of 'flexible charge year'). Also see AYDOS, Elena de Lemos Pinto. Australia's carbon pricing mechanism. In: KREISER, Larry et al. (Ed.). *Carbon pricing, growth and the environment*: critical issues in environmental taxation. Edward Elgar Publishing, 2012. p. 262; SOPHER, Peter; MANSELL, Anthony; MUNNINGS, Clayton. *Australia*. Edfieta, 2014.

1 July 2012 until 30 June 2015), Australian Carbon Units (ACUs) were either allocated for free to eligible participants or issued for a fixed price, having the practical effect of a carbon tax. The price of Australian Carbon Units (ACUs) was $23.00 per tonne of CO_2-e in the financial year 2012-13 and $24.15 per tonne in the financial year 2013-14.[12]

During the fixed charge years emissions were not capped. Instead, the amount of ACUs issued to liable entities was limited to the equivalent of the participant's emissions, minus any eligible units surrendered by the entity for each financial year.[13] Once issued, units were automatically surrendered via electronic transaction. Consequently, there was no trading of ACUs within the two years of the functioning of the CPM.[14]

From 1 July 2015 onwards the Clean Energy Act provided for the commencement of the flexible charge years, with the auctioning of ACUs.[15] A carbon pollution cap would limit the number of ACUs auctioned and allocated free of cost.[16] The scheme would effectively work as a cap-and-trade system, with ACUs being freely traded in the market by participants and/or non-participants of the scheme.[17]

As mentioned *supra*, flexibility was meant to increase gradually. Disregarding recommendation of the Garnaut Review against the use of price ceilings and floors,[18] a safety mechanism was integrated to the first three flexible charge years. In the financial years beginning on 1 July 2015, 1 July 2016 and 1 July 2017, liable entities would have the option of purchasing carbon units

---

[12] CE Act 2011 ss 5 (definition of 'fixed charge year'), 93. See COMMONWEALTH OF AUSTRALIA. Strong growth, low pollution: modelling a carbon price. 2011, in especial Clean Energy Future scenario. Also see WORLD BANK GROUP; ECOFYS. *State and trends of carbon pricing*. 2014. p. 30. The World Bank report on carbon pricing estimates that CO2 prices should be of approximately $35 per ton in order to compensate for damages or, alternatively, 'a global CO2 price starting at about $30 per ton (in current dollars) in 2020 and rising at around 5% a year would be roughly in line with ultimately containing mean projected warming to 2.5°C at least cost'.
[13] CE Act 2011 s 100(3)(4).
[14] Ibid. s 100(7).
[15] Ibid. ss 4, 5 (definition of 'flexible charge year').
[16] Further details on the carbon pollution cap are discussed below.
[17] CE Act 2011 s 14.
[18] GARNAUT, Ross. *The Garnaut climate change review*: final report. Cambridge University Press, 2008. p. 335. Professor Garnaut argues that 'while politically expedient, the introduction of a price ceiling or floor on permits would damage greatly the normal operation of the scheme'. A price ceiling would possibly undermine firm commitments on levels of emissions and dampen the incentive for development of secondary markets.

for a fixed charge, set by regulations.[19] The issue of carbon units for a fixed charge would work as a price ceiling.

The original design of the AUS CPM also included a price floor (AU$15 rising annually by four per cent) during the first three flexible charge years.[20] However, as part of the agreement to link the AUS CPM with the EU ETS, the Clean Energy Act was amended and the price floor mechanism removed.[21]

2.2 Carbon pollution cap

Starting from the financial year 2015-16 Regulations would set a 'carbon pollution cap' limiting the number of ACUs issued via auctioning and/or free of cost to industry sectors and coal-fired electricity generators.[22] The carbon pollution cap for the first five years of the flexible period, starting on the 1st July 2015, would be tabled to each House of the Parliament no later than 31st May 2014. Regulations would declare the carbon pollution cap for the following years with at least five years before the end of the relevant flexible charge year (*i.e.* for the financial year starting on 1 July 2020, the carbon pollution cap would be declared no later than 31 June 2016).

In the absence of regulations declaring the cap, the default carbon pollution cap for the flexible charge year beginning on 1st July 2015 would be equivalent to the total emissions numbers for the eligible financial year beginning on 1st July 2012, minus 38,000,000 tones.[23] The default carbon pollution cap for the following flexible charge years (beginning on or after 1st July 2016) would be equivalent to the carbon pollution cap number for the previous flexible charge year, minus 12,000,000 tones.[24]

Thus, through an updated cap every five years, the CPM framework allowed Government flexibility to review emission reduction targets in future international commitments.[25] Furthermore, reliable emissions data from the first fixed charge years and the mechanisms for periodical reviews to the cap

---

[19] CE Act 2011 s 100(1).
[20] Explanatory Memorandum, Clean Energy Bill (CE Bill Memorandum) 2011 (Cth) 32.
[21] CE Act Art 111(5).
[22] CE Act 2011 s 14.
[23] Ibid. s 17(2).
[24] Ibid. s 18(2).
[25] See SOPHER, Peter; MANSELL, Anthony; MUNNINGS, Clayton. *Australia*, 2014, op. cit.

would minimise issues with price volatility once ACUs were auctioned, as experienced in the first two trading periods of the European Union Emissions Trading Scheme (EU ETS).[26]

2.3 Reporting and surrendering obligations and consequences of non-compliance

During the two fixed charge years of the CPM, reporting and surrendering obligations followed a two-stage approach. By 15 June participants provided the Regulator with an estimate of the *interim emissions number* for the year and surrendered the required number of units to cover its interim emissions numbers.[27] The final emissions number was reported by 31 October in the year following the compliance year.[28] By 1 February participants were required to surrender the remaining carbon units to cover final emissions number.[29]

With the repeal of the CPM effective from 1 July 2014, participants are required to report final emissions numbers by 31 October 2014 and acquit final carbon price liability for 2013-14 by 2 February 2015. Failure to comply with interim emissions obligation and/or final emissions liability triggers a unit shortfall charge.[30] In case a unit shortfall charge remains unpaid after the due date, a penalty also applies at the rate of 20% of the amount unpaid per annum.[31]

2.4 Governance

The Australian National Registry of Emissions Units (Registry) is an electronic system created to comply with Australia's commitments under the Kyoto Protocol, allowing legal entities to register and transfer Kyoto units. The Registry was expanded to account for the issuance, holding, transfer and surrender of ACUs under the CPM, Australian Carbon Credit Units (ACCUs)

---

[26] ACUs were issued exclusively for the purpose of compliance with emissions obligations, with no trading and/or banking allowed. Thus, by the end of the fixed charge years Government would have a precise estimate of companies business as usual emissions.
[27] Ibid. ss 125, 126.
[28] Ibid. ss 119, 120.
[29] Ibid. s 126.
[30] Ibid. s 134(2).
[31] Ibid. s 135(1)(a)(b).

from the Carbon Farming Initiative (CFI),[32] Kyoto units and international prescribed units.[33] Participants under the CPM were required to maintain a Registry account.[34]

A statutory body named the Clean Energy Regulator administered the CPM, the CFI and the Registry.[35] ACUs and ACCUs were issued by the Regulator on behalf of the Commonwealth through an electronic entry in the Registry, consisting of the identification number of a carbon unit.[36] All transfers of units between Registry accounts or between a Registry account and a foreign Registry were electronic.[37]

The carbon price repeal legislation provided for Regulator's continuing powers and transitional provisions so that liabilities incurred in relation to 2012-13 and 2013-14 would be collected and obligations enforced. Any remaining ACU must be cancelled by the Regulator after the final surrender deadline for the compliance year 2013-14.[38]

Finally, an independent statutory body, the Climate Change Authority, was established on 1 July 2012 to assess progress towards meeting national targets, advise on pollution caps and undertake reviews of the scheme.[39] The abolition of the Climate Change Authority was subject to a separate Bill introduced to Parliament in November 2013 and rejected by the Senate in March 2014.[40]

3. Links to other schemes

The legal framework of the CPM was developed with a clear view to allow future links with domestic and international offset schemes and existing and emerging independent carbon markets.[41] The CPM was linked from its com-

---

[32] See Part 2 for further information on the CFI.
[33] ANREU Act 2011 s 9; Carbon Credits (Consequential Amendments) Act 2011.
[34] CE Act 2011 s 93(4).
[35] Ibid.
[36] Ibid. s 98.
[37] Ibid. s 104.
[38] Clean Energy Legislation (Carbon Tax Repeal) Act 2014 (Cth) ('CE Repeal Act') Part 3.
[39] Authority Act 2011.
[40] Climate Change Authority (Abolition) Bill 2013.
[41] GARNAUT, Ross. *The Garnaut climate change review*, 2008, op. cit. Integration of international markets was one of many recommendations in the Garnaut Review: "An emissions trading scheme must be able to coexist and integrate with international markets for emissions entitlements as well as with other financial, commodity and product markets in the domestic and international economy. This requires that there be no barriers to the appropriate transmission

mencement to the Carbon Farming Initiative (CFI) and would be linked to international schemes from 2015 onwards.

Contrary to the provisions in the CPRS Bill, the CPM did not cap emissions from deforestation and it did not cover the agriculture sector. Instead, these activities are eligible under the CFI, a voluntary offsets crediting mechanism for abatement and carbon sequestration projects in the land-use sector.[42]

The CFI generates Australian carbon credit units (ACCUs) to compensate for two types of offset projects, that is, abatement and sequestration activities recognised under the Kyoto Protocol (Kyoto-ACCUs) and non-Kyoto projects, such as soil carbon, revegetation and cessation of logging in native forests.[43] The latter generates Non-Kyoto ACCUs to be sold in the international and domestic voluntary markets and purchased by the Government through a 'Carbon Farming Initiative non-Kyoto Carbon Fund'. Non-Kyoto ACCUs were not eligible for compliance under the CPM.

During the fixed price years of the CPM, participants were allowed to meet up to five per cent of liability for the relevant year though the surrendering of Kyoto-ACCUs.[44] ACCUs purchased or surrendered in excess were bankable. After 1 July 2015, there would be no limits to the surrendering of ACCU, which was expected to increase flexibility within the scheme and strengthen the CFI.

International units from Kyoto flexible mechanism were not eligible during the fixed charge years of the CPM. With the commencement of the flexible charge years, Kyoto units would be eligible to meet up to 50 per cent of participants' liability for the relevant year.[45]

In September 2011, Australia and the European Union agreed to a regular 'Senior Official Talks on climate change' (SOT). In December 2011, the 'Terms of Reference for the Australia-Europe Senior Official Talks on Cli-

---

of information within and between markets (…). Determining strategic and policy parameters for linking with other permit markets should be a role for the Commonwealth Government".

[42] *Carbon Farming Initiative Act 2011* (Cth) ('CFI Act'). The CFI is still operating. For further information on the CFI see BLACK, Celeste. Linking land sector activities to emissions trading: Australia's carbon farming initiative. In: KREISER Larry et al. (Ed.). *Carbon pricing, growth and the environment*: critical issues in environmental taxation. Edward Elgar, 2012. v. XI, p. 184.

[43] CE Act s 5 (definition of 'eligible Australian carbon credit unit'). Non-Kyoto compliant Australian carbon credit units derived from emissions sources and sinks that would have been credited with a Kyoto ACCU if the abatement had occurred before the end of the relevant accounting period for the Kyoto Protocol first commitment period (31 December 2012 for reforestation and avoided deforestation activities, or 30 June 2012 for all other activities) or any other type of ACCU prescribed in regulations.

[44] CE Act 2011 s 125(7).

[45] Ibid. ss 121, 123A (8).

mate Change' were released, explaining that 'the talks will (...) examine the mechanics of linking Australia's Carbon Pricing Mechanism with the EU's Emissions Trading Scheme'.[46]

Negotiations under the auspices of the Australia-Europe SOT advanced rapidly and on 28 August 2012, the linking of the EU ETS and Australia's CPM was announced. Emissions permits from the EU ETS (EUAs) would be eligible to be used for compliance under the AUS CPM from July 2015 until July 2018 ('one-way link'). From 1 July 2018 a two-way link would be put in place, with mutual recognition of carbon units between the two ETSs.[47]

The Clean Energy Act was amended to provide for the linking of the CPM with the EU ETS. Between 2015 and 2020, participants would be allowed to meet up to 50 per cent of their annual liability with eligible units from the EU ETS and Kyoto units,[48] with a limit of 12.5 per cent of Kyoto units.[49]

While participants of the CPM would benefit from reduced compliance cost, a considerable cash flow from Australia to the EU was to be expected due to the ongoing issue of surplus permits under the EU ETS. ACUs prices would converge to the international price and the market value of ACCUs would also be impacted.[50]

Efforts to link the Australian CPM and the New Zealand ETS were also carried out.[51] However, negotiations never reached an agreement for the effective linking of the ETSs.

---

[46] AUSTRALIAN GOVERNMENT. Australia and Europe strengthen collaboration on carbon markets. 2011. Available at: <www.climatechange.gov.au/ministers/hon-greg-combet-am-mp/media-release/australia-and-europe-strengthen-collaboration-carbon>.

[47] AUSTRALIAN GOVERNMENT. Australia and European Commission agree on pathway towards fully linking emissions trading systems. 2012. Available at: <www.climatechange.gov.au/en/media/whats-new/linking-ets.aspx≥>.

[48] Kyoto units are assigned amount units (AAU), certified emission reduction (CER), emission reduction unit (ERU) ora removal unit (RU).

[49] CE Act 2011 s 123 A, as amended by Clean Energy Legislation Amendment Act 2012 (Cth); Clean Energy Legislation Amendment (International Linking) Regulation 2013 (Cth).

[50] AYDOS, Elena de Lemos Pinto. Levelling the playing field or playing on unlevel fields: the industry assistance framework under the European Union ETS, the New Zealand ETS, and Australia's CPM. In: KREISER, Larry et al. (Ed.). *Market based instruments: national experiences in environmental sustainability*: critical issues in environmental taxation. Edward Elgar Publishing, 2013. v. XIII; TICHE, Fitsum G.; WEISHAAR, Stefan E.; COUWENBERG, Oscar. Carbon leakage, free allocation and linking emissions trading schemes. *University of Groningen Faculty of Law Research Paper Series*, 2013.

[51] AUSTRALIAN GOVERNMENT. *Australia and New Zealand advance linking of their emissions trading schemes*. 2011. Available at: <www.climatechange.gov.au/ministers/hon-greg-combet-am-mp/media-release/australia-and-new-zealand-advance-linking-their>.

4. Industry assistance: the jobs and competitiveness program

Despite the insufficiency of reliable data to demonstrate real impacts from the carbon price to specific sectors and/or sub-sectors in the economy, Government gave in to pressure from industry lobbyists.[52] Concerns with distortion to the competitiveness of domestic industry and risk of carbon leakage[53] were mitigated with transitional assistance measures to support Emissions-Intensive Trade-Exposed (EITE) activities and the electricity sector.

Free of cost ACUs were provided to eligible activities early in the compliance year under the Jobs and Competitiveness Program.[54] Coal-fired electricity generators were benefited under a separate program focused on energy security.[55]

---

[52] See, eg, RIO TINTO. Australian carbon tax will hold back export industries, investment and jobs growth. 10 July 2011. Available at: <www.riotinto.com/media/18435_media_releases_20740.asp>, following the announcement of the Carbon Pricing Mechanism, Rio Tinto has declared that it was 'disappointed with the Australian Government's carbon tax proposal, warning it will inevitably hinder investment and jobs growth in Australia without reducing global carbon emissions'. See also DELIMATSIS, Panagiotis. *International Trade in services and domestic regulations*: necessity, transparency, and regulatory diversity. Oxford Scholarship Online, 2009. e-book. p. 49 e 50. Delimatsis illustrates how pressures from interest groups concerned with protecting domestic production influence policymakers: "Domestic pressure groups typically advocate a policy congruent with their interests, that is, a policy that will protect established industries in order to provide a shelter for domestic employment and earnings. Such a social concern intervention may arise directly as a consequence of the policymakers' preferences for the welfare of themselves and the others, but it may also arise indirectly from the exigencies of maintaining the power and the desire to be re-appointed or re-elected, or avoid a *coup d'état*, as the average voter seems to endorse these objectives and, consequently, any re-election possibilities of the government (ie their own political welfare) are dependent on the extent to which these goals are implemented. (emphasis in original) (citations omitted)".

[53] Carbon leakage occurs when elevated production costs lead domestic production to move to countries with lower or no carbon constraints, increasing global greenhouse gas emissions. See, eg, REINAUD, Julia. *Issues behind competitiveness and carbon leakage*: focus on heavy industry. IEAOECD, 2008. p. 3. Reinaud defines carbon leakage as 'the ratio of emissions increase from a specific sector outside the country (as result of a policy affecting that sector in the country) over the emissions reduction in the sector (again, as a result of the environmental policy)'. For further information on carbon leakage see REINAUD, Julia. *Trade, competitiveness and carbon leakage*: challenges and opportunities. Chatham House, 2009; OECD. Linkages between environmental policy and competitiveness. OECD, 2010. Available at: <www.oecd-ilibrary.org/environment/linkages-between-environmental-policy-and-competitiveness_218446820583>; DRÖGE, Susanne; COOPER, Simone. Tackling leakage in a world of unequal carbon prices: a study for the Greens/EFA Group. Climate Strategies, 2010; DEMAILLY, Damien; QUIRION, Philippe. *Leakage from climate policies and border-tax adjustment*: lessons from a geographic model of the cement industry. 2005; COSBEY, Aaron; TARASOFSKY, Richard. *Climate change, competitiveness and trade*. Chatham House, 2007.

[54] CE Act 2011 s 143(2).

[55] CE Act 2011 s 159.

Garnaut was categorically against free allocation of units to EITE sectors. The Garnaut Review concluded that 'it would be inappropriate to use freely allocated permits as part of the proposed transitional assistance arrangements for trade exposed, emissions-intensive industries. Doing so would suggest that assistance is being provided on compensatory grounds. This would be wrong'.[56] Instead, Garnaut suggested a crediting system, in the form of cash or cash-equivalent reduction to obligation, in which eligible participants would 'receive a credit against their permit obligations equivalent to the expected uplift in world product prices that would eventuate if our trading competitors had policies similar to our own'.[57]

However, the provision of special rules for allocating emissions permits free-of-cost to EITE sectors, also known as free allocation or grandfathering, is still the most common measure to soften impacts of a carbon price and mitigate carbon leakage concerns amongst existing ETSs.[58] Generally, free allocation has prevailed in political debate as the most effective approach to prevent carbon leakage with little impact on the environmental and economic efficiency of the scheme. However, most recent literature suggests that industry reaction will depend on the way the assistance measure is designed.[59] Further detail on the design of the Jobs and Competitiveness Program is discussed below.

4.1 Eligibility

Energy-intensity and trade-exposure thresholds determined eligibility for assistance under the Jobs and Competitiveness Program. The emissions-

---

[56] GARNAUT, Ross. *The Garnaut climate change review*, 2008, op. cit.

[57] Ibid., p. 345.

[58] ELLERMAN, A. Denny; CONVERY, Frank J.; DE PERTHUIS, Christian. *Pricing carbon*: the European Union emissions trading scheme. Tradução de Frank J. Convery, Christian de Perthuis and Emilie Alberola. Cambridge University Press, 2010. p. 61. Ellerman, Convery and De Perthuis explain that 'the use of the term "grandfathering" grew out of the "Jim Crow" laws in the post-civil-war southern United States, whereby persons whose grandfathers had the right to vote were exempted from various tests determining voter qualifications aimed at disenfranchising former slaves and their descendants. As applied to allocation in cap-and-trade systems, it does not imply exemption from having to surrender allowances equal to emissions, only from having to pay for those allowances that are "grandfathered" to the installation'.

[59] REINAUD, Julia. *Trade, competitiveness and carbon leakage*: challenges and opportunities, 2009, op. cit.; DRÖGE, Susanne et al. *Tackling leakage in a world of unequal carbon prices*. Climate Strategies, 2009. p. 46.

intensity assessment was based on weighted average emissions per million dollars of revenue or per million dollars of value added.[60]

Activities with an average emissions-intensity between 1000 tonnes and 1999 tonnes CO_2-e/$m revenue or between 3000 tonnes and 5999 tonnes CO_2-e/$m value added were classified as moderately emissions-intensive. Activities with average emissions intensity of at least 2000 tonnes CO_2-e/$m revenue or 6000 tonnes CO_2-e/$m value added were classified as highly emissions-intensive.[61] Lobbying was successful in reducing the cut-in point for medium emissions-intensive activities from 1,500t CO_2-e/$ million revenue (proposed on the CPRS Green Paper) to 1,000t CO_2-e/$ million revenue and adding the alternative for qualification based on value added.[62]

The trade-exposure factor was assessed either through a quantitative threshold or a qualitative test. Activities should demonstrate a trade-intensity (ratio of value of imports and exports to value of domestic production) greater than 10 per cent in any one of the years 2004–05, 2005–06, 2006–07 or 2007–08.[63] Alternatively, the activity should demonstrate the 'lack of capacity to pass through costs due to the potential for international competition'.[64]

4.2 Levels of assistance

Assistance was provided in relation to direct and indirect costs resulting from the carbon price. Electricity costs (indirect emissions) were compensated through an allocation factor of one unit per megawatt hour (MWh), with entity-specific allocation factors applicable where large electricity supply contracts were in place, *i.e.* in the aluminium sector.

Regarding direct emissions, allocative baselines were set based on average emissions intensity of activities during the financial years of 2006-07

---

[60] The formula used the estimates of the weighted average emissions per unit of product for the years 2006-07 to 2007–08 combined with estimates of revenue (or value added) per unit of product from 2004-05 to the first half of 2008-09. Value added is measured by a proxy consisting of revenue less the cost of the most significant non-labour, non-capital inputs.
[61] COMMONWEALTH OF AUSTRALIA. *Establishing the eligibility of activities under the jobs and competitiveness program*. 2011.
[62] DEPARTMENT OF CLIMATE CHANGE. *Carbon pollution reduction scheme*, 2008, op. cit.
[63] COMMONWEALTH OF AUSTRALIA. *Establishing the eligibility of activities under the jobs and competitiveness program*, 2011, op. cit. Government considered data from the Australian Bureau of Statistics (ABS) International Merchandise Trade Data (2004–05 to 2007–08) in conjunction with domestic production data supplied by firms in the industry.
[64] Ibid.

and 2007-08, with baselines not varying over time.[65] The number of units allocated free of cost to each installation was calculated as follows. Highly emissions-intensive activities received 94.5 per cent of the allocative baseline and moderately emissions-intensive activities received 66 per cent of the allocative baseline, multiplied by a productivity factor (production in the previous financial year).[66]

According to the CPRS Green Paper, moderately emissions-intensive activities would receive 60 per cent of permits free of charge and highly emissions-intensive activities would receive 90 per cent in the first year of the scheme.[67] Rates were later adjusted to 66 per cent and 94.5 per cent as a 'buffer against the aftershocks of the global financial crisis'.[68] The higher assistance level was directly exported into the CPM, despite express recommendation form the Garnaut Review to restore original assistance rates.[69]

A 'buy-back mechanism' was implemented to solve the issue of surplus units allocated free of cost during the fixed price years (remember units could not be traded during this period).[70] Instead of simply cancelling the excess ACUs, these units could be sold back to the Regulator at market value minus a factor specified in the regulations.[71] By doing so, Government expected to maintain incentive for emission abatement.

4.3 New entrants and closure provisions

The Jobs and Competitiveness Program provided for new entrants reserve and closure rules. Different benchmarks were applicable to new entrants and significant expansions.[72] Freely allocated units under the program would be cancelled upon the closure of facilities, as an incentive for entities to maintain levels of domestic production.[73] While closure provisions are often adopted

---

[65] Ibid, s 5.20.
[66] Clean Energy Regulations 2011 (Cth) ('CE Regulations') s 906.
[67] DEPARTMENT OF CLIMATE CHANGE. *Carbon pollution reduction scheme*, 2008, op. cit.; GARNAUT, Ross. *Garnaut climate change review update*: carbon pricing and reducing Australia's emissions. Commonwealth of Australia, 2011. p. 33.
[68] Ibid.
[69] Ibid., p. 34.
[70] CE Act 2011 s 116.
[71] Ibid. 116(2).
[72] CE Regulations 2011 ss 203, 205, 911.
[73] Ibid. ss 204, 906(2)(a).

to prevent entities from ending production and/or moving offshore, economic studies point out the negative effect of delaying the closure of inefficient plants.

4.4 The cessation of the jobs and competitiveness program

During the 2012-13 financial year 51 EITE activities and 131 installations were approved for assistance and received a total of 104,171,248 ACUs free of cost. In the 2013-14 financial year, the number was 51 EITE activities and 122 installations receiving a total of 97,730,137 ACUs.[74] The market value of these units was $23.00 per tonne and $24.15 per tonne in 2012-13 and 2013-14, respectively.

The Productivity Commission, an independent research and advisory body, would undertake regular reviews of the Jobs and Competitiveness Program.[75] The first review, scheduled for the financial year 2014-15, was cancelled due to the repeal of the CE Act.[76] The Jobs and Competitiveness Program was discontinued from 1 July 2014.[77]

5. The repeal of the CPM

The repeal of the CPM cannot be attributed to a poor legislative framework. Despite the non-ideal design for industry assistance analysed in Part 3, the CPM introduced distinctive features and managed to avoid issues faced by the first and to this date most important ETS in the world, namely the EU ETS. In only two years of existence, the CPM demonstrated potential to reach meaningful emissions reductions and did not harm the economy.[78]

---

[74] CLEAN ENERGY REGULATOR. *Jobs and competitiveness program*. 2014. Available at: <www.cleanenergyregulator.gov.au/Carbon-Pricing-Mechanism/Industry-Assistance/jobs-and-competitiveness-program/Pages/default.aspx#Trueup-report-for-201314-year>.
[75] The Productivity Commission is the Australian Government's independent research and advisory body on a range of economic, social and environmental issues affecting the welfare of Australians.
[76] CE Act 2011 s 155(1).
[77] CE Repeal Act; Clean Energy Legislation (Carbon Tax Repeal) (Jobs and Competitiveness Program) Rules 2014 (Cth).
[78] O'GORMAN, Marianna; JOTZO, Frank. *Impact of the carbon price on Australia's electricity demand, supply and emissions*. Centre for Climate Economic & Policy, 2014. O'Gormann and Jotzo conclude that 'the carbon price has worked as expected in terms of its short-term im-

Two factors contributed decisively to the demise of the infant carbon price: (1) the lack of political leadership and consistent long-term strategic goals in relation to climate action, and (2) the power of a group of emissions-intensive sectors whose interest was to postpone the transition towards a low-emissions economy in Australia, despite the generous assistance packages that these sectors secured within the scheme. Arguably the way in which media covered climate change impacts and issues against the economic interest of the mining industry also played a role in the process of decline of the CPM.[79] The analysis that follows focuses on the political process of lobbying for/against and deciding upon the CPM.

A variety of strategies to deal with climate change have been discussed over the years in Australia. Different policies at Federal and State levels were introduced, not always as a coordinated and continuous process. At the Federal level, both the centre-left Australian Labor Party (the Labor) and the Liberal-National Coalition (an alliance of centre-right parties) have adopted inconsistent approaches towards climate action over the last decade.

Australia was one of the countries to immediately ratify the *United Nations Framework Convention on Climate Change* (UNFCCC) at the Rio Earth Summit, under a Labor Federal government.[80] In 1998, the Howard Liberal-National Coalition Government negotiated and signed the Kyoto Protocol to the UNFCCC.[81] However, the Prime Minister Howard subsequently refused to ratify the Kyoto Protocol, arguing that the Protocol would harm the economy, which was going in line with the argument of the US.

In the 2007 Federal elections climate change was once again at the centre of the political agenda, with both leaders promising to introduce an emissions

pacts'. In economic terms, the Treasury modelling predicted that 'the Australian economy will continue to prosper as we reduce emissions'. See also TWOMEY, Paul. *Obituary*: the carbon price. UNSW Australia. 2014. Available at: <http://newsroom.unsw.edu.au/news/business/obituary-carbon-price>.

[79] BACON, Wendy. Sceptical climate part 2: climate science in Australian newspapers. *Australian Centre for Independent Journalism*, 2013, Available at: <http://sceptical-climate.investigate.org.au/part-2/>; Id. A sceptical climate: media coverage of climate change in Australia. *Australian Centre for Independent Journalism*, 2011; Id.; NASH, Chris. Playing the media game: the relative (in)visibility of coal industry interests in media reporting of coal as a climate change issue in Australia. *Journalism Studies*, v. 13, p. 243, 2012.

[80] UNITED Nations Framework Convention on Climate Change. Opened for signature 9 May 1992, 1771 UNTS 107 (entered into force 21 March 1994) ('*UNFCCC*').

[81] KYOTO Protocol to the United Nations Framework Convention on Climate Change. Opened for signature 11 December 1997, 2303 UNTS 148 (entered into force 16 February 2005). Also see: PARLIAMENT OF AUSTRALIA. *Hill signs historic agreement to fight global warming*. 1998. Available at: <http://parlinfo.aph.gov.au/parlInfo/search/display/display.w3p;query=Id%3A%22media%2Fpressrel%2FP1205%22>. Australia signed the Kyoto Protocol on 29 April 1998.

trading scheme if elected.[82] The Leader of the Opposition, Kevin Rudd, stated during his campaign that climate change was the 'great moral challenge of our generation' and promised to 'forge a national consensus on climate change'.[83]

The first official act of Prime Minister Rudd was to formally ratify the Kyoto Protocol,[84] committing to greenhouse gas emission reductions equivalent to 108 per cent of 1990 levels over the first commitment period (2008-2012). As part of the development process of a domestic policy to adopt an emissions trading scheme, in July 2008, the Carbon Pollution Reduction Scheme (CPRS) Green Paper was released.[85]

An independent report inspired by the Stern Review,[86] known as the Garnaut Review[87] was launched shortly after the CPRS Green Paper. Following a consultation period, the CPRS White Paper was also released.[88]

In late 2009 the Labor Government introduced into Parliament three packages of legislation to implement Australia's first emissions trading scheme (CPRS Bills). Sopher and Mansell explain the political process that led to the failure in obtaining the requisite support for the legislation package in the Senate:

> The Government had sufficient votes in the House of Representatives, and it seemed likely that the Opposition parties under the leadership of moderate MP Mr. Malcolm Turnbull would support the bills. However, six days before the Senate vote, Mr. Turnbull lost the Opposition leadership to Mr. Tony Abbott who opposed the bills. Consequently, Opposition Senators and non-Labor Senators (including the Green Party) joined to vote down the CPRS on various grounds: that it would harm Australian competitiveness and exports; that emissions would merely 'leak' abroad to competitor economies; and, that its environmental ambition was not sufficient. Mr. Abbott began an aggressive new political attack on the ETS as 'a great big new tax'.[89]

After a second failed attempt in 2010, Prime Minister Rudd deferred the CPRS legislation until the end of the first commitment period of the Kyoto

---

[82] SOPHER, Peter; MANSELL, Anthony; MUNNINGS, Clayton. *Australia*, 2014, op. cit.
[83] TWOMEY, Paul. *Obituary*, 2014, op. cit.
[84] Ratification came into force on 11 March 2008.
[85] DEPARTMENT OF CLIMATE CHANGE. *Carbon pollution reduction scheme*, 2008, op. cit.
[86] STERN, Nicholas. *The economics of climate change*: the Stern review. Cambridge, 2006.
[87] GARNAUT, Ross. *The Garnaut climate change review*: final report, 2008, op. cit.
[88] COMMONWEALTH. *Climate change carbon pollution reduction scheme white paper*. Parl Paper, n. 42, 2008.
[89] SOPHER, Peter; MANSELL, Anthony; MUNNINGS, Clayton. *Australia*, 2014, op. cit.

Protocol in 2012. The decision to postpone the CPRS Bills, one of the core-promises of the election campaign, cost Prime Minister Rudd his position as Leader and Prime Minister.[90]

Prior to the federal elections in August 2010, Labor Leader and Prime Minister Gillard famously stated that there would be no carbon tax under her Government.[91] In July 2011, the Gillard Government released a Clean Energy Action Plan, followed by a draft of the Clean Energy legislative package.[92] In November 2011, the legislative package passed in Parliament, receiving Royal Assent in December 2011. The main feature of the action plan was the introduction of the CPM.

As previously explained, one of the distinctive features of the CPM is the phased approach to pricing, starting with a fixed price which had a practical effect similar to a carbon tax. From the moment legislation was introduced into Parliament, Opposition Leader Tony Abbott persistently stated that the CPM was a 'bad tax based on a lie'.[93] Once again, Labor seemed to have failed to deliver a campaign promise in the public's eyes.

5.1 Carbon tax or ETS — Does it really matter?

The debate around the nature of the carbon price and whether former Prime Minister Guillard did break a campaign promise had undisputable impacts to the political process leading to the repeal of the CPM. Arguably, this is as far as the relevance of this debate goes.

Undoubtedly the choice of a policy instrument to reduce greenhouse gas emissions is both conceptual and political. The theoretical foundations of carbon taxes and ETSs are, in fact, distinct and the choice of the best market-based instrument for climate change mitigation still polarises literature to this date.[94]

---

[90] Ibid.
[91] Ibid.
[92] AUSTRALIAN GOVERNMENT. *Securing a clean energy future*, 2011, op. cit.
[93] THE CANBERRA TIMES. Tony Abbott's speech on the carbon tax. 2011. Available at: <www.canberratimes.com.au/environment/tony-abbotts-speech-on-the-carbon-tax-20110914-1w0pf.html>.
[94] See, eg, FALCÃO, Tatiana. Providing environmental taxes with an environmental purpose. In: KREISER, Larry et al. (Ed.). *Market based instruments*: national experiences in environmental sustainability. Edward Elgar, 2013. p. 41. Also see WORLD BANK GROUP; ECOFYS. *State and trends of carbon pricing*, 2014, op. cit.

While the former is based on State intervention, the latter is based on the bargaining of property rights.[95] Both aim at influencing economic behaviour through the market,[96] offering reduced mitigation costs (static efficiency), incentives towards technology innovation (dynamic efficiency), revenue potential and robustness in operation.[97]

Implementing carbon taxes is generally regarded as politically challenging. Falcão demonstrates that 'in times of economic downturn and crisis, governments are generally concerned about further damaging their popularity by introducing new taxes. That is the main reason why (...) Emissions Trading Schemes (ETS) have become so popular over the past years.'[98] Barde and Godard point out that:

> (...) taxation is not popular, and acceptability depends on the level of trust that citizens feel regarding governments' promises and commitments: even if taxes are deemed to be compensated for by an equivalent cut in income tax or other measures, most taxpayers do not believe it will remain true in the long term.[99]

International and/or supranational taxes have their own additional challenges. To illustrate, the difficulties in approving a Community-wide energy tax proposed by the EU Commission tax in the 1990s – considering that fiscal measures require unanimous approved by member states – was a decisive factor to the adoption of the EU ETS, which entered into force in 2005.[100] An international carbon tax, unlike a linked ETS would raise concerns with countries' sovereignty.

As carbon taxes and emissions trading schemes (ETSs) gain ground as the preferred market-based instruments for climate change mitigation policy, resis-

---

[95] PIGOU, Arthur C. *The economics of welfare*. 4. ed. Macmillan, 1962; COASE, Ronald H. The problem of social cost. *The Journal of Law and* Economics, v. III, n. 1, 1960.
[96] MILNE, Janet E.; ANDERSEN, Mikael Skou. Introduction to environmental taxation concepts and research. In ____; ____ (Ed.). *Handbook of research on environmental taxation*. Edward Elgar, 2012. p. 15, 30. Carbon taxes and emissions trading schemes (ETSs) have gained ground as the preferred market-based instruments for climate change mitigation policy.
[97] SMITH, Stephen. *Environmentally related taxes and tradable permit systems in practice*. OECD, 2007. p. 7, 8.
[98] FALCÃO, Tatiana. "Providing environmental taxes with an environmental purpose", 2013, op. cit.
[99] BARDE, Jean-Philippe; GODARD, Olivier. Economic principles of environmental fiscal reform. In: MILNE, Janet E.; ANDERSEN, Mikael S. (Ed.). *Handbook of research on environmental taxation*. Edward Elgar, 2012. p. 33, 48.
[100] Ibid., p. 47. ELLERMAN, A. Denny; CONVERY, Frank J.; DE PERTHUIS, Christian. *Pricing carbon*, 2010, op. cit.

tance towards carbon taxes is decreasing.[101] The World Bank reports that 'carbon taxes and emissions trading schemes are among the most common carbon pricing options. As more countries tackle questions related to carbon pricing, the perceived choice between a carbon tax and an ETS is becoming less acute'.[102]

In general terms, under an ETS a central authority sets a limit or cap to the amount of GHG that may be emitted by a specified number of participants or liable entities. Explicit rights to emit CO_2-e (units or allowances) are created at a level that corresponds to the respective cap.[103] Units may be issued free of charge or via auctioning. Once permits are distributed, they may be freely traded in the market (either privately or through an established market platform).

At the end of the given financial year, each country (international ETS) or liable entity (domestic ETS) must hold one emissions permit per tonne of CO_2-e emitted. Participants under the ETS will 'sell permits as long as their market price exceeds their marginal abatement costs; conversely, they will buy permits as long as their market price falls short of their marginal abatement costs'.[104] Finally the emissions cap can be reduced over time, producing the desired levels of emission reductions.

Contrary to ETSs, a carbon tax is not connected to a mandatory emission cap or reduction target. While there is uncertainty regarding the exact level of emission reductions, participants know the cost of carbon well ahead, providing predictability for production. However, Stavins demonstrates that, ultimately,

> Either instrument can be designed—in principle—to be equivalent to the other in distributional terms. If allowances are auctioned, a cap-and-trade system looks much like a carbon tax from the perspective of regulated firms. Likewise, if tax revenues are refunded in particular ways, a carbon tax can resemble cap and trade with free allowances.[105]

---

[101] SMITH, Stephen. *Environmentally related taxes and tradable permit systems in practice*, 2007, op. cit.; MILNE, Janet E.; ANDERSEN, Mikael Skou. "Introduction to environmental taxation concepts and research", 2012, op. cit. Milne and Andersen point out that 'if governments want to use a market-based instrument to impose a cost on polluters, they often will consider whether to use an environmental tax or a trading regime, or both'.
[102] WORLD BANK GROUP; ECOFYS. *State and trends of carbon pricing*, 2014, op. cit. The 2014 World Bank report on carbon pricing accounted for 11 national carbon taxes and one subnational carbon tax already implemented worldwide.
[103] Note that the recognition of allowances as property rights varies according to jurisdiction.
[104] OECD. *The economics of climate change mitigation*: policies and options for global action beyond 2012. 2009. p. 61.
[105] STAVINS, Robert. The problem of the commons: still unsettled after 100 years. *American Economic Review*, v. 81, p. 99, 2011.

The CPM was designed as a 'hybrid model', based on Garnaut's principled approach.[106] The fixed price years were meant to provide price certainty and stability during the first years of the scheme. As already pointed out, the framework of the CPM did not differ substantially from the CPRS.

While the CPRS Green Paper mentioned Garnaut's approach, a transitional fixed price was not yet regarded a central element in a future Australian ETS.[107] Following public consultation the CPRS white paper report was published. A provisional fixed price was clearly considered a viable policy option then. Policy position 14.8 stated:

> (...) For the first five years of the Scheme fixed price permits issued under the price cap arrangements will be available for purchase between the final reporting date and the final surrender date for each emissions year. The cost of these permits will be deductible but they cannot be banked or traded, they can only be surrendered.[108]

The phased approach was incorporated in the AUS CPM legislation.[109] To this date it remains an innovative model and a flexible solution to the issues of lack of reliable emissions data and price fluctuation, which may be experienced in the first years of a new emissions trading scheme.

Thus, despite having the initial effect of a carbon tax, the CPM was unequivocally designed to create a new market which would eventually link to other independent carbon markets. The artificial creation of a new set of assets (ACUs) was accompanied by rules on how these assets were issued and would be traded from July 2015. The asset nature of ACUs was reinforced by a legal status of personal property.[110] Once the scheme transitioned into the flexible charge years, the carbon market would gradually work like any other ETS.

---

[106] GARNAUT, Ross. *The Garnaut climate change review*, 2008, op. cit.
[107] DEPARTMENT OF CLIMATE CHANGE. *Carbon pollution reduction scheme*, 2008, op. cit. The Green Paper stated that 'the Garnaut review considers the option of a transitional price control (fixing the price) for the period 2010-2012 but expresses a preference for an unconstrained system coupled with the early acceptance of European Union Emissions Trading Scheme allowances instead'.
[108] COMMONWEALTH. *Climate change carbon pollution reduction scheme white paper*, 2008, op. cit.
[109] CPRS Bill 2009 s 89.
[110] CE Act 2011 s 103: 'A carbon unit is personal property and, subject to sections 105 and 106, is transmissible by assignment, by will and by devolution by operation of law'.

6. Conclusions

The repeal of the Carbon Pricing Mechanism cannot be justified by design or implementation issues. The scheme had a solid beginning and potential to achieve its environmental goals without serious harm to the economy.

There are two important elements for criticism in the CPM framework: (1) the overly generous assistance packages to assist heavy polluters, and (2) the hasty link to the EU ETS at a time in which the European scheme would be still overflowing with surplus allowances. The first issue is common to other existing emissions trading systems, where in order to seek political consent a structure that invites rent-seeking behaviour is adopted. The second issue could be reasonably mitigated by increasing the limit in the amount of eligible units from the EU ETS until the issue of surplus was solved. Neither of these concerns would have invalidated the benefits from a stable, predictable scheme in the long run.

Australia is a highly vulnerable country to the effects of climate change and, paradoxically, the highest per capita emitter in the world. Yet, debate around the CPM has been monopolised by a small group of emissions-intensive industries interested in postponing the economic transition towards a low carbon energy and production. The discussion was centered on the idea that the rest of the world is not taking action and whatever Australia did would not make an impact to global emissions. These arguments do not correspond to the facts.

The world is steadily moving towards pricing carbon with new market instruments being adopted all over the world. The United States and China, Australia's important trade partners and historical antagonists in the negotiations for a climate mitigation agreement, are now cooperating on clean energy and emission reductions. The relevance of bilateral commitments made in November 2014 by these States cannot be overstated. Announced investment in renewable energy for the next 15 years in China, described by the Chinese President as an 'energy revolution', leaves no doubt that ongoing investment in Australia's coal sector is not recommended.

With expectations of reaching an international legally binding agreement by 2015 renewed, Australia is 'swimming against the tide'. The political context is indicative of a want for public education and impartial media coverage for the current state of scientific knowledge on the reasons, effects and economic impacts of climate change as well as the space for opportunities in a low carbon economy.

REFERÊNCIAS

AUSTRALIAN GOVERNMENT. Australia and European Commission agree on pathway towards fully linking emissions trading systems. 2012. Available at: <www.climatechange.gov.au/en/media/whats-new/linking-ets.aspx>.

____. Australia and Europe strengthen collaboration on carbon markets. 2011. Available at: <www.climatechange.gov.au/ministers/hon-greg-combet-am-mp/media-release/australia-and-europe-strengthen-collaboration-carbon>.

____. *Australia and New Zealand advance linking of their emissions trading schemes.* 2011. Available at: <www.climatechange.gov.au/ministers/hon-greg-combet-am-mp/media-release/australia-and-new-zealand-advance-linking-their>.

____. Securing a clean energy future: the Australian government's climate change plan. 2011.

AYDOS, Elena de Lemos Pinto. Australia's carbon pricing mechanism. In: KREISER, Larry et al. (Ed.). *Carbon pricing, growth and the environment*: critical issues in environmental taxation. Edward Elgar Publishing, 2012. p. 261-276.

____. Levelling the playing field or playing on unlevel fields: the industry assistance framework under the European Union ETS, the New Zealand ETS, and Australia's CPM. In: KREISER, Larry et al. (Ed.). *Market based instruments: national experiences in environmental sustainability*: critical issues in environmental taxation. Edward Elgar Publishing, 2013. v. XIII.

BACON, Wendy. Sceptical climate part 2: climate science in Australian newspapers. *Australian Centre for Independent Journalism*, 2013, Available at: <http://sceptical-climate.investigate.org.au/part-2/>.

____. A sceptical climate: media coverage of climate change in Australia. *Australian Centre for Independent Journalism*, 2011.

____; NASH, Chris. Playing the media game: the relative (in)visibility of coal industry interests in media reporting of coal as a climate change issue in Australia. *Journalism Studies*, v. 13, 2012.

BARDE, Jean-Philippe; GODARD, Olivier. Economic principles of environmental fiscal reform. In: MILNE, Janet E.; ANDERSEN, Mikael S. (Ed.). *Handbook of research on environmental taxation*. Edward Elgar, 2012. p. 33-58.

BLACK, Celeste. Linking land sector activities to emissions trading: Australia's carbon farming initiative. In: KREISER Larry et al. (Ed.). *Carbon pricing, growth and the environment*: critical issues in environmental taxation. Edward Elgar, 2012. v. XI, p. 184-196.

CLEAN ENERGY REGULATOR. *Jobs and competitiveness program.* 2014. Available at: <www.cleanenergyregulator.gov.au/Carbon-Pricing-Mechanism/Industry-Assistance/jobs-and-competitiveness-program/Pages/default.aspx#Trueup-report-for-201314-year>.

COASE, Ronald H. The problem of social cost. *The Journal of Law and* Economics, v. III, n. 1, 1960.

COMMONWEALTH. *Climate change carbon pollution reduction scheme white paper.* Parl Paper, n. 42, 2008.

COMMONWEALTH OF AUSTRALIA. *Australia's low pollution future: the economics of climate change mitigation*. 2008.

COMMONWEALTH OF AUSTRALIA. *Establishing the eligibility of activities under the jobs and competitiveness program*. 2011.

COMMONWEALTH OF AUSTRALIA. Strong growth, low pollution: modelling a carbon price. 2011.

COSBEY, Aaron; TARASOFSKY, Richard. *Climate change, competitiveness and trade*. Chatham House, 2007.

DELIMATSIS, Panagiotis. *International Trade in services and domestic regulations*: necessity, transparency, and regulatory diversity. Oxford Scholarship Online, 2009. e-book.

DEMAILLY, Damien; QUIRION, Philippe. *Leakage from climate policies and border-tax adjustment*: lessons from a geographic model of the cement industry. 2005.

DEPARTMENT OF CLIMATE CHANGE. *Carbon pollution reduction scheme*: green paper. 2008.

DRÖGE, Susanne et al. *Tackling leakage in a world of unequal carbon prices*. Climate Strategies, 2009.

DRÖGE, Susanne; COOPER, Simone. Tackling leakage in a world of unequal carbon prices: a study for the Greens/EFA Group. Climate Strategies, 2010.

ELLERMAN, A. Denny; CONVERY, Frank J.; DE PERTHUIS, Christian. *Pricing carbon*: the European Union emissions trading scheme. Tradução de Frank J. Convery, Christian de Perthuis and Emilie Alberola. Cambridge University Press, 2010.

FALCÃO, Tatiana. Providing environmental taxes with an environmental purpose. In: KREISER, Larry et al. (Ed.). *Market based instruments*: national experiences in environmental sustainability. Edward Elgar, 2013.

KYOTO Protocol to the United Nations Framework Convention on Climate Change. Opened for signature 11 December 1997, 2303 UNTS 148 (entered into force 16 February 2005).

GARNAUT, Ross. *Garnaut climate change review update*: carbon pricing and reducing Australia's emissions. Commonwealth of Australia, 2011.

____. *The Garnaut climate change review*: final report. Cambridge University Press, 2008.

MILNE, Janet E.; ANDERSEN, Mikael Skou. Introduction to environmental taxation concepts and research. In: ____; ____ (Ed.). *Handbook of research on environmental taxation*. Edward Elgar, 2012.

O'GORMAN, Marianna; JOTZO, Frank. *Impact of the carbon price on Australia's electricity demand, supply and emissions*. Centre for Climate Economic & Policy, 2014.

OECD. *The economics of climate change mitigation*: policies and options for global action beyond 2012. 2009.

____. Linkages between environmental policy and competitiveness. OECD, 2010. Available at: <www.oecd-ilibrary.org/environment/linkages-between-environmental-policy-and--competitiveness_218446820583>.

PARLIAMENT OF AUSTRALIA. *Hill signs historic agreement to fight global warming*. 1998. Available at: <http://parlinfo.aph.gov.au/parlInfo/search/display/display.w3p;query=Id%3A%22media%2Fpressrel%2FP1205%22>.

PIGOU, Arthur C. *The economics of welfare*. 4. ed. Londres: Macmillan, 1962.

REINAUD, Julia. *Issues behind competitiveness and carbon leakage*: focus on heavy industry. IEAOECD, 2008.

____. *Trade, competitiveness and carbon leakage*: challenges and opportunities. Londres: Chatham House, 2009.

RIO TINTO. Australian carbon tax will hold back export industries, investment and jobs growth. 10 July 2011. Available at: <www.riotinto.com/media/18435_media_releases_20740.asp>.

SMITH, Stephen. *Environmentally related taxes and tradable permit systems in practice*. OECD, 2007.

SOPHER, Peter; MANSELL, Anthony; MUNNINGS, Clayton. *Australia*. Edfieta, 2014.

STAVINS, Robert. The problem of the commons: still unsettled after 100 years. *American Economic Review*, v. 81, 2011.

STERN, Nicholas. *The economics of climate change*: the Stern review. Cambridge, 2006.

TICHE, Fitsum G.; WEISHAAR, Stefan E.; COUWENBERG, Oscar. Carbon leakage, free allocation and linking emissions trading schemes. *University of Groningen Faculty of Law Research Paper Series*, 2013.

THE CANBERRA TIMES. Tony Abbott's speech on the carbon tax. 2011. Available at: <www.canberratimes.com.au/environment/tony-abbotts-speech-on-the-carbon-tax-20110914--1wopf.html>.

TWOMEY, Paul. *Obituary*: the carbon price. UNSW Australia. 2014. Available at: <http://newsroom.unsw.edu.au/news/business/obituary-carbon-price>.

UNITED Nations Framework Convention on Climate Change. Opened for signature 9 May 1992, 1771 UNTS 107 (entered into force 21 March 1994).

WORLD BANK GROUP; ECOFYS. *State and trends of carbon pricing*. 2014.

Phishing & VAT fraud in CO_2 permits: Dice in the EU-ETS now; Dice in power tomorrow

Richard Thompson Ainsworth[*]

1. Introduction

In accordance with Directive 2003/87/EC of October 13, 2003, trade in greenhouse gas emissions commenced in the European Union (EU) on January 1, 2005. The EU-Emissions Trading System (EU-ETS) was born.[1]

The EU has a Value Added Tax (VAT). VAT is a transaction-based levy on all trade in goods and services.[2] Each Member State has a VAT as a condition of membership.[3] Until January 3, 2017 transactions in CO_2

---

[*] Director, Graduate Tax Program Lecturer in Law. B.B.A., Boston College J.D., Suffolk University. LL.M. in Taxation, Boston University. He is: 1. the former director of International Government Affairs at ADP-Taxware, Inc.; 2. currently a Visiting Professor of American Tax Law at Ritsumeikan University, Kyoto, Japan; 3. and has been a Fulbright Professor of Taxation at Kobe and Osaka Universities, Japan; 4. He lectures on technical and tax modernization issues for the World Bank, the International Monetary Fund, United Nations Development Program, Tax Administration and Advisory Service (US Treasury) and Japanese International Cooperation Agency. He was formerly the deputy director of the International Tax Program at Harvard Law School, a Lecturer in Law, and Adjunct Professor of Public Policy at the Kennedy School of Government.

[1] Directive 2003/87/EC of the European Parliament and of the Council establishing a scheme for greenhouse gas emission allowance trading within the Community and amending Council Directive 96/61/EC, O.J. (L 275) 32, Art. 4.

[2] Under EU case law a VAT is a tax comprised of four elements. It is: (1) applied to goods and services; (2) proportional to the price charged; (3) applied at each stage of the production and distribution process; and (4) implemented by deducting the VAT on inputs from VAT collected on outputs, and thereby only collecting tax on the value added at each stage. *Banca popolare di Cremona* C-475/03.

CO2 permits are deemed to be services. They are subject to the VAT in all Member States. VALUE ADDED TAX COMMITTEE. WORKING PAPER 443 REV 1. *Question concerning the application of community VAT provisions*: greenhouse gas emission allowances. TAXUD/1625/04 REV 1. 27 maio 2004.

[3] Article 99 of the (original) European Economic Community (EEC) Treaty states:
The Commission shall consider how the legislation of the various Member States concerning turnover taxes, excise duties and other forms of indirect taxation, including countervailing measures applicable to trade between Member States, can be harmonized in the interest of the common market.

permits are taxed as services.[4] After this date they are exempt as financial instruments.[5]

This change in VAT treatment of CO_2 permits is directly attributable to rampant fraud in the market. Fraud has been so severe in CO_2 permits that public trust in the EU's emissions trading scheme has been undermined.[6] The Preamble to Directive 2014/65/EU confirms as much at paragraph (11). Faced with a clear policy choice between fighting VAT fraud and the EU's commitment to reducing greenhouse gas emissions through cap and trade, the EU has chosen the environment.[7] The Preamble states:

> A range of fraudulent practices have occurred in spot secondary markets in emission allowances (EUA) which could undermine trust in the emissions trading scheme ... establishing a scheme for greenhouse gas emission allowance trading within the Community and ... measures are being taken to strengthen the system of EUA registries and conditions for opening an account to trade EUAs. [Thus]

The Commission shall submit proposals to the Council, which shall act unanimously without prejudice to the provisions of Article 100 and 101.
Since the Treaty of Amsterdam, Article 99 was renumbered Article 93 EC, which is now Article 113 of the Treaty on the Functioning of the European Union (TFEU) which reads:
The Council shall, acting unanimously in accordance with a special legislative procedure and consulting the European Parliament and the Economic and Social Committee, adopt provisions for the harmonization of legislation concerning turnover taxes, excise duties and other forms of taxation to the extent that such harmonization is necessary to ensure the establishment and the functioning of the internal market and to avoid distortion of competition.
[4] Directive 2014/65/EU of the European Parliament and of the Council of 15 May 2014 on markets in financial instruments and amending Directive 2002/92/EC and Directive 2011/61/EU (OJ L 173, 12.6.2014, p. 84) at Annex I, Section C(11) defines a financial instrument to include: Emission allowances consisting of any units recognized for compliance with the requirements of Directive 2003/87/EC (Emissions Trading Scheme).
[5] Romania is a notable exception. CO_2 permits have always been treated as financial instruments, but only in this Member State.
[6] EUROPOL. *Serious and Organized Crime Threat Assessment (SOCTA) 2013 (public version)*. March 2013 at 27 indicates that MITC in all goods and services is estimated at 100 billion euro per year:
MTIC fraud is a widespread criminal offence affecting many, if not all EU MS. The perpetrators of MTIC fraud are present both inside and outside the EU. Activities related to MTIC fraud can be directed remotely using the internet. MTIC deprives states of tax revenue required to make investments, maintain public sector services and service foreign debt. The EU is loosing an estimated 100 billion Euros of MTIC income.
[7] Detailed consideration of fraud in the CO_2 market is provided by FRUNZA, Marius-Christian. *Fraud and carbon markets*. Routledge, 2013. An assessment of lessons learned in the design of a cap and trade system is provided by WEISHAAR, Stefan E. Emissions trading design: a critical overview. New Horizons in Environmental and Energy Law, 2014.

In order to reinforce the integrity and safeguard the efficient functioning of those markets, including comprehensive supervision of trading activity, it is appropriate to complement measures taken ... on market abuse ... and ... by classifying them as financial instruments.

This is not the end of the story of EUAs and the EU VAT. Important lessons have been learned about controlling fraud from efforts made in the emissions markets. Unfortunately, time and political patience have run out.

During the period when CO_2 permits have been (and still are) subject to VAT, there is an instructive, and very natural overlap of the EU-ETS and the VAT system. It is apparent to the careful observer that within this limited market segment fraud can be prevented if the EU-ETS real-time database is utilized to its fullest. Lessons are being learned, and these lessons can be applied elsewhere in the EU market. The most immediate market application is in the energy commodity sector.[8]

This paper considers a particular phishing attack in the CO_2 market – the January 18, 2011 attack on the Czech registry. This phishing fraud is used only as an example. Others are available to the same effect. The focus of this paper is not on this very sensational fraud; it is on the ETS/VAT overlap, and the ability to apply what has been learned here to the trade in gas and electricity.

More specifically, careful consideration of this overlap demonstrates why the Digital Invoice Customs Exchange (Dice) proposal works, and why it is an effective fraud prevention mechanism in Rwanda.[9] Dice is set for adoption in the remaining states of the East African Community (EAC).

---

[8] See: POWERNEXT. *EU anti-VAT-fraud package*: call for a comprehensive implementation by all Member States —Ten European gas & electricity associations call for a comprehensive implementation of the EU anti-VAT-fraud package by all 28 Member States. 28 nov. 2014. The ten gas and electric exchanges involved in PowerNext are AIB, Ceer, Each, Efet, Entso-E, Eurelectric, Eurogas, Europex, GIE, and Leba. Following the large-scale VAT fraud discovered in the CO₂ emissions market in 2009, criminal networks are now targeting other tradable goods such as gas and electricity. In order to prevent further major fraud with several billion euros in VAT losses in the energy commodity sector, the ten largest European energy associations have been coordinating their efforts in the fight against VAT fraud since 2010. The group aims at increasing the awareness among all relevant stakeholders of this high-level risk along the energy value chain and calls for legislative measures to end VAT fraud in gas, electricity and emissions trading in Europe. Available at: <www.powernext.com/#sk;tp=app;n=article;f=ge tArticle;t=article_view;fp=register:1,m:News_Room,split::,system_name:eu_anti-vat-fraud_ package_ten_european_gas_electricity_associations_call_for_a_comprehensive_implementation_by_all_28_member_states;lang=en_US>.
[9] See: AINSWORTH, Richard T.; TODOROV, Goran. Rwanda — cutting-edge VAT compliance. *CCH Global Tax Weekly*, v. 46, n. 1, 26 sept. 2013.

When fully adopted, the EAC will become a template for fraud prevention in the EU.[10]

2. EU-ETS

The synergy between the EU-ETS and the EU VAT is natural. Fraudsters saw it immediately. Tax enforcement has been slow to catch on, but may have stumbled on a useful tax enforcement tool in its transactional database. A successful phishing attack not only provides fraudsters with a gain from the outright sale of stolen CO_2 permits, it also supplies the "assets" that can cycle through EU-wide MTIC fraud carousels.[11] The transactional database built by the EU-ETS to follow CO_2 permits throughout the EU is sufficiently robust to also follow the fraud in real-time.

The EU-ETS is the first international trading system for CO_2 emissions in the world. It applies to the 28 EU Member States as well as Norway, Iceland and Liechtenstein (the European Economic Area – EEA), and covers close to half of the EU's CO_2 emissions.[12] One permit gives the holder the right to emit one ton of CO_2 (or the equivalent amount of another greenhouse gas). This is a *cap and trade* system.

The heart of the EU-ETS is its system of on-line registries in each Member State and the Community Independent Transaction Log. The registries were designed to provide accurate accounting of all permits issued under the system, and were to keep track of ownership much the same way banks track

---

[10] AINSWORTH, Richard T.; TODOROV, Goran. Plugging the leaks in the East African community's VATs. *Tax Notes International*, v. 72, p. 561, 11 Nov. 2013.

[11] It is not a coincidence that phishing frauds were on the rise in the EU at precisely the same time that MTIC frauds in the CO_2 markets forced the collapse of the BlueNext exchange, and the realignment of the VAT rates on CO_2 permits in France, the Netherlands and the UK.

[12] Effective from 2012, the EU ETS was amended to bring in the aviation sector. Directive 2008/101/EC amending Directive 2003/87/EC so as to include aviation activities in the scheme for greenhouse gas emission allowance trading within the Community (OJ L 8/3 (January 13, 2009). This legislation applies to EU and non-EU airlines. However, to allow time for negotiations on a global market-basis measure applying to all aviation emissions, the EU ETS was suspended for all flights to and from non-EU countries. Decision 377/2013/EU derogating temporarily from Directive 2003/87/EC establishing a scheme for greenhouse gas emission allowance trading within the Community (April 24, 2013) OJ L 113/1. For the 2013-16 period the legislation has been further amended so that only flight within the EEA are impacted. The EU made this change following an agreement by the International Civil Aviation Organization Assembly in October 2013 to develop the global market-based mechanism.

money. To participate in the system a company (or a physical person) opens an account in one of the registries (application is online at registry websites). The registries themselves are online databases that record:

- the national plan indicating the permits assigned;
- accounts (held by a company or a physical person) to which those permits have been allocated;
- transfers of permits ("transactions") performed by the account holders;
- annual verified CO_2 emissions from installations;
- annual reconciliation of permits and verified emissions, where each company must have surrendered enough permits to cover all its emissions.

The Community Independent Transaction Log records and authorizes all transactions between accounts in the EU-ETS.[13] Verification is done automatically. It endeavors to ensure that any transfer of permits from one account to another is consistent with ETS rules. As of January 1, 2012, Article 19(1) of Directive 2003/87/EC mandated a single Union Registry that is in operation today.[14]

Importantly, on August 20, 2012 the European Commission activated the *public site* for the European Union Transaction Log.[15] This followed full activation of the Union Registry in June 2012. What this means is that for the first time the public was able to trace the sale of CO_2 permits through the registries in real-time.

This paper will use the European Transaction Log to follow a block of stolen CO_2 permits as they transit through the EU-ETS from company-to-company, and from country-to-country. We will not only be able to identify

---

[13] In the field of *databases* in *computer science*, a transaction log (also transaction journal, database log, binary log or audit trail) is a history of actions executed by a *database management system* to guarantee *Acid* properties over *crashes* or hardware failures. Physically, a log is a *file* of updates done to the database, stored in stable storage. Acid is an acronym for Atomicity, Consistency, Isolation, and Durability. It is a set of properties that guarantee that database transactions are processed reliably. If, after a start, the database is found in an inconsistent state or not been shut down properly, the database management system reviews the database logs for *uncommitted* transactions and *rolls back* the changes made by these *transactions*. Additionally, all transactions that are already committed but whose changes were not yet materialized in the database are re-applied. Both are done to ensure *atomicity* and durability of transactions. This term is not to be confused with other, human-readable *logs* that a database management system usually provides.
[14] Commission Regulation (EU) No. 389/2013 (May 2, 2013) set down the specific rules for the registry. This regulation applied to allowance created for the trading period commencing on January 1, 2013 and subsequent periods (annual emission allocation units and Kyoto units). It also applied to aviation units.
[15] See: <http://ec.europa.eu/environment/ets/>.

who was in technical "possession" of the stolen certificates at any point in time, we will also be able to identify places along the chain where the stolen CO_2 permits could have been used in a missing trader (MTIC) fraud.

3. Phishing in the Czech Republic's registry

Before lunch on Tuesday, January 18, 2011, a bomb threat was called into the Prague offices of OTE, the company that manages the Czech Republic's emissions registry. The hoax forced the building to be evacuated, and covered the completion of a phishing operation that stole 500,000 European Union Allowances (EUAs).[16] Valued at €14 each at the time of the attack, this theft was worth €7 million.[17]

The theft was discovered at 7:00 am the next morning when one of OTE's clients called and reported that thousands of EUAs had gone missing. Press reports at the time indicted that the EUAs "… had bounced from the Czech Republic to Poland, Estonia and Liechtenstein before disappearing."[18]

In the post August 20, 2012 world, the public can now follow these stolen EUAs much more precisely in the European Union Transaction Log. We know now that the EUAs did not "disappear." They ended up in the UK with Shell Trading International Ltd. (STIL), which apparently used the credits. The entire transaction from the Czech registry through to STIL took less than one-and-a-half hours (beginning at 9:32 am in the Czech republic and ending at 10:59 in the UK). The entire transaction chain took place while the Czech registry was closed. The figure below sets out the transaction chain after the phishing attack.

---

[16] EUA is the official title of the carbon credit, or pollution permit that is traded in the EU-ETS. Each EUA represents one ton of CO_2 that the holder is allowed to emit.

[17] Two other thefts occurred at the same time making the total lost 1.175 million EUAs. 500,000 was taken from CEZ, a state-owned Czech utility, another 200,000 was taken from a separate CEZ account, and 475,000 was removed from the Blackstone Global Ventures accounts, another Czech firm with EUAs held at the Czech registry. See: ORGANIZED CRIME AND CORRUPTION REPORTING PROJECT. *United Kingdom: four men jailed for carbon credit cyber-heist*. 25 set. 2014.

[18] MASON, Rowena. The Great carbon trading scandal. *Telegraph*. 30 jan. 2011. Available at: <www.telegraph.co.uk/finance/newsbysector/energy/8290533/The-great-carbon-trading-scandal.html>.

FIGURE 1 Diagram of the Czech phishing attack

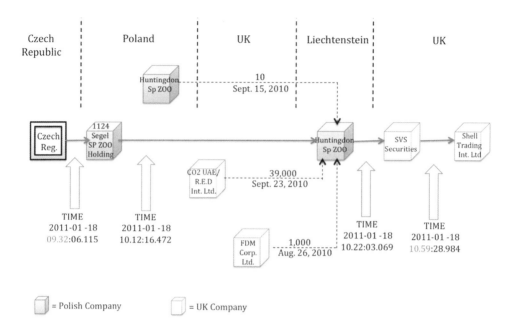

But we know more. We also know who called in the bomb scare, and who removed the EUAs from the Czech registry. It was a criminal gang of four from the UK. They were found guilty of the theft, and were sentenced on September 28, 2014:

- Ruman Patel (31), arrested June 2012, pled guilty, sentenced to 32 months;
- Hanif Patel (53), arrested April 2014, three week trial leading to a conviction, sentenced to 7 years;
- Ayyub Ibrahim (60), arrested June 2012, pled guilty, sentenced to 42 months;
- Mohammed Hanif Patel (53), arrested 2012, pled guilty, sentenced to 42 months.

The Czech theft was the tipping point for the EU Commission. There were a series of responses, some were EU-ETS focused, others were VAT focused. The immediate short-term response was to suspend trading across all 30 national registries the next day (January 19, 2011). The Czech exchange remained closed until mid-March.

In the medium-term the response was to significantly increase security in the EU-ETS. This involved out-of band confirmation of transactions,[19] the introduction of trusted account lists and new account categories, the 4-eye principle,[20] and strengthened know-your-customer checks. The competent authorities were given the ability to act quickly in cases of fraud by delaying the completion of some transactions, by freezing allowances and accounts in cases of suspicious transactions, and giving wider access to law enforcement authorities to confidential information. Serial numbers of specific certificates will be visible in the databases, but only to law enforcement authorities.[21]

A long-term VAT solution is also in place. As of January 3, 2017 emissions certificates will be treated as non-taxable financial instruments.[22] There can be no MTIC if there is no VAT.

4. Following the Czech permits

If we go to the European Transaction Log we can follow the stolen Czech permits. The trail goes as follows. On January 18, 2011 500,000 EUAs are transferred from the Czech registry to a Polish company (1124 Segel Sp. ZOO Holding). The time Huntingdon Sp. ZOO was established by Hanif Patel and Mohammed Patel, and 1124 Segel Sp. ZOO was established by Ruman Patel.[23] An interesting element of this transaction chain is that even though the EUAs

---

[19] Buyers and sellers must confirm transactions over two separate networks such as e-mail and telephone.
[20] The 4-eye principle refers to a security mechanism whereby.
[21] The EU-ETS developed largely through three regulations. 2216/2004 of 21 December 2000.
[22] Directive 2014/65/EU, *supra* note 4.
[23] Ruman Patel received the shortest sentence among the four fraudsters. This may have been attributable to the court believing that he was more of a puppet than a puppet master. Defending Ruman Patel, Russell Davies said he [Rudman Patel] was a "dupe", not an innocent dupe, but a dupe nevertheless. He explained Patel was approached in 2010, when he owed a £30,000 debt as a result of a failed business venture.
He had received serious threats of violence. His financial position — together with the threats he received — made him vulnerable. The court heard although he played an important role in a substantial international fraud, it was obvious that he could not have known what he was lending his assistance to.
Patel registered his company in his own name, providing accurate details of his identity that were verified by a local solicitor. Mr. Davies said: "It was inevitable that as soon as the fraud was detected, he would be identified and prosecuted for fraud." PRESTON Men Admit to Playing Part in £6m global credit scam. *Lancaster Evening Post*. 13 set. 2014. Available at: <www.lep.co.uk/news/local/preston-men-admit-to-playing-part-in-6m-global-credit-scam-1-6838730>.

are sold between two Polish companies Polish VAT is *not* applicable. Huntingdon Sp. ZOO acquired the EUAs through their Liechtenstein, not their Polish account. This is a transaction between a Member State and a Third Country.

If VAT were applicable, then we could well have had a missing trader opportunity where the first Polish company (Huntingdon Sp. ZOO) would collect VAT from the second (1124 Segel Sp. ZOO), and then would go missing. However, Huntingdon Sp. ZOO has registry accounts in both Poland and Liechtenstein, and for this transaction it used its Liechtenstein account. No Polish VAT was collected.

Huntingdon Sp. ZOO then transfers the entire block of 500,000 EUAs to SVS Securities, a UK firm using its UK account.[24] From there the EUAs are transferred to Shell Trading International Ltd.[25] The time is now 10.59:28.984 on the morning of January 18, 2011. This theft will not be identified until some time after 9:00 am on January 19, 2011.

At trial it was confirmed that none of the money was recovered. The payment by STIL was made in euros, converted to dollars, and then passed through legitimate firms around the world including China, India, Hong Kong and Dubai.[26]

5. digital Invoice Customs Exchange (Dice)

A digital invoice customs exchange (Dice) is a technology-intensive tax compliance regimen for VAT that utilizes invoice encryption to safeguard transactional data exchanged between seller and buyer in both domestic and import/

---

[24] Please see: <http://ec.europa.eu/environment/ets/transaction.do?languageCode=en&startDate=01%2F06%2F2009&endDate=01%2F05%2F2012&transactionStatus=4&fromCompletionDate=&toCompletionDate=&transactionID=&transactionType=-1&suppTransactionType=-1&originatingRegistry=-1&destinationRegistry=-1&originatingAccountType=121&destinationAccountType=121&originatingAccountNumber=83&destinationAccountNumber=&originatingAccountIdentifier=&destinationAccountIdentifier=&originatingAccountHolder=&destinationAccountHolder=&search=Search&currentSortSettings=>.

[25] Please see: <http://ec.europa.eu/environment/ets/transaction.do?languageCode=en&startDate=18%2F01%2F2011&endDate=31%2F01%2F2011&transactionStatus=4&fromCompletionDate=&toCompletionDate=&transactionID=&transactionType=-1&suppTransactionType=-1&originatingRegistry=-1&destinationRegistry=-1&originatingAccountType=-1&destinationAccountType=-1&originatingAccountNumber=&destinationAccountNumber=1936&originatingAccountIdentifier=&destinationAccountIdentifier=&originatingAccountHolder=&destinationAccountHolder=&search=Search&currentSortSettings=>.

[26] "PRESTON Men Admit to Playing Part in £6m global credit scam", 2014, op. cit., at note 25.

export contexts while simultaneously notifying concerned jurisdictions of the transaction details.

The data needed for Dice is currently available in real time in the European Transaction Log of the EU-ETS. All that would be needed to roll out a comprehensive solution to MTIC fraud in the energy commodity sector would be to replicate the EU-ETS in the energy sector, and to adopt the *digital invoice* and *customs exchange* elements of Dice.

Dice facilitates real-time VAT enforcement as well as real-time commercial contract verification. It is a commercial invoice validation system that prevents tax evasion, most notably MTIC fraud and the non-declared import of tradable services.[27] Dice mimics the most effective administrative enforcement effort ever undertaken by the US IRS — the requirement to disclose the social security numbers of dependents on returns.[28] Tax enforcement is simplified and streamlined when fraudsters know they are (or they are convinced that they could be) being watched — in real-time detail. The fraud stops on its own.[29]

---

[27] The Australian Board of Taxation estimates that Australia looses an estimated $1 billion in GST from imported services each year. THE PRODUCTIVITY COMMISSION. *Economic Structure and Performance of the Australian Retail Industry*. Report n. 56, p. xxxviii e 209, 4 nov. 2011. Available at: <www.pc.gov.au/__data/assets/pdf_file/0019/113761/retail-industry.pdf>. "Tradable services" is a term coined by the author and first use in the following paper: AINSWORTH, Richard. VAT fraud: the tradable services problem. *Tax Notes Int'l*, v. 61, p. 217, 17 jan. 2011.

[28] Seven million dependents vanished from the tax rolls in 1986, and the IRS recovered three billion dollars in revenue with a simple enforcement measure. Taxpayers were required to list the social security number (SSN) for any dependent they claimed on their tax return. As the authors of *Freakonomics* explain, this measure worked because taxpayers who had found it easy to cheat previously now feared that they could be caught in real-time. LEVITT, Steven D.; DUBNER, Stephen J. *Freakonomics*: a rogue economist explores the hidden side of everything. Revised and expanded edition. 2006. p. 238. So why do people really pay their taxes: because it is the right thing to do, or because they fear getting caught if they don't? It sure seems to be the latter. A combination of good technology (employer reporting and withholding) and poor logic (most people who don't cheat radically overestimate their chances of being audited) makes the system work. See: MILNER, Margaret. Commissioner of internal revenue. Remarks at the Direct Selling Association Tax Seminar (July 19, 1990). *Tax Notes Today*, n. 95, 141-60; Doc 95-7092 (discussing the Tax Compliance Measurement Program and how these audits help the IRS determine areas where significant compliance improvements can be made).

[29] This is an active research field of human psychology, but it has a very real public policy impact. For example, a cardboard cutout of a police officer inside the bicycle cage at a train station in Boston reduced theft of bicycles by 67%. The idea behind the cutout was that if people "though" someone "might be" looking they would think twice about theft. In this case it is really clear that the cop is a cardboard cutout, but the impact was dramatic. Experiments involving subjects using a computer monitor that had graphic with a pair of eyes looking out at the user

Dice is an emerging compliance solution that has been adopted *in part* by some jurisdictions, but has not been adopted *in full* (yet) by any jurisdiction. Leading contenders in the race for full adoption include Rwanda and Croatia. The East African Community (Burundi, Kenya, Rwanda, Tanzania and Uganda) will most likely be the first multi-jurisdictional adopter of Dice.

There are two elements to Dice: the *digital invoice* and the *customs exchange*.

A. Digital invoice

To prepare the ground for an effective digital invoice regime a jurisdiction needs to modify commercial law. Paper invoices should be replaced with digital invoices in commercial practice. Brazil, for example, requires an invoice to be digital to be enforceable. Paper invoices are acceptable only as replicas or evidence of the prior digital invoice.

There are two models: the Chilean model that allows companies to voluntarily adopt digital invoices;[30] the Brazilian model that mandates digital invoices for companies of a certain size.[31] In Brazil the threshold has been

---

also have had a measurable impact on honesty responses. "CARDBOARD cop" prompts real drop in crime. *Boston Globe*. 15 ago. 2013. Available at: <www.bostonglobe.com/opinion/editorials/2013/08/14/cardboard-cop-prompts-real-drop-crime/twoZrF0yg1qrPQCVLtnF8K/story.html>; POWERS, Martine. The cardboard cutout cop — there's psychology there! *Boston Globe*. 11 ago 2013. Available at: <http://www.bostonglobe.com/metro/2013/08/10/the-cardboard-cutout-cop-there-psychology-there/xYmonJYU95jxrMb78Xae4J/story.html>.

[30] Chile stated its electronic documents project in 2003 with a group of companies selected by the Internal Tax Service (SII). The Chilean system began with invoices, credit and debit notes, and dispatch forms, as well as purchase invoices. In 2005 the model was extended to export documents. In 2008 the *boleta*, or receipt issued to final consumers was allowed to be digital. The Chilean government (since 2005) has made available to small and medium sized firms a free application for the issuance of electronic documents. The companies must only have a certificate from the SII, a digital signature, internet access, and SII authorization as an electronic issuer. Chile has over 15,600 companies using *facturas electrónicas*, with 76% of this total representing micro and small companies. In 2009 the monthly total of tax documents reached 406,315. MELLO, Newton Oller de et al. The evolution of the electronic tax documents in Latin America. In: PROCEEDINGS OF THE 8TH WSEAS INTERNATIONAL CONFERENCE ON SYSTEM SCIENCE AND SIMULATION IN ENGINEERING, 2009. p. 294. Available at: <http://dl.acm.org/citation.cfm?id=1938841>.

[31] In Brazil the *digital invoice* has been used for securing internal data for cross-border supplies among the twenty-seven Brazilian states since 2006. It is part of the Brazilian tax modernization program called the *Sistema Publico de Escrituracao Digital* or Public System for Digital

progressively lowered to bring more businesses into the digital invoice system. Once a firm has begun to use digital invoices it cannot revert to paper. The Brazilian model is preferred for Dice.

There are six steps in the development of a *digital invoice* system. The following discussion is based on a business-to-business (B2B) transaction within a single jurisdiction. The steps are as follows:

STEP 1: The seller generates an electronic file in XML format[32] that contains all necessary contract and tax information for the sale of goods or services (a pro-forma digital invoice).[33] The issuer digitally signs the file (to assure integrity of the data and authorship).[34] The file is then transmitted (through the Internet or other electronic communications means) to the tax administration. The transmission constitutes a "request for authorization" to use a *digital invoice*.[35]

STEP 2: The tax administration will act on the "authorization of use" request, without which there can be no binding contract. Authorization is not difficult — it (a) is fully automated (without human intervention), (b) is available 24/7,

---

Accounting (SPED). When it began the NF-e pilot project. Progress was rapid. By April 2009 there were 25,000 NF-e issuers. The CT-e pilot project began October 25, 2007. It involved two states (São Paulo and Rio Grande do Sul) and 43 companies and transportation firms. By March 1, and April 1, 2009 respectively the firms in Rio Grande do Sul and São Paulo began issuing legally binding CT-e documents. Large-scale adoption of the CT-e began in 2010, and by the end of 2010 there were over 500,000 firms issuing digitally signed, cross-border NF-e invoices. The system is fully in place today. MELLO, Newton Oller de et al. The implementation of the electronic tax documents in Brazil as a tool to fight tax evasion. In; PROCEEDINGS OF THE 13TH WORLD SCIENTIFIC AND ENGINEERING ACADEMY AND SOCIETY (WSEAS) INTERNATIONAL CONFERENCE ON SYSTEMS, 2009. p. 449, 453. Available at: <http://dl.acm.org/citation.cfm?id=1627575&picked=prox>.

[32] XML is an acronym for eXtensible Markup Language. It is a set of rules for encoding documents in machine-readable form. It is defined in the XML 1.0 Specification produced by the World-Wide Web Consortium (W3C), and several other related specifications. These are gratis open standards.

[33] It is important to note that these are not "heavy" files. For example, a large supermarket with gross revenues of US$ 1 billion per year, and millions of invoices, would probably deliver a 5 megabyte file in a month. [Example provided by Brazilian tax attorney Eric Kanno LLM (BU).]

[34] The digital certificate in Brazil is provided by Certsign at: <http://www.certisign.com.br/> and Serasa at: <http://serasa.certificadodigital.com.br/>.

[35] In Brazil this transmission is to the State Tax Administration for *Impostos Sobre Circulação de Mercadorias e Prestação de Serviços* (ICMS) verification. The ICMS is the state sales tax and the rate varies depending upon the industry and the Sate. In a VAT/GST jurisdiction this transmission would be for verifying the VAT/GST on a domestic transaction.

(c) requires only a basic check of the XML file for accuracy and completeness, and (d) should take a few seconds, and probably only a millisecond.

STEP 3: If the XML file is complete and accurate, the tax administration saves a copy of the XML file and an electronic signature is produced. The electronic signature serves as an access key, and is used for verification of complete invoice data by the buyer, seller, the tax administration, or an approved third party. The access key is a fixed-size alpha-numeric bit string. When reproduced on a paper invoice it may appear as a bar code, which facilitates verification. In an audit context it will allow inspectors to immediately call up (in real-time) any invoice in the commercial system with the press of a button on a hand-held scanner.

STEP 4: The seller then composes and transmits a proposed invoice to the buyer. It includes all of the data from the XML file along with the access key produced by the tax administration.

STEP 5: The buyer will use the access key to check the validity of the invoice. The buyer will then replicate the steps taken by the seller (above). In other words, the XML file received from the seller will be digitally signed (this time by the buyer), and the file will be transmitted to the tax administration (again) over the Internet. The tax administration will re-verify, save the file, and produce a second access key that will be returned to the buyer. The XML files from seller and buyer should match.

STEP 6: The buyer retains a copy of this file, and transmits it to the seller. A true invoice is now issued containing all of the contract data and both access keys. Goods will now be shipped, or services performed, and the VAT will become due in accordance with the normal provisions of the VAT Act. Importantly, because the buyer will not be allowed an input deduction without a valid invoice, it is this XML file (with two valid access keys) that will support the deduction. A paper invoice will be sufficient, if it contains the access keys because the access keys will allow the original digital invoice to be located in the tax administration's database.

FIGURE 2 Sets out the essential steps of the *digital invoice* regime

Diagram of Digital Invoice (domestic)

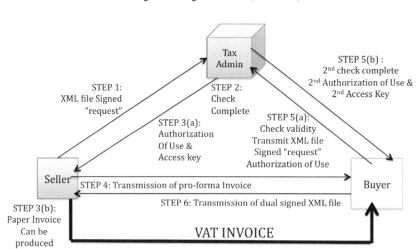

There are two further permutations to the basic *digital invoice* scenario, one on the buyer's side the other on the seller's side. On the buyer's side the next sale could be made to a final consumer; on the seller's side there is the possibility that the seller may be in another jurisdiction (an export/import transaction). The first permutation will not be considered here. It is not part of a MTIC fact pattern.[36]

The important permutation for this discussion involves situations where the supply crosses a national border. Fraud problems arise when a tradable service, or goods are involved. Goods normally pass through customs, and when this occurs there are some protections. Cross border goods transactions within a community are commonly expedited, and when this occurs intra-community frauds occur.[37] This is the case with CO_2 permits, which are treated as services in the EU until January 3, 2017.

---

[36] For a discussion of this permutation see: AINSWORTH, Richard T.; TODOROV, Goran. Stopping VAT Fraud with Dice — Digital Invoice Customs Exchange. *Tax Notes International*, n. 72, p. 637, 18 nov. 2013.

[37] Algirdas Semeta, the European Commissioner for taxation indicated that the EU Commission is anxious to cooperate. He observes: "There is no effective way of ensuring compliance if a business located in California, for example, provides e-services to a private individual in Slovakia and does not register for the e-commerce scheme and pay Slovak VAT what can the national tax authorities do realistically? *The Commission is addressing this issue and has asked member states*

The key to a *digital invoice* regime is the un-enforceability of the underlying contract if the seller has not submitted the required XML file to the tax administration and received back the necessary access key. There should be no difference between a domestic and a foreign supplier in this regard. Both buyer and seller have an interest in insuring enforceability. If compliance difficulties arise with foreign sellers it is expected that intermediaries (like customs agents) would assist in processing XML files. Six steps set out this fact pattern.

STEP 1: The seller will generate an electronic file in XML format containing all necessary information as before. The issuer digitally signs the files (to assure integrity of the data and authorship). The file is transmitted (through the Internet) to the **destination** tax administration. The transmission constitutes a "request for authorization" to use a digital invoice that will be acceptable to the **destination** jurisdiction.

STEP 2: The **destination** tax administration will act on the "authorization of use" request, without which there can be no binding contract in the destination jurisdiction.

STEP 3: If the XML file is accurate, the **destination** tax administration will save a copy of the XML file and an Internet access key (electronic signature) will be produced as before.

STEP 4: The seller will compose and transmit an invoice to the buyer that will include all of the data from the XML file along with the access key produced by the **destination** tax administration.

STEP 5: The buyer will use the access key to check the validity of the invoice, and replicate the steps taken by the seller (above).

STEP 6: The buyer will retain a copy of this file, and perform either a reverse charge or pay the reverse VAT depending on the statute.

Figure 3 illustrates this situation.

---

for a mandate to negotiate with third countries on this issue from a collective position of power. For the time being, though, compliance depends on the willingness of suppliers in third countries to assume their legal obligations." SEMETA, Algirdas. The mini-One Stop Shop for VAT — the start of something big! *World Commerce Review*, n. 28, jun. 2012. (emphasis added).

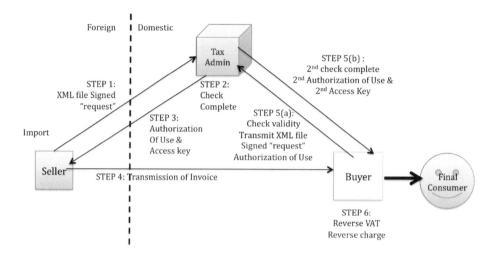

FIGURE 3 Diagram of digital invoice (cross-border)

Because a foreign seller will not (normally) be collecting domestic VAT/GST the *digital invoice* regime functions as an "early warning" system for the **destination** tax administration. It alerts the authorities in advance of a *reverse charge* or *reverse VAT* obligation of the buyer — a taxable transaction is occurring. Compliance should be elevated. Buyers in the **destination** jurisdiction will know that their purchases are being observed and recorded.

B. Customs exchange

Figure 3 presents a difficult scenario. The problem is: How does a jurisdiction create an incentive structure that will induce foreign suppliers to comply with local tax reporting rules? In Figure 3 the only incentive is that both buyer and seller want an enforceable contract in the destination jurisdiction. A *customs exchange* presents a better incentive paradigm.

With a *customs exchange* both jurisdictions have *digital invoicing* rules in place. When sellers in one jurisdiction (origin) seek to export (good or services) to the other jurisdiction (destination) the tax authorities will cooperate through the exchange to perfect the cross-border *digital invoice*. There are eight steps involved.

STEP 1: The seller generates an electronic file in XML format containing all necessary contract information as before. The seller digitally signs the files (to assure integrity of the data and authorship). The file is transmitted (through the Internet) to the **origin** tax administration. The transmission constitutes a "request for authorization" to use a digital invoice that will be acceptable to both **origin and destination** jurisdictions.

STEP 2: A check is performed of the XML file for accuracy and completeness.

STEP 3: If the XML file is accurate and complete then the **origin** jurisdiction issues an "authorization of use" *to the seller* in the form of an access key (electronic signature), and *simultaneously* notifies the **destination** jurisdiction with a copy of the XML file and access key through the *customs exchange*. The access key will allow the **destination** jurisdiction direct access to the data submitted in the XML file submitted by the seller in the **origin** jurisdiction's database.

STEP 4: The seller will now produce a pro-forma invoice that includes relevant access codes.

STEP 5: The seller transmits the pro-forma invoice to the buyer. In most cases this document will not mention VAT, because it will be the obligation of the buyer to report VAT (in a reverse charge jurisdiction) or pay VAT (reverse VAT jurisdiction).

STEP 6: The buyer in the **destination** jurisdiction creates an XML file reproducing all necessary contract information (as before). The buyer digitally signs the files (to assure integrity of the data and authorship), and transmits the file (through the Internet) to the **destination** tax administration. The transmission constitutes a "request for authorization" to use a *digital invoice* that will be acceptable to both **origin and destination** jurisdictions.

STEP 7: The **destination** tax administration will match the buyer's XML file with the seller's XML file. If all of the data is complete and matches then it will issue a second "authorization of use," and issue a second access key (electronic signature) to the buyer. The buyer will transmit the XML file and second access key to the seller. The seller will be able to confirm the transaction through the **destination** tax administration's database. This documentation will be sufficient to support the seller's zero-rated export from the **origin** jurisdiction. In addition, the buyer is now on notice, and the destination jurisdiction is aware, that he needs to perform a reverse charge or pay reverse VAT.

STEP 8: The seller will now process a zero-rated supply to the buyer from the **origin** jurisdiction.

Figure 4 illustrates this situation.

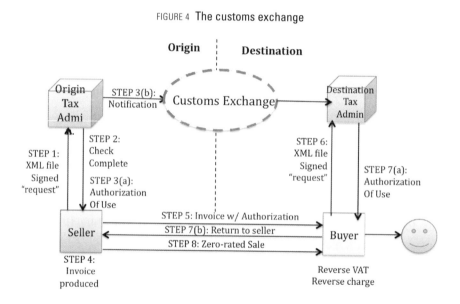

FIGURE 4 The customs exchange

6. Dice applied to the Czech phishing attack

If a *digital invoice customs exchange* was in operation in the EU at the time of the Czech registry phishing attack there would likely be no theft of CO_2 permits, but if there had been anyway, then there would be no possibility that those CO_2 permits could be sold, or used as "assets" passing thorough a MTIC fraud chain.

In the real facts of the Czech phishing attack 500,000 certificates were taken from the accounts of CEZ, a state-owned Czech utility company. They had been held in the Czech Republic registry and were sold to 1124 Segel

Sp. ZOO Holding, and then on to the Liechtenstein account of Huntingdon Sp. ZOO. These were all cross border sales (Czech Republic-to-Poland-to-Liechtenstein). Figure 3 applies.

Although the fraudsters controlled 1124 Segel Sp. ZOO Holding and Huntingdon Sp. ZOO, and even though they could get access to the certificates in the Czech registry, it would not be possible for them to produce an authentic digital signature from CEZ. Without this signature, the first leg in the fraud chain would collapse. The Czech tax administration would reject the invoice immediately (or within three seconds of the attempted transfer at 09.32:06.115 on January 18, 2011). The Polish tax administration would also be notified that a suspect transaction was being attempted (within the same three second window).

Subsequent transfers from Poland to Liechtenstein, and then to the UK would also fail, because the whole string of invoice-signatures would not be verifiable. No tax administration would approve these transactions. Ultimately, Shell Trading International Ltd. (the real source of funds in this fraud) would never pay UK VAT on these CO_2 permits if they were offered to them by SVS Ltd. STIL would know immediately that their input deduction was invalid. The pro-forma VAT invoice would most likely be rejected by their enterprise resource planning (ERP) system.

Under Dice the invoices that support the sale of goods or services are self-verifying. An invoice without valid signatures cannot be countersigned by the tax administration and can never support a deduction. Fraud would not occur.

The underlying premise of the *digital invoice customs exchange* is that tax compliance improves when taxpayers become aware that their activities are monitored in real-time. There is very good evidence that this is the case in tax VAT/GST compliance, and there is very good research in human psychology that explains why this is the case.[38]

---

[38] Tax administrations that are employing *digital invoices* and *customs exchanges* are tapping into a very promising area of human psychology. This approach offers greater success than emphasizing punishment. See: RAND, David G. et al. Positive interactions promote public cooperation. *Science*, v. 325, p. 1272, 4 set. 2009 (indicating that when punishment and rewards are both present, rewards outperform punishment in repeated public goods games and that human cooperation in such repeated settings is best supported by positive interactions with others). The research also shows that the environment has a significant impact on psychological outcome, and the tax authority needs to mold the commercial environment around its desired outcome and the needs of local business. See: RAND, David G.; NOWAK, Martin A. Human cooperation. *Trends in Cognitive Sciences*, v. 17, n. 8, p. 413, ago 2013.

7. Dice applied to energy commodities

The reality of MTIC fraud is that it morphs and migrates. The current concern in the EU is that MTIC is moving from CO_2 permits into the energy sector. If there is a lesson to be learned from CO_2 MTIC it is that whenever a real-time transactional database can be connected with a VAT built around self-authenticating invoices, MTIC can be banished.

Through the EU-ETS we can trace CO_2 fraud. But we are doing it in *hindsight*. The EU-ETS is a real-time system, but there is no real-time analytics in place to deal with the data as it is being generated. This is far from an impossible task, but in the present CO_2 market we simply do not have a fully robust system in place. In addition, the decision has been made to remove CO_2 permits from the list of taxable services as of January 3, 2017 rather than perfecting the system.

Nevertheless, we have learned a lot. The phishing attack of January 18, 2011 on the Czech registry has helped. The moral of this story is that *what we have learned* can be directly applied to the commodity energy market. We know *how* that these markets can be secured. There are three elements:
(a) an *Independent Transaction Log* (like that in the EU-ETS) needs to be constructed with strong real-time analytics, and
(b) a secure self-verifying *digital invoice* is mandated for the energy commodity market like that in the Brazilian *Sistema Público de Escrituração Digital* (Sped), and
(c) a system of automated invoice cross-checking is installed (the *customs exchange*) as proposed in Dice.

Can this be done? Quite simply, "yes."

Proven technology exists to implement Dice for real time CO_2 sales in the EU. Replicating this implementation in the commodity energy market is not a problem. SmartCloud, an artificial intelligence (AI) company located in the US, uses the latest semantic database technology to synchronize massive amounts of real-time transactions across widely dispersed and disparate infrastructures. It is being deployed today for the State Tax Administration in Ceará, Brazil (completion expected within the next few months).

SmartCloud's AI identifies suspicious transaction events for fraud detection and noncompliance. In the US energy markets, for example, the company provides a unified database and visualization of all US power transmission in real-time for the Federal Energy Regulatory Commission. This system has been operational for two years. It integrates data every 6 seconds across 13

Independent System Operators using seven incompatible energy management systems — an implementation that is fully analogous to the EU topology. This is the system being deployed in Ceará and will soon be rolled out in other South American locations for VAT fraud detection.

So, could SmartCloud do Dice? A call placed to Kim Mayyasi, SmartCloud's CEO presented this question. Not surprisingly, the response was: "… implementing a real-time transaction database of all power sales in the EU with advanced reasoning for back room analytics could implement the Dice proposal to eliminate MTIC from the EU power markets, and it could do so for the EU CO_2 market right now. This is a typical challenge that our technology was designed to handle."[39]

REFERÊNCIAS

AINSWORTH, Richard. VAT fraud: the tradable services problem. *Tax Notes Int'l*, v. 61, p. 217, 17 jan. 2011.

____; TODOROV, Goran. Plugging the leaks in the East African community's VATs. *Tax Notes International*, v. 72, p. 561, 11 nov. 2013.

____; ____. Rwanda — cutting-edge VAT compliance. *CCH Global Tax Weekly*, v. 46, n. 1, 26 sept. 2013.

____; ____. Stopping VAT Fraud with Dice — Digital Invoice Customs Exchange. *Tax Notes International*, n. 72, p. 637, 18 nov. 2013.

"CARDBOARD cop" prompts real drop in crime. *Boston Globe*. 15 ago. 2013. Available at: <www.bostonglobe.com/opinion/editorials/2013/08/14/cardboard-cop-prompts-real-drop-crime/twoZrFoyg1qrPQCVLtnF8K/story.html>.

EUROPOL. *Serious and Organized Crime Threat Assessment (SOCTA) 2013 (public version)*. March 2013.

FRUNZA, Marius-Christian. *Fraud and carbon markets*. Routledge, 2013.

LEVITT, Steven D.; DUBNER, Stephen J. *Freakonomics*: a rogue economist explores the hidden side of everything. Revised and expanded edition. 2006.

MASON, Rowena. The Great carbon trading scandal. *Telegraph*. 30 jan. 2011. Available at: <www.telegraph.co.uk/finance/newsbysector/energy/8290533/The-great-carbon-trading-scandal.html>.

MELLO, Newton Oller de et al. The evolution of the electronic tax documents in Latin America. In: PROCEEDINGS OF THE 8TH WSEAS INTERNATIONAL CONFERENCE ON

---

[39] Personal communication (December 11, 2014) with Kim Mayyasi at kmayyasi@smartcloud-inc.com. Transcript of this communication is on file with the author.

SYSTEM SCIENCE AND SIMULATION IN ENGINEERING, 2009. p. 294. Available at: <http://dl.acm.org/citation.cfm?id=1938841>.

MILNER, Margaret. Commissioner of internal revenue. Remarks at the Direct Selling Association Tax Seminar (July 19, 1990). *Tax Notes Today*, n. 95, 141-60; Doc 95-7092.

ORGANIZED CRIME AND CORRUPTION REPORTING PROJECT. *United Kingdom: four men jailed for carbon credit cyber-heist*. 25 set. 2014.

POWERNEXT. *EU anti-VAT-fraud package*: call for a comprehensive implementation by all Member States —Ten European gas & electricity associations call for a comprehensive implementation of the EU anti-VAT-fraud package by all 28 Member States. 28 nov. 2014.

POWERS, Martine. The cardboard cutout cop — there's psychology there! *Boston Globe*. 11 ago 2013. Available at: <http://www.bostonglobe.com/metro/2013/08/10/the-cardboard--cutout-cop-there-psychology-there/xYmonJYU95jxrMb78Xae4J/story.html>.

PRESTON Men Admit to Playing Part in £6m global credit scam. *Lancaster Evening Post*, 13 set. 2014. Available at: <www.lep.co.uk/news/local/preston-men-admit-to-playing-part-in-6m-global-credit-scam-1-6838730>.

RAND, David G.; NOWAK, Martin A. Human cooperation. *Trends in Cognitive Sciences*, v. 17, n. 8, p. 413, ago 2013.

____ et al. Positive interactions promote public cooperation. *Science*, v. 325, p. 1272, 4 set. 2009.

SEMETA, Algirdas. The mini-One Stop Shop for VAT — the start of something big! *World Commerce Review*, n. 28, jun. 2012.

THE PRODUCTIVITY COMMISSION. *Economic Structure and Performance of the Australian Retail Industry*. Report n. 56, p. xxxviii e 209, 4 nov. 2011. Available at: <www.pc.gov.au/__data/assets/pdf_file/0019/113761/retail-industry.pdf>.

VALUE ADDED TAX COMMITTEE. Working Paper 443 Rev 1. *Question concerning the application of community VAT provisions*: greenhouse gas emission allowances. TAXUD/1625/04 REV 1. 27 maio 2004.

WEISHAAR, Stefan E. *Emissions trading design*: a critical overview. New Horizons in Environmental and Energy Law, 2014.

Reforma fiscal verde e desenvolvimento sustentável: tributação ambiental no Brasil. Perspectivas

Carlos E. Peralta[*]

1. Introdução

As evidências científicas e os fatos não deixam dúvida de que mudar o estilo de vida não parece ser mais uma alternativa para a humanidade, e sim uma necessidade impostergável. A crise ambiental que caracteriza o *Antropoceno* é um problema com uma dimensão *intergeracional* e *interespécies* que coloca em risco a estabilidade do planeta. A degradação ecológica é um problema de caráter ético que afeta de maneira dramática o bem-estar da vida no planeta, e que, consequentemente, tem uma transcendência política, social e econômica para a humanidade. A complexidade das questões ambientais exige um estado de direito esverdeado — *estado de direito ambiental* — que vise incentivar atividades e condutas que respeitem a *sustentabilidade ambiental*.

De fato, um dos eixos principais da Rio + 20[1] foi o debate sobre a contribuição da *economia verde* para o *desenvolvimento sustentável*, ficando em evidência a importância de discutir como poderá ser reestruturado o processo de incentivos econômicos que conduz os seres humanos a degradar o meio ambiente com o objetivo de que os agentes econômicos sejam orientados a tomar decisões e a desenvolver estilos de vida mais sustentáveis.

Na sociedade atual — *segunda modernidade, de risco* — existe uma necessidade de construir uma racionalidade fundamentada numa *sustentabilidade forte*, orientada pelo equilíbrio ambiental. Essa nova *racionalidade ambiental* deverá articular valores e modelos de conduta sustentáveis, permitindo o uso continuado no tempo dos serviços ecossistêmicos como fonte indispensável para a vida e para o desenvolvimento pleno dos seres humanos — no pre-

---

[*] Pós-doutorando da Universidade do Estado do Rio de Janeiro (Uerj), bolsista da Capes/Programas Especiais/Prêmio Capes de Tese 2012. Supervisor do pós-doutorado: dr. Ricardo Lodi Ribeiro. Doutor em direito público pela Uerj. PDJ/CNPq/UFSC. Professor da Universidade de Costa Rica (UCR).
[1] Conferência das Nações Unidas sobre Desenvolvimento Sustentável, realizada no Rio de Janeiro, em junho de 2012. Sobre a Conferência, ver:<www.rio20.info/2012/>. Acesso em: 9 set. 2014.

sente e no futuro. Os parâmetros de crescimento social e econômico deverão respeitar os limites da natureza.

Um dos possíveis caminhos para incentivar essa nova racionalidade ambiental é por meio da denominada *extrafiscalidade*. Consideramos que deverá ser estimulado *o esverdeamento do sistema tributário* com o intuito de *migrar de uma economia marrom* — degradadora do meio ambiente — para uma *economia verde* que incentive a introdução de tecnologias limpas, o uso de energia renovável, o consumo consciente, a criação de empregos verdes e o respeito pelos limites biofísicos do planeta.

Partindo desse breve marco de referência, o objeto central do trabalho dirige-se à análise do papel que pode desempenhar o tributo, por meio da *extrafiscalidade*, como um dos instrumentos para orientar o *desenvolvimento sustentável*. Concretamente, busca-se refletir sobre as possibilidades de introduzir a variável ambiental no sistema tributário do Brasil. Para cumprir com esse objetivo previamente serão realizadas umas breves reflexões sobre o *Antropoceno*, período caracterizado por uma sociedade de alta entropia que desconsidera o elemento ecológico na sua racionalidade, e que, consequentemente, está marcado por uma profunda crise ambiental que está colocando em xeque a prosperidade do planeta.

2. O Antropoceno: a era do *Homo faber*

Até pouco tempo atrás, a intensidade das atividades humanas e seu impacto no meio ambiente não impediam a capacidade de recuperação dos ecossistemas; não comprometiam sua resiliência. Foi com o advento da Revolução Industrial que de forma constante e acelerada a exploração dos seres humanos começou a comprometer de maneira séria o equilíbrio ambiental. O que até então eram impactos ambientais localizados e facilmente corrigíveis passou a ser um problema de caráter global de consequências imprevisíveis. A partir da filosofia do racionalismo iluminista, a relação homem-natureza passou a ser uma relação tensa, de contradição constante.

Em 2002, o Prêmio Nobel de química, Paul Crutzen, num artigo publicado na revista *Nature* — intitulado "*Geologyofmankind*"—, afirmou que o impacto dos seres humanos sobre a terra desencadeou uma nova era geológica: o *Antropoceno*.[2] Esse novo período teria começado em meados do século XVIII,

---

[2] A proposta para reconhecer formalmente essa nova era geológica está sendo avaliada pela Comissão Internacional de Estratigrafia (ICS nas siglas em inglês) da União Internacional de Ciências Geológicas, e espera-se uma decisão até 2016. Para aprofundar sobre o tema, ver

com a Revolução Industrial, e teria dado fim ao chama do *Holoceno* — período que se originou há aproximadamente 12 mil anos após a última Era do Gelo.

Grosso modo, é possível afirmar que o *Antropoceno* é uma época caracterizada por uma sociedade de alta entropia que perdeu de vista que a economia é apenas um subsistema aberto dentro da biosfera, e que, consequentemente, para prosperar deverá respeitar os limites biofísicos do planeta. Assim, é possível afirmar que nosso tempo é único no que diz respeito a tecnologia, aumento populacional e crescimento econômico; temos um mundo dinâmico, interconectado, mas ao mesmo tempo estamos comprometendo a dinâmica dos ecossistemas. A terra está no seu limite, e pela primeira vez na sua história uma única espécie tem o futuro do planeta nas suas mãos. Assim, é possível afirmar que a degradação ambiental é característica e ao mesmo tempo consequência do modelo de *desenvolvimento da segunda modernidade*. A racionalidade desse modelo não considerou a vulnerabilidade e a própria capacidade da natureza.

A sobrecarga ecológica que caracteriza o *Antropoceno* é um problema com uma dimensão *intergeracional* e *interespécies* que coloca em risco a estabilidade do planeta. Apesar da importância dos ecossistemas para o equilíbrio da vida no planeta e para o pleno desenvolvimento dos seres humanos, as evidências demonstram que o homem está provocando uma situação tensa na elasticidade dos ecossistemas. A *pegada ecológica* das atividades humanas está marcando significativamente as mudanças que afetam a natureza.[3] Praticamente todos os ecossistemas têm sofrido uma transformação significativa em seus ciclos naturais, afetando sua capacidade de prestar serviços ecológicos.

De acordo com a *Global Footprint Network*,[4] em 2014 estouramos nosso orçamento ecológico no dia 19 de agosto. A partir desse dia alcançamos o chamado *Earth Overshoot Day* — O dia de Sobrecarga da Terra. De modo que, em menos de 8 meses, consumimos todos os bens e serviços que a terra

---

GRINEVALD, Jacques; CRUTZEN, Paul; MCNEILL, John. The Anthropocene: conceptual and historical perspectives. *Phil. Trans. R. Soc. A.*, v. 369, n. 1938, p. 842-867, 2011. Disponível em: <http://rsta.royalsocietypublishing.org/content/369/1938/842.full#cited-by>. Acesso em: 30 set. 2014; CRUTZEN, P. J. Geology of mankind. *Nature*, v. 415, p. 23, 2002. Disponível em: <http://nature.berkeley.edu/classes/espm-121/anthropocene.pdf>. Acesso em: 20 set. 2014.
[3] Sobre o conceito de pegada ecológica, ver ROMEIRO, Ademar Ribeiro. Economia ou economia política da sustentabilidade. In: MAY, Peter H.; LUSTOSA, Maria Cecília; VINHA, Valeria da (Org.). *Economia do meio ambiente*: teoria e prática. Rio de Janeiro: Elsevier, 2003. p. 6.
[4] A respeito, ver GLOBAL FOOTPRINT NETWORK. Disponível em: <www.footprintnetwork.org/en/index.php/GFN/page/earth_overshoot_day/>. Acesso em: 20 ago. 2014.

poderia nos oferecer, ficando um importante saldo em vermelho. Isso quer dizer que, atualmente, para manter o nosso estilo de vida global, precisamos de aproximadamente 1,5 planeta por ano. Nesse ritmo, no meio da próxima década vamos precisar de dois planetas para sustentar nossa demanda ecológica. Essa sobrecarga ecológica, mais cedo ou mais tarde, comprometerá seriamente a qualidade de vida dos seres humanos e das outras espécies, contribuindo para gerar conflitos socioambientais caracterizados por mudanças climáticas, aumento das catástrofes naturais, migrações massivas, conflitos pelo acesso à água, excesso de resíduos, fome, doenças etc.

Apesar do alto grau de desenvolvimento tecnológico e científico, paradoxalmente, vivemos numa sociedade de riscos: agrotóxicos, transgênicos, queima de combustíveis fósseis, urbanização, resíduos, desmatamento, entre outros; comprometem a nossa saúde e a *sustentabilidade* do planeta.

As diversas decisões dos agentes econômicos (extração, produção, consumo e despejo) enquadram-se dentro de um marco de instituições econômicas, políticas e sociais, que por regra desconsidera o meio ambiente. Dito em outras palavras, existem sinais que influenciam e incentivam as pessoas a tomar uma ou outra decisão, e, na maioria das vezes, esses sinais não se preocupam com as consequências ou possíveis impactos na natureza. Consequentemente, os custos socioambientais não são contabilizados nos fluxos econômicos.

Em síntese, podemos dizer que o *Antropoceno* é uma época na qual a sociedade cresceu, se modernizou, ficou muito rica — e ao mesmo tempo muito desigual —, e está transformando e destruindo o Planeta para satisfazer os desejos de um consumismo — restrito e discriminatório — que não se importa com a natureza.

Esse contexto exige construir uma racionalidade que vise uma *sustentabilidade* com uma visão prospectiva. Essa *sustentabilidade*, orientada pelo equilíbrio ambiental, deverá exigir que os parâmetros de crescimento econômico respeitem os limites da natureza. Evidentemente, essa nova *racionalidade ambiental* deverá impor uma reformulação radical do modelo de desenvolvimento vigente, repensando sua teoria, suas instituições, o modo de utilizar os recursos naturais, o transumo/consumismo imperante e a eliminação dos resíduos. Como afirma Daly, "Desenvolver uma economia sustentável em uma biosfera finita exige novas maneiras de pensar".[5]

A magnitude dos problemas ambientais requer a adoção de políticas públicas que permitam fortalecer uma cidadania consciente — por meio da *educação*

---

[5] DALY, Herman. Sustentabilidade em um mundo lotado. *American Scientific Brasil*, São Paulo, Edição Especial, ano 4, n. 41, p. 92, 2005.

ambiental —, que seja capaz de respeitar os limites do planeta. Paralelamente, será necessário criar mecanismos de apoio para estimular práticas sustentáveis e desestimular condutas e atividades que degradam o meio ambiente.

O Relatório da WWF, intitulado *Planeta vivo informe 2012*, destaca uma serie de ações — *Perspectiva One Planet* — capazes de orientar uma *racionalidade ambiental* que respeite os limites do planeta visando a integridade dos ecossistemas, a conservação da biodiversidade e a segurança hídrica, alimentar e energética. Trata-se de uma perspectiva interessante que permitiria identificar caminhos para consolidar um *estado de direito ambiental* que vise a sustentabilidade da natureza.[6] A figura 1 ilustra as propostas da *Perspectiva One Planet da WWF*.

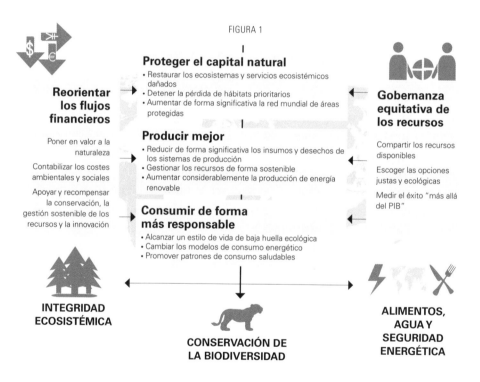

Fonte: WWF. *Planeta vivo informe 2012.*[7]

---

[6] Para aprofundar sobre o tema, ver MONTERO, Carlos Eduardo Peralta. Estado de direito ambiental. Perspectivas. *Revista Internacional de Direito Ambiental (RIDA)*, Caxias do Sul, ano III, n. 8, p. 75-100, maio/ago. 2014.

[7] Disponível em: <http://d3nehc6yl9qz04.cloudfront.net/downloads/informe_planeta_vivo_2012.pdf>. Acesso em: 20 set. 2014.

3. O esverdeamento do direito como mecanismo para migrar de uma economia marrom para uma economia verde

Conforme foi indicado, um dos eixos principais da Rio + 20 — Conferência das Nações Unidas sobre Desenvolvimento Sustentável — foi a discussão sobre a contribuição da *economia verde* para orientar o modelo de desenvolvimento. Para construir e consolidar uma verdadeira *sustentabilidade ambiental* é necessário reestruturar o processo de incentivos que conduz os agentes econômicos a desenvolver atividades que degradam o meio ambiente.

A complexidade ambiental exige que o direito tenha uma visão prospectiva, de caráter preventivo mais do que repressivo. Consequentemente, o *esverdeamento do direito* exige a implementação de normas indutoras, de mecanismos que incentivem boas práticas ambientais. Assim, a problemática ambiental impõe ao direito a revisão dos seus esquemas conceituais[8] e a necessidade de ter uma perspectiva interdisciplinar capaz de reestruturar o processo de incentivos econômicos que degrada o meio ambiente e compromete a *sustentabilidade* do planeta.

Um dos possíveis caminhos para construir uma nova racionalidade ambiental é mediante a introdução de instrumentos econômicos de gestão ambiental (Iegas) que, complementando os tradicionais mecanismos de comando e controle, permitam migrar de uma *economia marrom* — degradadora do meio ambiente — para uma *economia verde* que incentive a aquisição de tecnologias ecoeficientes, e a adoção de práticas sustentáveis que respeitem a dinâmica própria dos ecossistemas.

Esses instrumentos utilizam um sistema de incentivos e desincentivos (econômicos ou fiscais) que permitem orientar as condutas dos diversos agentes econômicos de forma que seu impacto no meio ambiente seja realizado de forma sustentável. Trata-se de mecanismos que visam a educação ambiental,

---

[8] A respeito, François Ost explica: "Do local (a 'minha' propriedade, a 'minha' herança) conduz ao global (o patrimônio comum do grupo, da nação, da humanidade); do simples (tal espaço, tal indivíduo, tal facto físico), conduz ao complexo (o ecossistema, a espécie, o ciclo); de um regime jurídico ligado em direitos e obrigações individuais (direitos subjectivos de apropriação e obrigações correspondentes), conduz a um regime que toma em consideração os interesses difusos (os interesses de todos, incluindo os das gerações futuras) e as responsabilidades colectivas; de um estatuto centrado, principalmente, numa repartição-atribuição estática do espaço (regime monofuncional da propriedade), conduz ao reconhecimento da multiplicidade das utilizações de que os espaços e recursos são susceptíveis, o que relativiza, necessariamente, as partilhas de apropriação". OST, François. *A natureza à margem da lei*: a ecologia à prova do direito. Lisboa: Instituto Piaget, 1997. p. 355.

o desenvolvimento de novos conhecimentos científicos e a adquisição de tecnologias mais limpas.

A discussão sobre a relevância dos Iegas como ferramentas para orientar a *sustentabilidade ambiental* não é tão recente; na *Agenda 21* tinha sido destacada a importância desses mecanismos, indicando que as autoridades nacionais deveriam promover o uso de instrumentos econômicos como mecanismos de apoio à execução de políticas para a promoção do *desenvolvimento sustentável* de acordo com as condições específicas de cada país.

Nessa mesma linha, o objetivo 18 (Modernização do Estado: gestão ambiental e instrumentos econômicos) da *Agenda 21 brasileira* destaca que

> É urgente a necessidade de reformulação da política fundamentada em restrições legais de comando e controle, que vem apresentando ineficiência, para uma política que, por meio de instrumentos econômicos, fomente a internalização dos custos ambientais nos processos produtivos, sem perder a força nos processos de correção.

Entre as ações e recomendações realizadas nesse documento, considerou-se fundamental "Implementar as mudanças necessárias na legislação ambiental para implantação dos instrumentos econômicos em complementação aos instrumentos de comando e controle".[9]

Entre esses instrumentos está a denominada *tributação ambiental*. Consideramos que deve estimular-se *o esverdeamento do sistema tributário*, com o intuito de *migrar* de uma *economia marrom* — degradadora do meio ambiente — para uma *economia verde* que incentive o consumo consciente, a introdução de tecnologias limpas, o uso de energia renovável, e o respeito pelos limites biofísicos do planeta.[10] Conforme será analisado, atualmente o tributo é um dos mais importantes instrumentos econômicos para orientar e incentivar atividades sustentáveis, seja por meio dos *efeitos extrafiscais* dos tributos ordinários, ou da *finalidade extrafiscal stricto sensu*.

Na esteira do pensamento de José Eli da Veiga,[11] consideramos que deverá ser realizado um câmbio radical na política tributária e, consequentemente, deverá

---

[9] BRASIL. *Agenda 21 brasileira*: ações prioritárias. Comissão de Políticas de Desenvolvimento Sustentável e da Agenda 21 Nacional. 2. ed. Brasília: Ministério do Meio Ambiente, 2004. p. 19.
[10] Para um estudo detalhado do tema, ver MONTERO, Carlos Eduardo Peralta. *Tributação ambiental*. Reflexões sobre a introdução da variável ambiental no sistema tributário. Rio de Janeiro: Saraiva, 2014.
[11] VEIGA, José Eli da. A questão é macro. *Revista Página 22*. Informação para o novo século, São Paulo, n. 57, p. 18, out. 2012.

exigir-se no médio prazo uma *reforma fiscal verde*, fundamentada na *teoria do duplo dividendo*, que permita modificar a tributação estruturada de acordo com uma *economia marrom* — que tributa o trabalho e o capital — para uma *tributação extrafiscal* que incentive a *sustentabilidade*. A respeito, Daly sustenta que

> Um governo preocupado com o uso mais eficiente de recursos naturais mudaria o alvo de seus impostos. Em vez de taxar a renda auferida por trabalhadores e empresas (o valor adicionado), tributaria o fluxo produtivo (aquele ao qual é adicionado valor), de preferência no ponto em que os recursos são apropriados da biosfera, o ponto de "extração" da Natureza.[12]

De acordo com o objetivo deste texto, nas próximas linhas serão realizadas algumas breves reflexões sobre a teoria da tributação ambiental, para posteriormente analisar as perspectivas para *esverdear* o Sistema Tributário Brasileiro.

4. Extrafiscalidade e meio ambiente

Ainda que a proposta de utilizar *tributos verdes* tenha sua origem no início do século XX — com Arthur C. Pigou —,[13] foi na década de 1990 que diversos países começaram a implementar, de maneira significativa, instrumentos tributários com o intuito de orientar o *desenvolvimento sustentável*. Ao logo dessa década, nos países nórdicos foram realizadas ambiciosas e bem-sucedidas *reformas fiscais verdes*.

Atualmente, o tema da introdução da variável ambiental no sistema tributário — o denominado *esverdeamento fiscal* — é objeto de um intenso debate nas agendas políticas e nos âmbitos jurídico e econômico de muitos países. A tendência para os próximos anos é que o debate cresça e que novos tributos de caráter ecológico sejam implementados de uma maneira mais sistemática e organizada, com o intuito de propiciar uma *economia verde*.

Doutrinariamente é possível distinguir entre: (a). *tributos ambientais lato sensu — sentido impróprio*; e (b). *tributos ambientais stricto sensu — sentido próprio*.[14]

---

[12] DALY, Herman. Sustentabilidade em um mundo lotado, 2005, op. cit., p. 97.
[13] PIGOU, Arthur Cecil. *The economics of welfare*. 4. ed. Londres: Macmillan, 1962.
[14] HERRERA MOLINA, Pedro M. *Derechotributario ambiental*. Madri: Marcial Pons, Ediciones Jurídicas y Sociales S.A., 2000.p. 55 e ss.; SOARES, CLÁUDIA Alexandra Dias. *O imposto ambiental*. Direito fiscal do ambiente. Portugal: Livraria Almedina-Coimbra, 2002. p. 12-14.

(a). *Tributos ambientais lato sensu — sentido impróprio*. Trata-se de tributos ordinários, com uma finalidade predominantemente arrecadadora, mas que em algum dos seus elementos percebe-se um *efeito extrafiscal* com caráter ecológico. Esse tipo de tributação compreende tanto o uso de incentivos e benefícios fiscais com o intuito de estimular a proteção ambiental, como também os tributos fiscais que de maneira secundária ou indireta contemplam problemas de caráter ambiental, como seria o caso, por exemplo, da vinculação de receitas para finalidades ambientais.

(b). *Tributos ambientais stricto sensu — sentido próprio*. Os *tributos ambientais stricto sensu* (TASs) têm uma finalidade predominantemente *extrafiscal*. Esse tipo de instrumento pretende orientar as condutas dos diversos agentes econômicos de forma que seu impacto no meio ambiente seja realizado de forma sustentável. Nesse tipo de tributos deverá existir um vínculo entre a estrutura do tributo e o impacto causado no meio ambiente. Em outras palavras, a figura tributária deverá produzir um desincentivo que permita satisfazer a finalidade ambiental pretendida.

Domingo Carbajo Vasco e Pedro Herrera Molina consideram que a fiscalidade ambiental compreende tanto o estabelecimento de tributos que visem a defesa do meio ambiente — finalidade extrafiscal —, como as medidas fiscais incorporadas à regulação dos tributos ordinários com algum efeito ambiental. No entanto, advertem que, de uma perspectiva tributária, só poderá ser qualificado como TASs o tributo cuja estrutura estabeleça um incentivo para a proteção da natureza, de forma que as deseconomias externas derivadas da degradação ambiental sejam assumidas pelo causador do impacto ambiental.

O *TASs* deverá atuar sobre os incentivos dos agentes econômicos para que eles sejam obrigados a reduzir os efeitos nocivos que suas atividades causam no meio ambiente. O que permite qualificar um tributo como *ambiental stricto sensu* é sua estrutura e não a finalidade declarada na norma. De maneira que um tributo cuja única nota ambiental se afinque no destino das receitas obtidas não apresenta nenhum tipo de especialidade desde a perspectiva do direito tributário.[15] Assim, por exemplo, o imposto de renda não poderá ser considerado um *tributo ambiental stricto sensu* pelo simples fato de que uma porcentagem da arrecadação desse imposto seja destinada a algum tipo de finalidade ambiental, ainda que exista no imposto um efeito extrafiscal.[16]

---

[15] CARBAJO VASCO, Domingo; HERRERA MOLINA, Pedro M. Capítulo III. In: BUÑUEL GONZÁLEZ, Miguel (Dir.). *Tributación medioambiental*: teoría, práctica y propuestas. Madri: Civitas Ediciones, 2004. p. 61, 67-68.
[16] BUÑUEL GONZÁLEZ, Miguel (Dir.). *Tributación medioambiental*, 2004, op. cit., p. 42.

5. Sistema Tributário Brasileiro: na contramão da sustentabilidade?

5.1 Considerações iniciais

De acordo com o Conselho de Desenvolvimento Econômico e Social (CDES), o Sistema Tributário Brasileiro (STB) é injusto e desigual. Segundo um estudo realizado pelo CDES, o STB está caracterizado por cinco grandes problemas: (1) Sistema Tributário regressivo e carga mal distribuída; (2) Retorno social baixo em relação à carga tributária; (3) A estrutura tributária desincentiva as atividades produtivas e a geração de empregos; (4) Inadequação do pacto federativo em relação a suas competências tributárias, responsabilidade e territorialidades; e (5) Falta de cidadania fiscal.[17]

Conforme será analisado, além dos problemas indicados pelo CDES, consideramos que é possível destacar um sexto problema no STB: *A política fiscal brasileira incentiva a denominada economia marrom*. As características do STB permitem constatar que a política fiscal no Brasil tende a favorecer atividades próprias da *economia marrom*, dificultando a concorrência e o consumo de bens e serviços ecologicamente corretos. O modelo de desenvolvimento brasileiro não integra o elemento ecológico na sua lógica; e o STB é um dos fatores que pesam para que os agentes econômicos não considerem a variável ambiental em seus processos decisórios. Atualmente existe uma clara tendência para favorecer com incentivos tributários atividades com impacto significativo sobre o meio ambiente, como seria o caso, por exemplo, de estímulos a setores com maior volume de emissão de CO_2.[18]

Grosso modo, da análise do STB é possível afirmar que se trata de um sistema complexo, claramente focado na tributação da produção e consumo de bens, que incentiva a exportação de *commodities* — em vez de produtos de maior valor agregado; e que não considera critérios ambientais que permitam incentivar práticas sustentáveis.

---

[17] CDES. *Indicadores de iniquidade do sistema tributário nacional*. Disponível em: <www.cdes.gov.br/observatoriodaequidade/relatoriotributario.htm>. Acesso em: 20 set. 2014.

[18] De acordo com o pesquisador do Ipam, André Lima " (...) o governo brasileiro, entre 2008 e 2012, destinou mais de R$ 200 bilhões em incentivos tributários federais (tributos que o governo renunciou em benefício do setor privado) para diversos setores da economia (R$ 100 bilhões para indústria, R$ 45 bilhões para agropecuária, R$ 9 bilhões para energia e R$ 11 bilhões para transportes) sem que análises e critérios de sustentabilidade tenham sido considerados". LIMA, André. *Por uma política tributária a serviço da sustentabilidade*. Disponível em: <www.ipam.org.br/noticias/Por-uma-politica-tributaria-a-servico-da-sustentabilidade/3035/destaque>. Acesso: 28 mar. 2014.

5.2 A pegada de carbono da carga tributária no Brasil

Com o intuito de conscientizar o Legislativo e o Executivo sobre a necessidade de incorporar critérios ambientais na política fiscal brasileira, o Instituto de Pesquisa Ambiental da Amazônia (Ipam) realizou uma interessante e relevante pesquisa, coordenada por André Lima, para determinar a *pegada de carbono da tributação* no Brasil. De acordo com dados preliminares do estudo, a Política Tributária Brasileira está em descompasso e em choque com as políticas ambientais. A pesquisa indica que no Brasil existe uma tendência para aumentar incentivos fiscais para setores altamente intensivos em emissões de gases de efeito estufa — indústria, transporte, atividades agropecuárias e setor energético. Segundo a pesquisa do Ipam,

> De acordo com estimativas do MCTI (2013), ao passo que o Brasil logrou importantes avanços na redução de emissões de gases de efeito estufa pela redução do desmatamento, as emissões de dióxido de carbono equivalente decorrentes de energia e agropecuária sofreram acréscimo de 41,5% e 23,8% entre 1995 e 2005, e 21,4% e 5,3% entre 2005 e 2010, respectivamente, de forma que atualmente representam, somados, 67% das emissões nacionais. Ao mesmo tempo, a renúncia fiscal referente aos gastos tributários para o setor de energia foi a área que mais cresceu nos últimos dez anos (2004-2013), com uma taxa de crescimento de 69% ao ano (em média), depois de 2001, enquanto que o setor de agricultura aumentou 38% e do setor automobilístico foi de 18% ao ano.[19]

Sobre os incentivos fiscais concedidos aos setores da *economia marrom*, André Lima destaca que,[20]

> Entre 2005 e 2010 houve um aumento vertiginoso nos incentivos tributários federais para o setor de agricultura e agronegócio de 1.100%, setor que hoje é responsável pela maior fatia das emissões totais de CO_2 no Brasil (37% do total em 2010).
>
> O país concedeu nos últimos dez anos centenas de bilhões de reais para automóveis, agrotóxicos, fertilizantes, queima de carvão e de combustíveis fósseis.

---

[19] IPAM. *Pegada de carbono dos gastos tributários*. Sumário executivo. out. 2013. Disponível em: <www3.ethos.org.br/wp-content/uploads/2013/10/Pegada-de-Carbono-dos-Gastos--Tribut%C3%A1rios_Ipam-29Out13.pdf>. Acesso: 28 mar. 2014.
[20] LIMA, André. *Por uma política tributária a serviço da sustentabilidade*, 2014, op. cit.

Entretanto, de acordo com dados do IBGE, setores da economia que mais receberam incentivos do governo, como máquinas e equipamentos (bens de capital) e veículos lideram as taxas de demissão e de retração econômica nos últimos meses. Além disso, praticamente nada em incentivos tributários foi concedido, no mesmo período, para biotecnologia, mobilidade urbana e transporte coletivo, reciclagem de resíduos, manejo e recuperação florestal ou fontes energéticas renováveis. Em outras palavras, nossa política tributária em nada favorece a tão propalada transição para uma nova economia sustentável. Isso ocorre também nos Estados. Pará e Mato Grosso, por exemplo, praticamente isentaram a sua produção pecuária de ICMS, inclusive para venda de boi em pé, que não agrega valor ao Estado, além de ser o principal fator de emissões de CO_2 do setor agropecuário (57%) e de estimular o desmatamento ilegal de florestas e cerrados. E praticamente nada isentam a exploração sustentável de madeira certificada ou de produtos agroextrativistas (castanhas, por exemplo).

No caso do setor automobilístico, por exemplo, é evidente que o aumento da frota veicular e a queima de combustíveis fósseis geram um aumento na *pegada de carbono* do setor de transportes. Sobre o assunto, o professor Ricardo Abramovay destaca que em 2013 os brasileiros gastaram 18% da sua renda com automóveis. Ainda, o professor da US Palerta para o fato de que em São Paulo, por exemplo, 7,5% do PIB é gasto nos congestionamentos, o que representa R$ 40 bilhões ao ano.[21]

Nesse setor fica evidente que o STB desconsidera a variável ambiental. Nos últimos anos, por exemplo, houve uma renúncia fiscal tanto no IPI como na Cide combustíveis. No primeiro caso, com o objetivo de incentivar a indústria automobilística, foram reduzidas as alíquotas do IPI e consequentemente houve um significativo aumento da frota veicular e um crescimento na queima de combustíveis fósseis. No caso da Cide combustíveis, para evitar o aumento do preço da gasolina, a partir de 2007 foi reduzida a alíquota desse tributo ao ponto de ser zerada em 2012 — desconsiderando o *efeito extrafiscal verde* desse tributo. Fica claro que ambas as medidas estão na contramão da *sustentabilidade*, visando apenas o crescimento da economia sem se preocupar com critérios de *sustentabilidade*.[22] Evidentemente, um país que procure *esverdear*

---

[21] ABRAMOVAY, Ricardo. *Seminário Política Tributária e Sustentabilidade*. Brasília, 29 out. 2013.

[22] A respeito, André Lima afirma que "Estudos preliminares do Instituto de Pesquisa Ambiental da Amazônia, lançados no fim de 2013, apontam que o aumento dos gastos tributários referentes ao IPI no setor automobilístico apresentam correlação de 97% com o crescimento da frota

a sua economia com o intuito de alcançar uma verdadeira *sustentabilidade* deverá repensar uma *política fiscal* que estimula um *modelo de transportes* que por regra desconsidera a variável ambiental.

Assim, pensamos que atividades *econômicas verdes* — como o transporte coletivo com matriz energética limpa, o manejo florestal, o ecoturismo, a agroecologia e a produção de energias renováveis, entre outros —, que além de *sustentáveis* são uma importante fonte de empregos, deveriam receber incentivos tributários, de forma que paulatinamente sejam substituídos os estímulos para atividades prejudiciais ao meio ambiente. A respeito, o professor Heleno Taveira Torres afirma que,

> Uma tributação de economia sustentável não pode conviver com incentivos fiscais para atividades poluentes ou tributos reduzidos para quem utilize meios com maior poluição. A política tributária deve, portanto, afastar esses incentivos e vantagens ou criar pautas de compensação, mediante cumprimento de metas para redução de passivos ambientais ou suas externalidades. Ao mesmo tempo, quando possível a diferenciação de alíquotas, necessário assegurar as mais elevadas para práticas ou bens mais poluentes.[23]

Cabe destacar que, de acordo com o Índice de Imposto Verde, elaborado pela consultoria KPMG, o Brasil está na 18ª posição entre as 21 maiores economias do mundo na aplicação de incentivos fiscais orientados a impulsionar atividades econômicas sustentáveis.[24] A figura 2 ilustra a classificação geral desse Índice.

---

e correlação de 85% com o aumento de emissões veiculares brasileiras para os anos de 2007 a 2012.Essa política caminha na contra-mão da recém-aprovada Lei de Diretrizes da Política Nacional para Mobilidade Urbana (Lei 12.587/2012) e os engarrafamentos são cada vez mais crescentes e insuportáveis em todas as metrópoles brasileiras, assim como a poluição do ar e a violência no trânsito.Enquanto que em 2007 o incentivo fiscal federal (IPI) foi de R$ 300 milhões, em 2012 foi de R$ 1,5 bilhão e passou em 2013 para mais de R$ 3 bilhões. A isenção da Cide combustível somou renúncia fiscal de R$ 8,4 bilhões somente em 2013". LIMA, André. *Por uma política tributária a serviço da sustentabilidade*, 2014, op. cit.

[23] TORRES, Heleno Taveira. Descompasso entre as políticas ambiental e tributária. *Consultor Jurídico*. Disponível em: <www.conjur.com.br/2012-jun-20/consultor-tributario-descompasso--entre-politicas-ambiental-tributaria>. Acesso em: 15 abr. 2014.

[24] No relatório foram analisadas nove áreas da política ambiental que influenciam os negócios: eficiência energética; emissões de carbono e mudanças climáticas; inovações verdes; combustíveis e energia renováveis; edifícios verdes; veículos verdes; eficiência hídrica; eficiência na utilização de materiais e gestão de resíduos; ecossistemas; e controle da poluição. O índice permite constatar a proatividade de um país na adoção de instrumentos tributários que incentivam práticas sustentáveis, o que não necessariamente significa que um país é mais verde que outro. O estudo identificou mais de 200 incentivos fiscais e tributos que adotaram critérios ecológicos

FIGURA 2

OVERALL RANKING	
US	1
Japan	2
UK	3
France	4
South Korea	5
China	6
Ireland	7
Netherlands	8
Belgium	9
India	10
Spain	11
Canada	
South Africa	13
Singapore	14
Finland	15
Germany	
Australia	17
Brazil	18
Argentina	19
Mexico	20
Russia	21

Fonte: KPMG Green Tax Index (2013).

Segundo esse estudo da KPMG, *reformas fiscais verdes* poderiam, em tese, corrigir distorções econômicas que acabam refletindo na qualidade ambiental. De acordo com a pesquisa, por meio da *fiscalidade ambiental* seriam considerados os custos socioambientais que não são contabilizados pelas companhias. A internalização das externalidades ambientais poderia ser realizada tanto mediante a *tributação ambiental em sentido estrito* — caso dos impostos sobre emissões de gases de efeito estufa — como através da *tributação ambiental em sentido amplo*, via incentivos fiscais que permitam, por exemplo, uma produção mais limpa.

No Brasil, conforme será analisado, a despeito do estabelecido nos arts. 170, VI; e 225 da Constituição Federal Brasileira de 1988 (CF/1988), e apesar do disposto nas diversas políticas ambientais e dos compromissos adotados

---

visando a sustentabilidade corporativa nos 21 países incluídos nesse índice. Aproximadamente 30 das medidas de fiscalidade ambiental foram introduzidas a partir de janeiro de 2011. Para aprofundar sobre o assunto, ver KPMG. *The KPMG greentax index 2013*. An exploration of green tax incentives and penalities. ago. 2013.

na Rio+20, na prática, por regra, a política tributária não considera critérios ambientais para orientar e incentivar atividades sustentáveis.[25]

6. Tributação ambiental no Brasil. Estado atual e perspectivas

6.1 Reflexões preliminares sobre o tema

O tema da tributação como mecanismo de defesa ambiental tem sido pouco explorado na América Latina. Trata-se ainda de um tema novo, discutido com pouco rigor técnico no âmbito político e abordado com desconfiança e temor pelos cidadãos. No entanto, aos poucos, a tributação ambiental desperta o interesse no campo político e jurídico e começa a ser objeto de debate e de uma importante análise no campo acadêmico.

Nos últimos 10 anos foram realizados importantes estudos doutrinários no Brasil que, considerando a realidade jurídica do país — mas sem desconsiderar as experiências alienígenas —, analisam questões relacionadas com a *extrafiscalidade ambiental*.[26] Ainda, conforme será analisado, no âmbito le-

---

[25] A respeito, conforme salienta o professor Heleno Taveira Torres, no Brasil, "Sequer no turismo sustentável, onde incentivos podem ser usados para estimular investimentos verdes conforme as necessidades de cada localidade, como subsídios para aquisição de equipamentos não poluentes, como tecnologias que reduzam o lixo, energia renovável, eficiência no uso das águas ou conservação da biodiversidade, tem-se alguma iniciativa coerente e uniforme no país". TORRES, Heleno Taveira. Descompasso entre as políticas ambiental e tributária, 2014, op. cit.
[26] Entre outros, ver MONTERO, Carlos Eduardo Peralta. *Tributação ambiental*, 2014, op. cit.; CAVALCANTE, Denise Lucena (Org.). *Tributação ambiental*: reflexos na Política Nacional de Resíduos Sólidos. Curitiba: CRV, 2014; GABRIEL FILHO, Paulo Sérgio Miranda. *Curso de direito tributário ambiental*. Curitiba: CRV, 2014; ARAÚJO, Cláudia Campos de et al. *Meio ambiente e sistema tributário*: novas perspectivas. São Paulo: Senac São Paulo, 2003; MODÉ, Fernando Magalhães. *Tributação ambiental*: a função do tributo na proteção do meio ambiente. 2. tir. Curitiba, Juruá, 2004; TORRES, Heleno Taveira (Org.). *Direito tributário ambiental*. Brasil: Malheiros, 2005; SALIBA, Ricardo Berzosa. *Fundamentos do direito tributário ambiental*. São Paulo: Quarter Latin, 2005; TUPIASSU, Lise Vieira da Costa. *Tributação ambiental*: a utilização de instrumentos econômicos e fiscais na implementação do direito ao meio ambiente saudável. Rio de Janeiro: Renovar, 2006; ORLANDO, Breno Ladeira Kingma et al. (Coord.). *Direito tributário ambiental*. Rio de Janeiro: Lumen Juris, 2006; REALI, Darcí. *Os municípios e a tributação ambiental*. Caxias do Sul: Educs, 2006; AMARAL, Paulo Henrique do. *Direito tributário ambiental*. São Paulo: Revista dos Tribunais, 2007; SEBASTIÃO, Simone Martins. *Tributo ambiental*. Extrafiscalidade e função promocional do direito. 2. tir. Curitiba: Juruá, 2007; OLIVEIRA, José Marcos Domingues de. *Direito tributário e meio ambiente*. Rio de Janeiro: Forense, 2007; FIORILLO, Celso Antonio Pacheco; FERREIRA, Renata Marques. *Direito ambiental tributário*. 3. ed. rev., atual. e ampl. São Paulo: Saraiva, 2010; TRENNEPOHL,

gislativo brasileiro foram realizadas algumas propostas interessantes — ainda sem sucesso — para *esverdear* o sistema tributário.

Grosso modo, é possível afirmar que a tributação ambiental encontra fundamento e legitimidade nos dispositivos constitucionais do Brasil.[27] A tabela 1 descreve de modo geral a situação atual da normativa que permite sustentar a tributação ambiental no ordenamento jurídico do Brasil.

TABELA 1 **Normas que fundamentam a tributação ambiental no Brasil. Rio de Janeiro, 2014**

Constitucionalidade	A CF/88 dedica um capítulo inteiro ao meio ambiente (Título VIII, Capítulo VI).
	Concretamente, o art. 225 estabelece expressamente o direito ao meio ambiente ecologicamente equilibrado, e impõe ao poder público e à coletividade o dever de defendê-lo e preservá-lo em nome das gerações atuais e futuras.[1] No §3º está previsto o PPP.
	No Título VII (Da ordem econômica e financeira), Capítulo I (Dos Princípios Gerais da Atividade Econômica), o art. 170, VI, estabelece a defesa do meio ambiente como um dos princípios gerais da atividade econômica.[2]
	O art. 23, VI, estabelece a competência comum da União, dos estados, do Distrito Federal e dos municípios para proteger o meio ambiente e combater a poluição em qualquer de suas formas.
	Apesar da inexistência de normas específicas sobre tributação ambiental na CF/1988, da leitura das normas constitucionais desprende-se que a tributação pode ser utilizada como um instrumento de defesa do meio ambiente.
Entidades competentes para o estabelecimento de tributos	O Capítulo I (Do Sistema Tributário Nacional) do Título VI (Da Tributação e do Orçamento) da CF/1988 estabelece expressamente os princípios constitucionais tributários e reparte as competências entre a União, os estados-membros, o Distrito Federal e os municípios. Trata-se de disposições rígidas e exaustivas.
Código Tributário Nacional (CT/BR)[3]	Regula a parte geral e o sistema tributário. Não existem aspectos ambientais.

Terence Dornelles. *Incentivos fiscais no direito ambiental*. Para uma matriz energética limpa e o caso do etanol brasileiro 2. ed. São Paulo: Saraiva, 2011; NEVES, Fábio. *Tributação ambiental*: a proteção do meio ambiente natural. São Paulo: Quarter Latin, 2012; FLORÊNCIO, José Felipe Luiz. *Reforma fiscal verde*: o primado de uma política tributária voltada ao meio ambiente equilibrado. São Paulo: Letras Jurídicas, 2013.

[27] A respeito, Heleno Taveira Torres afirma que "No Brasil, a proteção ambiental e a redução do risco do impacto de produtos e serviços ao meio ambiente são deveres que refletem o sentido do artigo 225, da CF, ao prescrever a necessária conduta de todos orientada para a preservação do meio ambiente ecologicamente equilibrado, "*impondo-se ao Poder Público e à coletividade o dever de defendê-lo e preservá-lo para as presentes e futuras gerações*". Por isso, a "defesa do meio ambiente" é princípio que norteia a ordem econômica (art. 170, VI, da CF), em seus múltiplos subdomínios. Quanto aos entes estatais, a Constituição impõe à União, aos estados, ao Distrito Federal e aos municípios a competência comum de proteger o meio ambiente e combater a poluição em todas as suas formas (art. 23, VI, da CF), e, concorrentemente, cabe aos estados e à União legislarem sobre florestas, caça, pesca, fauna, conservação da natureza, defesa do solo e dos recursos naturais, proteção do meio ambiente e controle da poluição (art. 24, VI, da CF)". TORRES, Heleno Taveira. Descompasso entre as políticas ambiental e tributária, 2014, op. cit.

Reforma fiscal verde e desenvolvimento sustentável

Tributação Ambiental	Existência de *tributos ambientais em sentido amplo* no ordenamento jurídico brasileiro.
Legislação Ambiental	*Política Nacional do Meio Ambiente — Lei Federal nº 6.938/1981*[4] O Art. 8º da Lei dispõe que compete ao Conama: "(...) V — determinar, mediante representação do IBAMA, a perda ou restrição de benefícios fiscais concedidos pelo Poder Público, em caráter geral ou condicional, e a perda ou suspensão de participação em linhas de financiamento em estabelecimentos oficiais de crédito; (Redação dada pela Lei nº 7.804, de 1989)" Ainda, no art. 9º, a Lei indica que são instrumentos da Política Nacional do Meio Ambiente: "(...) V — os incentivos à produção e instalação de equipamentos e a criação ou absorção de tecnologia, voltados para a melhoria da qualidade ambiental; *Política Nacional sobre Mudança do Clima (PNMC) — Lei Federal nº 12.187/2009*[5] O art. 6º da Lei prevê, entre os instrumentos da PNMC: "(...) VI — as medidas fiscais e tributárias destinadas a estimular a redução das emissões e remoção de gases de efeito estufa, incluindo alíquotas diferenciadas, isenções, compensações e incentivos, a serem estabelecidos em lei específica". *Política Nacional de Resíduos Sólidos (PNRS) — Lei Federal nº12.305/2010*[6] O art. 6º da Lei estabelece os princípios que deverão orientar a PNRS, entre eles, os princípios da precaução, da prevenção, do poluidor pagador, visão sistêmica na gestão dos resíduos sólidos, desenvolvimento sustentável, ecoeficiência, entre outros. Cabe destacar que, de acordo com o art. 8º, IX, da Lei, os incentivos fiscais poderão ser um dos instrumentos utilizados para alcançar os objetivos da PNRS.[7] Em concordância com essa norma, o art. 44 estabelece que, "Art. 44. A União, os Estados, o Distrito Federal e os Municípios, no âmbito de suas competências, poderão instituir normas com o objetivo de conceder incentivos fiscais, financeiros ou creditícios, respeitadas as limitações da Lei Complementar nº 101, de 4 de maio de 2000 (Lei de Responsabilidade Fiscal), a: I — indústrias e entidades dedicadas à reutilização, ao tratamento e à reciclagem de resíduos sólidos produzidos no território nacional; II — projetos relacionados à responsabilidade pelo ciclo de vida dos produtos, prioritariamente em parceria com cooperativas ou outras formas de associação de catadores de materiais reutilizáveis e recicláveis formadas por pessoas físicas de baixa renda; III — empresas dedicadas à limpeza urbana e a atividades a ela relacionadas".

Fonte: Elaboração própria.

[1] Para José Marcos Domingues de Oliveira, "o art. 225 da Constituição brasileira deve ser interpretado como contendo uma clara autorização (na verdade um poder-dever correlato ao direito-dever de usar o meio ambiente para o desenvolvimento da Pessoa Humana) ao Legislador para instituir tributos que promovam políticas públicas destinadas à proteção ambiental." OLIVEIRA, José Marcos Domingues de. *Direito tributário e meio ambiente*: proporcionalidade, tipicidade aberta, afetação da receita. 2. ed. rev. e ampl. Rio de Janeiro: Renovar, 1999. p. 77.
[2] "Art. 170. A ordem econômica, fundada na valorização do trabalho humano e na livre-iniciativa, tem por fim assegurar a todos existência digna, conforme os ditames da justiça social, observados os seguintes princípios: (...) VI — defesa do meio ambiente, inclusive mediante tratamento diferenciado conforme o impacto ambiental dos produtos e serviços e de seus processos de elaboração e prestação; (Redação dada pela Emenda Constitucional nº 42, de 19.12.2003)"
[3] Disponível em: <www.planalto.gov.br/ccivil_03/leis/l5172.htm>. Acesso em: 18 set. 2014.
[4] Disponível em: <www.planalto.gov.br/ccivil_03/leis/l6938.htm >. Acesso em: 29 set. 2014.
[5] Disponível em: <www.planalto.gov.br/ccivil_03/_ato2007-2010/2009/lei/l12187.htm>. Acesso em: 25 set. 2014.
[6] Disponível em: <www.planalto.gov.br/ccivil_03/_ato2007-2010/2010/lei/l12305.htm>. Acesso em: 25 set. 2014.
[7] Para aprofundar sobre o tema dos incentivos fiscais na PNRS, ver MONTERO, Carlos Eduardo Peralta. Instrumentos fiscais na Politica Nacional de Resíduos Sólidos (PNRS). A extrafiscalidade como mecanismo para incentivar a reciclagem. *Revista de Direito Ambiental* (RDA),São Paulo, n. 76, out/dez.2014. No prelo; CAVALCANTE, Denise Lucena (Org.). *Tributação ambiental*, 2014, op. cit.

6.2 Propostas de tributação ambiental apresentadas no Congresso Nacional do Brasil

Conforme salientou-se, no Brasil já existem importantes estudos sobre a tributação ambiental no âmbito acadêmico. O tema também começa a ser objeto de interesse e debate político. No âmbito legislativo já foram apresentadas iniciativas interessantes com o intuito de *esverdear* o sistema tributário brasileiro. Entre algumas das iniciativas mais importantes podemos mencionar: (1) A Cide ambiental; (2) A PEC nº 31-A/2007; (3) A PEC nº 353/2009; (4) O PLP nº 73/2007; (5) O PLP nº 493/2009; e (6) O PLP nº 494/2009.

(1) A Cide ambiental

O Ministério do Meio Ambiente apresentou uma proposta de tributação ambiental que visava a criação de uma contribuição de intervenção ambiental — Cide ambiental. Essa Cide ambiental teria "fatos geradores, alíquotas e bases de cálculo diferenciados em razão da atividade econômica, do grau de utilização ou degradação dos recursos naturais e da capacidade de assimilação do meio ambiente". A proposta introduzia expressamente o Princípio do Poluidor Pagador (PPP) na forma da tributação ambiental no art. 149 da CF. No entanto, embora a iniciativa fora acolhida pela relatoria, não foi incorporada pela EC nº 42/2003.[28]

A respeito, Paulo Henrique do Amaral considera que não haveria necessidade jurídica de uma proposta desse tipo, uma vez que, da leitura do art. 149 em relação com o inc. VI do art. 170 da CF/1988, cabe admitir a possibilidade jurídica de instituir uma Cide ambiental em determinados setores econômicos.[29]

(2) A PEC nº 31-A/2007

A PEC nº 31-A/2007 pretende reformar de modo substancial o STB, e incorpora importantes questões em matéria de fiscalidade ambiental.[30] As propostas de caráter tributário/ambiental são: (i) Reformar o art. 145, §3º da CF/1988 incluindo uma previsão no sentido de que poderá ser considerado

---

[28] OLIVEIRA, José Marcos Domingues de. *Direito tributário e meio ambiente*, 2007, op. cit., p. 98-99.
[29] AMARAL, Paulo Henrique do. *Direito tributário ambiental*, 2007, op. cit., p. 189.
[30] O texto da PEC nº31-A-2007 está disponível em: <www.camara.gov.br/sileg/integras/608524.pdf>. Acesso em: 3 nov. 2014. Proposta apensada à PEC 31/2007. Situação: Pronta para pauta no Plenário. Ementa: Altera o Sistema Tributário Nacional, unifica a legislação do Imposto sobre Operações Relativas à Circulação de Mercadorias e sobre Prestações de Serviços de Transporte Interestadual e Intermunicipal e de Comunicação, dentre outras providências. Disponível em: <www.camara.gov.br/sileg/prop_detalhe.asp?id=347421>. Acesso em: 3 nov. 2014.

o PPP na instituição e na graduação de tributos; (ii) Alterar o art. 150, VI, para que seja incluída vedação à União, aos estados, ao Distrito Federal e aos municípios de tributar operações de reciclagem que sejam obrigatórias por força de legislação aplicável em todo o território nacional; (iii) Reformar o art. 161-A, incluindo a previsão de que a repartição das receitas tributárias poderá considerar critérios que considerem a proteção ambiental; (iv) Impor o princípio da seletividade ambiental do IVA-F, do IPI e do ICMS, de acordo com a essencialidade e o impacto ecológico do produto, mercadoria ou serviço;[31] (v) Autorizar aUnião a criar empréstimos compulsórios no caso da ocorrência de desastres naturais; (vi) Criar imunidade do ITR sobre áreas de preservação permanente, reservas legais e áreas de interesse ecológico; (vii) Criar uma Cide ambiental sobre produtos potencialmente causadores de significativo impacto ambiental; (viii) Criar adicionais e redutores de alíquotas do IR por setores, conforme seu impacto ambiental; (ix) Autorizar a instituição de mecanismos econômicos destinados a estimular a proteção do meio ambiente; (x) Destinar 25% das receitas do ITR aos municípios, de acordo com a área ocupada por áreas protegidas por interesse ambiental; (xi) Criar a vinculação das receitas do IR, IPI e IVA-F para financiamento de projetos ambientais; (xii) Permitir a cobrança diferenciada de alíquotas do IPVA, de acordo com o impacto ambiental do veículo;[32] (xiii) Prever a criação de contribuição de intervenção ambiental e de utilização de política tributária como mecanismo de proteção ambiental.

(3) A PEC nº 353/2009
A PEC nº 353/2009 tinha como objetivo principal que a carga tributária seja ponderada de acordo com os impactos ambientais, positivos ou negativos, gerados pelos bens, serviços ou atividades de cada empresa.[33] Entre as principais propostas dessa PEC merecem destaque: (i) A previsão de que as con-

---

[31] Sobre o princípio, ver TUPIASSU, Lise Vieira da Costa. *Tributação ambiental*, 2006, op. cit., p. 145.
[32] Cláudia Campos de Araújo considera que "Ao reduzir a alíquota do IPI e do IPVA, estar-se--ia introduzindo um elemento que poderia influenciar na decisão do consumidor na compra de seu veículo, não somente pelo atrativo financeiro, mas também pelo conceito positivo da preocupação ambiental da empresa. Estimulando o incremento das vendas de determinados veículos, seria gerado também estímulo maior às empresas fabricantes, para que aperfeiçoassem cada vez mais suas tecnologias voltadas à proteção e preservação do meio ambiente". ARAÚJO, Cláudia Campos de et al. *Meio ambiente e sistema tributário*, 2003, op.cit., p. 63.
[33] Situação: Arquivada. Ementa: Altera os arts. 149, 150, 153, 155, 156, 158 e 161 da Constituição Federal. Explicação da Ementa: Estabelece diretrizes gerais para a Reforma Tributária Ambiental. Altera a Constituição Federal de 1988. Detalhes da proposta em: <www.camara.gov.br/sileg/Prop_Detalhe.asp?id=430593>. Acesso em: 3 nov. 2014.

tribuições sociais, de intervenção no domínio econômico e de interesse das categorias profissionais ou econômicas, bem como os impostos cobrados pela União devam sempre que possível ser orientados pela seletividade socioambiental e ter as alíquotas fixadas em função da responsabilidade socioambiental das atividades do contribuinte; (ii) Incluir o custo ambiental no preço do bem ou serviço, baseado no impacto ambiental proveniente da sua produção, comercialização ou prestação; (iii) A imunidade tributária para os bens e serviços ambientalmente adequados, como materiais reciclados, serviços de saneamento ambiental, máquinas, equipamentos e aparelhos antipoluentes; (iv) O ITR deverá ser progressivo e terá sua alíquota fixada de forma a estimular o respeito à função socioambiental da propriedade; (v) O IPTU deverá ter alíquotas diferenciadas de acordo com a localização, o uso conferido ao imóvel e o respeito à função social da propriedade; (vi) O IPVA deverá ter alíquotas diferenciadas em função do consumo energético e da emissão de gases poluentes por veículo; (vii) Estabelecer a repartição das receitas entre os entes federativos também com base em critérios ambientais, como seria o caso da manutenção de mananciais, de abastecimento, unidades de conservação, existência de terras indígenas, serviços de saneamento ambiental, reciclagem e educação ambiental.

(4) O PLP nº 73/2007
No Congresso Nacional há um projeto de Lei Complementar para instituir uma Cide por emissão de gases de efeito estufa. De acordo com a Ementa, o Projeto propõe

> uma Reformulação Tributária Ecológica, a fim de regulamentar o artigo 146-A, da Constituição Federal, instituir os princípios da essencialidade e do diferencial tributário pela sustentabilidade ambiental e oneração das emissões de gases de efeito estufa, e criar a taxação sobre o carbono ("carbontax"), na forma de Contribuição de Intervenção no Domínio Econômico, para a sustentabilidade ambiental e a mitigação do aquecimento global.[34]

(5) O PLP nº 493/2009
O projeto regulamenta

---

[34] Situação: Aguardando parecer do Relator na Comissão de Finanças e Tributação (CFT). Disponível em: <www.camara.gov.br/sileg/Prop_Detalhe.asp?id=354998>. Acesso em: 3 nov. 2014.

o tratamento diferenciado dos produtos e serviços e de seus processos de elaboração e prestação em razão do impacto ambiental que causem, como princípio geral da atividade econômica na defesa do meio ambiente e do equilíbrio ecológico e o estabelecimento de critérios especiais de tributação com o objetivo de prevenir desequilíbrios da concorrência para bens, produtos e serviços de menor impacto ambiental.[35]

(6) O PLP nº 494/2009
O projeto regulamenta o art. 170, inciso VI, da CF/1988. Pretende instituir uma *Reformulação Tributária Ecológica*, regulamentando "o tratamento jurídico e econômico diferenciado, em razão do impacto ambiental gerado por produtos e serviços postos em circulação, comercializados ou gerados pelos agentes econômicos".[36]

As iniciativas indicadas evidenciam a existência de um crescente interesse pela introdução da variável ambiental no STB. No entanto, até agora não houve celeridade na tramitação, nem suficiente vontade política para aprovar esse tipo de reformas tributárias.

6.3 Reflexões sobre as características da tributação ambiental no Brasil

No STB existem algumas figuras relacionadas com a defesa do meio ambiente, mas adverte-se a falta de uma normativa tributária clara, organizada e coordenada que vise incentivar o desenvolvimento sustentável. No entanto, como foi salientado, o tema da introdução da variável ambiental no sistema tributário já começa a ser objeto de um grande interesse nos âmbitos político, econômico e jurídico. Conforme foi destacado, nos últimos anos começou a desenvolver-se e consolidar-se o estudo do direito tributário ambiental. Inclusive, no Legislativo foram apresentadas interessantes propostas para introduzir critérios ambientais no sistema tributário. No entanto, como indicado, até agora sobram projetos mas não há vontade política para implementar esse tipo de reformas tributárias.

Da análise do ordenamento jurídico brasileiro podemos realizar algumas considerações importantes sobre o estado atual da tributação ambiental:

---

[35] Situação: Pronta para pauta na Comissão de Trabalho, de Administração e Serviço Público (CTASP). Disponível em: <www.camara.gov.br/proposicoesWeb/fichadetramitacao?idProposicao=440396>. Acesso em: 3 nov. 2014.
[36] Situação: Devolvida ao autor. Disponível em: <www.camara.gov.br/proposicoesWeb/fichadetramitacao?idProposicao=440989>. Acesso em: 3 nov. 2014.

(a) *Não existe uma normativa clara sobre tributação ambiental.* A tributação ambiental encontra fundamento e legitimidade nos dispositivos constitucionais do Brasil; no entanto, não existe na normativa tributária uma regulação clara e organizada sobre esse tipo de instrumentos. Não há uma norma marco, de caráter geral sobre o tema.

(b) *Existência predominante de tributação ambiental lato sensu.* A análise permitiu constatar que esses tributos são estabelecidos de forma dispersa e pouco coordenada na legislação tributária. Adverte-se que a grande maioria dos tributos existentes responde a fins exclusivamente de arrecadação que de maneira secundária incorporam algum elemento ambiental.

(c) *Sobre as características da tributação ambiental no Brasil.* As principais caraterísticas que identificam a tributação ambiental no Brasil são:

(c. 1) O repasse de verbas para municípios (p. ex., ICMS-Ecológico);

(c. 2) A existência de tributos ordinários com elementos ambientais. Como seria, por exemplo, a redução de alíquotas considerando critérios ambientais no caso de produtos que não incidem negativamente sobre o meio ambiente (IPVA, IPI, ICMS).

Inclusive, seguindo as orientações da PNRS, na legislação brasileira existem alguns exemplos interessantes de incentivos fiscais para atividades de reciclagem.[37] Essas iniciativas ainda são tímidas e consideramos que deverão ser discutidas e formuladas políticas de incentivos fiscais para a coleta seletiva, processos de reciclagem e adquisição de tecnologia para o processamento adequado de resíduos sólidos.

(c. 3) A tributação da propriedade considerando critérios ambientais (p. ex. ITR, IPTU);

(c. 4) A existência de poucas taxas ambientais. As existentes desconsideram critérios ambientais em suas estruturas;

(c. 5) Há poucos exemplos de *tributos ambientais stricto sensu*[38]; e

(c. 6) As iniciativas discutidas no Legislativo confirmam que existe certo interesse pela introdução da variável ambiental no STB. No entanto, como já indicado, até agora não houve suficiente vontade política para implementar esse tipo de reformas tributárias.

---

[37] Para aprofundar sobre o tema dos incentivos fiscais na PNRS, ver MONTERO, Carlos Eduardo Peralta. "Instrumentos fiscais na Política Nacional de Resíduos Sólidos (PNRS)", 2014. No prelo.

[38] Entre eles, a Cide Combustíveis (Art. 177, §4º, da Constituição Federal. Emenda Constitucional nº 33). O fato gerador é a importação ou comercialização de petróleo e seus derivados, gás natural e seus derivados e álcool combustível. A Constituição Federal permite alíquota diferenciada por produto ou uso. Prevê-se que entre as destinações dos recursos arrecadados está o financiamento de projetos ambientais relacionados com a indústria do petróleo e do gás.

Cabe destacar que, na Câmara dos Deputados, as Comissões de Finanças e Tributação, e de Meio Ambiente e Desenvolvimento Sustentável, realizaram — no dia 31 de maio de 2012 — uma Audiência Pública conjunta para discutir o tema "Economia Verde e Tributação". A audiência contou com apresentações de representantes do Ipam, do Ministério da Fazenda, do Ministério da Agricultura, do Ministério do Meio Ambiente, da Secretaria da Receita Federal, do Ipea, da CNI e da UFRJ. O encontro evidencia a relevância de discutir a temática com o intuito de promover um sistema tributário mais justo, capaz de incorporar a variável ambiental na sua lógica, visando uma *economia esverdeada* que incentive a *sustentabilidade*. Assim, consideramos que a audiência realizada foi um passo importante para reintroduzir no Legislativo o debate sobre a possibilidade de adotar critérios ambientais na política tributária brasileira.

Ainda, é importante salientar que no dia 29 de outubro de 2013 foi realizado, no Senado, o Seminário Política Tributária e Sustentabilidade — Uma Plataforma para a Nova Economia. O evento foi organizado pelo Ipam, pelo Instituto Ethos e pela Comissão de Assuntos Econômicos do Senado (CAE). O Seminário contou com a participação de parlamentares, especialistas sobre o tema, representantes da sociedade civil, do setor privado e do governo federal.

Como resultado dos debates do seminário, foi conformado um Grupo de Trabalho com senadores, especialistas e representantes de diversos setores para analisar as propostas apresentadas no evento. Esse grupo deverá elaborar um documento com recomendações para incentivar a *economia verde*, apresentando propostas para implementar *instrumentos fiscais esverdeados* que estimulem práticas sustentáveis e atividades com baixas emissões de carbono, e que permitam atenuar a concorrência desleal de produtos da *economia marrom* que apresentam uma alta *pegada de carbono*.

7. Critérios para esverdear o sistema tributário

O uso de instrumentos fiscais para a proteção ambiental deverá responder à realidade ambiental, social, econômica e jurídica de cada país. Não existe um modelo tributário verde estandarizado. A implementação de tributos ambientais poderá ter diferentes níveis de intensidade, e poderá ser realizada de maneira gradual ou mediante verdadeiras *reformas fiscais verdes* — como aconteceu nos países nórdicos.[39]

---

[39] Para aprofundar sobre o tema, ver MONTERO, Carlos Eduardo Peralta. *Tributação ambiental*, 2014, op. cit.; GAGO RODRÍGUEZ, Alberto; LABANDEIRA VILLOT, Xavier. *La reforma fiscal verde*. Teoría y práctica de los impuestos ambientales. Madri: Mundi Prensa, 1999.

Existe um consenso na doutrina no sentido de que uma verdadeira *reforma fiscal verde* só será possível por meio de impostos sobre a energia, uma vez que se trata de tributos que visam a defesa do meio ambiente e que ao mesmo tempo têm uma ampla capacidade de arrecadação, o que permitiria reduzir as contribuições sociais à Previdência e à imposição direta. Trata-se do chamado *duplo dividendo* dos tributos ambientais.

De acordo com a teoria do *duplo dividendo*, o tributo ambiental deverá permitir: (a) A defesa dos interesses ambientais; e (b) Que o ônus fiscal do sistema se mantenha neutral, mediante o descenso da pressão fiscal sobre outras fontes de arrecadação tributária que originam distorções.

Por outro lado, a introdução de tributos verdes deverá ir acompanhada da eliminação das distorções dos preços provocadas pelas subvenções contrárias ao meio ambiente.

Apesar da inexistência de um modelo fiscal verde estandarizado, e independentemente da intensidade das reformas que pretendam ser realizadas, deverão ser observadas algumas recomendações que permitam uma adequada implementação de tributos ambientais, quais sejam:[40]

(a) *Projetar os problemas administrativos, as consequências políticas, a eficácia ambiental e a eficiência econômica do tributo.* Por exemplo, deverão ser tomadas medidas como a redução do ônus tributário sobre o trabalho e sobre a previdência social, e considerar aspectos distributivos.

(b) *Incentivar mais do que penalizar.*

(b. 1) *Implementar mecanismos de incentivo/desincentivo.* É importante combinar o desincentivo (introduzido pelo tributo ambiental) com uma cuidadosa seleção de incentivos para as atividades que respeitem o meio ambiente e modifiquem a conduta ambientalmente negativa, como seria o caso, por exemplo, das isenções ou da redução de alíquotas na aquisição de tecnologias mais limpas.

(b. 2) *Utilizar incentivos fiscais em impostos ordinários.* Por exemplo, por meio da aplicação de deduções no imposto de renda quando uma empresa invista em projetos de reflorestamento.

(c) *Estabelecer alíquotas flexíveis no tempo.* No início, os novos tributos ambientais devem ter alíquotas baixas com o intuito de minimizar o custo econômico. No entanto, deverá ser prevista a possibilidade de aumentá-las, caso não

---

[40] BUÑUEL GONZÁLEZ, Miguel (Dir.). *Tributación medioambiental*, 2004, op. cit., p. 421-422; ALTAMIRANO C. Alejandro. El derecho constitucional a un ambiente sano, derechos humanos y su vinculación con el derecho tributario. In: MARINS, James (Coord.). *Tributação e meio ambiente.* 9. tir. Curitiba: Juruá, 2009. Livro 2, p. 39.

sejam cumpridos os objetivos inicialmente previstos. A medida permitirá minimizar os efeitos regressivos sobre os setores de menor renda. Por exemplo, no caso de uma *reforma fiscal verde*, os efeitos regressivos dos novos impostos poderiam ser compensados com uma redução da imposição direta daqueles setores situados nas alíquotas mais baixas do imposto de renda.

(d) *Combinar a introdução de impostos com outros mecanismos que permitam mitigar os efeitos da reforma sobre as empresas.*

(e) *A implementação gradual de instrumentos fiscais ambientais*, a fim de evitar distorções e desigualdades.

(f) *Transparência e informação*. Fomentar a participação nos processos de reforma de especialistas, da sociedade civil e dos diversos agentes econômicos.

7.1 Recomendações para esverdear o sistema tributário brasileiro

A seguir serão realizadas algumas recomendações que poderiam facilitar a introdução da variável ambiental no sistema tributário do Brasil. A proposta não pretende efetuar uma reforma radical no sistema tributário, nem impor a criação de determinados tributos verdes. Trata-se de uma proposta concreta e simples que permitirá legitimar e orientar o *esverdeamento do sistema tributário*.

(1) *Introduzir o Princípio do Poluidor Pagador na forma de tributação ambiental*. Seria conveniente, ainda que não estritamente necessário, incluir expressamente na Constituição Federal Brasileira de 1988 um dispositivo que estabeleça que a tributação poderá ser utilizada como instrumento de defesa do meio ambiente, introduzindo o Princípio do Poluidor/Usuário Pagador na forma de tributação ambiental. A reforma permitiria uma maior legitimidade desse tipo de tributos. Também seria conveniente estabelecer que os tributos ambientais deverão estar orientados pelos princípios da seletividade, da essencialidade ambiental e da progressividade ambiental.

(2) *Reformar o Código Tributário Nacional*. Considera-se que seria importante incluir no art. 5º do CT/BR um parágrafo sobre tributação ambiental. A reforma daria uma maior legitimidade aos tributos ambientais, permitindo a transparência e a segurança jurídica.[41]

---

[41] A redação do texto da norma poderia seguir a recomendação do Modelo de Código Tributário Ambiental para América Latina:
"§ Tributação ambiental.
I. Tributos ambientais são aqueles impostos, taxas e contribuições cuja estrutura está orientada pelo Princípio do Poluidor/usuário pagador.

(3) *Avaliar a conveniência de criar uma Cide ambiental genérica.* Da leitura dos arts. 149 e 170, VI da CF/1988, poderia admitir-se a existência jurídica de uma Cide ambiental que poderá ser instituída — através da lei — em determinados setores econômicos do Brasil.[42] No entanto, considera-se que, por motivos de segurança jurídica e com o intuito de dar uma maior legitimidade ao tributo, seria conveniente criar uma Cide ambiental genérica no texto constitucional que permita tributar as atividades econômicas com impactos ambientais significativos. Nesse sentido, o tributo poderá ter fatos geradores, alíquotas e bases de cálculo diferenciados em razão da atividade econômica, do grau de utilização ou degradação dos recursos ambientais e da capacidade de *sustentabilidade* do meio ambiente.

(4) *Esverdear de maneira gradativa o sistema tributário.* Considera-se que, no contexto da realidade brasileira, ainda é difícil pensar em uma drástica e repentina *reforma fiscal verde* tal como foi implementada nos países

---

II. O fato gerador dos tributos ambientais deverá corresponder a situações que repercutam negativamente sobre o meio ambiente ou que provoquem a atuação pública de tutela ambiental. Não poderá abarcar condutas danosas para o meio ambiente que se encontrem radicalmente proibidas, sem prejuízo de o infrator dever indenizar os danos causados ao meio ambiente, nos termos estabelecidos pela norma aplicável. A legislação de cada figura tributária preverá como supostos de não sujeição os casos em que os atos ou fatos que incidem negativamente sobre o meio ambiente ou que provocam a atuação pública de tutela ambiental se produzam de maneira fortuita ou em caso de força maior.

III. Toda proposta de estabelecimento de um novo tributo ambiental ou de modificação específica das quantias de tributo preexistente deverá incluir, entre os antecedentes e estudos prévios para sua elaboração, uma memória econômico-ambiental que justifique os critérios de quantificação utilizados. Salvo lei em contrário, a falta deste requisito determinará a nulidade de pleno direito das disposições que regulam a matéria de quantificação do tributo ambiental.

IV. A determinação do montante do tributo deverá atender à intensidade da incidência ambiental objeto do gravame, e deverá basear-se nas conclusões da memória econômico-ambiental prevista no inciso anterior. Em geral, a arrecadação do tributo ambiental não deverá exceder, em seu conjunto, o maior das seguintes quantias, que serão calculadas na memória na medida do que seja possível: o dano causado ou o suposto custo para que o conjunto dos contribuintes evitasse o dano causado, ou o custo das atividades públicas de tutela ambiental. Qualquer desvio deste critério ou a impossibilidade de aplicá-lo deverá ser justificado na memória econômico-ambiental. A quantificação individual do tributo deverá atender à incidência individual da contaminação, se bem que poderá se utilizar critérios de progressividade ambiental.

V. O estabelecimento do tributo ambiental deverá ser acompanhado de medidas que garantam o mínimo existencial individual e familiar das pessoas físicas afetadas direta ou indiretamente pela carga tributária, quando este vier a ser comprometido." A respeito, ver BUÑUEL GONZÁLEZ, Miguel; HERRERA MOLINA, Pedro M. (Dir.). *Modelo de código tributario ambiental para América Latina.* Madri: Instituto de Estudios Fiscales. Ministerio de Hacienda, 2003. n. 18.

[42] A respeito, ver AMARAL, Paulo Henrique do. *Direito tributário ambiental*, 2007, op. cit., p. 189.

nórdicos. No entanto, a constante discussão e a preocupação por parte de diversos setores — juristas, políticos, economistas e profissionais das áreas ambientais — representam um passo importante para a introdução de instrumentos tributários com finalidades ambientais no Brasil. O uso de instrumentos fiscais de proteção ambiental não pode ser estandardizado, uma vez que deve responder às realidades sociais e jurídicas de cada país. O *esverdeamento* do STB deverá ser realizado de maneira gradativa, de acordo com critérios técnicos que considerem a eficiência econômica e a eficácia ambiental do tributo com o intuito de manter a neutralidade impositiva e permitir sua aceitação social. Evidentemente, o debate para a introdução de critérios ambientais no STB deverá considerar o controle de proporcionalidade e deverá estar precedido por uma memória econômica ambiental que determine avaliações *exante* e *expost*. De acordo com a ideia do *duplo dividendo*, essa reforma deverá permitir uma arrecadação significativa e estável que permita substituir os tributos ineficientes. Esse *esverdeamento* poderá ser realizado considerando as seguintes recomendações:

(a) Impor o *princípio da seletividade ambiental* de acordo com a essencialidade e o impacto ecológico do produto, mercadoria ou serviço. Incluir o custo ambiental no preço do bem ou serviço, baseado no impacto ambiental proveniente da sua produção, comercialização ou prestação;

(b) Conforme com o *princípio da progressividade*, permitir a cobrança diferenciada de alíquotas nos tributos sobre produtos de acordo com critérios que considerem o impacto ambiental;

(c) Realizar estudos técnicos que permitam estabelecer de maneira coordenada incentivos fiscais relacionados com atividades de proteção ambiental;

(d) Incluir previsão de que a repartição das receitas tributárias poderá considerar critérios para a proteção ambiental;

(e) Em determinados casos, de acordo com estudos técnicos, permitir a vinculação de receitas tributárias para financiamento de projetos ambientais. Considera-se importante avaliar a possibilidade de instituir um fundo ambiental constituído pelas receitas arrecadadas por impostos verdes com o objetivo de financiar políticas públicas ambientais, permitindo a prevenção e a mitigação do dano ambiental;

(f) Introduzir critérios ambientais na graduação das taxas. Taxas de caráter ambiental deverão considerar o impacto ambiental e utilizar critérios de progressividade ambiental.

(g) Incentivar o debate público, nos diferentes âmbitos — legislativo, acadêmico —, sobre a possibilidade de implementar novos instrumentos tributários de caráter ecológico que visem o incentivo de práticas sustentáveis. A discussão da temática deverá ser feita considerando a eficácia da categoria tributária para cumprir os objetivos ambientais almejados. O tributo escolhido deve ter a capacidade de incidir de maneira positiva nas atividades tributadas, de forma que seja capaz de modificar as condutas dos agentes econômicos que incidem negativamente sobre o meio ambiente, e, subsidiariamente, arrecadar receitas que deverão ser destinadas à defesa do meio ambiente. A criação de um tributo ambiental exige uma análise técnica prévia e uma valoração das consequências econômicas, sociais e ambientais.

8. Considerações finais

O modelo de desenvolvimento herdado da Revolução Industrial e do racionalismo iluminista esqueceu de integrar o elemento ecológico em seus processos decisórios. Um dos maiores desafios do cidadão do século XXI será a construção de uma *sustentabilidade ambiental*, de caráter prospectivo, que valorize e respeite o equilíbrio ecológico como requisito *sine qua non* para a vida no planeta e para o bem-estar humano. As evidências científicas e os fatos não deixam dúvida, mudar o estilo de vida não parece ser mais uma opção para a humanidade.

Corresponderá aos poderes públicos implementar, com base em critérios de eficiência, eficácia, aceitação política e adaptabilidade, instrumentos econômicos visando à preservação do meio ambiente, conforme a realidade e as necessidades próprias de cada país ou região, e tendo presente o caráter global dos problemas ambientais e seus efeitos sinergéticos. Na atualidade, considera-se que os instrumentos econômicos são um importante mecanismo para promover a *sustentabilidade*. Esses mecanismos, fundamentados no Princípio do Poluidor Pagador, permitem que o Estado oriente os agentes econômicos, incentivando condutas que respeitem a *sustentabilidade ambiental*. Os instrumentos econômicos devem complementar os mecanismos de comando e controle. Entre esses mecanismos merece destaque a tributação ambiental.

O esverdeamento do sistema tributário é uma importante ferramenta para permitir a migração de uma *economia marrom* — degradadora do meio ambiente — para uma *economia verde* que promova práticas sustentáveis. Essa *reforma fiscal verde* deverá promover a introdução de tecnologias limpas, o uso de energia renovável, o consumo consciente, a criação de empregos verdes e o respeito pelos limites biofísicos do planeta.

Deverá exigir-se a introdução de parâmetros claros no ordenamento jurídico brasileiro que permitam guiar e facilitar a implementação de *tributos ambientais*, de forma que seja realizada uma gradativa *reforma fiscal verde* que incentive uma economia de baixa entropia. Essa reforma deverá ser realizada de acordo com critérios técnicos que considerem a eficiência econômica e a eficácia ambiental dos instrumentos fiscais, com o intuito de manter a neutralidade impositiva e não provocar fortes distorções econômicas.

No Brasil, uma reforma dessa natureza é possível conforme as disposições da Constituição Federal de 1988 e sua introdução responde a um ato de vontade política que deverá estar apoiado por uma discussão racional e por documentos técnicos sobre a matéria.

No âmbito legislativo brasileiro, a Audiência Pública sobre Economia Verde e Tributação — realizada em maio de 2012 —, o Seminário Política Tributária e Sustentabilidade — Uma Plataforma para a Nova Economia — organizado em outubro de 2013 — e a conformação de um Grupo de Trabalho com especialistas e representantes de diversos setores para elaborar um documento com recomendações para incentivar a *economia verde* e implementar *incentivos fiscais esverdeados* são sem dúvida passos alentadores e importantes para reintroduzir o debate sobre o *esverdeamento do sistema tributário brasileiro* visando um modelo de desenvolvimento mais sustentável que respeite os limites da natureza.

REFERÊNCIAS

ABRAMOVAY, Ricardo. *Seminário Política Tributária e Sustentabilidade*. Senado, Brasília, 29 out. 2013.

ALTAMIRANO C. Alejandro. El derecho constitucional a un ambiente sano, derechos humanos y su vinculación con el derecho tributario. In: MARINS, James (Coord.). *Tributação e meio ambiente*. 9. tir. Curitiba: Juruá, 2009. Livro 2, p. 11-93.

AMARAL, Paulo Henrique do. *Direito tributário ambiental*. São Paulo: Revista dos Tribunais, 2007.

ARAÚJO, Cláudia Campos de et al. *Meio ambiente e sistema tributário*: novas perspectivas. São Paulo: Senac São Paulo, 2003.

BRASIL. *Agenda 21 brasileira*: ações prioritárias. Comissão de Políticas de Desenvolvimento Sustentável e da Agenda 21 Nacional. 2. ed. Brasília: Ministério do Meio Ambiente, 2004.

_____. *Código Tributário Nacional*. Lei nº 5.172, de 25 de outubro de 1966. Disponível em: <www.planalto.gov.br/ccivil_03/leis/l5172.htm>. Acesso em: 18 set. 2014.

_____. *Constituição da República Federativa do Brasil.* Disponível em: <www.planalto.gov.br/ccivil_03/constituicao/constituicao.htm>. Acesso em: 12 jan. 2013.

_____. *PEC nº 31/2007.* Disponível em: <www.camara.gov.br/sileg/prop_detalhe.asp?id=347421>. Acesso em: 3 nov. 2014.

_____. *PEC nº 31-A-2007.* Disponível em: <www.camara.gov.br/sileg/integras/608524.pdf>. Acesso em: 3 nov. 2014.

_____. *PEC nº353/09.* Disponível em: <www.camara.gov.br/sileg/Prop_Detalhe.asp?id=430593>. Acesso em: 3 nov. 2014.

_____. *PLP 73/2007.* Disponível em: <www.camara.gov.br/sileg/Prop_Detalhe.asp?id=354998>. Acesso em: 3 nov. 2014.

_____. *PLP 493/2009.* Disponível em:<www.camara.gov.br/proposicoesWeb/fichadetramitacao?idProposicao=440396>. Acesso em: 3 nov. 2014.

_____. *PLP 494/2009.* Disponível em: <www.camara.gov.br/proposicoesWeb/fichadetramitacao?idProposicao=440989>. Acesso em: 3 nov. 2014.

_____. *Política Nacional de Resíduos Sólidos (PNRS).* Lei Federal nº 12.305/2010. Disponível em: <www.planalto.gov.br/ccivil_03/_ato2007-2010/2010/lei/l12305.htm>. Acesso em: 25 set. 2014.

_____. *Política Nacional do Meio Ambiente.* Lei Federal nº 6.938. Disponível em: <www.planalto.gov.br/ccivil_03/leis/l6938.htm>. Acesso em: 29 set. 2014.

_____. *Política Nacional sobre Mudança do Clima (PNMC).* Lei Federal nº 12.187/2009. Disponível em: <www.planalto.gov.br/ccivil_03/_ato2007-2010/2009/lei/l12187.htm >. Acesso em: 25 set. 2014.

BUÑUEL GONZÁLEZ, Miguel (Dir.). *Tributación medioambiental:* teoría, práctica y propuestas. Madri: Civitas Ediciones, 2004.

BUÑUEL GONZÁLEZ, Miguel; HERRERA MOLINA, Pedro M. (Dir.). *Modelo de código tributario ambiental para América Latina.*Madri: Instituto de Estudios Fiscales, Ministerio de Hacienda, 2003. n. 18.

CARBAJO VASCO, Domingo; HERRERA MOLINA, Pedro M. Capítulo III. In: BUÑUEL GONZÁLEZ, Miguel (Dir). *Tributación medioambiental:* teoría, práctica y propuestas. Madri: Civitas Ediciones, 2004. p. 61-144.

CAVALCANTE, Denise Lucena (Org.). *Tributação ambiental:* reflexos na Política Nacional de Resíduos Sólidos. Curitiba: CRV, 2014.

CDES. *Indicadores de iniquidade do sistema tributário nacional.* Disponível em: <www.cdes.gov.br/observatoriodaequidade/relatoriotributario.htm>. Acesso em: 20 set. 2014.

CRUTZEN, P.J. Geology of mankind. *Nature,* v. 415, p. 23, 2002. Disponível em: <http://nature.berkeley.edu/classes/espm-121/anthropocene.pdf>. Acesso em: 20 set. 2014.

DALY, Herman. Sustentabilidade em um mundo lotado. *Scientific American Brasil,* São Paulo, Edição Especial, ano 4, n. 41, p. 92-99, 2005.

FIORILLO, Celso Antonio Pacheco; FERREIRA, Renata Marques. *Direito ambiental tributário.* 3. ed. rev., atual. e ampl. São Paulo: Saraiva, 2010.

FLORÊNCIO, José Felipe Luiz. *Reforma fiscal verde*: o primado de uma política tributária voltada ao meio ambiente equilibrado. São Paulo: Letras Jurídicas, 2013.

GABRIEL FILHO, Paulo Sérgio Miranda. *Curso de direito tributário ambiental*. Curitiba: CRV, 2014.

GAGO RODRÍGUEZ, Alberto; LABANDEIRA VILLOT, Xavier. *La reforma fiscal verde*. Teoría y práctica de los impuestos ambientales. Madri: Mundi Prensa, 1999.

GLOBAL FOOTPRINT NETWORK. Disponível em: <www.footprintnetwork.org/en/index.php/GFN/page/earth_overshoot_day/>. Acesso em: 20 ago. 2014.

GRINEVALD, Jacques; CRUTZEN, Paul; MCNEILL, John. The Anthropocene: conceptual and historical perspectives. *Phil. Trans. R. Soc. A.*, v. 369, n. 1938, p. 842-867, 2011. Disponível em: <http://rsta.royalsocietypublishing.org/content/369/1938/842.full#cited-by>. Acesso em: 30 set. 2014.

HERRERA MOLINA, Pedro M. *Derecho tributario ambiental*. Madri: Marcial Pons, Ediciones Jurídicas y Sociales S.A., 2000.

IPAM. *Pegada de carbono dos gastos tributários*. Sumário executivo. out. 2013. Disponível em: <www3.ethos.org.br/wp-content/uploads/2013/10/Pegada-de-Carbono-dos-Gastos Tributarios_Ipam-29Out13.pdf>. Acesso: 28 mar. 2014.

KPMG. *The KPMG green tax index 2013*. An exploration of green tax incentives and penalities. ago 2013.

LIMA, André. *Por uma política tributária a serviço da sustentabilidade*. Disponível em: <www.ipam.org.br/noticias/Por-uma-politica-tributaria-a-servico-da-sustentabilidade/3035/destaque>. Acesso: 28 mar. 2014.

MODÉ, Fernando Magalhães. *Tributação ambiental*: a função do tributo na proteção do meio ambiente. 2. tir. Curitiba, Juruá, 2004.

MONTERO, Carlos Eduardo Peralta. Estado de direito ambiental. Perspectivas. *Revista Internacional de Direito Ambiental (RIDA)*, Caxias do Sul, ano III, n. 8, p. 75-100, maio/ago. 2014.

____. Instrumentos fiscais na Política Nacional de Resíduos Sólidos (PNRS). A extrafiscalidade como mecanismo para incentivar a reciclagem. *Revista de Direito Ambiental (RDA)*, São Paulo, n. 76, out./dez. 2014. No prelo.

____. *Tributação ambiental*. Reflexões sobre a introdução da variável ambiental no sistema tributário. Rio de Janeiro: Saraiva, 2014.

NEVES, Fábio. *Tributação ambiental*: a proteção do meio ambiente natural. São Paulo: Quarter Latin, 2012.

OLIVEIRA, José Marcos Domingues de. *Direito tributário e meio ambiente*. Rio de Janeiro: Forense, 2007.

____. *Direito tributário e meio ambiente*: proporcionalidade, tipicidade aberta, afetação da receita. 2. ed. rev. e ampl. Rio de Janeiro: Renovar, 1999.

ONU. *Agenda 21*. Disponível em: <www.onu.org.br/rio20/img/2012/01/agenda21.pdf>. Acesso em: 10 set. 2014.

____. *Conferência das Nações Unidas sobre Desenvolvimento Sustentável*. Disponível em: <www.rio20.info/2012/>. Acesso em: 9 set. 2014.

ORLANDO, Breno Ladeira Kingma et al. (Coord.). *Direito tributário ambiental*. Rio de Janeiro: Lumen Juris, 2006.

OST, François. *A natureza à margem da lei*: a ecologia à prova do direito. Lisboa: Instituto Piaget, 1997.

PIGOU, Arthur Cecil. *The economics of welfare*. 4. ed. Londres: Macmillan, 1962.

REALI, Darcí. *Os municípios e a tributação ambiental*. Caxias do Sul, RS: Educs, 2006.

ROMEIRO, Ademar Ribeiro. Economia ou economia política da sustentabilidade. In: MAY, Peter H.; LUSTOSA, Maria Cecília; VINHA, Valeria da (Org.). Economia do meio ambiente: teoria e prática. Rio de Janeiro: Elsevier, 2003.

SALIBA, Ricardo Berzosa. *Fundamentos do direito tributário ambiental*. São Paulo: Quarter Latin, 2005.

SEBASTIÃO, Simone Martins. *Tributo ambiental*. Extrafiscalidade e função promocional do direito. 2. tir. Curitiba: Juruá, 2007.

SOARES, Cláudia Alexandra Dias. *O imposto ambiental*. Direito fiscal do ambiente. Portugal: Livraria Almedina-Coimbra, 2002.

TORRES, Heleno Taveira. Descompasso entre as políticas ambiental e tributária. *Consultor Jurídico*. Disponível em: <www.conjur.com.br/2012-jun-20/consultor-tributario-descompasso-entre-politicas-ambiental-tributaria>.Acesso em: 15 abr. 2014.

____ (Org.). *Direito tributário ambiental*. Brasil: Malheiros, 2005.

TRENNEPOHL, Terence Dornelles. *Incentivos fiscais no direito ambiental*. Para uma matriz energética limpa e o caso do etanol brasileiro. 2. ed. São Paulo: Saraiva, 2011.

TUPIASSU, Lise Vieira da Costa. *Tributação ambiental*: a utilização de instrumentos econômicos e fiscais na implementação do direito ao meio ambiente saudável. Rio de Janeiro: Renovar: 2006.

VEIGA, José Eli da. A questão é macro. *Revista Página 22*. Informação para o novo Século, São Paulo, n. 57, p. 14-18, out. 2012.

WWF. *Planeta vivo informe 2012*. Disponível em: <http://d3nehc6yl9qzo4.cloudfront.net/downloads/informe_planeta_vivo_2012.pdf>. Acesso em: 20 set. 2014.

A sustentabilidade e o sistema tributário: as sete virtudes e os sete pecados

Carlos Henrique Tranjan Bechara[*]
João Rafael L. Gândara de Carvalho[**]
Guilherme Villas-Bôas[***]

1. Introdução

1.1 A sustentabilidade: uma ideia em busca de sua indefinição

A sustentabilidade se tornou uma das grandes ideias do nosso tempo. O discurso em torno da sustentabilidade aparece no final do século XX, relacionado a questões de proteção do meio ambiente, mas vai ganhando força como uma ideia central da política econômica do século XXI. A sustentabilidade passa a ser encarada não a partir de uma visão compartimentada, centrada na preservação da fauna e da flora, mas sob o prisma de uma compreensão holística em que só se concebe um projeto viável de vida dentro de um ecossistema equilibrado.

No momento em que o planeta alcança índices alarmantes de poluição e os efeitos dessa degradação passam a afetar a qualidade de vida, constata-se que o *desenvolvimento*, a grande metaideia do século passado, precisa ser revisitado. O nível de poluição da atmosfera, as doenças respiratórias, as espécies em extinção, a perda de zonas verdes, o comprometimento dos recursos hídricos, o aumento da temperatura global, a difusão de pragas danosas, tudo isso leva

---

[*] Professor de direito tributário da Pontifícia Universidade Católica do Rio de Janeiro (PUC-Rio). Mestre em direito tributário pela Universidade Candido Mendes (Ucam, Rio de Janeiro). Diretor da Associação Brasileira de Direito Financeiro (ABDF), afiliada à International Fiscal Association (IFA). Advogado.
[**] Mestre em direito público pela Universidade do Estado do Rio de Janeiro (Uerj). Professor da Pós-Graduação da Fundação Getulio Vargas no Rio de Janeiro (FGV-RJ). Diretor da Associação Brasileira de Direito Financeiro (ABDF), afiliada à International Fiscal Association (IFA), Membro da Comissão Especial de Assuntos Tributários da OAB/RJ. Advogado.
[***] LL.M. em direito tributário pela Fundação Getulio Vargas no Rio de Janeiro (FGV-RJ). Advogado.

a humanidade a repensar o preço e os danos do desenvolvimento econômico a qualquer custo, sem compromisso com a vida no planeta. O homem passa a refletir sobre a sua relação com os outros seres, deixando de lado uma visão antropocêntrica e percebendo a importância do mundo à sua volta e a relação de interdependência da natureza no universo.

Assim, a ideia de desenvolvimento e todas aquelas que dela derivam, como a produção, o mercado, a tecnologia e a própria justiça social, passam por uma profunda revisão. O acréscimo do adjetivo "sustentável" ao substantivo "desenvolvimento" não apenas o qualifica, senão que o redimensiona, indicando um novo norte da política econômica que deve se pautar não apenas pela obsessão em torno do crescimento quantitativo da economia, mas pelo efeito qualitativo que esse crescimento deve gerar para a comunidade global.

Há algumas definições de sustentabilidade. Talvez nenhuma delas consiga expressar em contornos precisos o que seja verdadeiramente sustentabilidade. Isso porque a sustentabilidade é, ela própria, uma ideia em busca de indefinição. A sustentabilidade é, por natureza, abrangente, fluida, ambígua e polivalente, de modo que se torna impossível conceituá-la precisamente. Tendo em mente essa indefinição característica de uma metaideia, é possível estudar algumas concepções de sustentabilidade.

A célebre definição da ONU, cunhada na década de 1980, a partir do relatório de Brundtland, compreende o desenvolvimento sustentável como o "desenvolvimento que encontra as necessidades atuais sem comprometer a habilidade das futuras gerações de atender suas próprias necessidades".[1]

Ana Alice De Carli busca equacionar a sustentabilidade e o desenvolvimento econômico compreendendo aquela como pressuposto deste, principalmente no que toca à exploração dos recursos hídricos.[2]

Juarez Freitas compreende a sustentabilidade em múltiplas dimensões, abrangendo não apenas a sustentabilidade ambiental, mas também a sustentabilidade social, ética, jurídico-política e econômica. Assim, define a sustentabilidade como um princípio constitucional que determina,

> independentemente de regulamentação legal, com eficácia direta e imediata, a responsabilidade do Estado e da sociedade pela concretização solidária do de-

---

[1] Mais detalhes disponíveis no site da ONU na internet em: <http://sustainabledevelopment.un.org>. Acesso em: 20 out. 2014.

[2] DE CARLI, Ana Alice. A sustentabilidade como pressuposto necessário ao desenvolvimento econômico. *Revista Vitas* — Visões Transdisciplinares sobre Ambiente e Sociedade, ano III, n. 7, ago. 2013. Disponível em: <www.uff.br/revistavitas>. Acesso em: 10 out. 2014.

senvolvimento material e imaterial, socialmente inclusivo, durável e equânime, ambientalmente limpo, inovador, ético e eficiente, no intuito de assegurar, preferencialmente de modo preventivo e precavido, no presente e no futuro, o direito ao bem-estar físico, psíquico e espiritual, em consonância homeostática com o bem de todos.[3]

No plano jurídico propriamente dito, leciona o professor que: "a busca da sustentabilidade é um direito e encontrá-la é um dever constitucional inalienável e intangível de reconhecimento da liberdade de cada cidadão, nesse status, no processo da estipulação intersubjetiva do conteúdo dos direitos e deveres fundamentais do conjunto da sociedade, sempre que viável diretamente".[4]

Com relação especificamente à sustentabilidade no âmbito do direito tributário, a doutrina vem procurando desenvolver a ideia de uma relação de equilíbrio entre tributação e financiamento das atividades estatais.

André Foloni critica a metodologia tradicional do estudo do direito tributário, que, baseada em uma ótica puramente normativo-cientificista, não se ocupa de outras dimensões do fenômeno jurídico, especialmente com os efeitos das condutas e normas. O destino da tributação e a proteção dos direitos fundamentais; a função extrafiscal do tributo e sua função diretiva sobre as condutas sociais para a consecução de finalidades; e a orientação metodológica para a tomada de decisões diante de um mundo cada vez mais complexo são alguns dos temas abordados pelo professor paranaense.[5] Érico Hack, por sua vez, compreende a sustentabilidade no direito tributário como uma possibilidade de controle sobre as funções fiscais e extrafiscais dos tributos, de modo que a tributação "sem finalidade", na prática, gera um sistema tributário insustentável.[6] Demetrius Nichele Macei reputa sustentável o tributo aceito como legítimo pela sociedade, arrecadado a partir da observância de uma moral tributária por parte do Estado, sem a qual induz-se a própria imoralidade tributária do contribuinte.[7]

---

[3] FREITAS, Juarez. *Sustentabilidade*: direito ao futuro. Belo Horizonte: Fórum, 2012.
[4] FREITAS, Juarez. *Sustentabilidade*, 2012, op. cit.
[5] FOLONI, André. Direitos fundamentais, dignidade e sustentabilidade no constitucionalismo contemporâneo: e o direito tributário com isso? In: ÁVILA, Humberto (Org.). *Fundamentos do direito tributário*. São Paulo: Marcial Pons, 2012.
[6] HACK, Érico. *A sustentabilidade da tributação e a finalidade do tributo*. Disponível em: <www.unifae.br/publicacoes/pdf/IIseminario/pdf>. Acesso em: 10 out. 2014.
[7] MACEI, Demetrius Nichele. Tributação, moralidade e sustentabilidade. In: CONGRESSO INTERNACIONAL DE DIREITO, DEMOCRACIA E INCLUSÃO, I, 2012. *Anais...* Paraná: Universitas e Direito, 2012. Disponível em: <www2.pucpr.br/reol/index.php/universitas>. Acesso em: 10 out. 2014.

O objetivo do presente estudo não será definir a sustentabilidade ou mesmo encontrar a melhor forma de ajustar essa ideia ao direito ou ao direito tributário. Mas, muito pelo contrário, a partir da própria indefinição ínsita à ideia de sustentabilidade, procuraremos abordar as sete virtudes de um sistema tributário sustentável e os sete pecados de um sistema tributário insustentável. Note-se que a sustentabilidade aqui referida não é necessariamente a sustentabilidade ambiental, mas a sustentabilidade do sistema tributário propriamente dito, assim compreendida a capacidade do sistema de retirar recursos da sociedade, com respeito a direitos individuais, para revertê-los em proveito do bem individual e coletivo.

Cada uma dessas virtudes e dos correspondentes pecados são temas amplos o suficiente para merecerem profundas incursões e extensas digressões. Mas, neste trabalho, nos limitaremos a abordar os aspectos gerais de cada um desses temas e destacar alguns pontos como convite à reflexão.

2. As sete virtudes e os sete pecados do sistema tributário

2.1 A legitimidade e a injustiça

Uma das virtudes de um sistema tributário sustentável é a sua legitimidade, assim compreendida a aceitação desse sistema pelos contribuintes. O que é uma tributação justa que a sociedade pode e deve suportar talvez seja uma das questões centrais para definição de um *sistema tributário* que se ocupe de sua sustentabilidade.

No entanto, lamentamos que no Brasil essa seja uma discussão praticamente inexistente nas obras de direito tributário, que, salvo honrosas exceções, ainda estão totalmente voltadas ao tecnicismo de funcionamento do sistema tributário e muito pouco preocupadas com aspectos jusfilosóficos de sua legitimação.

Não deixa de ser curioso que ao lançar no *Google* como critério de pesquisa as palavras-chave "legitimidade" e "direito tributário", os primeiros resultados verificados, relativos aos sites mais visualizados, digam respeito à questão processual da "legitimidade ativa para se pleitear o indébito tributário". Essa é uma constatação bastante reveladora, pois demonstra os efeitos deletérios que decorrem da pouca preocupação com a questão fundamental da legitimidade da tributação: a necessidade constante de ter que se ocupar com a recuperação do que é pago indevidamente.

Como acentua Klaus Vogel, a questão em torno da legitimidade da tributação é uma daquelas questões recorrentes, que precisam ser sempre postas, de modo que se esteja constantemente na busca de sua resposta.[8]

A questão da legitimidade do sistema tributário é um dos desafios históricos da tributação. São conhecidas as revoltas fiscais que estão no centro dos grandes momentos de construção e afirmação de cidadania ao longo da história, de que são grandes exemplos a Magna Carta inglesa, a Independência dos Estados Unidos e até mesmo, entre nós, a Inconfidência Mineira.

Na filosofia moderna, os contratualistas como Hobbes e Locke associam a legitimidade da tributação à legitimidade do Estado, com a superação do estado de natureza e a necessidade de se angariar recursos para manutenção do poder coercitivo e fiscalizador do Estado liberal.

Já a filosofia contemporânea tem de lidar com questões muito mais complexas em torno da tributação para sustentar um Estado pós-liberal com muito mais funções e sensivelmente mais custoso. Daí o embate entre os diferentes matizes da filosofia política entre socialistas, liberais-democratas, liberais-igualitários e até mesmo entre libertários em torno da justificativa — existente ou até mesmo inexistente — da tributação, das dimensões do Estado — Estado Mínimo ou Estado Providência — e das bases e limites para a tributação — tributação da renda, do consumo e do patrimônio; baixa, média ou alta pressão fiscal.

Do ponto de vista jurídico, a Constituição de 1988 consagra (i) um rol de direitos e garantias individuais a serem protegidos; (ii) uma lista considerável de direitos sociais e bens públicos a serem providos; e (iii) uma série de políticas públicas redistributivas a serem implementadas.

Sob o prisma da legitimação constitucional, parece claro que o sistema tributário nacional se infirma, originalmente, para a proteção e a promoção de direitos e, portanto, não pode ser subvertido de modo que os efeitos se voltem contra essas causas. Vale dizer, a tributação se justifica — tem por causa — a tutela dos direitos pelo poder público, de modo que os tributos — os efeitos — não devem subjugar os próprios direitos a serem preservados. Dito diretamente: os tributos devem salvaguardar direitos e não violar direitos. Não deve haver, portanto, um dilema entre a preservação dos interesses do fisco e a proteção dos direitos do contribuinte. Só é possível se cogitar de uma pretensão fiscal legítima quando respeitados os direitos fundamentais dos contribuintes.

---

[8] VOGEL, Klaus. Justification for taxation: a forgotten question. *The American Journal of Jurisprudence*, v. 33, n. 1, p. 19-59, 1988.

No entanto, a cidadania fiscal no país ainda está longe de uma concretização em patamares sustentáveis. O sistema tributário nacional ainda padece de graves vícios de ilegitimidade que conduzem a uma situação de crescente insustentabilidade fiscal.

O primeiro e mais basilar princípio da liberdade fiscal, o da legalidade tributária, que pressupõe o "consentimento fiscal", o autogoverno e a democracia pluralista,[9] é quase que diariamente subjugado, pelo que se vem denominando de "presidencialismo imperial" existente no Brasil.[10] Há tempos que não se tem no plano federal uma verdadeira lei tributária, proposta, discutida, votada, emendada e promulgada seguindo-se o devido processo legislativo ordinário. A partir de uma interpretação leniente do art. 62 da Constituição Federal, parece que todas as matérias fiscais votadas pelo Congresso Nacional são relevantes e urgentes, a ponto de poderem ser veiculadas por medida provisória e convertidas em lei no prazo de urgência constitucional. Da legislação que financia a seguridade social, como o PIS e a Cofins, à tributação dos lucros no exterior das empresas, poucas são as matérias relevantes que são submetidas ao processo legislativo ordinário que é o mais apropriado para uma efetiva e consciente deliberação sobre o que está sendo votado no parlamento. Isso explica a facilidade com que se modifica a legislação tributária no país, ainda que seja para se satisfazer caprichos de última hora da burocracia administrativa ou para se atender a interesses tópicos de grupos que, mesmo não sendo majoritários, estão super-representados no Congresso Nacional.

No plano estadual e municipal é frequente a delegação aberta, genérica e incondicionada para disciplinar questões tributárias do Poder Legislativo para o Poder Executivo. Não negamos o alto tecnicismo e a crescente especialização da matéria tributária, que inviabiliza que muitas questões sejam efetivamente deliberadas no parlamento. No entanto, em determinados casos, o que se vê não são delegações pontuais relativas à reserva técnica própria da administração tributária, mas verdadeiras "renúncias legislativas". Essa prática poderia ser evitada com a mitigação da crise de representatividade do Poder Legislativo por meio de uma assessoria parlamentar mais especializada em questões tributárias e por meio da interação com órgãos de classe e entidades especializadas em matéria tributária, que não são poucos nem passivos. Isso evitaria a consagra-

---

[9] RIBEIRO, Ricardo Lodi. *A segurança jurídica do contribuinte (legalidade, não surpresa e proteção à confiança legítima)*. Rio de Janeiro: Lumen Juris, 2008.
[10] BARROSO, Luís Roberto. *A reforma política*: uma proposta de sistema de governo, eleitoral e partidário para o Brasil. Disponível em: <http://disciplinas.stoa.usp.br/pluginfile.php/>. Acesso em: 10 out. 2014.

ção do denominado princípio da "comodidade tributária", em que a legislação tributária é em grande parte desenvolvida para atender os interesses e as necessidades dos técnicos da administração tributária, sem uma participação efetiva dos diretamente afetados por essas decisões: os contribuintes.

No âmbito do Poder Executivo, essa concretização da legitimação pelo procedimento e pela participação, inerentes à legalidade tributária, também poderia ser promovida com maior efetividade e transparência. Como sugerido pela CNI,[11] a submissão de minutas dos atos administrativos infralegais a consultas ou audiências públicas conferiria maior legitimidade à regulação tributária infralegal. Essa prática permitiria apontar inconsistências, vislumbrar dúvidas, verificar lacunas e permitir o aperfeiçoamento da legislação tributária. Seria possível antecipar, da fase da execução para a fase de planejamento, boa parte dos riscos e problemas da legislação. Dessa forma, se poderia evitar o conflito posterior por meio de debates prévios, abrindo-se espaço para o diálogo entre o fisco e o contribuinte. Hoje impera uma situação de monólogo das autoridades fiscais.

Por fim, o Poder Judiciário também precisa aperfeiçoar seus mecanismos para resolução de conflitos tributários. Sunstein e Vermule já alertaram para os problemas interpretativos que não decorrem da definição de métodos e da construção de teorias jurídicas, mas sim da capacidade institucional dos intérpretes.[12]

A prática do direito tributário requer um conhecimento altamente especializado. A legislação é bastante extensa, específica e detalhada. Muitas vezes sua interpretação demanda conhecimentos de outras áreas não jurídicas, tendo em vista a referência a conceitos contábeis, econômicos, financeiros e regulatórios. Juízes de carreira geralmente não possuem esse tipo de formação. Não se pretende aqui fazer qualquer crítica ou desmerecer a atuação dos magistrados. Mas, muito pelo contrário, trata-se de uma simples constatação da realidade. Esse conhecimento técnico específico simplesmente não é ensinado na maior parte das Faculdades de Direito, nem é cobrado e avaliado nas provas de concurso público para ingresso na magistratura.

---

[11] Ver o relatório intitulado "Relação entre o fisco e os contribuintes: propostas para reduzir a complexidade tributária", apresentado aos candidatos à Presidência da República do Brasil nas eleições de 2014. Disponível em: <http://arquivos.portaldaindustria.com.br/>. Acesso em: 31 jul. 2014.
[12] SUNSTEIN, Cass; VERMULE, Adrian. Interpretation and institutions. *Chicago Law & Economics, Olin Working Paper No. 156*; *U Chicago Public Law Research Paper No. 28*. Disponível em: <http://papers.ssrn.com/>. Acesso em: 10 out. 2014.

Normalmente, a formação dos juízes se concentra em uma visão ampla sobre os vários ramos do direito (civil, penal, processual, comercial, dentre outros). Boa parte dos advogados tributaristas, dos fiscais, dos procuradores da Fazenda, dos consultores, dos contadores e dos outros profissionais que lidam diariamente com questões tributárias para atender a demandas do fisco e do contribuinte acaba por desenvolver esse conhecimento específico para poder atender as tarefas rotineiras de apuração e recolhimento de tributos. Resta aos juízes, então, nem sempre com uma formação especializada em direito tributário, a desafiadora tarefa de decidir justamente aqueles "casos difíceis", em que se manifesta o conflito de interesses entre fisco e contribuinte. Mais uma vez, não há aqui qualquer tom de censura com relação a esses profissionais, que constantemente se desdobram para alcançar o nível de especialização necessário para decisão desses casos especiais, que não é exigido para a resolução do universo de casos com que lidam ordinariamente. No entanto, por vezes, a realidade das discussões de direito tributário no Poder Judiciário pode se assemelhar à realização de uma neurocirurgia por um cardiologista. Por melhor, mais preparado e especializado que seja o profissional, ele simplesmente não é um especialista na matéria e não detém a melhor capacidade técnica para decidir a questão.

Assim, a questão da capacidade institucional do Poder Judiciário para decidir questões tributárias deve sim ser uma preocupação quando se trata de refletir sobre a legitimidade no que tange à resolução de conflitos fiscais. Muito se fala da capacidade institucional dos julgadores administrativos, mas a Constituição Federal garante ao contribuinte a revisão judicial dos atos da administração fiscal por juízes independentes e imparciais. Outros ramos do direito com relativo grau de especialização, como o direito eleitoral e o direito do trabalho, possuem tribunais e juízes especializados, que detém competência exclusiva para julgamento dessas causas. A criação de Varas de Fazenda Pública e de Câmaras Especializadas nos tribunais podem ser medidas administrativas bastante recomendáveis, que serão tanto mais eficazes quanto mais demandarem conhecimento especializado sobre questões tributárias dos magistrados que as integram.

Todavia, enquanto não se estruturar o Poder Judiciário a ponto de se criar uma instituição próxima a uma justiça fiscal, restará inócua e bastante distanciada da realidade prática, por falta de capacidade institucional, boa parte das profundas discussões teóricas sobre a justiça fiscal.

2.2 A racionalidade e o caos

A segunda virtude de um sistema tributário é a sua racionalidade, assim entendida a estruturação do sistema que permita ao contribuinte, de maneira inteligível e lógica, responder às seguintes questões essenciais:

(i) Que tributo devo pagar?
(ii) A quem devo pagar?
(iii) Quem deve pagar?
(iv) Quanto devo pagar?
(v) Quando devo pagar?
(vi) Onde devo pagar?

No entanto, as respostas a essas simples perguntas de rotina fiscal no Brasil não raro se convertem na resolução de enigmas. É muito comum, na prática tributária brasileira, que sejam consumidas páginas e páginas de memorandos, com análise de legislação e de jurisprudência, não para se dar uma resposta, mas uma mera estimativa ao contribuinte de quais as melhores chances de êxito que ele possui em uma eventual disputa para adotar uma determinada medida fiscal em detrimento de outra.

É fato que a interpretação da legislação tributária, assim como qualquer interpretação jurídica, envolve sempre uma margem de incerteza, tanto mais em uma sociedade marcada pelo risco. No entanto, quando esse nível de incerteza ultrapassa um determinado grau de tolerabilidade, a insegurança jurídica chega às raias do caos tributário. É esse o ponto em que se situa o direito tributário brasileiro atualmente.

Todavia, até mesmo o caos parece ter sua lógica, ou melhor, sua explicação. Boa parte desse caos está situada na discriminação de competências tributárias dos entes federativos. Embora pudesse fazer sentido, quando foi instituída em meados da década de 1960, a adaptação de um tributo sobre valor agregado para um sistema federativo, com a divisão de competências federativas a partir da materialidade tributável (produtos industrializados, operação de circulação de mercadorias e prestação de serviços), atualmente, essa repartição suscita inúmeros conflitos sobre qual tributo é aplicável a uma determinada atividade econômica. O desenvolvimento tecnológico formidável dos últimos anos, notadamente na economia digital, tem tornado cada vez mais difícil e etérea a distinção entre serviços e mercadorias.

Essa confusão ainda se tornou maior quando se integraram ao ICMS impostos únicos federais e se expandiram as contribuições sociais sobre receitas como a grande base de arrecadação federal. Com isso, o sistema tributário perdeu em racionalidade e parece que só a unificação desses tributos em um tributo único e verdadeiramente não cumulativo sobre o consumo será capaz de minimizar esses conflitos. O grande desafio é como resolver essa unificação dentro do sistema federativo sem a redução da autonomia financeira e fiscal de cada ente.

Do mesmo modo, o conflito de competências entre estados sobre a arrecadação do ICMS na importação e a definição pelos municípios do local de recolhimento do ISS parece conduzir o sistema a conflitos permanentes. Por mais que se defina um critério aplicável para se dirimir esses conflitos — o "importador jurídico", no caso do ICMS, e o "estabelecimento do prestador", no caso do ISS —, esses próprios critérios são abertos e sujeitos a controvérsia no momento de aplicação no caso concreto. Daí já ter se considerado "estabelecimento importador" aquele que formalmente efetua a importação, aquele que tem as condições financeiras de promover a importação e até aquele que será o destinatário econômico do bem. Por esse mesmo raciocínio, podem ser controversos os níveis de organização, de presença e de materialidade necessários para se caracterizar um determinado local como o "estabelecimento" do prestador de serviços para definição do município ao qual deve ser recolhido o imposto.

Todas essas incertezas conduzem ao caos tributário na ausência de um postulado essencial ao sistema jurídico, mas ainda pouco estudado no Brasil: a coerência. Muito se fala, no Brasil, sobre a teoria dos princípios de Dworkin, da distinção dessa espécie normativa em relação às regras. Todavia, curiosamente, é pouco difundido no país um dos pontos principais da teoria do jusfilósofo anglo-saxão, que reside na visão do "direito como integridade", a demandar uma especial atenção à coerência na interpretação jurídica.[13] A discussão da metodologia pós-positivista na doutrina nacional parece ter se impressionado tanto com a dimensão criativa da decisão judicial, a possibilidade de efetividade dos princípios e a flexibilidade da ponderação, que se descuidou de um vetor central como a coerência, que é o atributo capaz de conferir a própria sistematicidade do sistema.

A coerência legislativa impede o legislador de criar definições e tratamentos jurídicos arbitrários, que conduzam a uma falta de uniformidade conceitual e a uma diversidade de parâmetros no que toca ao desenho de regimes jurídicos e à produção de efeitos legais. Assim, não pode a lei desnaturar o conceito constitucional de receita e faturamento, baralhan-

---

[13] DWORKIN, Ronald. *Law's empire*. Cambridge: Harvard Press, 1986.

do fundamentos para tributar conforme a conveniência do governante de plantão. Igualmente, não é possível cogitar de diferentes "princípios" da não cumulatividade, cada qual construído pelo legislador a seu modo, sem que se respeite um núcleo duro e mínimo de sentido, no que tange à impossibilidade de se gerar um efeito em cascata da tributação, com a incidência do tributo sobre ele mesmo.[14]

Por sua vez, a coerência da administração tributária se manifesta na uniformização do seu entendimento, não se justificando que (i) em plena era da informática, ainda se admitam orientações fiscais contraditórias por parte do fisco; (ii) sejam criados regimes especiais tributários que permitam uma concorrência fiscal predatória; e (iii) seja possível uma resistência frontal à lei, ao cumprimento de decisões judiciais e à própria observância da jurisprudência em casos paradigmas, como se cada discussão do contribuinte com o fisco fosse atomizada e não tratada de forma macroscópica.

No Poder Judiciário, a coerência jurisprudencial se dá, sobretudo, pelo respeito à autoridade dos precedentes. Como sagazmente observa Schauer, os precedentes não são respeitados porque estão necessariamente corretos ou mesmo porque se crê na sua correção, mas porque são precedentes.[15] Isso não significa a impossibilidade de alteração de precedentes (*judicial overruling*) ou de se afastar deles (*distinguishing*), mas de uma necessária consideração do precedente, de modo que ele seja levado a sério. Aliás, de modo que ele seja um precedente da "corte e não da coorte",[16] não podendo a mera alteração da composição do órgão julgador impor rupturas na coerência decisória de tal sorte que cada novo juiz que ingresse no tribunal possa fazer tábula rasa do que foi decidido até então. Não se "inauguram" precedentes como se fossem obras da nova administração. Essa quebra na coerência do histórico de decisões não deixa de ser uma ruptura na racionalidade decisória, que abre caminho para um pernicioso decisionismo, ainda que motivado pela louvável intenção de se chegar sempre à melhor resposta. Em nome da coerência, muitas vezes a melhor resposta é não a mais elaborada, ou a mais correta, mas simplesmente aquela que se espera ouvir.

---

[14] ÁVILA, Humberto Bergmann. *Teoria da igualdade tributária*. São Paulo: Malheiros, 2008.
[15] SCHAUER, Frederick. *Thinking like a lawyer*: a new introduction to legal reasoning. Cambridge: Harvard University Press, 2009.
[16] CRAMER, Ronaldo. *A jurisprudência é da corte e não da coorte*. Disponível em: <www.oabrj.org.br/artigo/4131-a-jurisprudencia-e-da-corte-e-nao-da-coorte---ronaldo-cramer>. Acesso em: 5 nov. 2014. Para a melhor compreensão do trocadilho, vale ressaltar que coorte significa um grupo de pessoas em um determinado evento.

Ainda dentro da ótica da coerência judicial, a modulação dos efeitos das decisões judiciais pode se revelar um poderoso instrumento da preservação da coerência, sobretudo quando vinculada à tutela da segurança jurídica. No entanto, se utilizada apenas com base nas razões de Estado ou econômicas, ainda que mais ou menos justificáveis, ela passa a ser uma espécie de balança utilitária para o sacrifício de direitos individuais. E, nesse caminho, cria-se um paradoxo que conduz à insustentabilidade do sistema tributário, pois quanto maiores e mais flagrantes forem a invalidade da lei e os efeitos econômicos gerados pela decretação de sua invalidade, tanto maiores serão os motivos para a modulação e sua convalidação. No limite, chega-se ao absurdo apontado por Humberto Ávila no sentido de que, quanto mais inconstitucional for uma lei, mais constitucional ela será.[17]

2.3 A simplicidade e a complexidade

Já houve quem dissesse que um dos problemas mais complexos do sistema tributário é a sua simplificação. A aspiração a um sistema tributário ideal passa pela facilidade com que os tributos sejam calculados e recolhidos pelos cidadãos e administrados pelo poder público. Não há aí novidade alguma. Adam Smith já sustentava desde o século XVIII que os tributos deveriam ser cobrados com tal certeza que "o imposto que cada indivíduo é obrigado a pagar deve ser fixo e não arbitrário. A data de recolhimento, a forma de recolhimento, a soma a pagar devem ser claras e evidentes para o contribuinte e para qualquer outra pessoa".[18] Mas, se essa é uma ideia já tão difundida, por que, em pleno século XXI, uma empresa de médio porte no Brasil leva 2.600 horas dedicadas ao cumprimento de obrigações fiscais?[19]

Essa deveria ser uma das principais preocupações dos tributaristas brasileiros na construção de um sistema tributário sustentável: a simplificação do sistema. Mas, antes de se refletir sobre essa ideia, é necessário meditar sobre as causas da complexidade. E, até de forma prévia a essa questão, é preciso definir o que seja a complexidade tributária.

---

[17] ÁVILA, Humberto Bergmann. *Segurança jurídica*: entre permanência, mudança e realização no direito tributário. São Paulo: Malheiros, 2011.
[18] SMITH, Adam. *An inquiry into the nature and causes of the wealth of nations*. Londres: Charles Knight, 1878.
[19] Segundo dados da pesquisa Paying Taxes — 2013, divulgada pelo Banco Mundial e pela empresa de auditoria Price Waterhouse Coopers. Maiores informações disponíveis na internet em: <www.pwc.pt/pt/press-releases/2012/paying-taxes-21-11-2012.jhtml>. Acesso em: 4 out. 2014.

Essa, evidentemente, não é das tarefas mais fáceis. No entanto, é curioso notar como, embora existam diversos trabalhos dedicados à reforma tributária e à simplificação do sistema tributário no Brasil, existem poucos estudos focados justamente na complexidade tributária. Essa não é a realidade na doutrina estrangeira. Embora, invariavelmente, os sistemas tributários sejam rotulados de "complexos" e por toda parte haja clamores pela sua simplificação, o fato é que há estudos interessantes que têm por objeto justamente a complexidade tributária, suas causas e seus efeitos sobre a legislação tributária e não necessariamente sobre as mil e uma maneiras de se acabar com ela.

Esses trabalhos doutrinários sobre a complexidade costumam enfrentar a questão-chave do que é a complexidade tributária propriamente dita. É dizer que elementos qualificam um sistema tributário como um sistema complexo. Há vários índices de complexidade. Alguns, inclusive, utilizados internacionalmente para se comparar diferentes sistemas tributários, como é o caso do índice adotado pelo estudo *Paying taxes* do Banco Mundial e da PwC sobre a quantidade de horas que uma empresa média precisa despender para poder cumprir suas obrigações tributárias.[20] Frise-se que não se trata do tempo que a empresa leva para gerar recursos para poder *pagar* os tributos que *deve*, mas do tempo consumido apenas para *apurar, registrar e arrecadar* esses tributos.

É possível se verificar a complexidade a partir de diversos fatores como: (i) o número de espécies tributárias, (ii) a quantidade e extensão dos atos normativos tributários, (iii) a redação e compreensão desses atos normativos, (iv) a definição das finalidades e políticas fiscais; (v) o esforço que deve ser desenvolvido para cumprimento da legislação fiscal; (vi) os dispêndios com assessores e empregados para a administração de contingências fiscais; e (vii) o valor dessas contingências fiscais.

Não obstante, por meio de um esforço para simplificação, bem oportuno em se tratando desse tema, é possível classificar os problemas de complexidade tributária em três tipos: (i) complicação; (ii) aplicabilidade; e (iii) coerência.[21]

---

[20] Há quem, inclusive, questione a metodologia adotada por esses estudos entendendo que ela pode omitir dados importantes sobre a complexidade tributária. EVANS, Chris; TRAN-NAM, Binh. Towards the development of a tax system complexity index. *UNSW Australian School of Business Research Paper n. 2013*. 23 jan. 2013. Disponível em: <http://ssrn.com/abstract=2216322>. Acesso em: 30 out. 2014.

[21] PAUL, Deborah L. The sources of tax complexity: how much simplicity can fundamental tax reform achieve? *North Carolina Law Review*, v. 76, p. 151-221, 1997-1998.

Os problemas de complicação dizem respeito à existência de numerosas e diversificadas fontes do direito tributário. Isto é, um tributo complicado é aquele que está regulado por um número muito extenso e detalhado de normas.

A aplicabilidade diz respeito à dificuldade verificada no que diz respeito à aplicação das normas tributárias. As dificuldades relacionadas à aplicabilidade são tanto maiores quanto mais difícil for a aplicação de conceitos adotados pela legislação tributária. Nesse sentido, o conceito de "renda" é um conceito complexo, uma vez que o momento e o grau de concretização do aumento patrimonial mensurado nem sempre são claros e evidentes.[22] Conceitos claros que produzem poucos casos na zona cinzenta de incerteza são conceitos de fácil aplicabilidade. Já conceitos mais elaborados, cuja aplicação dá margem a distinções mais sutis, tornam a legislação tributária mais complexa.

A coerência depende do grau em que os fins da legislação estão expressos e são perseguidos pelas autoridades fiscais pelos meios próprios. Finalidades distintas e contraditórias tornam o sistema tributário incoerente e complexo.

É certo, porém, que os tipos de complexidade se distinguem das causas da complexidade.

Um primeiro vetor que leva à complexidade é a própria busca por uma tributação mais justa e equitativa (o "problema da equidade"). As leis tributárias partem de modelos generalistas e abstratos de tributação (*v.g.*, "renda"), mas precisam se acomodar a situações jurídico-econômicas distintas dos contribuintes (*v.g.*, diferenciar contribuintes com fontes de renda distintas como salário, comércio, pensões, venda de bens próprios). Essa busca de acomodar diferenças gera tensões entre a denominada "igualdade geral" ("todos devem ser tratados de maneira igual") e a igualdade particular ("os diferentes devem ser tratados de maneira desigual").

Uma segunda causa da complexidade reside na busca justamente de se reduzirem as incertezas. Conceitos muito abertos e indefinidos são regulados ou decididos para se buscar sua maior concretização. Ocorre que essas definições de conceitos gerais produzem, elas próprias, outras dúvidas e incertezas, em um círculo vicioso. É o que frequentemente se verifica nas normas antielisivas gerais ou específicas, que são concebidas para se evitar comportamentos fiscais tidos por inadequados ou abusivos, por parte do legislador, mas elas próprias podem padecer de problemas de super ou

---

[22] QUEIROZ, Luís Cesar de Souza. *Imposto sobre a renda*: requisitos para uma tributação constitucional. Rio de Janeiro: Forense, 2003.

subabrangência, aplicando-se a mais ou menos casos do que aqueles que pretendiam alcançar.

Em terceiro lugar, a existência de grupos de interesses bem organizados, as relações de poder entre os Poderes Executivo, Legislativo e Judiciário e uma especial cultura jurídica da complexidade contribuem para tornar o direito tributário mais complexo. Os grupos bem organizados são capazes de estruturar a legislação de modo a serem criados exceções e regimes legais próprios que atendam interesses muito específicos, criando um regime tributário das exceções. Já no que toca às relações entre os Poderes, uma regulação mais complexa aumenta o poder de decisão e a margem de manobra do Poder Executivo no que tange à aplicação da lei tributária. No entanto, a reação a essa expansão do Poder Executivo é um sem-número de conflitos judiciais no Poder Judiciário para resolver os conflitos entre o fisco e os contribuintes. Por fim, a cultura dos profissionais do direito não é, definitivamente, dirigida à simplificação. No Brasil de tradição acadêmica ibérica muitas vezes se confunde complexidade com erudição.

O ponto é que, independentemente dos tipos e das causas da complexidade, a hipercomplexidade de um sistema tributário como o brasileiro acaba tornando-o insustentável. A simplicidade, nesse sentido, deveria começar pela redução do número de tributos, com a unificação e a racionalização do sistema tributário.

2.4 O equilíbrio e a desigualdade

A quarta virtude a ser atingida em um sistema sustentável é o equilíbrio fiscal que permite o alcance das finalidades públicas estatais. Como é curial, o Estado só consegue se sustentar por meio de uma arrecadação de receitas que supere as despesas existentes. Caso contrário, o nível de endividamento gera consequências adversas que, em última análise, podem minar a capacidade do Estado de cumprir seus desígnios constitucionais. No entanto, esse equilíbrio fiscal entre receita e despesa não pode ser obtido por meio de um sacrifício patrimonial excessivo por parte do contribuinte. O equilíbrio fiscal, assim, também deve se manifestar na forma e no limite da tributação. A busca incessante por um aumento da arrecadação, quando desacompanhado de uma política de controle de despesas por parte do Estado, apenas retira recursos da sociedade e não gera o pretendido retorno ou benefício público. O desequilíbrio, nesse ponto, pode acarretar, em última análise, um desestímulo à produção e ao investimento privado, como será visto adiante, no próximo tópico.

Com relação ao equilíbrio de que se cuida neste tópico, estamos nos referindo a uma repartição da carga tributária de forma equânime na sociedade.

O primeiro princípio a ser atendido nesse contexto é o da *generalidade* em que, como regra geral, todos devem contribuir para o financiamento do Estado. Esse é um princípio basilar da justa e igual repartição do custo do Estado pelos cidadãos. Como defende James Buchanan, deve haver um princípio constitucional de imposição da generalidade tributária. Caso contrário, as maiorias tendem a impor tributos mais elevados sobre minorias.[23] Frise-se que, ainda mais preocupante, as ditas "maiorias" não são necessariamente numéricas. Na verdade, essa quebra da equidade fiscal pode se dar, como apontado anteriormente, por grupos super-representados no parlamento, capazes de fazer valer seus interesses por meio de uma atuação destacada, em detrimento de outros grupos sociais mais expressivos numericamente, mas com menor poder de barganha política.

Se a tributação deve observar o princípio da generalidade, por coerência, esse também deve ser o princípio aplicado às desonerações fiscais. As desonerações devem atender aos princípios da liberdade e da igualdade, de tal forma que o tributo não implique a violação de direitos fundamentais, nem a criação de discriminações e privilégios odiosos, com o que se desequilibra a regra geral da igualdade tributária.

Ao mesmo tempo que a Constituição de 1988 cria as imunidades fiscais como forma de proteção das liberdades,[24] no plano da legislação, a concessão de isenções, benefícios fiscais e regimes especiais diferenciados, infelizmente, nem sempre prima pelo equilíbrio e pelo respeito ao princípio da generalidade e da igualdade.

A rigor, quando a regra geral é a igualdade, a imposição de tratamentos diferenciados deveria vir justificada racionalmente por meio não só da apresentação de legítimas razões para desigualar (p. ex.: é justificável a concessão de benefícios fiscais para indústrias que se instalam em regiões mais remotas e menos desenvolvidas do país), mas também das razões da desigualdade (p. ex.: essa redução deve compensar os custos e estimular os investimentos adicionais necessários para o desenvolvimento industrial, mas não justifica reduções da tributação sobre operações outras não vinculadas a essas atividades).

---

[23] BUCHANAN, James. The political efficiency of general taxation. *National Tax Journal*, v. 46, n. 4, p. 401-410, dez. 1993.
[24] TORRES, Ricardo Lobo. *Tratado de direito constitucional financeiro e tributário*: os direitos humanos e a tributação: imunidades e isonomia. 3. ed. rev. e atual. até 31 de dezembro de 2003, data da Emenda Constitucional nº 42. Rio de Janeiro: Renovar, 2005. v. III.

No Brasil, infelizmente, quando muito, o que se fornece são razões para desigualar (p. ex.: tributação mais gravosa sobre determinadas atividades em função da extrafiscalidade do tributo), mas raramente ou quase nunca é apresentada, justificada e avaliada a razão para essa desigualdade (p. ex.: a função extrafiscal é atingida por meio da desigualdade promovida? A desequiparação é proporcional ao fim que se busca? Essa finalidade é autorizada constitucionalmente? A medida da desequiparação é razoável?).

Com isso, cria-se um regime tributário não dos princípios e de regra gerais, mas das exceções. A não cumulatividade do PIS e da Cofins talvez seja o retrato mais exemplar de como é possível desequilibrar-se o sistema e se criar regras quase que arbitrárias e aleatórias para o reconhecimento legal do crédito dessas contribuições, dissociados da igualdade, e, em alguns casos, com a visível intenção dirigida para atender a interesses específicos de algum grupo econômico mais influente.

2.5 A eficiência e o desperdício

A quinta virtude de um sistema tributário sustentável é a eficiência. Um sistema tributário que não valorize a eficiência acaba por comprometer todas as suas demais virtudes.

Um sistema tributário eficiente é aquele que consegue arrecadar a quantidade necessária de recursos para financiamento do Estado, da forma menos onerosa possível para a sociedade, com a maximização das finalidades públicas a serem promovidas. Da parte do setor privado, uma tributação eficiente é aquela em que se consegue transferir os recursos necessários e suficientes para o setor público com a menor intervenção possível sobre a propriedade e a liberdade dos cidadãos. Da parte do setor público, isso implica eficiência na arrecadação e no investimento dos recursos arrecadados.

No entanto, no Brasil, como bem acentua Alfredo Becker, citando inspirada passagem de Luigi Elaudi:

> A finalidade do ordenamento tributário não é a de fazer pagar o imposto com o máximo rendimento para o Estado e com o mínimo incômodo para os contribuintes. Um imposto não é "moderno", não participa dos tempos novos e nem da moda mundial, se não é engendrado de modo a fazer o contribuinte preencher grandes formulários; a fazê-lo correr, a cada momento, o risco de pagar alguma multa, tornando-lhe a vida infeliz com minuciosos aborrecimentos e com a pri-

vação da comodidade que não faz mal a ninguém e que ele procurou através de uma longa experiência.[25]

No âmbito do setor privado, calcula-se que cerca de 3,5% das receitas das empresas sejam gastos apenas com os custos de conformidade (*compliance costs*) para o cumprimento de obrigações tributárias acessórias.[26] Estimativas apontam que as empresas brasileiras gastaram cerca de R$ 111 bilhões só em 2012 para se defenderem no Poder Judiciário, e boa parte desse valor foi consumida em processos para discutir a validade das exigências feitas pelo fisco.[27] Segundo pesquisas recentes, um valor equivalente a 11% do PIB do país estaria em discussão em tributos na esfera administrativa e é razoável supor que um valor semelhante — senão superior — está *sub judice* na esfera judicial.[28]

As certidões de regularidade fiscal também se tornaram um poderoso instrumento por parte dos fiscos para compelir as empresas ao pagamento de tributos ou, ao menos, para a apresentação de garantias. A necessidade constante de renovação dessas certidões para a realização dos mais variados atos da rotina da atividade empresarial e mesmo para recebimento de valores do poder público de bens já vendidos e de serviços já prestados muitas vezes inviabiliza, na prática, o acesso à justiça e a discussão judicial da validade das exigências fiscais, sem a apresentação de garantias, com um elevado custo para o contribuinte.

Em suma, há um desperdício significativo de recursos por parte do setor privado, uma espécie de "tributo oculto" bastante significativo que consome uma considerável quantidade de recursos dos contribuintes apenas para que seja possível administrar sua relação com o fisco.

Do ponto de vista do setor público, nos últimos anos, verificou-se uma sucessiva quebra de recordes de arrecadação, mas sem que se conferisse a devida atenção ao controle do gasto público. O resultado foi um crescimento considerável das despesas públicas, com o inchaço da máquina estatal que não

---

[25] BECKER, Alfredo Augusto. *Carnaval tributário*. 2. ed. São Paulo: Lejus, 2004.
[26] Ver a reportagem do *Estado de S. Paulo* disponível em: <http://economia.estadao.com.br/noticias/geral,empresas-gastam-3-5-da-receita-para-apurar-impostos,171100e>. Acesso em: 12 maio 2014.
[27] EMPRESAS gastam 2% da receita na Justiça. *Valor Econômico*. Disponível em: <www.portalvalor.com.br/legislacao/3418308/empresas-gastam-2-da-receita-na-justica>. Acesso em: 10 maio 2014.
[28] APPY, Bernardo; MESSIAS, Lorraine. Litigiosidade tributária no Brasil, *O Estado de S. Paulo*. Disponível em: <www.estadao.com.br/noticias/impresso,litigiosidade-tributaria-no--brasil,1141652,0.htm>. Acesso em: 10 maio 2014.

veio acompanhado de uma melhora significativa na qualidade ou na eficiência do serviço público. Na verdade, a discussão sobre o controle e a eficiência do setor público ainda segue sendo uma realidade à parte, bastante diversa daquela verificada no setor privado em que o controle desses componentes é hoje tão ou ainda mais relevante do que a geração de receitas.

Ainda persiste no país uma equivocada mentalidade de inesgotabilidade dos recursos públicos que, por serem de todos, na prática, acabam não sendo de ninguém. As políticas de controle estão muito mais voltadas à acrítica observância de burocráticos procedimentos licitatórios do que a uma avaliação crítica de metas e resultados.[29] Enquanto o controle de legitimidade e de economicidade recair apenas na avaliação dos *inputs*, isto é, dos preços dos materiais e serviços adquiridos pelo poder público, sem uma periódica revisão dos *outputs* e *outcomes*, ou seja, dos resultados e das alterações e metas efetivamente cumpridas, obras com sobrepreço e serviços ineficientes continuarão a ser a realidade no Brasil.

Com relação especificamente ao direito tributário, a pouca atenção e a falta de escrutínio mais estrito (*strict scrutiny*) sobre a dimensão finalística das contribuições especiais, notadamente das contribuições sobre o domínio econômico, representam um grande estímulo ao desperdício e à ineficiência.[30] Não se atingem as finalidades que devem ser financiadas, contingenciam-se recursos e se deslegitima a própria tributação.

2.6 A harmonia e a odiosidade

A sustentabilidade do sistema tributário atinge a virtude da harmonia quando o sistema tributário consegue se relacionar e dialogar com outros sistemas tributários. Dentro dos diferentes graus de integração do direito a que se pode chegar, costuma-se distinguir entre os seguintes níveis:[31]
(i) Coordenação: minimização de diferenças normativas das disposições internas dos estados a partir de estratégias comuns para integração de mercados;

---

[29] BINENBOJM, Gustavo. *Reforma da Lei de Licitações*: poderia ser melhor. Disponível em: <www.cartaforense.com.br>. Acesso em: 10 out. 2014.
[30] DOMINGUES, José Marcos. *Direito tributário e meio ambiente*. 3. ed. Rio de Janeiro: Forense, 2007.
[31] RAYMUNDO, Lenice S. Moreira. A harmonização tributária na União Europeia: um estudo sobre a teoria da integração fiscal. *Revista da Farn*, Natal, v. 3, n. 1/2, 2004. Disponível em: <www.revistafarn.inf.br >. Acesso em: 10 out. 2014.

(ii) Harmonização: adequação das disposições fiscais de cada estado a critérios comuns que eliminam barreiras e tornam os sistemas fiscais compatíveis; e
(iii) Uniformização: tornar iguais as legislações fiscais, por meio da adoção das mesmas estruturas e até de cargas tributárias idênticas ou equivalentes.

O sistema tributário brasileiro, no plano da harmonização, já se coordenou com outros sistemas tributários, internalizando, no campo dos tributos sobre o consumo, a máxima de que um "país deve exportar produtos e não tributos", havendo praticamente abolido o imposto sobre exportações, assim como positivou no próprio texto constitucional a desoneração do IPI, ICMS, ISS e das contribuições sobre a receita de exportação. Com relação ao princípio que veda discriminações odiosas a partir de tributos internos, o país também goza de uma jurisprudência relativamente madura que vedou a criação de uma alíquota majorada de IPVA sobre veículos importados e que concedeu equiparação de tratamento fiscal, com base no Gatt, isentando de ICM produtos importados com similares nacionais desonerados do imposto (Súmulas nº 575 do STF[32] e nº 71 do STJ).[33]

Contudo, quando se trata de tributação internacional sobre a renda, no Brasil ainda se verifica um cenário hostil e extremamente avesso ao diálogo e à adoção das práticas de tributação internacional. Após adotar por muitos anos o princípio da territorialidade, tributando apenas a renda produzida em conexão com o território nacional, o Brasil passou, há 20 anos, a adotar o princípio da residência ou da tributação em bases universais (*world wide income*), mas não sem algumas inconsistências. A legislação brasileira de tributação na fonte é bastante *sui generis* e invariavelmente confunde fonte de pagamento com fonte de rendimento, ampliando o espectro desse imposto. Quando se trata de compatibilizar a regra de tributação na fonte com os tratados internacionais para evitar a dupla tributação, verifica-se uma celeuma que tem perdurado por décadas no que tange à discussão sobre a tributação da prestação de serviços por residente domiciliado no exterior, em país que tenha celebrado tratado com o Brasil.[34]

---

[32] "À mercadoria importada de país signatário do GATT, ou membro da Alalc, estende-se a isenção do imposto sobre circulação de mercadorias concedida a similar nacional."
[33] "O bacalhau importado de país signatário do GATT é isento do ICM."
[34] GALHARDO, Luciana Rosanova; ASSEIS, Pedro Augusto A. Abujamra. Novos apontamentos sobre a prestação de serviços técnicos puros e a aplicação das convenções para evitar a dupla tributação. *Revista Eletrônica de Direito Tributário da ABDF*, v. 4, n. 33, 2014. Disponível em: <www.abdf.com.br/pt/revista/artigo/1978>. Acesso em: 10 out. 2014.

Não obstante, a maior controvérsia dos últimos anos tem se dado em torno da chamada regra de Controlled Foreign Company (CFC) brasileira, que, na contramão da experiência internacional, busca uma tributação plena, imediata e irrestrita dos lucros auferidos por sociedades controladas e coligadas no exterior. A discussão teve início com a Lei nº 9.249/1995, se potencializou com a Medida Provisória nº 2.158/2001 e ainda se mantém sob a égide da Lei nº 12.973/2013. É uma discussão que se desenvolve juntamente com a expansão econômica das empresas brasileiras no exterior ou mesmo das empresas estrangeiras que investem no exterior por meio de suas bases no Brasil. A discussão chegou ao cúmulo de uma indefinição decisória no STF, em torno do conceito constitucional de renda, e se mantém especialmente ativa no que diz respeito à relação entre a singular regra CFC brasileira e o art. 7º dos tratados internacionais para evitar a dupla tributação celebrados pelo Brasil.

Todavia, é dentro da própria federação brasileira que se vive um período de extrema desarmonia fiscal conhecido por "guerra fiscal". Verifica-se um cenário de competição fiscal acirrada pelos estados, em torno da atração de capitais pela concessão de benefícios fiscais de ICMS que o STF tenta impedir no limite de sua capacidade institucional, valendo-se de uma legislação datada do auge do regime militar e pouco afeita ao pluralismo democrático e federativo.[35] O resultado atual é praticamente um Estado de anomia fiscal[36] em que todos os estados concedem benefícios fiscais sem o consentimento dos demais, mas procuram retaliar-se glosando os créditos do imposto nas operações destinadas a contribuintes localizados em seus territórios. No momento atual, sob a ameaça de uma proposta de súmula vinculante, os estados articulam-se para resolver os problemas dos benefícios concedidos no passado, por meio de uma convalidação retroativa. No entanto, essa medida, além de não resolver os problemas futuros, parece que só adiará as medidas realmente necessárias, que deveriam ser tomadas em relação ao presente. Trata-se da conhecida prática nacional de postergar o enfrentamento dos problemas para o ponto em que eles estiverem muito maiores e se mostrarem insustentáveis.

---

[35] BECHARA, Carlos Henrique Tranjan; CARVALHO, João Rafael L. Gândara de Carvalho. *Federalismo e tributação*: entre competição e cooperação. No prelo.
[36] FERRAZ JR., Tércio Sampaio. Unanimidade ou maioria nas deliberações do Confaz — considerações sobre o tema a partir do princípio federativo. *Fórum de Direito Tributário*, v. 59, p. 9-39, 2012.

2.7 A sinergia e o desestímulo

Quando o sistema tributário é dotado de legitimidade, racionalidade, equilíbrio, simplicidade, eficiência e harmonia, o resultado é uma sinergia que permite que a tributação atinja a tríade de objetivos comuns nos Estados fiscais contemporâneos: (i) o custeio da máquina estatal de forma a se proteger e promover direitos; (ii) a redistribuição de rendas de modo a se garantir um desenvolvimento econômico responsável socialmente, capaz de erradicar a pobreza e de assegurar um grau, ainda que mínimo, de proteção social aos menos favorecidos; e (iii) o estímulo a condutas que gerem externalidades positivas e o desestímulo àqueles comportamentos reprováveis.

No entanto, a injustiça, o caos, a desigualdade, a complexidade, o desperdício e a odiosidade conduzem inexoravelmente ao desestímulo e, por conseguinte, à insustentabilidade fiscal.

Em vez de participar de forma engajada da discussão sobre temas como o sistema tributário, o tamanho do Estado, os meios de arrecadação de recursos e a despesa pública, as forças produtivas se deslocam para o terreno do conflito, da elisão e, no limite, até mesmo da evasão tributária. Na prática, o sistema tributário vai sendo escamoteado e o tributo vai sendo ocultado, embutido nos preços, de modo que nem o mais atento e bem informado cidadão é capaz de dimensionar quanto paga de tributos, isto é, qual o "preço de sua liberdade". O risco que se corre é o do desestímulo econômico e o da irresponsabilidade fiscal, que colocam em xeque a própria ideia de cidadania, pois se não deve haver tributação, sem representação, o que existe sem cidadania fiscal é, na verdade, uma cidadania de papel.

3. Conclusão: sustentabilidade e simbiose

Oliver Wendell Holmes certa vez disse que gostava de pagar tributos, pois com eles comprava civilização ("*I like to pay taxes. With them, I buy civilization.*").

A relação entre tributo e civilização é estreita. Percebe-se o grau de estágio civilizatório de um povo por sua relação com a tributação. Muitas são as visões sobre o tributo, da concepção negativa, como uma punição "imposta" aos perdedores da guerra, à visão positiva da tributação ligada à própria raiz etimológica do vocábulo, que deriva da "contribuição" para a "tribo". Vai-se da barbárie à civilização com o tributo.

Nesse contexto, a ideia de uma tributação sustentável pressupõe esse equilíbrio entre o indivíduo e o meio em que ele vive, equiparável a uma relação de simbiose descrita pelos biólogos, em que a convivência harmônica entre duas espécies distintas de seres vivos permite vantagens para ambas. A existência de direitos prescinde de uma estrutura capaz de fazê-los valer. A existência dessa estrutura depende de tributos que a custeie. Logo, direitos e tributos andam lado a lado. A sustentabilidade está em permitir que eles se somem e se reproduzam e não que sejam levados à mútua exaustão e extinção.

REFERÊNCIAS

APPY, Bernardo; MESSIAS, Lorraine. Litigiosidade tributária no Brasil, *O Estado de S. Paulo*. Disponível em: <www.estadao.com.br/noticias/impresso,litigiosidade-tributaria--no-brasil,1141652,0.htm>. Acesso em: 10 maio 2014.

ÁVILA, Humberto Bergmann. *Teoria da igualdade tributária*. São Paulo: Malheiros, 2008.

____. *Segurança jurídica*: entre permanência, mudança e realização no direito tributário. São Paulo: Malheiros, 2011.

BARROSO, Luís Roberto. *A reforma política*: uma proposta de sistema de governo, eleitoral e partidário para o Brasil. Disponível em: <http://disciplinas.stoa.usp.br/pluginfile.php/>. Acesso em: 10 out. 2014.

BECHARA, Carlos Henrique Tranjan; CARVALHO, João Rafael L. Gândara de Carvalho. *Federalismo e tributação*: entre competição e cooperação. No prelo.

BECKER, Alfredo Augusto. *Carnaval tributário*. 2. ed. São Paulo: Lejus, 2004.

BINENBOJM, Gustavo. *Reforma da Lei de Licitações*: poderia ser melhor. Disponível em: <www.cartaforense.com.br>. Acesso em: 10 out. 2014.

BUCHANAN, James. The political efficiency of general taxation. *National Tax Journal*, v. 46, n. 4, p. 401-410, dez. 1993.

CONFEDERAÇÃO NACIONAL DA INDÚSTRIA. *Relação entre o fisco e os contribuintes*: propostas para reduzir a complexidade tributária. Brasília: CNI, 2014. Disponível em: <http://arquivos.portaldaindustria.com.br/app/conteudo_24/2014/07/22/470/V26_Relacaoentrefiscoecontribuintes_web.pdf>. Acesso em: 31 jul. 2014.

CRAMER, Ronaldo. *A jurisprudência é da corte e não da coorte*. Disponível em: <www.oabrj.org.br/artigo/4131-a-jurisprudencia-e-da-corte-e-nao-da-coorte---ronaldo-cramer>. Acesso em: 5 nov. 2014.

DE CARLI, Ana Alice. A sustentabilidade como pressuposto necessário ao desenvolvimento econômico. *Revista Vitas* — Visões Transdisciplinares sobre Ambiente e Sociedade, ano III, n. 7, ago. 2013. Disponível em: <www.uff.br/revistavitas>. Acesso em: 10 out. 2014.

DOMINGUES, José Marcos. *Direito tributário e meio ambiente*. 3. ed. Rio de Janeiro: Forense, 2007.

DWORKIN, Ronald. *Law's empire*. Cambridge: Harvard Press, 1986.

EMPRESAS gastam 2% da receita na Justiça. *Valor Econômico*. Disponível em: <www.portalvalor.com.br/legislacao/3418308/empresas-gastam-2-da-receita-na-justica>. Acesso em: 10 maio 2014.

EVANS, Chris; TRAN-NAM, Binh. Towards the development of a tax system complexity index. *UNSW Australian School of Business Research Paper n. 2013.* 23 jan. 2013. Disponível em: <http://ssrn.com/abstract=2216322>. Acesso em: 30 out. 2014.

FERRAZ JR., Tércio Sampaio. Unanimidade ou maioria nas deliberações do Confaz — considerações sobre o tema a partir do princípio federativo. *Fórum de Direito Tributário*, v. 59, p. 9-39, 2012.

FOLONI, André. Direitos fundamentais, dignidade e sustentabilidade no constitucionalismo contemporâneo: e o direito tributário com isso? In: ÁVILA, Humberto (Org.). *Fundamentos do direito tributário*. São Paulo: Marcial Pons, 2012.

FREITAS, Juarez. *Sustentabilidade*: direito ao futuro. Belo Horizonte: Fórum, 2012.

GALHARDO, Luciana Rosanova; ASSEIS, Pedro Augusto A. Abujamra. Novos apontamentos sobre a prestação de serviços técnicos puros e a aplicação das convenções para evitar a dupla tributação. *Revista Eletrônica de Direito Tributário da ABDF*, v. 4, n. 33, 2014. Disponível em: <www.abdf.com.br/pt/revista/artigo/1978>. Acesso em: 10 out. 2014.

HACK, Érico. *A sustentabilidade da tributação e a finalidade do tributo*. Disponível em: <www.unifae.br/publicacoes/pdf/IIseminario/pdf>. Acesso em: 1º out. 2014.

MACEI, Demetrius Nichele. Tributação, moralidade e sustentabilidade. In: CONGRESSO INTERNACIONAL DE DIREITO, DEMOCRACIA E INCLUSÃO, I, 2012. *Anais...* Paraná: Universitas e Direito, 2012. Disponível em: <www2.pucpr.br/reol/index.php/universitas>. Acesso em: 1º out. 2014.

PAUL, Deborah L. The sources of tax complexity: how much simplicity can fundamental tax reform achieve? *North Carolina Law Review*, v. 76, p. 151-221, 1997-1998.

QUEIROZ, Luís Cesar de Souza. *Imposto sobre a renda*: requisitos para uma tributação constitucional. Rio de Janeiro: Forense, 2003.

RAYMUNDO, Lenice S. Moreira. A harmonização tributária na União Europeia: um estudo sobre a teoria da integração fiscal. *Revista da Farn*, Natal, v. 3, n. 1/2, 2004. Disponível em: <www.revistafarn.inf.br >. Acesso em: 10 out. 2014.

RIBEIRO, Ricardo Lodi. *A segurança jurídica do contribuinte (legalidade, não surpresa e proteção à confiança legítima)*. Rio de Janeiro: Lumen Juris, 2008.

SCHAUER, Frederick. *Thinking like a lawyer*: a new introduction to legal reasoning. Cambridge: Harvard University Press, 2009.

SMITH, Adam. *An inquiry into the nature and causes of the wealth of nations*. Londres: Charles Knight, 1878.

SUNSTEIN, Cass; VERMULE, Adrian. Interpretation and institutions. *Chicago Law & Economics, Olin Working Paper No. 156; U Chicago Public Law Research Paper No. 28.* Disponível em: <http://papers.ssrn.com/>. Acesso em: 10 out. 2014.

TORRES, Ricardo Lobo. *Tratado de direito constitucional financeiro e tributário*: os direitos humanos e a tributação: imunidades e isonomia. 3. ed. rev. e atual. até 31 de dezembro de 2003, data da Emenda Constitucional nº 42. Rio de Janeiro: Renovar, 2005. v. III.

VOGEL, Klaus. Justification for taxation: a forgotten question. *The American Journal of Jurisprudence*, v. 33, n. 1, p. 19-59, 1988.

Instrumentos tributários para a sustentabilidade: uma análise comparativa da destinação do ICMS pelos estados segundo critérios ambientais

Melina Rocha Lukic[*]

1. Introdução

A tributação tem sido utilizada, por intermédio de diversos instrumentos, como um meio para a preservação do meio ambiente e alcance da sustentabilidade ambiental. Essa função se dá através do "emprego de instrumentos tributários para gerar recursos necessários à prestação de serviços públicos de natureza ambiental (…), bem como para orientar o comportamento dos contribuintes à proteção do meio ambiente".[1]

O objetivo do presente artigo é analisar a utilização do instrumento do ICMS Ecológico como meio para incentivar os municípios a adotarem condutas ambientalmente positivas. Para isso, analisaremos na primeira parte o contexto da tributação ambiental no Brasil, expondo brevemente os principais instrumentos utilizados atualmente no país com esse fim. Na segunda parte, analisaremos as legislações de ICMS Ecológico dos estados brasileiros que adotam esse critério de distribuição do tributo, procurando ressaltar suas particularidades e diferenças. Por fim, na terceira parte, abordaremos com mais detalhe a sistemática presente no estado do Rio de Janeiro, bem como discutiremos alguns resultados empíricos referentes à distribuição do ICMS Ecológico nesse estado.

---

[*] Professora de direito tributário da Escola de Direito da Fundação Getulio Vargas do Rio de Janeiro (FGV-Direito Rio). Pesquisadora do Centro de Pesquisas em Direito e Economia da FGV-Direito Rio. Doutora e mestre pela Université Sorbonne Nouvelle — Paris 3.
[1] COSTA, Regina Helena. Apontamentos sobre a tributação ambiental no Brasil. In: TÔRRES, Heleno Taveira (Org.). *Direito tributário ambiental*. São Paulo: Malheiros, 2005. p. 312.

2. Tributação como meio de alcance da sustentabilidade ambiental

A proteção do meio ambiente por intermédio da tributação pode se dar de diferentes formas. A primeira forma é através dos tributos verdes, nos quais se tributam "condutas poluidoras ou potencialmente poluidoras de forma que a oneração da atividade possa inibir a realização de tais práticas".[2] A tributação por meio de tributos verdes tem por fundamento o princípio do poluidor-pagador. Segundo Ricardo Lobo Torres, tal princípio "sinaliza no sentido de que os potenciais poluidores devem arcar com a responsabilidade pelo pagamento das despesas estatais relacionadas com a precaução e a prevenção de riscos ambientais".[3]

Ocorre que, no Brasil, tendo em vista o conceito de tributo previsto no art. 3º do CTN, a tributação não poderá ser utilizada com finalidade punitiva, como sanção a ato ilícito. Ou seja, se considerarmos que os tributos verdes, ao incidirem sobre condutas poluidoras, estariam tributando atos ilícitos, tal possibilidade não encontraria respaldo do ordenamento jurídico brasileiro, ao contrário do que ocorre em outros países. Com relação a esse tipo de tributação, atualmente tramita no Congresso Nacional o Projeto de Lei Complementar nº 73/2007,[4] propondo a criação de uma Cide incidente sobre as emissões de gases de efeito estufa, no modelo da *carbon tax*, para fins de se alcançar a "sustentabilidade ambiental e a mitigação do aquecimento global".[5] Tal projeto teve parecer pela rejeição no âmbito da Comissão de Meio Ambiente e Desenvolvimento Sustentável sob o fundamento de que

---

[2] LUKIC, Melina Rocha. Tributação e desenvolvimento sustentável no Brasil: possibilidades, instrumentos e limites. In: OLIVEIRA, Carina Costa de; SAMPAIO, Rômulo (Org.). *Instrumentos jurídicos para a implementação do desenvolvimento sustentável*. Rio de Janeiro: FGV Direito Rio, 2012. p. 99-114.

[3] TORRES, Ricardo Lobo. Valores e princípios no Direito Tributário ambiental. In TÔRRES, Heleno Taveira (Org.). *Direito tributário ambiental*. São Paulo: Malheiros, 2005. p. 27.

[4] Segundo o art. 4º do PL nº 73/2007, a "Cide por emissão de gases de efeito estufa tem como fato gerador a emissão ou geração de gases de efeito estufa durante o processo produtivo do bem, insumo, mercadoria ou serviço produzido, transformado, gerado, industrializado, confeccionado ou prestado, até sua disposição final ou exaurimento da utilidade intrínseca ao serviço". O art. 5º prevê que "A Cide por emissão de gases de efeito estufa será calculada em base a 0,5% (meio por cento) do preço final unitário de venda ao consumidor do bem, produto ou serviço sujeito à sua incidência, sem descontos, por tonelada métrica equivalente de gases de efeito estufa gerados ao longo do ciclo produtivo, por unidade de produto".

[5] Projeto de Lei Complementar nº 73/2007.

o setor produtivo brasileiro já depara, atualmente, com um custo ambiental inexistente em outros países, muitos destes obrigados a metas de redução de gases de efeito estufa ante o seu passivo ambiental, não se justificando, portanto, a imposição de novo tributo, com viés ambiental, ao setor produtivo nacional.[6]

Um segundo tipo de instrumento, muito mais utilizado no Brasil, é representado pela redução da tributação pela concessão de benefícios e incentivos fiscais. Conforme Lukic, "estes benefícios podem ser aplicados em quase todas as espécies tributárias e são traduzidos de diversas formas: redução de alíquota ou da base de cálculo, possibilidade de deduções, isenções, etc.".[7] Esses benefícios fiscais envolvendo questões ambientais têm por objetivo a redução da carga tributária mediante a desoneração de práticas ambientalmente sustentáveis. A legislação brasileira traz diversos exemplos de benefícios fiscais com essa finalidade.

No que tange aos impostos sobre a propriedade, tanto benefícios relativos ao IPTU quanto ao ITR e IPVA podem ser utilizados como instrumentos para incentivo de condutas ambientalmente positivas. Com relação ao IPTU, além da progressividade no tempo prevista no art. 182 §4º da CF/1988, a Emenda Constitucional nº 29/2000 trouxe a previsão da progressividade do IPTU em razão do valor do imóvel e em função da localização e do modo de utilização do mesmo. Nessa esteira, os municípios poderão estabelecer em suas legislações alíquotas diferenciadas para aqueles imóveis que promovam alguma forma de preservação ambiental. O município do Rio de Janeiro, por exemplo, concede isenção do IPTU para *terrenos e prédios de interesse ecológico ou relevantes para a preservação paisagística ou ambiental, declaradas pelo poder público como reservas florestais ou se tiverem certa área coberta por florestas*.[8] Já a legislação do ITR, além de estabelecer alíquotas progressivas em função do tamanho e do grau de utilização da terra, também exclui da sua incidência as áreas de reserva legal, de preservação permanente e de interesse ecológico, as "Reservas Particulares do Patrimônio Natural" e as áreas de servidão florestal.[9]

---

[6] Parecer da Comissão de Meio Ambiente e Desenvolvimento Sustentável, de 7 de dezembro de 2011, disponível em: <www.camara.gov.br/proposicoesWeb/prop_mostrarintegra;jsessionid=92118E6ECCCE65DFA4DCF88E37A599AF.proposicoesWeb2?codteor=948949&filename=Parecer-CMADS-08-12-2011>.
[7] LUKIC, Melina Rocha. "Tributação e desenvolvimento sustentável no Brasil: possibilidades, instrumentos e limites", 2012, op. cit., p. 99-114.
[8] Lei Municipal nº 691/1984 (Código Tributário Municipal do Rio de Janeiro).
[9] Lei Federal nº 9.393/1996.

No que diz respeito ao IPVA, o estado do Rio de Janeiro prevê alíquotas diferenciadas para o IPVA de veículos que utilizam combustíveis ou equipamentos renováveis.[10] Diversos outros estados já adotaram isenção desse imposto para veículos movidos a motor elétrico.[11]

Por fim, o estado do Rio de Janeiro ainda criou a contribuição de melhoria incidente sobre a valorização de imóvel decorrente de obra pública, nos casos de "arborização de ruas e praças, construção ou ampliação de parques, proteção contra erosão, aterros e outras obras de embelezamento, bem como de execução de projeto de tratamento paisagístico".[12] Nesse caso, os proprietários que têm o imóvel valorizado em decorrência dessas melhorias ambientais devem contribuir a título de contribuição de melhoria.

No que tange aos benefícios fiscais relativos aos impostos indiretos, no caso do ICMS (Imposto sobre Circulação de Mercadorias), o estado do Rio de Janeiro prevê uma redução de 18% para 12% das alíquotas incidentes sobre "operações com máquinas, aparelhos, equipamentos e veículos destinados à implantação, ampliação e modernização ou relocalização de unidades industriais ou agroindustriais e visem à defesa do meio ambiente".[13]

Com relação ao Imposto sobre Produtos Industrializados (IPI), o Decreto nº 755/1993 fixou as alíquotas incidentes sobre a industrialização de veículos movidos a álcool em patamares inferiores às alíquotas dos veículos movidos a gasolina, criando incentivos financeiros, portanto, à fabricação de veículos que utilizem um combustível menos poluente. Além disso, encontra-se em trâmite no Congresso Nacional o Projeto de Lei do Senado (PLS) nº 255/2010 que concede isenção de IPI para carros híbridos e elétricos, bem como para as peças e acessórios necessários para a sua fabricação. Também está em tramitação o PLS nº 510/2009 que propõe reduzir a zero a alíquota do IPI para empresas que realizam atividades de reciclagem.

Por fim, a legislação do Imposto de Renda também previa, no §1º do art. 1º da Lei nº 5.106/1966, revogado pelo Decreto-lei nº 1.338/1974, o abatimento dos valores despendidos em florestamento ou reflorestamento do imposto de renda apurado pela pessoa física e jurídica.

---

[10] Lei Estadual nº 948/1985, do Rio de Janeiro.

[11] Segundo a Associação Brasileira do Veículo Elétrico, a isenção para veículos elétricos já foi concedida pelos estados do Ceará, Pernambuco, Piauí, Rio Grande do Norte, Rio Grande do Sul e Sergipe. Outros três estados concedem alíquotas diferenciadas para esses veículos, são eles: Mato Grosso do Sul, Rio de Janeiro e São Paulo. Dispinível em: <www.abve.org.br/destaques/2011/destaque11034.asp>. Acesso em: 5 maio 2012.

[12] OLIVEIRA, José Marcos Domingues de. *Direito tributário e meio ambiente*. 2. ed. Rio de Janeiro: Renovar, 1999.

[13] Lei Estadual nº 2.055/1993, do Rio de Janeiro.

O terceiro tipo de instrumento tributário utilizado para fins ambientais é aquele que destina receitas de determinado tributo em prol de atividades que preservam o meio ambiente. O caso mais emblemático é o do ICMS Ecológico, objeto do presente trabalho, que será analisado mais profundamente a seguir. No ICMS Ecológico adotam-se critérios ambientais para a distribuição da quota-parte a ser entregue aos municípios. A iniciativa, iniciada pelo estado do Paraná em 1991,[14] já é implementada ou está em discussão em grande parte dos estados brasileiros, conforme se descreverá a seguir.

Por fim, o Brasil ainda utiliza um instrumento híbrido, na forma de Contribuição de Intervenção no Domínio Econômico (Cide). Segundo Tôrres, "toda CIDE é típico instrumento que visa a alcançar um êxito específico, qual seja, a intervenção em determinado espaço material da ordem econômica, da qual o domínio *ambiental* é espécie".[15] Exemplo da utilização desta espécie tributária para fins ambientais é o caso da Cide Combustíveis. A possibilidade de instituição da Cide Combustíveis foi prevista pela Emenda Constitucional nº 33, de 2003, que acrescentou o §4º ao art. 177 da CF/1988. Esse parágrafo dispõe que "a lei que instituir contribuição de intervenção no domínio econômico relativa às atividades de importação ou comercialização de petróleo e seus derivados, gás natural e seus derivados e álcool combustível" deverá prever que os recursos arrecadados sejam destinados "ao financiamento de projetos ambientais relacionados com a indústria do petróleo e do gás".[16] Trata-se de instrumento híbrido porque, ao mesmo tempo que incide sobre determinado setor que envolve atividades poluentes — como a comercialização de petróleo e seus derivados —, parte das receitas arrecadadas a esse título deve ser aplicada a projetos ambientais. Ou seja, não se trata de um "tributo verde" em sentido estrito, nem de uma mera destinação da arrecadação para atividades ambientalmente positivas, mas de uma combinação de ambos.

A conclusão a que se pode chegar é que a utilização da tributação para fins ambientais no Brasil basicamente se restringe à concessão de benefícios e incentivos fiscais relativos a tributos já existentes ou à destinação do produto da arrecadação a atividades sustentáveis. A utilização de "tributos verdes", com

---

[14] No Estado do Paraná, a Lei nº 9.491/1990 dispõe que a repartição de 5% do ICMS se dará da seguinte forma: 50% para municípios que mantenham mananciais de abastecimento e 50% para aqueles com unidades de conservação ambiental.

[15] TÔRRES, Heleno Taveira. Da relação entre competências constitucionais tributária e ambiental: os limites dos chamados "tributos ambientais". In: TÔRRES, Heleno Taveira (Org.). *Direito tributário ambiental*. São Paulo: Malheiros, 2005. p. 147.

[16] Art. 177, §4º, inciso II, b da CF/1988.

finalidade prioritariamente ambiental, ainda é muito incipiente, dadas todas as limitações constitucionais e legais que a tributação deve observar. Analisaremos com mais profundidade, a seguir, a sistemática do ICMS Ecológico adotado pela maioria dos estados brasileiros.

3. Análise das legislações estaduais do ICMS Ecológico

Conforme desenvolvemos acima, o ICMS Ecológico, chamado em alguns estados de ICMS Verde, é um dos instrumentos que podem ser utilizados para se alcançar a sustentabilidade ambiental. Trata-se de uma vinculação da destinação dos recursos da arrecadação do ICMS destinados aos municípios a critérios ambientais. Ao contrário de outros instrumentos, o ICMS Ecológico não se refere à incidência do ICMS em si, mas apenas à destinação financeira dos recursos desse imposto.

O ICMS tem por fundamento o inciso IV do art. 158 da Constituição Federal de 1988 que estabelece que pertencem aos municípios "vinte e cinco por cento do produto da arrecadação do imposto do Estado sobre operações relativas à circulação de mercadorias e sobre prestações de serviços de transporte interestadual e intermunicipal e de comunicação". Os incisos I e II estabelecem que, dessa porcentagem, três quartos, no mínimo, serão distribuídos "na proporção do valor adicionado nas operações relativas à circulação de mercadorias e nas prestações de serviços, realizadas em seus territórios; e até um quarto, de acordo com o que dispuser lei estadual ou, no caso dos Territórios, lei federal". O ICMS Ecológico entraria, portanto, nessa última quota, na qual os demais critérios serão determinados por lei estadual.

Dos 27 estados da Federação brasileira, 17 já possuem legislação adotando o ICMS Ecológico. Os estados que ainda não possuem legislação dispondo sobre o assunto são: Santa Catarina, Bahia, Espírito Santo, Distrito Federal, Sergipe, Alagoas, Rio Grande do Norte, Maranhão, Roraima e Amazonas. Os primeiros estados a trazerem a previsão do ICMS Ecológico em sua legislação interna foram Paraná,[17] em 1990, São Paulo, em 1993, e Minas Gerais,

---

[17] O estado do Paraná inclusive possui previsão do ICMS Ecológico em sua Constituição Estadual, nos seguintes termos: "Art. 132. A repartição das receitas tributárias do Estado obedece ao que, a respeito, determina a Constituição Federal. Parágrafo único. O Estado assegurará, na forma da lei, aos Municípios que tenham parte de seu território integrando unidades de conservação ambiental, ou que sejam diretamente influenciados por elas, ou àqueles com mananciais de abastecimento público, tratamento especial quanto ao crédito da receita referida no art. 158, parágrafo único, II, da Constituição Federal".

em 1995. Os estados que instituíram mais recentemente tal previsão foram: Goiás e Paraíba em 2011 e Pará em 2012. A maior parte dos estados passou a implementar essa legislação a partir dos anos 2000.

Com relação ao percentual da quota-parte do ICMS destinado à distribuição pelo critério ambiental, a maioria dos estados — em um total de 8[18] — adota o percentual de 5%. Dos estados que dispõem de legislação do ICMS Ecológico, seis aplicam uma porcentagem menor que 5%,[19] e a mais baixa é a do estado de São Paulo, que destina apenas 0,5% da quota-parte do ICMS. Acima de 5% estão apenas três estados.[20] O maior percentual de repasse é o do estado do Tocantins, que corresponde a 13%.

Alguns percentuais baixos, tais como os adotados pelos estados de São Paulo (de 0,5%) e Minas Gerais (1,1%), podem ser explicados pelo fato de que esses estados são os que têm maior participação relativa no ICMS, em comparação com os demais estados. Segundo dados do Confaz, em 2013, a arrecadação do estado de São Paulo foi a maior do país e correspondeu a 30,9% do total (o que correspondeu a R$ 110.924.692.000,00), seguido pelo estado de Minas Gerais, com 10% do montante arrecadado (o que correspondeu a R$ 35.952.963.000,00).[21] Assim, os percentuais baixos de repasse do ICMS Ecológico desses Estados podem ser explicados pelo alto valor nominal arrecadado por eles, o que faz com que, no final, os municípios recebam valores consideráveis de recursos. No caso de São Paulo, o montante total repassado a título de ICMS Ecológico em 2013 foi de R$ 123.035.805,85;[22] em Minas Gerais, o total repassado em 2012 foi de R$ 69.190.657,07.[23] Essa lógica, porém, parece não ser válida aos demais estados já que, por exemplo, aqueles estados que têm menor participação relativa — Amapá (0,2% em 2013) e Roraima (0,1% em 2013) — têm percentual de repasse baixo (1,4% para o Amapá) ou não têm previsão de ICMS ecológico em sua legislação estadual (Roraima). Já o estado do Tocantins, que tem o maior percentual de repasse de ICMS pelo critério ambiental, teve uma participação relativa de 0,5% da arrecadação do ICMS em 2013.[24]

---

[18] Adotam o percentual de distribuição de 5% os estados do Acre, Goiás, Mato Grosso do Sul, Mato Grosso, Paraíba, Piauí, Paraná, Rondônia.
[19] O estado do Amapá aplica a porcentagem de 1,4%, o Ceará, 2%, Minas Gerais, 1,1%, São Paulo, 0,5%, Rio de Janeiro, 2,5% e Pernambuco, 3%.
[20] Pará com 8%, Rio Grande do Sul com 7% e Tocantins com 13%.
[21] Disponível em: <www1.fazenda.gov.br/confaz/boletim/>.
[22] Disponível em: <www.ambiente.sp.gov.br/cpla/files/2011/05/2013-ICMS-Valores-Repassados.pdf>.
[23] Disponível em: <www.icmsecologico.org.br/index.php?option=comcontent&view=article&id=54: repasses&catid=37:repasses&Itemid=62>.
[24] Disponível em: <www1.fazenda.gov.br/confaz/boletim/>.

Outro elemento diferenciador das legislações estaduais referentes ao ICMS Ecológico é a presença de requisitos para que o município esteja apto a receber os repasses de valores a esse título. Os poucos estados que adotam essa prática estabelecem em geral como requisitos a manutenção de *a)* Conselho Municipal de Meio Ambiente, *b)* Fundo Municipal de Meio Ambiente, e *c)* Órgão Administrativo executor da política ambiental.[25] O estado do Rio de Janeiro ainda traz a previsão de existência de guarda municipal ambiental e o estado do Piauí estabelece a necessidade de "dispor em seu Plano Diretor Municipal, quando aplicável, de capítulo sobre a política e ações ambientais".

Por fim, as legislações estaduais trazem semelhanças e diferenças em relação aos critérios de distribuição do ICMS Ecológico. Todas as legislações, com exceção do estado do Ceará, preveem a existência de *Unidades de Conservação Ambiental* no território dos municípios como critério de repartição do ICMS Ecológico. Essas Unidades de Conservação podem ser federais, estaduais ou municipais, e até mesmo particulares, tal como previsto em alguns estados (Amapá, Paraíba, Paraná). Algumas legislações estaduais adotam esse critério de maneira exclusivamente quantitativa, ou seja, em função da área da Unidade de Conservação Ambiental presente em seu território em relação à área total das Unidades de Conservação presentes no estado, tal como acontece nos estados do Rio Grande do Sul, Rondônia e São Paulo. Já outros estados como Rio de Janeiro, Minas Gerais preveem critérios qualitativos, ligados à qualidade da conservação das Unidades, para fins de distribuição do ICMS Ecológico. Os estados que adotam exclusivamente o critério de Unidade de Conservação Ambiental, seja qualitativo ou quantitativo, são: Amapá, Roraima, Rio Grande do Sul e São Paulo.

Outros critérios utilizados para a distribuição são: existência de áreas de terras indígenas (Acre, Mato Grosso, Pará, Tocantins), *manutenção de gerenciamento integrado de resíduos sólidos* (Ceará, Goiás, Minas Gerais, Mato Grosso do Sul, Paraíba, Pernambuco, Piauí, Tocantins), proteção de mananciais de abastecimento (Paraná, Rio de Janeiro), *tratamento de esgoto* (Minas Gerais, Rio de Janeiro), além de outros critérios específicos de alguns estados. Interessante citar as legislações dos estados de Goiás e Piauí, que trazem um rol de oito critérios[26] e estabelecem o montante

---

[25] Tal como a legislação dos estados do Acre, Pará, Piauí e Rio de Janeiro.
[26] Lei Complementar nº 90, de 22 de dezembro de 2011, art. 4º, Parágrafo único, a) ações de gerenciamento de resíduos sólidos, inclusive lixo hospitalar e resíduos da construção civil — coleta, transporte, tratamento e destinação dos resíduos sólidos, aterro sanitário, incineração, reciclagem e compostagem; b) ações efetivas de educação ambiental, na zona urbana e rural, nas escolas e grupos da sociedade organizada, instituídas por intermédio de lei municipal e/

do repasse conforme o número de critérios colocados em prática pelo município.

Percebe-se, assim, que, apesar da similaridade de legislações de alguns estados, o que se tem é um panorama extremamente diverso de normas relativas ao ICMS Ecológico, com variedade de percentuais de distribuição e de critérios. A principal similaridade dessas legislações é, no entanto, a presença quase unânime do critério de Unidades de Conservação Ambiental, seja sozinho ou conjugado com demais critérios, conforme exposto. Assim, pode-se afirmar que o ICMS Ecológico no Brasil, de modo geral, parece procurar incentivar de forma prioritária a preservação do meio ambiente pelos municípios através da manutenção dessas Unidades de Conservação em seu território. Veremos com mais detalhes o regime jurídico e alguns resultados empíricos relativos ao ICMS Ecológico do estado do Rio de Janeiro.

4. O ICMS Ecológico no estado do Rio de Janeiro

Com relação ao estado do Rio de Janeiro, o ICMS Ecológico também recebe o nome de ICMS Verde e foi criado em 2007 pela Lei nº 5.100, de 4 de outubro de 2007. Essa Lei alterou a Lei nº 2.664, de 27 de dezembro de 1996, que trata da repartição aos municípios da parcela de 25% do produto da arrecadação do ICMS, incluindo o critério de conservação ambiental. A Lei nº 5.100/2007 acrescentou o inciso VI ao art. 1º da Lei Estadual nº 2.664/1996, com o seguinte teor:

> Art. 1º — (...) VI — conservação ambiental — critério que considerará a área e a efetiva implantação das unidades de conservação existentes no território municipal, observadas as disposições do Sistema Nacional de Unidades de Conservação

---

ou programas específicos; c) ações de combate e redução do desmatamento, com a devida fiscalização e comprovação da efetiva recuperação de áreas degradadas — reflorestamento; d) programas de redução do risco de queimadas, conservação do solo, da água e da biodiversidade; e) programa de proteção de mananciais de abastecimento público; f) identificação de fontes de poluição atmosférica, sonora e visual, e comprovação das medidas adotadas para a minimização dessas práticas; g) identificação das edificações irregulares, bem como a comprovação das medidas adotadas para sua adequação às normas de uso e ocupação do solo; h) programas de instituição e proteção das unidades de conservação ambiental; i) elaboração de legislação sobre a política municipal de meio ambiente, incluindo a criação do Conselho Municipal do Meio Ambiente e do Fundo Municipal do Meio Ambiente, obedecidas as peculiaridades locais, respeitadas a legislação federal e estadual sobre o assunto.

da Natureza — SNUC — e seu correspondente no Estado, quando aprovado: as áreas protegidas, a qualidade ambiental dos recursos hídricos, bem como a coleta e disposição final adequada dos resíduos sólidos.

Segundo o art. 2º da Lei nº 5.100/2007,

> o percentual a ser distribuído aos municípios, em função do critério de conservação ambiental acrescido, será de 2,5% subtraídos da parcela total distribuída aos municípios de acordo com a Lei nº 2.664/96 e será implantado de forma sucessiva anual e progressiva, conforme os seguintes percentuais: 1% para o exercício fiscal de 2009; 1,8% para o exercício fiscal de 2010 e 2,5% para o exercício fiscal de 2011.

O parágrafo 2º do mesmo artigo estabelece que a distribuição do ICMS Verde para os municípios será feita pelos seguintes critérios: 45% para a implementação de unidades de conservação; 30% para qualidade ambiental dos recursos híbridos e 25% para gestão dos resíduos sólidos.[27]

O Decreto nº 41.844, de 4 de maio de 2009, que regulamentou a lei e estabeleceu definições técnicas para alocação do percentual a ser distribuído aos municípios em função do ICMS Ecológico, define a forma de alocação dos recursos referentes a cada critério mencionado. Com relação à alocação do percentual de 45% relativo às áreas protegidas, 20% desse percentual serão distribuídos levando-se em consideração apenas as unidades de conservação criadas pelos municípios.

Já a alocação do percentual de 30% relativo à qualidade ambiental dos recursos hídricos deve observar a seguinte distribuição, segundo o art. 4º do Decreto nº 41.844/2009:

- 1/3 será distribuído aos municípios que abrigam em seu território parte ou o todo de bacias de mananciais superficiais, com captação para abastecimento público de municípios localizados fora da bacia.
- 2/3 serão distribuídos aos municípios de acordo com o sistema de esgotamento sanitário urbano na forma do Índice Relativo de Tratamento de Esgoto (IrTE).

---

[27] Art. 2º, §2º — Os recursos a que se refere este artigo serão divididos entre os componentes do critério de conservação ambiental previsto no inciso VI do Artigo 10 da Lei nº 2.664/96 alterada, percentualmente, respeitada a progressividade da sua implantação estabelecida nos incisos do caput deste artigo, da seguinte forma: I — área e efetiva implantação das unidades de conservação das Reservas Particulares do Patrimônio Natural — RPPN, conforme definidas no SNUC, e Áreas de Preservação Permanente — APP, 45% (quarenta e cinco por cento), sendo que desse percentual 20% (vinte por cento) serão computados para áreas criadas pelos municípios; II — índice de qualidade ambiental dos recursos hídricos, 30% (trinta por cento); III — coleta e disposição adequada dos resíduos sólidos, 25% (vinte e cinco por cento).

Por fim, o Decreto nº 41.844/2009 ainda dispõe em seu art. 5º que a alocação do percentual de 25% relativo à disposição adequada dos resíduos sólidos deverá observar o seguinte: 4/5 serão distribuídos aos municípios de acordo com a destinação final de resíduos sólidos na forma do Índice Relativo de Destinação Final de Resíduos Sólidos Urbanos (IrDL); 1/5 será distribuído aos municípios de acordo com o grau de remediação de vazadouros (lixões), na forma do Índice Relativo de Remediação dos Vazadouros (IrRV). Em resumo, o Índice Final de Conservação Ambiental (Ifca), que definirá o percentual do ICMS Verde que será destinado a cada município, é composto por seis critérios, cada um com os seguintes pesos:

Critérios de distribuição	Peso
Áreas Protegidas — todas as Unidades de Conservação — UC (IAP)	36%
Áreas Protegidas Municipais — apenas as UCs Municipais (IAPM)	9%
Mananciais de Abastecimento (IMA)	10%
Tratamento de Esgoto (ITE)	20%
Destinação de Lixo (IDL)	20%
Remediação de Vazadouros (IRV)	5%

Para o cálculo de cada um dos critérios expostos, utiliza-se uma fórmula matemática que pondera alguns indicadores. Após o cálculo do valor de cada critério relativo a determinado município, este é comparado ao índice dos demais municípios, a fim de se calcular o *subíndice temático relativo*. Esse é resultado da divisão do índice encontrado para o município pela soma dos índices de todos os municípios do estado. Em seguida, após o cálculo dos subíndices temáticos relativos de cada município, calcula-se o Índice Final de Conservação Ambiental (Ifca) do município, segundo os pesos de cada um, estabelecendo-se assim o percentual do ICMS Verde que cabe ao município.

Importante notar que, no caso do estado do Rio de Janeiro, como os subíndices de cada município são calculados relativamente ao somatório dos demais, à medida que os demais municípios implementam ou aprimoram os critérios ambientais levados em consideração no cálculo do Ifca, aqueles municípios que já tinham uma estrutura de conservação anteriormente passam a ter valores relativos menores. Assim, se o cálculo do Ifca de cada município tende a incentivar a adoção e o aprimoramento de medidas sustentáveis principalmente aos municípios que ainda não têm um sistema desenvolvido de proteção ao meio ambiente, ele não é vantajoso para aqueles municípios que já tinham um sistema estabelecido e que cumpriam desde a implementação da lei todos os critérios levados em consideração para o cálculo do Ifca.

Essa constatação é demonstrada pelos dados da tabela seguinte, que traz a variação do Ifca referente ao ICMS Ecológico do estado do Rio de Janeiro (2009-14). Em 2009, 14 municípios tinham o seu Ifca igual a zero, ou seja, não recebiam nenhum repasse a título de ICMS Ecológico, seja porque não cumpriam os requisitos para o recebimento (Conselho e Fundo Municipal do Meio Ambiente), seja porque não adotavam nenhuma das práticas levadas em consideração pelo Ifca. Já em 2014, apenas um município (São Francisco de Itabapoana) teve o Ifca igual a zero. Assim, de 2009 a 2014, teve-se um claro avanço de certos municípios que, ao cumprirem certo critérios ambientais que estão na base do Ifca, passaram a receber valores a título de ICMS Ecológico.

TABELA 1 Variação do Ifca do ICMS Ecológico do estado do Rio de Janeiro (2009-14)

Município	2009	2010	2011	2012	2013	2014
Areal	0	0	1.868845	1.016264	1.71966	1.780847
Bom Jesus do Itabapoana	0	0	0.122695	0.116452	0.173969	0.123407
Cambuci	0	0	0.101641	0.089438	0.15214	0.187168
Comendador Levy Gasparian	0	0.170111	0.652388	0.358708	0.377172	0.365659
Italva	0	0.317533	0.135529	0.13274	0.187132	0.208283
Itaocara	0	0	0	0	0.079866	0.161219
Laje do Muriaé	0	0	0.522031	0.522326	0.821416	0.545164
Macuco	0	0.671141	0.506596	0.52356	0.239597	0.218833
Paraíba do Sul	0	0	0	0	0.079866	0.177841
Santo Antônio de Pádua	0	0	0.035842	0.141309	0.108334	0.160939
São João da Barra	0	0.425356	0.364871	0.302368	0.244728	0.782669
São José de Ubá	0	0	0.984363	1.032068	0.807589	0.631737
Três Rios	0	0	0	0.168006	0.92579	0.897597
Varre-Sai	0	0	0	0.030063	0.108036	0.120423

Fonte: SEA-RJ. Secretaria do Estado do Ambiente do Rio de Janeiro. Disponível em: <www.rj.gov.br/web/sea/exibeconteudo?article-id=164974>.

No entanto, tendo em vista que o cálculo de repasse de cada um dos municípios é relativo, ou seja, estipulado em comparação com os índices alcançados pelos demais municípios, o aumento do índice de certos municípios de 2009 para 2014 fez com que o índice daqueles municípios que tinham um índice alto em 2009 diminuísse consideravelmente em 2014. Conforme a tabela 2, os 16 municípios que apresentaram maior índice em 2009 tiveram uma diminuição de cerca de 28% em seu índice relativo a 2014.

TABELA 2 Variação do Ifca do ICMS ecológico do Estado do Rio de Janeiro (2009-14)

Município	2009	2014	2009-14
Cachoeiras de Macacu	5.171188	4.30665	-0.16718
Iguaba Grande	3.943216	1.25846	-0.68085
Nova Iguaçu	3.79415	2.939946	-0.22514
Mesquita	3.627907	2.96058	-0.18394
Resende	3.624464	1.583641	-0.56307
Niterói	3.567735	1.868482	-0.47628
Guapimirim	3.413386	2.341527	-0.31402
Petrópolis	3.397475	1.938956	-0.4293
Rio Claro	3.350684	3.154558	-0.05853
Rio de Janeiro	3.319573	2.165528	-0.34765
Silva Jardim	3.165124	4.562435	0.441471
Angra dos Reis	3.001989	2.75302	-0.08293
São Pedro da Aldeia	2.672927	1.759937	-0.34157
Rio das Ostras	2.670944	1.615344	-0.39522
Conceição de Macabu	2.576493	0.944107	-0.63357
Teresópolis	2.52148	2.399064	-0.04855

Fonte: SEA-RJ. Secretaria do Estado do Ambiente do Rio de Janeiro. Disponível em: <www.rj.gov.br/web/sea/exibeconteudo?article-id=164974>.

Assim, se, por um lado, a sistemática de cálculo relativo estimula que os municípios aprimorem suas condutas ambientais para que obtenham maiores índices e recebam, por consequência, uma maior quantidade de repasse relativo ao ICMS Ecológico por outro lado, essa sistemática é desfavorável para aqueles municípios que desde o início da aplicação da lei já adotavam práticas ambientalmente positivas, já que terão seus índices diminuídos à medida que os outros avançam. Além disso, essa forma de cálculo da distribuição pode também estimular uma "guerra ambiental" entre os municípios já que o avanço de um pode ser limitado pelo avanço de outro município.

Importante apenas salientar que, apesar da diminuição dos índices em 2014, os municípios com maiores índices em 2009 não tiveram perda de receita, já que o montante total distribuído no período de 2009-14 aumentou significativamente. Conforme a tabela 3, os 20 municípios que obtiveram os maiores índices em 2009 tiveram um aumento de repasse de 277% de 2009 para 2014. Isso se deve ao fato de que o montante de repasse de ICMS Ecológico teve um aumento de 414% de 2009 para 2014, já que o total distribuído em 2009 foi de R$ 37.934.822,00 e em 2014 foi de R$ 195.284.031,00.

TABELA 3 Distribuição do ICMS Ecológico no estado do Rio de Janeiro — 2009-14 (em reais)

Munícipio	2009	2014	2009-14
Guapimirim	1294862	4557801	2,519913
Petrópolis	1288826	3773879	1,928152
Rio Claro	1271076	6140231	3,830735
Rio de Janeiro	1259274	4198835	2,33433
Silva Jardim	1200684	8892669	6,406336
Angra dos Reis	1138799	5354129	3,701558
São Pedro da Aldeia	1013970	3435785	2,388448
Rio das Ostras	1013218	3142116	2,101125
Conceição de Macabu	977388	1799805	0,841444
Teresópolis	956519	4654396	3,865973
Itatiaia	862451	4859137	4,634102
Nova Friburgo	784695	4412572	4,623296
Duque de Caxias	759679	2216657	1,917886
Armação dos Búzios	737758	1907356	1,585341
Parati	723783	2864000	2,956987
Itaperuna	716719	163216	-0,77227
Santa Maria Madalena	666767	4038857	5,057374
Casimiro de Abreu	554195	3283034	4,923969
Araruama	546778	2122374	2,881601
Carapebus	494262	4029783	7,153131

Fonte: SEA-RJ. Secretaria do Estado do Ambiente do Rio de Janeiro. Disponível em: <www.rj.gov.br/web/sea/exibeconteudo?article-id=164974>.

Percebe-se também o avanço de certos municípios por meio da comparação da posição ocupada dos 10 melhores índices em 2009 e em 2014. Apenas quatro dos 10 municípios com melhores índices em 2009 continuam entre os 10 melhores índices em 2014.

TABELA 4 Posição dos municípios segundo o Índice

Posição	Índices 2009	Posição	Índices 2014
1º	Cachoeiras de Macacu	1º	Silva Jardim
2º	Iguaba Grande	2º	Cachoeiras de Macacu
3º	Nova Iguaçu	3º	Miguel Pereira
4º	Mesquita	4º	Rio Claro
5º	Resende	5º	Quissamã
6º	Niterói	6º	Mesquita
7º	Guapimirim	7º	Nova Iguaçu
8º	Petrópolis	8º	Angra dos Reis
9º	Rio Claro	9º	Itatiaia
10º	Rio de Janeiro	10º	Teresópolis

Fonte: SEA-RJ. Secretaria do Estado do Ambiente do Rio de Janeiro. Disponível em: <www.rj.gov.br/web/sea/exibeconteudo?article-id=164974>.

A análise do ICMS Ecológico no estado do Rio de Janeiro nos permite concluir, ainda que parcialmente e condicionado a análises mais profundas no futuro, que tal instrumento tem servido para incentivar a adoção de práticas ambientalmente positivas por parte dos municípios. Mesmo que o sistema traga prejuízos aos municípios que mantêm práticas de preservação do meio ambiente há mais tempo, o simples fato de certos municípios passarem a se preocupar com a questão pode já ser considerado um grande avanço em termos ambientais.

5. Conclusão

Este artigo teve por objetivo fazer uma análise comparativa das legislações do ICMS Ecológico presentes nos estados brasileiros. Para isso, desenvolvemos na primeira parte os instrumentos tributários que são utilizados no Brasil para fins de se alcançar a sustentabilidade ambiental. Na segunda parte fizemos uma análise comparada das legislações dos estados referentes ao ICMS Ecológico, destacando as diferenças e similaridade com relação aos percentuais de distribuição, requisitos para recebimento do repasse, bem com os critérios utilizados para se definir o repasse aos municípios.

Por fim, abordamos mais especificamente o caso do ICMS Ecológico no Rio de Janeiro, inicialmente mostrando os critérios e a forma de cálculo do repasse aos municípios. Em seguida, analisamos a evolução do repasse de 2009 a 2014 com base em resultados empíricos, demonstrado o avanço que certos municípios tiveram em cinco anos de aplicação do ICMS Ecológico no Rio de Janeiro.

Conclui-se que o Brasil ainda tem muito a avançar em termos de utilização da tributação para finalidades ambientais. No caso do ICMS Ecológico, a diversidade de legislações, percentuais e critérios presentes nas legislações estaduais, bem como a adoção de fórmulas complexas para o cálculo, dificultam uma análise comparativa tanto em termos de regulação do instituto, quanto de seus resultados. No caso do Rio de Janeiro, os resultados demonstram que o ICMS Ecológico beneficiou certos municípios que passaram a adotar práticas ambientalmente positivas, enquanto prejudicou aqueles que já praticavam tais condutas desde o início da implementação do instituto, com a redução de seu percentual de participação no repasse. Assim, os estados devem tomar o cuidado para que suas legislações referentes ao ICMS Ecológico não tragam consequências negativas, tais como uma possível "guerra ambiental" entre os municípios, em que a preservação do meio ambiente é deixada em segundo plano, e o que passa a interessar é a disputa entre os municípios por maiores recursos do repasse do ICMS.

REFERÊNCIAS

CONFAZ. Conselho Nacional de Política Fazendária. Disponível em: <www1.fazenda.gov.br/confaz/boletim/>.

COSTA, Regina Helena. Apontamentos sobre a tributação ambiental no Brasil. In: TÔRRES, Heleno Taveira (Org.). *Direito tributário ambiental*. São Paulo: Malheiros, 2005.

ICMS ECOLÓGICO. Disponível em: <www.icmsecologico.org.br/>.

LUKIC, Melina Rocha. Tributação e desenvolvimento sustentável no Brasil: possibilidades, instrumentos e limites. In: OLIVEIRA, Carina Costa de; SAMPAIO, Rômulo (Org.).

Instrumentos jurídicos para a implementação do desenvolvimento sustentável. Rio de Janeiro: FGV Direito Rio, 2012. p. 99-114.

OLIVEIRA, José Marcos Domingues de. *Direito tributário e meio ambiente.* 2. ed. Rio de Janeiro: Renovar, 1999.

SEA-RJ. Secretaria do Estado do Ambiente do Rio de Janeiro. Disponível em: <http://www.rj.gov.br/web/sea/exibeconteudo?article-id=164974>.

SMA-SP. Secretaria do Estado do Meio Ambiente de São Paulo. Disponível em: <www.ambiente.sp.gov.br/cpla/files/2011/05/2013-ICMS-Valores-Repassados.pdf>.

TORRES, Ricardo Lobo. Valores e princípios no direito tributário ambiental. In: TÔRRES, Heleno Taveira (Org.). *Direito tributário ambiental.* São Paulo: Malheiros, 2005. p. 21-54.

TÔRRES, Heleno Taveira. Da relação entre competências constitucionais tributária e ambiental: os limites dos chamados "tributos ambientais". In: ____ (Org.). *Direito tributário ambiental.* São Paulo: Malheiros, 2005, p. 96-156.

Anexo

TABELA 5 **Comparação das legislações estaduais de ICMS Ecológico**

Estado	Legislação	Porcentagem em vigor	Critérios de distribuição	Requisitos
AC	Lei nº 1.530/2004, Decreto nº 4.918/2009 e Portaria Sema nº 91/2010	5% para o exercício fiscal de 2014	Áreas de unidades de conservação ambiental Áreas de terras indígenas	Conselho Municipal de Meio Ambiente Fundo Municipal de Meio Ambiente Órgão administrativo executor da política ambiental municipal
AL	Não possui ICMS ecológico.			
AM	Não possui ICMS ecológico.			
AP	Lei nº 322/1996	1,4%	Índice de conservação do município, que considera as unidades de conservação estaduais, federais, particulares e municipais	
BA	Não possui ICMS ecológico.			
CE	Lei nº 14.023/2007, Decreto nº 29.306/2008	2%	Índice de qualidade do meio ambiente, calculado em função da existência de um sistema de Gerenciamento Integrado de Resíduos Sólidos Urbanos	
DF	Não possui ICMS ecológico.			
ES	Não possui ICMS ecológico.			
GO	Lei Complementar nº 90/2011, Decreto nº 8.147/2014	5%	Possuir gestão ambiental a) ações de gerenciamento de resíduos sólidos, b) ações efetivas de educação ambiental c) ações de combate e redução do desmatamento, d) programas de redução do risco de queimadas, conservação do solo, da água e da biodiversidade; e) programa de proteção de mananciais de abastecimento público; f) identificação de fontes de poluição atmosférica, sonora e visual g) identificação das edificações irregulares; h) programas de instituição e proteção das unidades de conservação ambiental; i) elaboração de legislação sobre a política municipal de meio ambiente, incluindo a criação do Conselho Municipal do Meio Ambiente e do Fundo Municipal do Meio Ambiente; (5% para municípios que cumprirem seis requisitos, 1,25% para os que cumprirem quatro e 0,75 para os que cumprirem três requisitos)	

Instrumentos tributários para a sustentabilidade

Estado	Legislação	Porcentagem em vigor	Critérios de distribuição	Requisitos
MA	Não possui ICMS ecológico.			
MG	Instituída pela Lei nº 12.040/1995 (revogada pela Lei nº 13.803/2000), atualmente regulado pela Lei nº 18.030/2009	1,1% a partir de 2011	Índice de Meio Ambiente (IMA): composto pelo Índice de Conservação (IC — 45,45%), referente às Unidades de Conservação e outras áreas protegidas; Índice de Saneamento Ambiental (ISA — 45,45%), referente aos aterros sanitários, estações de tratamento de esgotos e usinas de compostagem e, mais recentemente, Índice de Mata Seca (IMS — 9,1%), referente à presença e proporção em área da fitofisionomia Mata Seca no município	
MS	Lei nº 077/1994, Lei nº 2.259/2001 e Lei nº 4.219/2012, Decreto nº 10.478/2001	5%	Possuir unidade de conservação da natureza — 7/10 (sete décimos) Possuir Plano de gestão de resíduos sólidos, sistema de coleta seletiva e de disposição final de resíduos Sólidos — 3/10 (três décimos) Lei ainda prevê critério de terras indígenas homologadas	
MT	Lei Complementar nº 73/2000, Decreto Estadual nº 2.758/ 2001, Lei Complementar nº 157/2004	5%	Índice de unidade de conservação/terra indígena do município	
PA	Lei nº 7.638/2012, nº 775/2013	8% a partir de 2015	25% território ocupado por Unidades de Conservação de Proteção Integral, em nível federal, estadual ou municipal, Terras Indígenas, Áreas Militares, Unidades de Conservação de Uso Sustentável, em nível federal, estadual ou municipal, Terras Quilombolas 25% existência de um estoque mínimo de cobertura vegetal e a redução do desmatamento nos municípios 50% porcentagem da área inserida no Cadastro Ambiental Rural	Conselho Municipal do Meio Ambiente Fundo Municipal do Meio Ambiente Órgão público administrativo executor da Política Municipal do Meio Ambiente Demais instrumentos de política pública e participativa necessários à plena execução da Política Municipal do Meio Ambiente
PB	Lei nº 9.600/2011	5%	Abrigar unidades de preservação ambiental públicas e/ou privadas, instituídas nos âmbitos municipal, estadual e federal Promover tratamento de, pelo menos, 50% do volume de lixo domiciliar coletado proveniente de seu perímetro urbano	
PE	Lei nº 11.899/2000 e Decreto nº 23.473/2001	3%	1% Possuir Unidades de Conservação – índice de conservação 2% Sistemas de Tratamento ou de Destinação Final de Resíduos Sólidos	

Estado	Legislação	Porcentagem em vigor	Critérios de distribuição	Requisitos
PI	Lei nº 5.813/2008 e Decreto nº 14.861/2012	5%	2% aos municípios com Selo Ambiental da categoria A (seis providências), 1,65% aos da categoria B (quatro providências) e 1,35% grupo C (três providências) a) ações de gerenciamento de resíduos sólidos b) ações efetivas de educação ambiental c) redução do desmatamento, recuperação de áreas degradadas — reflorestamento d) redução do risco de queimadas, conservação do solo, da água e da biodiversidade e) proteção de mananciais de abastecimento público f) identificação e minimização de fontes de poluição atmosférica, sonora e visual g) edificações irregulares — inadequação às normas de uso e ocupação do solo h) disposições legais sobre unidades de conservação ambiental — comunidades indígenas, estações ecológicas, parques, reservas florestais, hortos florestais, áreas de relevante interesse i) elaboração de legislação sobre a política municipal de meio ambiente	Conselho Municipal de Defesa do Meio Ambiente Dispor em seu Plano Diretor Municipal, quando aplicável, de capítulo sobre a política e ações ambientais
PR	Constituição do Estado Lei nº 9.491/1990, Lei Complementar nº 59/1991 e Lei Complementar nº 67/1993	5%	50% — possuir mananciais de abastecimento 50% — possuir unidades de conservação ambiental	
RJ	Lei nº 5.100/2007 e Decreto nº 41.844/2009	2,5% para exercício de 2011	• Tratamento de Esgoto (ITE): 20% • Destinação de Lixo (IDL): 20% • Remediação de Vazadouros (IRV): 5% • Mananciais de Abastecimento (IrMA): 10% • Áreas Protegidas — todas as Unidades de Conservação — UC (IAP): 36% • Áreas Protegidas Municipais — apenas as UCs Municipais (IAPM): 9%	Conselho Municipal do Meio Ambiente; Fundo Municipal do Meio Ambiente; Órgão administrativo executor da política ambiental municipal e Guarda Municipal ambiental
RN	Não possui ICMS ecológico.			
RO	Lei nº 147/96, Decreto nº 11.908/2005	5%	Área das Unidades de conservação	
RR	Não possui ICMS ecológico			
RS	Lei nº 11.038/1997	7%	Área das Unidades de conservação	
SC	Não possui ICMS ecológico			
SE	Não possui ICMS ecológico			

Estado	Legislação	Porcentagem em vigor	Critérios de distribuição	Requisitos
SP	Lei nº 3.201/1981, Lei Estadual nº 8.510/93, Lei Estadual nº 12.810/2008	0,5%	Espaços territoriais especialmente protegidos existentes em cada município e no estado I – Estação Ecológica — peso 1,0 II – Reserva Biológica — peso 1,0 III – Parque Estadual — peso 0,8 IV – Zona de Vida Silvestre em Área de Proteção Ambiental (ZVS em APA) — peso 0,5 V – Reserva Florestal — peso 0,2 VI – Área de Proteção Ambiental (APA) – peso 0,1 VII – Área Natural Tombada — peso 0,1 VIII – Reservas de Desenvolvimento Sustentável – peso 0,2 IX – Reservas Extrativistas — peso 0,2	
TO	Lei nº 1.323/2002, Decreto nº 1.666/2002	13%	a) Política Municipal de Meio Ambiente (2%) b) Unidades de Conservação e Terras Indígenas (3,5%) c) Controle de queimadas e combate a incêndios (2%) d) Conservação do solo (2%) e) Saneamento básico, conservação da água, coleta e destinação do lixo (3,5%)	

A cobrança do Imposto sobre a Propriedade Predial e Territorial Urbana nas Áreas de Preservação Permanente

Marcos André Vinhas Catão[*]
Luciana Prates Caldas Cordeiro[**]

1. Introdução

1.1 Breve abordagem sobre a temática do IPTU em áreas ambientais

Embora possa parecer pouco dialético efetuar uma reflexão sobre o conceito material de propriedade para fins de cobrança do Imposto Predial e Territorial Urbano (IPTU), a verdade é que as limitações de outros ramos do direito público, como o administrativo e o ambiental,[1] impõem um novo redimensionamento aos elementos que compõem a obrigação de pagamento do imposto municipal.

Com efeito, a *vexata questio* reside na forma em que o direito tributário — notadamente em relação a tributos imobiliários — convive com as restrições de uso e livre disposição do patrimônio privado. Nesse caso, tal fenômeno deve ser enxergado sob as diversas óticas que compõem os cinco elementos da obrigação tributária. *Verbi gratia*, questões como o esbulho integral da propriedade (favelização de área urbana, invasão e ocupação de áreas rurais), as quais desafiam o elemento material, configurando uma clara hipótese de não

---

[*] Professor de direito tributário da Fundação Getulio Vargas do Rio de Janeiro (FGV/RJ). Doutor em direito pela Universidad San Pablo-CEU, Espanha. Membro do Permanent Scientific Comitte e do General Council da International Fiscal Association (IFA). Diretor da Associação Brasileira de Direito Financeiro (ABDF). Advogado.

[**] Pós-graduada (LLM) em direito tributário pela Fundação Getulio Vargas do Rio de Janeiro (FGV/RJ). Advogada.

[1] Se, por um lado, o direito de propriedade não é absoluto (DINIZ, Maria Helena. *Curso de direito civil brasileiro*, v. 4 — Direito das coisas. 20. ed. São Paulo: Saraiva, 2004. p. 251), fato que se reconhece desde o Código Napoleônico, é sem dúvida um dos principais direitos dos sistemas jurídicos de países democráticos, erigido em todas as Constituições modernas como um daqueles de índole fundamental. Não por outra razão que o art. 5º, inciso XXII, da Constituição Federal de 1988, dispõe ser *"garantido o direito de propriedade"* (SILVA, José Afonso da. *Curso de direito constitucional positivo*. 24. ed. São Paulo: Malheiros, 2005. p. 279).

incidência sem previsão normativa (propriedade formal mas sem os demais elementos do domínio) ou como a aqui analisada — restrição do domínio em face de norma ambiental —, não se encontram até hoje coerentemente assentadas em nossa legislação, doutrina e jurisprudência.

Dessa feita, a partir do fato de que o núcleo material é delineado pelo próprio art. 156 da Constituição Federal,[2] o qual alberga um conceito inequivocamente vinculado ao direito privado, se pretende uma abordagem que permita inferir determinadas conclusões para os seguintes questionamentos: (i) existem limitações à cobrança do IPTU com o fim de se cobrar tributo sobre área onde se restringe o domínio, quando a legislação municipal é omissa quanto à redução de base de cálculo ou isenção, em face de uma redução (total ou parcial) decorrente de limitação ambiental (reserva legal)? e (ii) podem as municipalidades cobrar imposto sobre propriedade (formal) cujo uso sofre restrição, não podendo o proprietário livremente dispor de parte da área sob a qual exerce o domínio?

Visto sob a ótica não mais de seu núcleo constitucional, mas ora sob a definição contida no art. 32 do Código Tributário Nacional[3] (CTN), é fato gerador do IPTU a propriedade, o domínio útil ou a posse do bem imóvel por natureza ou por acessão física, localizado na zona urbana do município, sendo o contribuinte o proprietário do imóvel, o titular do seu domínio útil, ou seu possuidor a qualquer título.

---

[2] Art. 156. Compete aos Municípios instituir impostos sobre: I — propriedade predial e territorial urbana; (...); §1º Sem prejuízo da progressividade no tempo a que se refere o art. 182, §4º, inciso II, o imposto previsto no inciso I poderá: — ser progressivo em razão do valor do imóvel; e II — ter alíquotas diferentes de acordo com a localização e o uso do imóvel.

[3] Art. 32. O imposto, de competência dos Municípios, sobre a propriedade predial e territorial urbana tem como fato gerador a propriedade, o domínio útil ou a posse de bem imóvel por natureza ou por acessão física, como definido na lei civil, localizado na zona urbana do Município. §1º Para os efeitos deste imposto, entende-se como zona urbana a definida em lei municipal; observado o requisito mínimo da existência de melhoramentos indicados em pelo menos 2 (dois) dos incisos seguintes, construídos ou mantidos pelo Poder Público: I — meio-fio ou calçamento, com canalização de águas pluviais; II — abastecimento de água; III — sistema de esgotos sanitários; IV — rede de iluminação pública, com ou sem posteamento para distribuição domiciliar; V — escola primária ou posto de saúde a uma distância máxima de 3 (três) quilômetros do imóvel considerado. §2º A lei municipal pode considerar urbanas as áreas urbanizáveis, ou de expansão urbana, constantes de loteamentos aprovados pelos órgãos competentes, destinados à habitação, à indústria ou ao comércio, mesmo que localizados fora das zonas definidas nos termos do parágrafo anterior. Art. 33. A base do cálculo do imposto é o valor venal do imóvel. Parágrafo único. Na determinação da base de cálculo, não se considera o valor dos bens móveis mantidos, em caráter permanente ou temporário, no imóvel, para efeito de sua utilização, exploração, aformoseamento ou comodidade. Art. 34. Contribuinte do imposto é o proprietário do imóvel, o titular do seu domínio útil, ou o seu possuidor a qualquer título.

Da simples leitura dos dois dispositivos se pode chegar à conclusão de que, embora não se possa negar a legitimidade das mais variadas formas de restrições à propriedade, parece-nos que a evolução quanto aos limites da propriedade não foi acompanhada de uma devida reflexão no que concerne à cobrança do IPTU. *Ipso facto*, limitar a propriedade, por mais legítimo que seja, possui consequências, na medida em que tais restrições restringem o uso e a livre disposição do domínio privado. Em consequência, alteram-se elementos inerentes ao tributo, enquanto se possa operar, entre outros efeitos, *v.g.*, uma redução valorativa que deve se refletir no seu *quantum debeatur*.

Aliás, nesse ínterim, importa enfatizar algo que nos parece fundamental desde uma premissa de causa e de inter-relação dos sistemas jurídicos quando analisamos os efeitos de uma restrição à propriedade, como no caso: a existência de vasta doutrina — nacional e comparada — que diferencia a análise das restrições ao direito de propriedade (antecedente), quanto às consequências dessas, por mais legítimas que possam ser.[4]

Com isso se quer dizer que o direito tributário, enquanto possa ser tomado como um direito de adesão, ou de superposição,[5] não pode deixar de matizar os efeitos e contornos derivados das restrições à propriedade.

Juridicamente, portanto, ao se limitar a propriedade se deve obrigatoriamente estabelecer novos contornos à cobrança de tributos imobiliários, postura essa que deve ser adotada pelos três órgãos do Poder, em especial pelo Judiciário, quando se demonstra que a cobrança do tributo não leva em consideração as limitações.

Sem poder aqui nos debruçar sobre outras hipóteses onde tal temática — restrição do direito de propriedade e IPTU — possa ser desenvolvida, vertemos para desenvolver nossa reflexão a partir da hipótese elegida, quais sejam as Áreas de Preservação Ambiental ou Permanente.

---

[4] DEBONI, Giuliano. *Propriedade privada*: do caráter absoluto à função *social* e ambiental. Sistemas jurídicos italiano e brasileiro. Porto Alegre: Verbo Jurídico, 2011; ALMEIDA, Washington Carlos. *Direito de propriedade, limites ambientais no Código Civil*. São Paulo: Manole, 2005.

[5] "O Direito Tributário é um direito de superposição, que atua sobre as relações que se formam sob a égide das demais normas do ordenamento jurídico. Ocorrido no mundo fenomênico o fato gerador previsto na lei tributária, surge o vínculo jurídico que obriga o contribuinte a pagar tributo ao Estado. O vasto ramo do direito privado abriga a maior parte das regras que regem relações potencialmente tributáveis. É a apreensão de um dado da realidade fática, ocorrido sob o pálio de normas jurídicas oriundas de outros ramos do direito (mormente o direito privado, consoante referido), que possibilitará a cobrança de tributos por parte do Estado-Administração." MOREIRA, André Mendes; COÊLHO, Sacha Calmon Navarro. Reflexos do Novo Código Civil no direito tributário. In: GRUPENMACHER, Betina Treiger (Org.). *Direito tributário e o Novo Código Civil*. São Paulo: Quartier Latin, 2004. p. 197-250.

Áreas de Preservação Permanente são áreas de proteção ambiental que possuem a função de preservar o solo, os recursos hídricos, a paisagem, a estabilidade geológica, a biodiversidade, o fluxo de gênico de fauna e flora, entre outros aspectos ambientais, conforme previsão disposta no Código Florestal.[6] A sua vez, uma área de reserva legal é uma

> área localizada no interior de uma propriedade ou posse rural, delimitada nos termos do artigo 12, com a função de assegurar o uso econômico de modo sustentável dos recursos naturais do imóvel rural, auxiliar a conservação e a reabilitação dos processos ecológicos e promover a conservação da biodiversidade, bem como o abrigo e a proteção de fauna silvestre e da flora nativa.[7]

Nesse sentido, por todo evidente, a existência de uma Área de Preservação Permanente, com a colaboração do mesmo ente que detém titularidade para cobrança do tributo,[8] resulta, além da restrição administrativa, na interdição ao exercício do direito de propriedade, ainda que entendida como aquela que deriva ao menos de uma posse obtida com *animus domini*.[9]

---

[6] Código Florestal Brasileiro — Lei nº 12.651/2012 — art. 3º, II.
[7] Código Florestal Brasileiro — Lei nº 12.651/2012 — art. 3º, II I
[8] "Agora, com a atual redação do art. 4º, §2º, desse código, as atividades florestais poderão ser licenciadas pelo município, caso esse tenha plano diretor (art. 182, §1º, CF/88) e órgão similar ao Conselho Nacional de Meio Ambiente (Dec. 99.274/91) e a área ser licenciada esteja no perímetro urbano." MORAES, Luís Carlos Silva de. *Código florestal comentado*. 3. ed. São Paulo: Atlas, 2002. p. 68.
[9] Um ponto de inflexão no conceito de propriedade para fins de cobrança do IPTU foi sem dúvida a interpretação pretoriana que alterou o conceito de "propriedade" para fins de cobrança do IPTU, estendendo-a não somente ao titular do domínio como aquele que possui área com *animus domini*, seja para afastar ou legitimar a cobrança. Nesse sentido STJ — AGRAVO REGIMENTAL NO RECURSO ESPECIAL AgRg no REsp 1034641 RJ 2007/0044985-2 (STJ) Data de publicação: 29/10/2013. Ementa: TRIBUTÁRIO. IMÓVEL DE DOMÍNIO DA UNIÃO. CONCESSÃO DE USO. IPTU. NÃO INCIDÊNCIA. CESSIONÁRIO. POSSE SEM ANIMUS DOMINI. PRECEDENTES. 1. Nos termos da jurisprudência desta Corte, o bem imóvel de domínio da União, ocupado por cessionária de uso de área, não se sujeita a incidência de IPTU, haja vista que a posse, nessa situação, não é dotada de animus domini. 2. O cessionário do direito de uso não é contribuinte do IPTU, haja vista que é possuidor por relação de direito pessoal, não exercendo animus domini, sendo possuidor do imóvel como simples detentor de coisa alheia. 3. Precedentes: AgRg no Ag 1207082/RJ, rel. ministro Hamilton Carvalhido, Primeira Turma, DJe, 14 abr. 2010; AgRg no Ag 1129472/SP, rel. ministra Denise Arruda, Primeira Turma, DJe, 10 jul. 2009; AgRg no REsp 947267/RJ, rel. ministro Francisco Falcão, Primeira Turma, DJ, 18 out. 2007; REsp 681406/RJ, rel. ministro José Delgado, Primeira Turma, DJ, 28 fev. 2005; AgRg no Ag 1243867/RJ, rel. ministro Humberto Martins, Segunda Turma, DJe, 12 mar. 2010; AgRg no REsp 885.353/RJ, rel. ministro Mauro Campbell Marques, Segunda Turma, DJe, 6 ago. 2009; REsp 933.699/RJ, rel. ministro Castro Meira, Segunda Turma, DJe, 28 mar.

Dessa forma, embora essa restrição não implique diretamente a perda da propriedade, exprime, indubitavelmente, uma limitação ao seu uso, gozo e até fruição.

Sob esse contexto, *prima facie* não nos parece razoável imaginar que limitações ao direito de propriedade não possam ter algum reflexo na cobrança do IPTU. De direito, diante da limitação do exercício do pleno e absoluto direito de propriedade, da configuração de Área de Preservação Permanente, surge uma contradição entre a situação fática de imposição de restrição à propriedade e a regra geral tributária, que tem como contribuinte do imposto aquele que detém a propriedade, o domínio útil e ou a posse a qualquer título.

2. Núcleo material do IPTU

O IPTU possui previsão constitucional no art. 156, inciso I, que permitiu aos municípios gravar a propriedade predial territorial urbana. Trata-se de um tributo que, embora se vincule a um objeto, como todo tributo, se aperfeiçoa a uma situação de direito, quando alguém exercer a propriedade sobre o bem imóvel, por natureza ou por acessão física.

O Código Tributário Nacional regulamenta o imposto nos seus arts. 32 a 34. Na forma do *caput* do art. 32 do CTN, o fato gerador do IPTU é a propriedade, o domínio útil ou a posse de bem imóvel, localizado na zona urbana do município, sendo a propriedade a revelação de riqueza capaz de ensejar a sujeição do seu titular ao imposto de competência municipal. Assim, a exemplo de outros tributos onde o aspecto material limita o aspecto quantitativo, o art. 33 do CTN estabelece que a base de cálculo do IPTU é o valor do imóvel. O valor venal de um imóvel deve ser, na medida do possível, o seu preço de venda, levando-se em consideração o terreno, acrescido de suas edificações, utilizando como base para a fixação do valor a capacidade contributiva.

Assim, podemos dizer que a hipótese de incidência do imposto se perfaz sobre a propriedade, sendo o fato gerador o direito de propriedade, o domínio útil e a posse. Mas como sói, essa propriedade há que ter valor patrimonial, pois do contrário é algo que não possui um reflexo econômico, ainda que seja uma propriedade.

2008; REsp 325489/SP, rel. ministra Eliana Calmon, Segunda Turma, DJ, 24 fev. 2003. 4. Agravo regimental a que se nega provimento.

Com isso queremos afirmar que o conceito de propriedade do IPTU está assentado necessariamente em algo que deve ser valorado não só do ponto de vista formal, mas em face da realidade jurídica.

Assim se mostra absoluto, uma vez que a materialidade do tributo recai sobre o conceito de propriedade dado pelo direito civil, mas conformado pelo direito tributário, não havendo propriedade economicamente apreciável ou sendo esta reduzida, não há que se falar em incidência do IPTU, devendo o *quantum debeatur* ser reduzido na mesma proporção independentemente de lei.

A nosso ver, a conformação jurisprudencial ao requisito do *animus domini* leva em consideração um aspecto que, embora possa ser singelo, possui fundamental transcendência para a questão aqui analisada, como colocamos a partir de agora.

Como visto, o conceito de propriedade tem raiz e proteção constitucional e os direitos que o englobam estão definidos no Código Civil, em seu art. 1.228.[10] Ali se estabelecem as faculdades do proprietário sobre o bem imóvel, quais sejam: (i) o uso; (ii) o gozo; (iii) a disposição; e (iv) a retomada do bem.

Dessa forma, a *genesis* do IPTU está na propriedade, sendo o fato gerador a existência do imóvel a título de domínio pleno, útil ou a posse que contenha — sob certas condições — um legítimo *animus domini*.

Ora, ao fragmentarmos os elementos do domínio apontados, na perspectiva de legitimidade à cobrança do IPTU, temos que se trata de um imposto que visa essencialmente um patrimônio não somente apreciável mas corretamente delimitado a partir da extensão do objeto. O aspecto material é a propriedade predial e territorial urbana, isto é, a propriedade é o núcleo material para a cobrança do IPTU enquanto a propriedade possua um valor inerente ao que se pode obter de sua venda.

---

[10] "Art. 1.228. O proprietário tem a faculdade de usar, gozar e dispor da coisa, e o direito de reavê-la do poder de quem quer que injustamente a possua ou detenha. §1º O direito de propriedade deve ser exercido em consonância com as suas finalidades econômicas e sociais e de modo que sejam preservados, de conformidade com o estabelecido em lei especial, a flora, a fauna, as belezas naturais, o equilíbrio ecológico e o patrimônio histórico e artístico, bem como evitada a poluição do ar e das águas. §2º São defesos os atos que não trazem ao proprietário qualquer comodidade, ou utilidade, e sejam animados pela intenção de prejudicar outrem. §3º O proprietário pode ser privado da coisa, nos casos de desapropriação, por necessidade ou utilidade pública ou interesse social, bem como no de requisição, em caso de perigo público iminente. §4º O proprietário também pode ser privado da coisa se o imóvel reivindicado consistir em extensa área, na posse ininterrupta e de boa-fé, por mais de cinco anos, de considerável número de pessoas, e estas nela houverem realizado, em conjunto ou separadamente, obras e serviços considerados pelo juiz de interesse social e econômico relevante. §5º No caso do parágrafo antecedente, o juiz fixará a justa indenização devida ao proprietário; pago o preço, valerá a sentença como título para o registro do imóvel em nome dos possuidores."

Em nosso sistema jurídico, o vocábulo propriedade traduz poderes inerentes ao domínio, que integram o direito de uso, gozo e disposição do bem, conferidos ao seu titular. Dessa forma, o IPTU grava a propriedade, recaindo sobre o gozo, a fruição e a disposição. Assim, a incidência do imposto não está restrita tão somente ao conceito puro de propriedade. Há que se considerar, na forma do art. 32 do CTN, a incidência do IPTU sobre (i) o domínio útil — quando o proprietário outorga a um terceiro todas as faculdades de uso, gozo e disposição, e (ii) a posse, que nada mais é do que a exteriorização da propriedade, ou a condição da sua aquisição. Dessa forma, a materialidade do IPTU se resume à propriedade, sendo o fato gerador a (i) propriedade composta pelas faculdades de uso, gozo e disposição do bem, (ii) o domínio útil da propriedade e/ou a (iii) posse da propriedade.

3. IPTU: propriedade e capacidade contributiva

Nessa linha, a qual impõe que os aspectos material e quantitativo devam ser correspondentes, a hipótese de incidência do IPTU está atrelada à existência de uma propriedade localizada em zona urbana que tenha um valor ajustado à realidade que parte da existência dos elementos do domínio. Ter a propriedade de um bem significa poder usar, gozar e dispor em absoluto, ressalvadas as limitações legais gerais.

Assim, embora a propriedade possa continuar existindo com limitações, ao sofrer restrição de qualquer faculdade do direito de propriedade, estará o titular afetando o próprio direito e, consequentemente, reduzindo sua dimensão quantitativa.

Pois bem, ao se defrontar com Áreas de Preservação Permanente em seu domínio, é real que se passe a existir uma comprometedora restrição das faculdades de uso e gozo e uma consequente afetação à faculdade de dispor, sendo-lhe proibida qualquer atividade. E por atividade entenda-se toda a sorte de ações que poderiam aumentar o valor do objeto, tal como a construção ou até mesmo a manutenção da área, não podendo aquele que se encontra limitado por uma restrição normativa usufruir, nem gozar do lote que possui e tampouco dispor da sua totalidade. Nesse ponto resta configurado um comprometimento da propriedade e, consequentemente, de seu valor, o que acaba por envolver o fato gerador e a base de cálculo do IPTU.

Ora, a sua vez, o desprezo dessa circunstância criaria um ônus injustificável ao contribuinte na medida em que estaria este a pagar por algo que possui menor valor, e, por outro lado, ao sujeito ativo, um enriquecimento sem causa ao receber com base em valor que não corresponde à realidade. E por mais que o enriquecimento sem causa — enquanto aumento patrimonial que ocorre sem causa jurídica — se origine no direito privado e ali repouse,[11] ao menos conceitualmente, é de fato um princípio o qual está submetido também à administração pública.

Não há como negar que existe sim, por parte dos municípios, um direito de propriedade tributável, porém não disperso das circunstâncias que permitem sua tributação, circunstâncias estas que não estão presentes quando o fato gerador não é absoluto. No caso das Áreas de Preservação Permanente, embora a propriedade exista, assim como a posse e o domínio útil, os direitos de gozo, fruição e disposição sobre aquele bem estão inteiramente comprometidos.

Em outras palavras, podemos dizer que o aspecto superficial do fato gerador do IPTU foi atendido, qual seja, a existência da propriedade, do domínio útil ou da posse, contudo, o aspecto fundamental, que consiste no direito de usar, gozar e fruir, está inteiramente comprometido.

Nessa linha, a cobrança do IPTU seria adequada quando atendidos os requisitos legais concernentes à propriedade, o que não acontece nos casos em que é decretada a Área de Preservação Permanente, onde há uma diminuição clara do valor do objeto a ser tributado e que não pode deixar de ser refletido em sua cobrança, sob pena de ilegalidade e inconstitucionalidade em face das disposições constitucionais e do CTN que regem a cobrança do IPTU, notadamente por se destoar do aspecto material do quantitativo com flagrante violação ao princípio da capacidade contributiva.

Com efeito, pelo prisma do princípio da capacidade contributiva, estando o imóvel completamente afetado, que capacidade ele ensejaria para que se justificasse a cobrança do IPTU?

Segundo o princípio da capacidade contributiva no direito tributário, o qual desborda do princípio da igualdade tributária, previsto no art. 150, inciso II, da Constituição Federal, o legislador deve tributar situação patrimonial em que o contribuinte efetivamente se encontre, cabendo a graduação do imposto, de acordo com a capacidade econômica.

Assim, a capacidade contributiva implica uma expressão de riqueza do contribuinte ligada ao fato gerador de um imposto. Se não há riqueza econô-

---

[11] O art. 884 do nosso Código Civil de 2002 impõe a todo aquele que se enriquecer sem causa jurídica o dever de indenizar a pessoa, a cuja custa ocorreu o enriquecimento. "Aquele que, sem justa causa, se enriquecer à custa de outrem, será obrigado a restituir o indevidamente auferido, feita a atualização dos valores monetários".

mica, ou se ela não é compatível com a realidade tomada pela administração, a intenção de tributar resta comprometida.

No caso de decretação de Área de Preservação Permanente, existe um flagrante prejuízo sofrido pelo sujeito passivo, inclusive, em termos econômicos, pois além de estar impedido de gerar — explorar qualquer atividade lucrativa no local —, sofre uma clara desvalorização do bem no que tange ao seu potencial de venda. É pelo princípio da capacidade contributiva que se garante que em casos como esses ocorram medidas como a progressividade, a proporcionalidade, a personalização e até mesmo a isenção para que a tributação seja adequada às condições reais da propriedade.

Não que se possa tomar tal assertiva como um dogma, mas a verdade é que nos impostos reais, tal como é o IPTU, a avaliação, o ajustamento e a correção do valor do imóvel para cada situação são instrumentos inafastáveis de aplicação do princípio da capacidade contributiva e devem sempre ser tomados em sentido absoluto.

Dessa forma, quando se delimita uma Área de Preservação Permanente, há uma inequívoca restrição sobre o imóvel que abrange todas as faculdades do direito de propriedade e, por conseguinte, a capacidade contributiva. Nesse passo, a propriedade em si está afetada, assim como o fato gerador do IPTU, que nessa hipótese não se configura em sua plenitude, logo impondo uma limitação ao poder de tributar ou, em última hipótese, uma graduação do imposto.

4. A propriedade no direito civil como exteriorização do IPTU: a limitação da propriedade e sua necessária graduação para fins de cobrança do IPTU

Como mencionado, a propriedade possui três elementos principais: uso, fruição e disposição.

O "uso" é o *jus utendi*, isto é, o proprietário pode usar a coisa, podendo ocupá-la para o fim a que se destina. A "fruição" (ou o gozo) é o *jus fruendi*, isto é, o proprietário pode explorar a coisa economicamente, auferindo seus benefícios e vantagens. Um exemplo claro é vender os frutos da colheita de uma propriedade. A "disposição" é o *jus abutendi*, é o poder de abusar da coisa, de modificá-la, reformá-la, vendê-la, consumi-la, e até destruí-la. A disposição é o poder mais abrangente.

Assim, no que tange à propriedade e aos seus elementos, reconhecidos pelo ordenamento jurídico, existe uma sólida relação com o direito fundamental dos indivíduos e o direito de propriedade.

A propriedade deve atender a função social, assim como a função ambiental. A lei civil expressamente assevera a necessidade de preservação da flora, fauna, belezas naturais, equilíbrio ecológico, e a não poluição do ar e das águas, denotando a preocupação do legislador civil com o meio ambiente e o dever de o proprietário preservá-lo. A questão ambiental está protegida constitucionalmente, constituindo-se em direito fundamental de toda a humanidade.

Assim, a proteção e preservação do meio ambiente é medida fundamental.

Nesse esteio, com o escopo de efetuar a proteção ao meio ambiente, pode a municipalidade utilizar o IPTU como forma de alcançar tal desiderato, introduzindo incentivos fiscais aos munícipes que colaborarem em sua propriedade imobiliária com a preservação da natureza.

A exemplo, o Estatuto das Cidades, em seu art. 47, determina que os tributos sobre imóveis urbanos sejam diferenciados em função do interesse social. Por conseguinte, é do interesse social a preservação ambiental, razão pela qual é possível, a redução do IPTU para imóveis que, de alguma forma, contribuam com a preservação ambiental, o que se insere no comando do art. 30, da Constituição Federal, em que compete aos municípios realizar o adequado ordenamento territorial e o planejamento do uso, parcelamento e ocupação do solo urbano, sendo certo que a tributação pelo IPTU pode e deve ser realizada para esse fim.

Ademais, o art. 4º, inciso IV, letras "a" e "c" do Estatuto das Cidades, autoriza ainda a utilização de institutos tributários e financeiros para a realização dos objetivos previstos no diploma legal referido, especialmente incentivos fiscais e financeiros para a correta ordenação das cidades.

O que se vê, portanto, é que nosso ordenamento, sem prejuízo da existência de limitações ao direito de propriedade, em nenhum momento renunciou a que o valor do IPTU estivesse deslocado do valor da propriedade, mesmo quando o fez por questão extrafiscal.[12]

Por não distinta razão, no caso das Áreas de Preservação Permanente, caso não fosse afastada por completo a incidência do IPTU, caberia, pelo menos,

---

[12] Art. 156. Compete aos Municípios instituir impostos sobre: I — propriedade predial e territorial urbana; §1º Sem prejuízo da progressividade no tempo a que se refere o art. 182, §4º, inciso II, o imposto previsto no inciso I poderá — ser progressivo em razão *do valor do imóvel*; e II — ter alíquotas diferentes de acordo com a localização e o uso do imóvel.

aos municípios, com lastro no art. 156, §1º, inciso II, da Constituição Federal, fixar alíquotas diferenciadas para tais situações.

5. A Área de Preservação Permanente e o IPTU

Como visto, as Áreas de Preservação Permanente são regulamentadas pela legislação ambiental, mais especificamente pelo Código Florestal.

Por sua própria natureza, é de ver que a Área de Preservação Permanente é uma área imprópria a qualquer finalidade e restrita ao uso, resultando na supressão econômica quase que total do bem, haja vista a impossibilidade de sua exploração.

Portanto, estando o imóvel em Área de Preservação Permanente, o uso da propriedade é restrito, não havendo inclusive possibilidade de utilização econômica, o que por si só já deveria ser fator para estabelecer um tratamento diferenciado do IPTU, devidamente regulado pela lei municipal.

Logo, as restrições demandadas pela decretação de Área de Preservação Permanente exprimem uma limitação administrativa, não sendo apenas uma restrição de caráter geral pois representam uma diminuição substantiva nos elementos inerentes à propriedade. Isto é, tendo em vista que o direito de propriedade consiste nas faculdades de ter, fruir e dispor, ao se restringir o exercício dessas faculdades, o direito de propriedade fica comprometido.

Dessa forma, não há outro caminho senão impor uma equivalência à redução do direito, como requisito de validade ao fato gerador do IPTU.

6. O direito tributário e o direito privado e a cobrança do IPTU em Área de Preservação Permanente

Nenhum ramo de direito é inteiramente autônomo, e diferente não é para o direito tributário. Mesmo para correntes teóricas distintas, desde *pandectistas* até positivistas como Bobbio, reconhecem, senão que toda interpretação deva ser sistemática, mas que sem um mínimo de integração não há sistema jurídico autônomo.[13]

---

[13] TORRES, Ricardo Lobo. *Normas de interpretação e integração do direito tributário*. Rio de Janeiro: Renovar, 2000.

Embora seja um dos pontos mais cruciais na dogmática jurídica, a questão da autonomia do direito tributário não pode sonegar que de alguma forma toda interpretação deve ser sistêmica.

Na forma dos arts. 109 e 110 do CTN,[14] os princípios gerais de direito privado possuem total relevância no direito tributário, contudo não são ditadores dos efeitos no campo tributário, servindo apenas de referência para esse campo do direito. Porém, não é permitido à lei tributária alterar a definição, o conteúdo e o alcance de institutos, conceitos e formas de direito privado, utilizados, expressa ou implicitamente, pela Constituição Federal, para definir ou limitar competências tributárias.

Como se percebe, a aplicação de ambas as normas de interpretação e integração, a par de parecerem antitéticas, resta absolutamente ligada. É vedado ao legislador alterar os princípios, normas e institutos, próprios do direito privado, com vistas à inclusão tributária no que tange, principalmente, ao alargamento da incidência.

Dessa forma, é possível que cada matéria assuma certas peculiaridades próprias das relações jurídicas de cada ramo, mas nunca ultrapassando os limites constitucionais e normas hierarquicamente superiores.

Isso posto, o legislador fiscal não pode distorcer o conteúdo e o alcance dos institutos, conceitos e formas de direito privado, mas apenas lhe atribuir efeitos fiscais.

Dessa feita, para o direito tributário importa o instituto da propriedade com a conformação que lhe dá o direito privado, não apenas em seu caráter material mas também em seu efeito patrimonial, aqui especialmente na medida em que, *a priori*, só deve haver tributo quando houver riqueza denotadora a fazer aplicar o princípio de capacidade contributiva, mas também sob o pálio de que tributar sobre uma não riqueza configura subtração do patrimônio, o que importa em princípio de vedação de confisco.

Dessa forma, mais do que o legislador não poder expandir o campo de competência tributária que lhe foi atribuído, mediante o artifício de ampliar a definição, o conteúdo ou o alcance de institutos de direito privado, menos ainda pode deixar de atribuir efeitos a algo que, ao retirar valor do objeto,

---

[14] Art. 109. Os princípios de direito privado utilizam-se para pesquisa da definição, do conteúdo e do alcance de seus institutos, conceitos e formas, mas não para definição dos respectivos efeitos tributários. Art. 110. A lei tributária não pode alterar a definição, o conteúdo e o alcance de institutos, conceitos e formas de direito privado, utilizados, expressa ou implicitamente, pela Constituição Federal, pelas Constituições dos Estados, ou pelas Leis Orgânicas do Distrito Federal ou dos Municípios, para definir ou limitar competências tributárias.

deixa de considerar tal modificação de *status* jurídico para fins de aplicação da lei tributária.

Se a Constituição fala sobre a propriedade e o Código Civil define sua extensão, em caso de limitação do exercício com claro impacto no patrimônio individual, não pode o direito tributário deixar de moldar essa circunstância sob pena de ilegitimidade da norma quando transformada em concreto. Logo, se o fato gerador do IPTU é a propriedade, o domínio útil e a posse, e tendo em vista que na hipótese de decretação da Área de Preservação Permanente os institutos civis estão comprometidos, não há qualquer explicação pela mantença da cobrança do imposto, se o legislador tributário respeitar os limites da legislação constitucional e civil acerca dos conceitos de propriedade, domínio útil e posse.

Dessa forma, o sentido da norma constitucional é permitir a tributação do patrimônio do contribuinte, detentor de direitos sobre imóveis urbanos. Busca-se tributar determinada pessoa, ainda que sem título de domínio, desde que o imóvel possua determinado valor econômico em seu patrimônio. Não o possuindo, em especial por uma ação estatal, cabe ao direito ajustar tal situação.

Imaginemos dois casos concretos para tornar simples uma situação de direito que serve como exemplo à temática aqui tratada.

Primeiro, cogitemos da situação de duas pessoas detentoras de dois lotes, A e B, à beira de um rio, onde em ambos a quase totalidade da área é destinada à produção de uvas. Em virtude da divulgação de um novo plano diretor municipal, ambos são afetados por uma Área de Preservação Permanente. Todavia, enquanto em um desses (lote A) apenas 10% da área é incluída como tal pelo plano diretor municipal, o outro é afetado em 90% (lote B), tornando-o impróprio para aquilo a que se destinava.

Segundo caso. Em outra hipótese, em um condomínio para construção de casas, no qual, respeitada a divisão de áreas comuns, se permitiria a construção em digamos 100 lotes, se constitui uma Área de Preservação Permanente que na prática impede a construção de metade desses lotes, os quais deixarão de ser comercializados.

Em ambos os casos, e remontando às colocações iniciais aqui formuladas, por evidente que o valor patrimonial irá se reduzir de forma drástica tanto para o detentor do lote B quanto para o proprietário do condomínio de casas que se pretende construir. Em que pese não haver diminuição formal da propriedade, há uma limitação drástica ao exercício do respectivo direito que ocasiona uma substancial diminuição do valor de seu patrimônio, base de cálculo do IPTU.

E, portanto, caso não haja uma diferenciação das situações — anterior e posterior — para fins de cobrança do tributo, estar-se-ia utilizando de forma simplista a ideia de que a simples manutenção da propriedade, tanto antes quanto depois, possa convalidar tratamentos tributários idênticos quando não o são. E caso assim sejam tratados, haverá violação à materialidade e à proporcionalidade na cobrança do tributo, como violação direta aos princípios da capacidade contributiva, da igualdade e da vedação de confisco.

7. Da jurisprudência

Como anteriormente antecipado, em que pese o fato de que a instituição de Área de Preservação Permanente, por mais legítima que seja, importe em uma limitação do direito de propriedade *per se*, e por isso em uma redução do patrimônio imobiliário, a jurisprudência no Brasil ainda é tímida em remediar situações pelas quais não há o ajustamento da cobrança do IPTU.

Em muitas decisões sobejam argumentos que não se coadunam com o tratamento que deve ser dado pelo direito tributário à circunstância de imóveis afetados por Área de Preservação Permanente.

O primeiro desses aspectos reside na premissa de que não há tributo válido sem o ajustamento de todos os seus elementos ao aspecto material. Não se grava tributo sobre renda por algo simplesmente auferido, mas que não implica aumento patrimonial. Não se grava de ICMS, por exemplo, a transferência de um bem de um lugar para o outro sem qualquer repercussão patrimonial. A sua vez, não se pode impor uma cobrança de IPTU sobre um valor despido de valor patrimonial, ademais tendo o próprio patrimônio sido afetado por uma norma estatal. No caso e sempre, o valor de IPTU deva refletir o valor do imóvel, tanto quanto este sofre uma apreciação, mas também quando este sofre uma diminuição.

Assim, o entendimento[15] de não se excluir ou se ajustar a incidência do IPTU sobre as Áreas de Preservação Permanente uma vez que o fato gerador

---

[15] "O Superior Tribunal de Justiça, no Recurso Especial 1.128981, decidiu que a restrição à utilização da propriedade referente a Área de Preservação Permanente em parte de imóvel urbano não afastaria a incidência do IPTU. Segundo o tribunal, o fato gerador da exação permaneceria íntegro - propriedade localizada na zona urbana do município, sendo a restrição um ônus a ser suportado. Por não gerar o cerceamento total da disposição, utilização ou alienação da propriedade, como ocorre, por exemplo, nas desapropriações não se justificaria a não incidência ou a redução do IPTU. Estranhamente, e, destoando de uma mesma lógica hermenêuticas, ao utilizar como base o tratamento da desapropriação para analisar o tratamento que deve ser dado à Área de Preservação Permanente, o Superior Tribunal de Justiça entendeu que se

do tributo permaneceria inalterado, de modo que a limitação administrativa imposta por tais áreas não caracterizaria desapropriação indireta do bem, não se coaduna com a premissa de que a propriedade é tributável mas na exata extensão do seu valor. Tributar algo que não mais detém valor é expropriar.

O segundo aspecto está justamente na construção não lógica de que, não sendo uma supressão da propriedade, o ônus imposto pela limitação ambiental deveria ser estendido ao pagamento do IPTU. Ou seja, se o proprietário já sofre pela restrição de uso de sua área, deveria sofrer duplamente, pagando IPTU sobre área que não mais possui valor.

Aqui, o grande equívoco. Ao invés da direção acima, o direito tributário, enquanto um direito de superposição, deve refletir as mutações patrimoniais existentes no conjunto do sujeito ativo, para tributar exatamente aquilo que possui valor patrimonial. Nesse sentido, o direito tributário é um direito de ajuste, o qual se aperfeiçoa pela sintonia entre o aspecto material e quantitativo, onde a base de cálculo deve levar em consideração o efetivo valor do objeto a ser tributado. Assim, eventual ônus (diminuição patrimonial) a ser suportado pelo contribuinte deve fazer com que este pague menos tributo e não o inverso.

Mas se desde o ponto de vista de uma teoria geral tal abordagem já seria suficiente para fazer com que não houvesse tributo sobre a perda de patrimônio, mais ainda se torna verdade no caso de tributos que afetam diretamente o patrimônio. Como visto, é onde se mais deve ter respeito aos princípios da capacidade contributiva e sob pena de se estar diante de expropriação indireta e de confisco.

Torna-se, portanto, o cerne da questão o fato de que o direito de propriedade subsiste inserido no conceito de poder fluir, gozar e dispor livremente do bem. Porém, nem sempre a legislação, nem tão pouco o Judiciário impõem o limite para que se considere a perda de parte ou de todo o valor da propriedade quando um desses aspectos forem afetados. Contudo, a mitigação das faculdades da propriedade afeta o direito de propriedade pela lei por si só, a qual impõe um sinal reverso, pois, ao se criar um ônus para o proprietário, deveria afetar o fato gerador do IPTU, o qual deveria se ajustar à sua respectiva base.

---

tratavam de institutos essencialmente distintos, pois no primeiro haveria a efetiva perda da propriedade de forma absoluta, enquanto no segundo haveria uma "mera" restrição ao direito de propriedade. É dizer, se toma em conservação somente o aspecto material sem levar em consideração a necessidade de ajustamento de ambos os aspectos (material mas também quantitativo) para fins de cobrança do IPTU."

Logo, muito embora não afete o direito de propriedade *latu senso*, a restrição de usar e gozar interfere na potencialidade de dispor do imóvel, o que por consequência afeta todos os outros aspectos que justificariam a incidência do IPTU, haja vista afetação direta do valor da propriedade.

8. Conclusão

As Áreas de Preservação Permanente são áreas protegidas que exercem uma função ambiental de preservar os recursos hídricos e demais recursos naturais, visando assegurar o bem-estar dos seres vivos. Estando o imóvel em Área de Preservação Permanente, o uso da propriedade é restrito, não havendo a possibilidade de utilização econômica.

O conceito de propriedade tem amparo constitucional e suas faculdades estão expressamente dispostas no Código Civil, sendo certo que a norma tributária deve ajustar tais conceitos do ponto de vista patrimonial a partir da mais importante das equações aplicáveis ao direito tributário: a de que o tributo deve ser diminuído na proporção do valor dos objetos e situações a serem tributados, em respeito aos princípios da igualdade, da capacidade contributiva e da vedação do confisco.

Nessa linha, quando existe uma Área de Preservação Permanente que restringe as faculdades conferidas pela propriedade, há também nesse ponto uma diminuição do valor imobiliário a guardar uma relação de prejudicialidade com o fato gerador do IPTU.

A intributabilidade ou redução da cobrança do IPTU há de derivar de seu aspecto quantitativo. Este sim será sempre flexível, mesmo que mantido rígido o aspecto material, pois o aspecto quantitativo opera sobre a realidade econômica e não sobre a formalidade material.

Dessa forma, os precedentes que negam a intributabilidade do IPTU ou a sua não redução no caso de constituição de Área de Preservação Permanente são equivocados, pois não ajustam o aspecto quantitativo da obrigação, legitimando incorretamente a tributação sobre algo que não possui valor, e consequentemente implicando no confisco.

Assim, quer nos parecer que, pela relevância e contemporaneidade da questão — com o incremento de restrições derivadas do direito ambiental —, é mister um posicionamento da jurisprudência, posto existirem argumentos constitucionais a serem respeitados, para afastar ou ajustar a incidência do IPTU sobre as Áreas de Preservação Permanente.

REFERÊNCIAS

ALMEIDA, Washington Carlos. *Direito de propriedade, limites ambientais no Código Civil.* São Paulo: Manole, 2005.

DEBONI, Giuliano. *Propriedade privada*: do caráter absoluto à função *social* e ambiental. Sistemas jurídicos italiano e brasileiro. Porto Alegre: Verbo Jurídico, 2011.

DINIZ, Maria Helena. *Curso de direito civil brasileiro*, v. 4 — Direito das coisas. 20. ed. São Paulo: Saraiva, 2004.

MORAES, Luís Carlos Silva de. *Código florestal comentado.* 3. ed. São Paulo: Atlas, 2002.

MOREIRA, André Mendes; COÊLHO, Sacha Calmon Navarro. Reflexos do Novo Código Civil no direito tributário. In: GRUPENMACHER, Betina Treiger (Org.). *Direito tributário e o Novo Código Civil.* São Paulo: Quartier Latin, 2004. p. 197-250.

SILVA, José Afonso da. *Curso de direito constitucional positivo.* 24. ed. São Paulo: Malheiros, 2005.

TORRES, Ricardo Lobo. *Normas de interpretação e integração do direito tributário.* Rio de Janeiro: Renovar, 2000.

A extrafiscalidade ambiental e a alíquota mínima do ISS

Gustavo da Gama Vital de Oliveira[*]

1. Introdução

O objetivo do trabalho é examinar o impacto da edição da Emenda Constitucional nº 37/0202 em relação à autonomia financeira dos municípios e o imposto sobre serviços (ISS), principalmente em relação à dimensão extrafiscal do ISS em matéria ambiental.

A EC nº 37/2002 alterou o art. 156 da CF, estabelecendo que caberia à lei complementar fixar as alíquotas mínimas do imposto, além de regular a forma de concessão de isenções, incentivos e benefícios fiscais. Foi ainda acrescentado o art. 88 ao ADCT para estabelecer que, na ausência da lei complementar, o imposto teria a alíquota mínima de 2%,[1] bem como não seria objeto de concessão de isenções, incentivos e benefícios fiscais, que resulte, direta ou indiretamente, na redução da alíquota mínima estabelecida. O escopo principal da limitação foi combater a guerra fiscal entre os municípios.

O presente estudo busca investigar se a limitação imposta pela EC nº 37/2002 é constitucional, considerando a cláusula pétrea da "forma federativa de estado" prevista no art. 60, §4º, inciso I da CF. Mesmo se afirmada a validade da norma veiculada pela emenda constitucional, o trabalho investiga a possibilidade de o município adotar alíquota mínima de 2% para serviços diversos dos explicitamente listados no art. 88 do ADCT (itens 32, 33 e 34 da Lista de Serviços anexa ao Decreto-Lei nº 406/1968).

---

[*] Professor adjunto de direito financeiro da Universidade do Estado do Rio de Janeiro (Uerj). Doutor e mestre em direito público pela Uerj. Procurador do Município do Rio de Janeiro. Advogado. Diretor da Sociedade Brasileira de Direito Tributário (SBDT).

[1] Exceto para os serviços a que se referem os itens 32, 33 e 34 da Lista de Serviços anexa ao Decreto-Lei nº 406, de 31 de dezembro de 1968.

2. A Emenda Constitucional nº 37/2002 e a limitação da autonomia municipal

A edição da EC nº 37/2002 e a previsão de alíquota mínima para o ISS por lei complementar suscitou intensas críticas sobre a compatibilidade de tais inovações com a cláusula pétrea prevista no art. 60, §4º, inciso I, que veda a promulgação de emenda tendente a abolir a forma federativa de estado. Aires F. Barreto,[2] José Eduardo Soares de Melo,[3] Eduardo Fortunato Bim,[4] Kiyoshi Harada,[5] Daniel Prochalski,[6] Dalton Luiz Dallazem[7] e Marcelo Caron Baptista[8] sustentaram que tais limitações impostas ao município são inconstitucionais por violação da mencionada cláusula pétrea.

Em sentido contrário, Sérgio Pinto Martins considerou que o estabelecimento da alíquota mínima prevista na EC nº 37/2002 não feriu a autonomia municipal, pois "nada impede que a Emenda Constitucional estabeleça regra no sentido de evitar a guerra fiscal, que é um bem maior a ser assegurado", de sorte que a referida emenda não violou cláusula pétrea da Constituição.[9] No mesmo sentido sustentou Silvia Helena Gomes Piva, destacando que a inovação da EC nº 37/2002 não viola o princípio da autonomia municipal ou o pacto federativo, apenas impõe a observância de alíquotas mínimas como forma de evitar que o tributo seja utilizado como atrativo "para que prestadores de serviço se instalem em determinadas localidades, facilitando a fraude e agravando a guerra fiscal".[10]

---

[2] Barreto, Aires F. *Curso de direito tributário municipal*. São Paulo: Saraiva, 2009. p. 452.
[3] MELO, José Eduardo Soares de. Questões atuais do ISS. *Revista de Estudos Tributários*, n. 31, p. 135-136, 2003.
[4] Bim, Eduardo Fortunato. A inconstitucionalidade da alíquota mínima para o ISS: a violação do pacto federativo pela EC nº 37/02. *Revista Dialética de Direito Tributário*, v. 94, p. 22-37, 2003.
[5] Harada, Kiyoshi. Imposto sobre Serviços: polêmica sobre alíquotas máximas e mínimas. *Revista de Direito da Procuradoria Geral da Câmara Municipal do Rio de Janeiro*, v. 10, n. 15, p. 86. 2006.
[6] Prochalski, Daniel. *ISS — regra matriz de incidência e conflitos de competência*. Curitiba: Juruá, 2009. p. 150.
[7] DALLAZEM. Dalton Luiz. A responsabilidade tributária e o ISS. In: TORRES, Heleno Taveira (Coord.). *Imposto sobre serviços — ISS na Lei Complementar n. 116/2003 e na Constituição*. São Paulo: Manole, 2004. p. 164.
[8] BAPTISTA, Marcelo Caron. *ISS: do texto à norma*. São Paulo: Quartier Latin, 2005. p. 627.
[9] MARTINS, Sérgio Pinto. *Manual do imposto sobre serviços*. São Paulo: Atlas, 2010. p. 103.
[10] PIVA, Silvia Helena Gomes. *O ISSQN e a determinação do local da incidência tributária*. São Paulo: Saraiva, 2012. p. 113.

A dúvida acerca da constitucionalidade da EC nº 37/2002, no ponto pertinente à limitação da competência tributária municipal, possui tamanha pertinência que levou o Tribunal de Contas do Estado de Santa Catarina a emitir pronunciamento admitindo que o chefe do Poder Executivo ou Poder Legislativo local deixe de respeitar o comando normativo, caso manifeste-se formalmente pela inconstitucionalidade da emenda:

> O Município poderá conceder isenções do Imposto sobre Serviços de Qualquer Natureza — ISSQN ou fixar alíquotas mínimas aquém do mínimo de dois por cento para todos os serviços prestados em seu território desde que o chefe do Poder Executivo ou o Chefe do Poder Legislativo, em ato expresso, formal e motivado, entenda ser a Emenda Constitucional nº 37/02 flagrantemente inconstitucional no que tange a fixação de alíquotas mínimas;
> Na ausência do ato, o Município não poderá conceder isenções do ISSQN ou fixar alíquota menor que dois por cento do mencionado imposto, salvo se os serviços forem relacionados com a construção civil (serviços anteriormente previstos nos itens 32, 33 e 34 da Lista de Serviços anexa ao Decreto-Lei nº 406/68 e atualmente previstos no item 7 e subitens da Lista anexa à Lei Complementar nº 116/03).
> (Processo nº CON — 07/00447245, Consultoria Geral)

A exigência de alíquota mínima impediria que o município reduzisse a carga tributária apenas para estimular a instalação de empresas em seu território, em detrimento de outros entes federativos. Tal propósito da EC nº37/2002 foi explicitado no voto do deputado Delfim Neto, relator da matéria (PEC 407-A de 2001):

> A Emenda é extremamente oportuna. É fato que diversos municípios fixam suas alíquotas do ISS em patamares muito baixos, como forma de atrair contribuintes para seus territórios. Esses Municípios beneficiam-se indevidamente da receita, graças a sua localização, prejudicando os Municípios onde efetivamente ocorre o fato gerador do imposto. A distorção fiscal é evidente, pois, globalmente, diminui a arrecadação tributária.
> A fixação de alíquotas mínimas balizará o esforço de arrecadação dos Municípios, ensejando que, na lei de diretrizes orçamentárias federal, se possa condicionar as transferências voluntárias de recursos da União não apenas à comprovação de que o beneficiário instituiu, regulamentou e arrecada todos os tributos de sua competência como, no caso do ISS, que aplica, sem exceções, a citada regra.

Portanto, tendo em vista as distorções que se têm constatado na política tributária de diversos Municípios, geradoras de verdadeiros "paraísos fiscais", no dizer do ilustre Autor da emenda em apreço, entendemos oportuno e conveniente dispor sobre a matéria, na forma do Substitutivo anexo.

Na análise das cláusulas pétreas previstas no art. 60, §4º, da CF, a doutrina tributária majoritária geralmente apenas se ocupa em questionar se determinada norma emanada de emenda constitucional *tangenciou* um dos temas previstos nos incisos do dispositivo, sem a preocupação de desenvolver uma argumentação que procure investigar o *grau de restrição* que a emenda constitucional acarretou ao suposto valor tutelado pela norma constitucional originária.

Todavia, é pacífico na doutrina constitucional brasileira o entendimento de que o que se busca retirar do constituinte derivado não é o poder de *tratar* das matérias ventiladas no dispositivo, mas somente que as alterações promovidas pela emenda constitucional não venham a ferir o *núcleo essencial* dos princípios e institutos neles versados.[11] Tal doutrina já foi acolhida diversas vezes pelo Supremo Tribunal Federal (STF). Trata-se de lição aplicável a todos os quatro incisos previstos no art. 60, §4º, da CF.[12]

Limitar o exercício da competência tributária pelo estabelecimento de alíquota mínima de imposto municipal *tangencia* a questão federativa contida na cláusula pétrea, mas tal constatação é insuficiente para concluir pela inconstitucionalidade do enunciado normativo. Deve ser investigado o grau de restrição que a emenda constitucional produziu a ponto de atingir o núcleo essencial da decisão fundamental que se consagrou no dispositivo constitucional originário.

Mas qual seria o núcleo essencial do federalismo contido na cláusula pétrea do art. 60, §4º, inciso I, da CF/1988? A resposta deve ser iniciada por uma breve retrospectiva ao momento constitucional de 1988. O texto da Constituição buscou promover profunda reformulação do federalismo fiscal brasileiro, abalado pelo modelo centralizador adotado pela Constituição

---

[11] Barroso, Luís Roberto. *Curso de direito constitucional contemporâneo. Os conceitos fundamentais e a construção do novo modelo.* São Paulo: Saraiva, 2009. p. 169-170.

[12] Brandão, Rodrigo. *Direitos fundamentais, democracia e cláusulas pétreas.* Rio de Janeiro: Renovar, 2008. p. 282: "(...) não se veda toda e qualquer restrição às cláusulas pétreas, mas tão somente aquelas que venham a aniquilar, tendencial ou efetivamente, a sua substância, a sua identidade, os elementos que lhe são absolutamente essenciais e inerentes, enfim, precisamente o seu núcleo essencial." MENDES, Gilmar Ferreira; COELHO, Inocêncio Mártires; BRANCO, Paulo Gustavo Gonet. *Curso de direito constitucional.* São Paulo: Saraiva, 2009. p. 219.

de 1967-69. A autonomia de estados e municípios foi revitalizada, especialmente no campo das competências tributárias, em nítida direção favorável à descentralização fiscal.[13]

Assim, a cláusula pétrea da forma federativa de Estado no federalismo fiscal brasileiro é enunciado normativo dirigido para evitar movimentos de retorno ao modelo de centralização financeira verificado na ordem constitucional anterior, autorizando que a União tivesse o poder até mesmo de conceder isenções de tributos de outro ente federativo (art. 19, §2º, da CF 67/69), com base na vaga alusão a "relevante interesse social ou econômico nacional". A cláusula pétrea busca evitar a edição de emenda que embarace o poder de autodeterminação do ente subnacional no que respeita à obtenção dos meios financeiros para a manutenção dos seus serviços.[14]

Nessa linha, Ricardo Lodi Ribeiro destaca que apenas pelo exercício de sua própria competência tributária o ente local pode garantir o cumprimento de suas prioridades, que não coincidem necessariamente com as do governo central, preservando desse modo sua autonomia.[15] Misabel Derzi aduz que a nota distintiva da forma federal de Estado não está na relativa descentralização financeira, mas na distribuição do poder de legislar, especialmente para a criação de tributos. Abolir tal competência representaria uma "redução insuportável" em uma federação já profundamente fragilizada como a brasileira.[16]

Assim, poder-se-ia cogitar de violação à cláusula pétrea na hipótese de transferência total da competência tributária de determinado tributo da esfera de algum ente periférico para a União, ainda que a capacidade tributária ativa continuasse com os entes subnacionais. No tocante especialmente à competência tributária municipal, Marcelo Caron Baptista reconhece a possibilidade de o poder constituinte derivado modificar as competências tributárias dos entes federados, alterando os tributos, mas ressaltando que essas alterações devem manter o princípio federativo. Assim, a supressão do ISS só poderia

---

[13] BARROSO, Luís Roberto. A derrota da federação: o colapso financeiro dos Estados e Municípios. *Revista de Direito da Procuradoria Geral do Estado do Rio de Janeiro*, n. 53, p. 109, 2000.
[14] FALCÃO, Amílcar de Araújo. *Introdução ao direito tributário*. Rio de Janeiro: Forense, 1994. p. 68.
[15] RIBEIRO, Ricardo Lodi. Federalismo fiscal e reforma tributária. In: ____. *Temas de direito constitucional tributário*. Rio de Janeiro: Lumen Juris, 2009. p. 258.
[16] DERZI, Misabel Abreu Machado. Federalismo, estado democrático de direito e imposto sobre o consumo. *Revista de Direito Tributário*, n. 75, p. 210, 1999.

ser cogitada pela substituição por outro tributo capaz de gerar recursos semelhantes, de forma a assegurar a autonomia financeira municipal.[17]

O núcleo essencial da forma federativa de Estado não pode ser definido por critérios formais, sendo fundamental investir em critérios de ordem material.[18] Não será lícito afirmar que determinada emenda constitucional incidiu na proibição ventilada pelo constituinte originário apenas pela circunstância de ter modificado, *formalmente*, enunciado normativo que regula a discriminação das competências tributárias entre os entes da federação ou a repartição das receitas tributárias.

Nesta linha, a cláusula pétrea da forma federativa de estado serve para advertir que cada fissura no sistema de competências tributárias próprias de estados e municípios reduz suas verdadeiras autonomias financeiras, pois colabora para que as finanças locais fiquem cada vez mais dependentes das transferências voluntárias do governo federal, nas quais os critérios políticos e partidários são decisivos, o que praticamente obriga que os entes menores tenham vinculação política ao chefe do Executivo Federal, formando o que Paulo Bonavides denominou de "federalismo de subordinação", pela dependência de estados e municípios em relação a recursos federais.[19] Cuida-se de cenário *exatamente oposto* que a Constituição de 1988 procurou configurar ao ampliar a autonomia financeira de estados e municípios.

Assim, a cláusula pétrea da forma federativa de Estado busca evitar que emendas constitucionais importem na transferência dos principais tributos da competência de estados e municípios para a União Federal, ou ainda que diminuam ou dificultem a participação dos entes subnacionais na distribuição das receitas financeiras. Em outros termos, impede que o Congresso Nacional, investido da condição de constituinte derivado, possa desequilibrar em demasia a relação *governo central e governos locais*. A referida cláusula pétrea não impede que o constituinte derivado venha a adotar medidas que pretendam tornar mais hígida a relação *entre os governos subnacionais*.

Trata-se de interpretação coerente com o próprio texto constitucional originário de 1988, que estabelece o papel da lei complementar para dirimir conflitos de competência entre os entes federativos (art. 146, inciso I, da CF), bem como remete à lei complementar o papel de estabelecer normas gerais em matéria de legislação tributária, especialmente sobre a definição de tributos e

---

[17] BAPTISTA, Marcelo Caron. *ISS*: do texto à norma. São Paulo: Quartier Latin, 2005. p. 104.
[18] OLIVEIRA, Gustavo da Gama Vital de. Alguns parâmetros para a densificação das cláusulas pétreas tributárias e financeiras. *Revista Fórum de Direito Tributário*, v. 48, p. 127-146, 2010.
[19] BONAVIDES, Paulo. *A Constituição aberta*. São Paulo: Malheiros, 2004. p. 234.

de suas espécies, e, em relação aos impostos discriminados na Constituição, a dos respectivos fatos geradores, bases de cálculo e contribuintes (art. 146, III, "a"). Seria uma grave contradição reconhecer a possibilidade de o legislador complementar dispor sobre diversos temas intimamente ligados ao exercício da competência tributária pelos entes subnacionais e deixar de reconhecer a competência do constituinte derivado para dispor sobre temas semelhantes.

Fato é que, em matéria de definição de *alíquota* de impostos estaduais e municipais, quando a Constituição pretendeu disciplinar o tema, ela o fez expressamente, como ocorre no caso do ICMS e do ITCD, normas do constituinte originário. Alíquota também não é tema listado no rol de matérias do art. 146, III, "a", que são destinadas à regulamentação pela lei complementar. Tais constatações militam a favor da tese da inconstitucionalidade da EC nº 37/2002. Por outro lado, não se pode retirar do constituinte derivado o poder de aperfeiçoar os mecanismos de relação entre os entes subnacionais, como forma de evitar os conflitos de competência, exatamente como ocorre no caso da guerra fiscal, principal alvo do constituinte derivado no caso.

3. A possibilidade de interpretação conforme a Constituição da Emenda Constitucional nº 37/2002

A constatação de que os enunciados normativos veiculados pela EC nº 37/2002 foram editados com o propósito de evitar a guerra fiscal é relevante para *limitar o alcance da restrição da competência tributária municipal que se pode admitir com as inovações*, mesmo se superada a inconstitucionalidade pela violação da cláusula pétrea da forma federativa de Estado.

Isto porque a limitação da competência tributária municipal proveniente da EC nº 37/2002 só pode ser admitida nas hipóteses de verdadeiro potencial de disputa entre municípios pela mesma base econômica (guerra fiscal). A limitação é inaplicável nas hipóteses em que tal cenário não pode se verificar, como no caso da definição da competência tributária pelo local da prestação do serviço (incisos do art. 3º da LC nº 116/2003).[20]

Deve-se assim efetuar verdadeira *interpretação conforme a constituição da EC nº 37/2002*, tornando-a compatível com a cláusula pétrea da "forma federativa de estado", admitindo sua aplicabilidade apenas na hipótese de risco

---

[20] Nesta linha, Ribeiro, Ricardo Lodi. Paternalismo federativo e a competência para a concessão de benefícios fiscais no ICMS e no ISS. *Revista Fórum de Direito Tributário*, Belo Horizonte, v. 10, n. 59, p. 147, 2012.

de guerra fiscal entre os municípios e excluindo sua aplicação para hipóteses nas quais a fixação da alíquota do ISS inferior a 2% não implica guerra fiscal.

O próprio art, 88 do ACDT, acrescentado pela mesma EC nº 37/2002, reforça tal tese, ao estabelecer que a vedação da fixação de alíquota inferior a 2% não se aplica aos itens 32, 33 e 34 da Lista de Serviços anexa ao Decreto-Lei nº 406/1968. Os itens mencionados correspondem aos serviços relativos à construção civil, que à luz do DL nº 406/1968 consistiam nos únicos serviços que escapavam à regra geral da competência pelo município do estabelecimento prestador (alínea "b" do art. 12), sendo o ISS devido no local da prestação do serviço.

Tal propósito da EC nº 37/2002 foi explicitado no voto do Deputado Delfim Neto, relator da matéria (PEC 407-A de 2001):

> O segundo dispositivo mencionado (art. 4º do Substitutivo) acrescenta art. 88 ao ADCT, fixando temporariamente — enquanto não entrar em vigor lei complementar prevista no referido §3º do art. 156 —, a alíquota mínima do ISS em dois por cento, o que não se aplica aos serviços de construção civil, devidamente identificados na Lista de Serviços constante da legislação complementar que regulamenta o tributo.
>
> Tal exceção se justifica pelo motivo de que tais serviços não se enquadram legalmente na regra geral de cobrança no local de sede das empresas, sendo o serviço gravado no local onde se realizam as obras, não se sujeitando o setor, portanto, à guerra fiscal que se pretende coibir com o citado dispositivo.

É sabido que o Superior Tribunal de Justiça (STJ), com base no suposto princípio implícito da territorialidade da lei tributária, claramente superou a redação do art. 12, "a", do DL nº 406/1968, ao considerar que o ISS seria sempre devido no local da efetiva prestação do serviço, apesar de o dispositivo claramente ter acolhido a regra de que o município competente seria o do estabelecimento prestador. É de farto conhecimento a insegurança jurídica generalizada que os precedentes do Tribunal ainda causam no país pela indeterminação do sujeito ativo do ISS, mesmo após a revogação do dispositivo pela LC nº 116/2003.

A LC nº 116/2003 manteve a regra geral do art. 12 do DL nº 406/1968 de definição do município competente de acordo com o critério do estabelecimento prestador. A novidade do novo diploma foi ampliar sensivelmente o número de exceções a tal regra, estipulando que para os serviços listados nos incisos a competência para tributar seria do município no qual ocorreu fisicamente a prestação do serviço.

O critério adotado pelo art. 3º da LC nº 116/2003 é semelhante ao utilizado pelos países da comunidade europeia, conforme a Directiva 2006/112/CE do Conselho da União Europeia (Jornal Oficial da União Europeia de 11 de dezembro de 2006) relativa ao sistema comum do IVA. Embora seja estabelecido como regra geral que o imposto é devido no "lugar onde o prestador tem a sede da sua atividade econômica ou dispõe de um estabelecimento estável a partir do qual é efetuada a prestação de serviços" (art. 43), são consideradas diversas exceções, como os serviços relacionados com bens imóveis (art. 45, sendo competente o lugar da localização do imóvel), os serviços de transporte (art. 46, com a competência definida em razão do lugar em que se efetua o transporte) e a prestação de serviços culturais e similares (art. 52, sendo competente o local onde a prestação é materialmente executada).

Só é possível cogitar de guerra fiscal entre municípios quando o critério eleito pelo legislador é o do estabelecimento prestador. Apenas nessa hipótese pode-se cogitar que o município A estimule, em razão da baixa tributação, que uma empresa tenha seu estabelecimento fixado em seu território, ainda que os serviços sejam prestados exclusivamente por tomadores localizados no território do município B. Quando o critério fixado pelo legislador para definição da competência tributária é o do local da prestação de serviço, não há como se cogitar de guerra fiscal. No exemplo referido, eventual redução da carga tributária pelo município A (local do estabelecimento prestador) para estimular a fixação da empresa seria absolutamente inócua, pois o ISS será sempre devido ao município B (local da prestação do serviço).

Veja-se o caso do serviço descrito no item 16.01 da lista — transporte coletivo. Imaginemos uma empresa de transporte que presta o serviço por meio de linhas de ônibus que trafegam dentro do município A. Pelo art. 3º da LC nº 116/2003, trata-se de serviço sujeito à exceção da regra do *caput* do mesmo dispositivo. Desta forma, o único município competente para exigir o ISS é o município A, ainda que a empresa de transporte tenha seu estabelecimento fixado em qualquer outro município do país. Desta forma, se o município A, no exercício de sua competência tributária própria, estipula alíquota de ISS inferior a 2%, ou mesmo se pretende conceder isenção, estaria impedido por força do art. 88 do ACDT? A resposta é negativa, pois se a limitação imposta pela EC nº 37/2002 só se justifica pela intenção de evitar a guerra fiscal, não se justifica impor tal limitação à autonomia municipal se a redução da carga tributária do imposto pelo município A não pode ser interpretada como um estímulo à atração de empresas em detrimento de outros entes municipais.

Desse modo, o art. 88 do ADCT não pode mais ser interpretado à luz da legislação infraconstitucional já revogada (DL nº 406/1968) que só admitia os serviços de construção civil como sujeitos à regra do local da prestação do serviço para definição do sujeito ativo da relação tributária. Todas as exceções previstas no atual art. 3º da LC nº 116/2003 (e todas as que foram acrescentadas por novo diploma normativo) devem ser implicitamente consideradas como situações nas quais não incide a limitação imposta pelo constituinte derivado da alíquota mínima de 2%. Assim, onde se lê atualmente no art. 88 do ADCT "exceto os serviços dos itens", o correto seria ler "exceto os serviços nos quais, nos termos da lei complementar, o sujeito ativo do tributo é definido pelo local da efetiva prestação do serviço".

Ausente o risco de guerra fiscal entre os municípios, ou seja, inexistindo o risco de conflitos de competência entre entes federativos (art. 146, I, da CF), inexiste motivo determinante que pudesse limitar o exercício da competência tributária pelo município ao ponto de se definir qual a alíquota aplicável ao imposto municipal ou ainda vedar a possibilidade de isenções ou demais benefícios do imposto municipal. Entendimento contrário representaria claro movimento de retorno à centralização financeira do poder tributário na União Federal, circunstância que a cláusula pétrea prevista no art. 60, §4º, inciso I, busca evitar.

O raciocínio desenvolvido está coerente com as conclusões do STF no julgamento da ADI nº 3421/PR, cujo relator foi o ministro Marco Aurélio (*DJ*, 28 maio 2010).

Na ocasião, o governador do Paraná questionou a validade de lei estadual por violação ao artigo 155, §2º, inciso XII, "g", da CF. O diploma estadual excluiu a cobrança do ICMS em contas de serviços públicos de fornecimento de água, luz, telefone e gás quando consumidos por igrejas e templos. O governador sustentou a inconstitucionalidade da isenção sem convênio prévio do Confaz, exigência indispensável da Lei Complementar nº 24/1975, norma que regula as relações entre os estados da Federação em matéria de outorga e revogação de benefícios fiscais relativos ao ICMS, consoante previsto no aludido art. 155, §2º, inciso XII, "g". Segundo a inicial, tratar-se-ia de apenas mais um caso de "guerra fiscal do ICMS".

O ministro Marco Aurélio ressaltou que a hipótese não tratava de mais um caso de "guerra fiscal", cujo objetivo do ente tributante seria de atração de empresas, pois a norma impugnada buscava beneficiar templos de qualquer culto, assim não se poderia concluir por competição federativa para atração de entes religiosos. O Pleno, por unanimidade, seguiu o voto do relator para julgar improcedente o pedido e assentar a constitucionalidade do ato, sem verificar a violação ao art. 155, §2º, inciso XII, "g", da CF.

A exigência da alíquota mínima de 2% para o ISS (bem como a vedação contida no art. 88 do ADCT de impossibilidade de qualquer benefício fiscal que implique a redução da referida alíquota) também será inaplicável mesmo para as hipóteses de serviços que seguem a regra geral do art. 3º da LC nº 116/2003 (estabelecimento prestador), sempre que não haja indícios de que a redução da carga tributária ocorreu apenas como instrumento de atração de investimentos em fomento à guerra fiscal. Entendimento diverso representaria a impossibilidade absoluta de o município utilizar o componente extrafiscal do ISS para estimular comportamentos que busquem concretizar princípios e direitos fundamentais, o que seria inadmissível à luz da autonomia municipal.

Pense-se, por exemplo, na hipótese de o município prever uma redução da carga tributária de empresas que possuam elevado percentual de empregados portadores de deficiência. É inegável o amparo constitucional da finalidade buscada pelo município (art. 3º, incisos I, III, IV, art. 23, inciso II, art. 24, inciso XIV c/c art. 30, II e art. 203, incisos III e IV da CF). Trata-se de medida que não possui como escopo estimular a migração de empresas já instaladas em outros municípios.

4. A extrafiscalidade ambiental do ISS

O reconhecimento da possibilidade de o município fixar alíquota mínima inferior a 2%, ou mesmo conceder isenções ou outros benefícios, de acordo com o raciocínio desenvolvido no tópico anterior, pode significar a preservação da possibilidade de utilização do ISS como importante instrumento de extrafiscalidade ambiental.

A Lista da LC nº 116/03 prevê diversos serviços que possuem íntima conexão com a questão ambiental. Pode haver a necessidade de estimular o desenvolvimento de tais serviços no âmbito municipal, de forma que a limitação da competência tributária da EC nº 37/2002 não será justificável pela ausência de verdadeiro potencial de disputa entre municípios pela mesma base econômica (guerra fiscal). A limitação será claramente inaplicável nas hipóteses em que tal cenário não pode se verificar, como no caso da definição da competência tributária pelo local da prestação do serviço (incisos do art. 3º da LC nº 116/2003).[21]

Como exemplo de serviços listados no art. 3º da LC nº 116/2003 que possuem ligação estreita com a questão ambiental, citamos os seguintes:

> Art. 3º O serviço considera-se prestado e o imposto devido no local do estabelecimento prestador ou, na falta do estabelecimento, no local do domicílio do prestador, exceto nas hipóteses previstas nos incisos I a XXII, quando o imposto será devido no local:
> VI — da execução da varrição, coleta, remoção, incineração, tratamento, reciclagem,[22] separação e destinação final de lixo, rejeitos e outros resíduos quaisquer, no caso dos serviços descritos no subitem 7.09 da lista anexa;
> VII — da execução da limpeza, manutenção e conservação de vias e logradouros públicos, imóveis, chaminés, piscinas, parques, jardins e congêneres, no caso dos serviços descritos no subitem 7.10 da lista anexa;
> IX — do controle e tratamento do efluente de qualquer natureza e de agentes físicos, químicos e biológicos, no caso dos serviços descritos no subitem 7.12 da lista anexa;
> XII — do florestamento, reflorestamento, semeadura, adubação e congêneres, no caso dos serviços descritos no subitem 7.16 da lista anexa;
> XIII — da execução dos serviços de escoramento, contenção de encostas e congêneres, no caso dos serviços descritos no subitem 7.17 da lista anexa;
> XIV — da limpeza e dragagem, no caso dos serviços descritos no subitem 7.18 da lista anexa.

A exigência da alíquota mínima de 2% para o ISS e a vedação contida no art. 88 do ADCT de impossibilidade de qualquer benefício fiscal que

---

[21] Em sentido semelhante, BASSO, Ana Paula; SANTOS, Rodrigo Lucas Carneiro. Reflexões acerca da extrafiscalidade nos tributos municipais e a promoção do desenvolvimento urbano sustentável. In: MURTA, Antônio Carlos Diniz; MACEI, Demetrius Nichele; FEITOSA, Raymundo Juliano Rego. (Org.). *Direito tributário*. Florianópolis: Funjab, 2013. v. 1, p. 568-589.

[22] Defendendo expressamente a necessidade de incentivos fiscais de ISS para a reciclagem de resíduos, Caneloi, Tathyana Pelatieri. *Reciclagem e políticas públicas*: a questão da tributação dos materiais recicláveis e reciclados. Dissertação (direito político e econômico) — Universidade Presbiteriana Mackenzie, São Paulo, 2011, p. 107: "A proposta do presente trabalho é que se crie incentivo fiscal, também no que tange ao ISS, para os serviços que antecedem a reciclagem e para o serviço de reciclagem em si considerado, seja através de imunidade, seja através de isenção ou redução de alíquota, válida para todos os Municípios, e assegurada a utilização do incentivo pelos tomadores ou intermediadores, como forma de se estimular a reciclagem de materiais, na esteira dos argumentos já esposados".

implique a redução da referida alíquota também serão inaplicáveis mesmo para as hipóteses de serviços que seguem a regra geral do art. 3º da LC nº 116/2003 (estabelecimento prestador), sempre que a redução da carga tributária ocorrer como instrumento de preservação da extrafiscalidade ambiental do ISS, sem que se possa cogitar da redução da carga tributária apenas como instrumento de atração de investimentos em fomento à guerra fiscal.

Pelas razões ventiladas, é preocupante a aprovação pelo Senado Federal do PLS nº 386/2012, que seguiu para apreciação da Câmara dos Deputados em dezembro de 2013. O projeto modifica a LC nº 116/2003 para acrescentar dispositivo consagrando a alíquota mínima de 2% para o ISS (vedando a concessão de qualquer benefício que resulte em carga tributária menor), mas excetua da vedação somente os subitens 7.02, 7.05 (construção civil) e 16.01 (transporte) da lista e estabelece que a inobservância da regra constituirá ato de improbidade administrativa.

Desse modo, no ímpeto de buscar o controle da guerra fiscal, a proposta legislativa não contemplou todas as exceções previstas no art. 3º, bem como deixou de contemplar explicitamente situações em que a carga tributária é reduzida como instrumento de extrafiscalidade, sem o objetivo de fomentar a guerra fiscal.

Idêntico raciocínio pode ser aplicado para questionar a inovação trazida pela EC nº 42/2003, ao fixar a competência do Senado Federal para estabelecer alíquotas mínimas para o IPVA (art. 155, §6º, inciso I). O escopo da medida também foi evitar a guerra fiscal entre estados relativa ao imposto,[23] de forma que a fixação de alíquota mínima pelo Senado Federal não poderá impedir que o estado possa fixar carga tributária menor por lei própria nas hipóteses em que não restar configurado qualquer intuito de atração de investimentos. Na seara ambiental, o IPVA vem sendo utilizado com forte conotação extrafiscal, como na hipótese de redução de alíquotas para veículos que utilizam o gás natural ou a energia elétrica.[24]

---

[23] FERRAZ, Roberto. Aspectos controvertidos do IPVA. *Revista Dialética de Direito Tributário*, São Paulo, n. 113, fev. 2005; HENRIQUES, Guilherme de Almeida; CAMPOS, Marcelo Hugo de Oliveira. O IPVA e o pacto federativo. *Revista Fórum de Direito Tributário — RFDT*, Belo Horizonte, ano 10, n. 60, nov./dez. 2012.

[24] Art. 10, VII, da Lei nº 2877/1997 do estado do Rio de Janeiro.

5. Conclusão

Os enunciados normativos veiculados pela EC nº 37/2002 foram editados com o propósito de evitar a guerra fiscal municipal. Ainda que pudesse ser superada a alegação de contrariedade da medida com a cláusula pétrea da forma federativa de Estado, a limitação da competência tributária municipal só poderia ser admitida nas hipóteses de verdadeiro potencial de disputa entre municípios pela mesma base econômica (guerra fiscal). A limitação jamais pode ser aplicável nas hipóteses em que tal cenário não pode se verificar, como no caso da definição da competência tributária pelo local da prestação do serviço (incisos do art. 3º da LC nº 116/2003).

O art. 88 do ACDT, acrescentado pela mesma EC nº 37/2002, reforça tal tese, ao dispor que a vedação da fixação de alíquota inferior a 2% não se aplica aos itens 32, 33 e 34 da Lista de Serviços anexa ao Decreto-Lei nº 406/1968. Os itens mencionados correspondem aos serviços relativos à construção civil, que, à luz do DL nº 406/1968, consistiam nos únicos serviços que escapavam à regra geral da competência pelo município do estabelecimento prestador (alínea "b" do art. 12), sendo o ISS devido no local da prestação do serviço. Todas as exceções previstas no atual art. 3º da LC nº 116/2003 devem ser implicitamente consideradas como situações nas quais não incide a limitação imposta pelo constituinte derivado.

A exigência da alíquota mínima de 2% para o ISS, bem como a vedação contida no art. 88 do ADCT de impossibilidade de qualquer benefício fiscal que implique a redução da referida alíquota também serão inaplicáveis quando não houver indícios de que a redução da carga tributária ocorreu apenas como instrumento de atração de investimentos em fomento à guerra fiscal. Entendimento diverso representaria a impossibilidade absoluta de o município utilizar o componente extrafiscal do ISS para estimular comportamentos que estejam de acordo com a preservação ambiental, mutilando a faceta extrafiscal do imposto, o que seria inadmissível à luz da autonomia financeira municipal consagrada na Constituição.

REFERÊNCIAS

BAPTISTA, Marcelo Caron. *ISS*: do texto à norma. São Paulo: Quartier Latin, 2005.

BARRETO, Aires F. *Curso de direito tributário municipal*. São Paulo: Saraiva, 2009.

BARROSO, Luís Roberto. A derrota da federação: o colapso financeiro dos estados e municípios. *Revista de Direito da Procuradoria Geral do Estado do Rio de Janeiro*, n. 53, p. 107-113, 2000.

____. *Curso de direito constitucional contemporâneo*. Os conceitos fundamentais e a construção do novo modelo. São Paulo: Saraiva, 2009.

BASSO, Ana Paula; SANTOS, Rodrigo Lucas Carneiro. Reflexões acerca da extrafiscalidade nos tributos municipais e a promoção do desenvolvimento urbano sustentável. In: MURTA, Antônio Carlos Diniz; MACEI, Demetrius Nichele; FEITOSA, Raymundo Juliano Rego (Org.). *Direito tributário*. Florianópolis: Funjab, 2013. v. 1, p. 568-589.

BIM, Eduardo Fortunato. A inconstitucionalidade da alíquota mínima para o ISS: a violação do pacto federativo pela EC nº 37/02. *Revista Dialética de Direito Tributário*, v. 94, p. 22-37, 2003.

BONAVIDES, Paulo. *A Constituição aberta*. São Paulo: Malheiros, 2004.

BRANDÃO, Rodrigo. *Direitos fundamentais, democracia e cláusulas pétreas*. Rio de Janeiro: Renovar, 2008.

CANELOI, Tathyana Pelatieri. *Reciclagem e políticas públicas*: a questão da tributação dos materiais recicláveis e reciclados. Dissertação (direito político e econômico) — Universidade Presbiteriana Mackenzie, São Paulo, 2011.

DALLAZEM, Dalton Luiz. A responsabilidade tributária e o ISS. In: TORRES, Heleno Taveira (Coord.). *Imposto sobre serviços — ISS na Lei Complementar n. 116/2003 e na Constituição*. São Paulo: Manole, 2004. p. 149-171.

DERZI, Misabel Abreu Machado. Federalismo, estado democrático de direito e imposto sobre o consumo. *Revista de Direito Tributário*, n. 75, p. 197-218, 1999.

ELIALI, André. *O federalismo fiscal brasileiro e o sistema tributário nacional*. São Paulo: MP, 2005.

FALCÃO, Amílcar de Araújo. *Introdução ao direito tributário*. Rio de Janeiro: Forense, 1994.

FERRAZ, Roberto. Aspectos controvertidos do IPVA. *Revista Dialética de Direito Tributário*, São Paulo, n. 113, p. 107-115, 2005.

HARADA, Kiyoshi. Imposto sobre Serviços: polêmica sobre alíquotas máximas e mínimas. *Revista de Direito da Procuradoria Geral da Câmara Municipal do Rio de Janeiro*, v. 10, n. 15, p. 83-90, 2006.

HENRIQUES, Guilherme de Almeida; CAMPOS, Marcelo Hugo de Oliveira. O IPVA e o pacto federativo. *Revista Fórum de Direito Tributário* — RFDT, Belo Horizonte, ano 10, n. 60, p. 153-169, nov./dez. 2012.

MARTINS, Cristiano Franco. *Princípio federativo e mudança constitucional*. Limites e possibilidades na Constituição brasileira de 1988. Rio de Janeiro: Lumen Juris, 2003.

MARTINS, Ives Gandra. O local de prestação de serviços no DL 406/68 e na LC 116/2003. In: TORRES, Heleno Taveira (Coord.). *Imposto sobre Serviços — ISS na Lei Complementar n. 116/2003 e na Constituição*. São Paulo: Manole, 2004. p. 85-99.

MARTINS, Sérgio Pinto. *Manual do imposto sobre serviços*. São Paulo: Atlas, 2010.

MELO, José Eduardo Soares de. Questões atuais do ISS. *Revista de Estudos Tributários*, n. 31, p. 135-136, 2003.

MENDES, Gilmar Ferreira; COELHO, Inocêncio Mártires; BRANCO, Paulo Gustavo Gonet. *Curso de direito constitucional*. São Paulo: Saraiva, 2009.

OLIVEIRA, Gustavo da Gama Vital de. Alguns parâmetros para a densificação das cláusulas pétreas tributárias e financeiras. *Revista Fórum de Direito Tributário*, v. 48, p. 127-146, 2010.

PIVA, Silvia Helena Gomes. *O ISSQN e a determinação do local da incidência tributária*. São Paulo: Saraiva, 2012.

PROCHALSKI, Daniel. *ISS* — regra matriz de incidência e conflitos de competência. Curitiba: Juruá, 2009.

RIBEIRO, Ricardo Lodi. Federalismo fiscal e reforma tributária. In: ____. *Temas de direito constitucional tributário*. Rio de Janeiro: Lumen Juris, 2009. p. 357-270.

____. Paternalismo federativo e a competência para a concessão de benefícios fiscais no ICMS e no ISS. *Revista Fórum de Direito Tributário*, Belo Horizonte, v. 10, n. 59, p. 133-151, 2012.

A "tributação do sol": estímulos para uma matriz energética sustentável e confiável

Pedro Curvello Saavedra Avzaradel[*]
Gabriel Sant'Anna Quintanilha[**]

1. Introdução

É possível afirmar que, para quase tudo que se pretenda realizar, necessita-se de energia. Desde as lâmpadas que iluminam casas e ruas até o funcionamento de indústrias, eletrodomésticos, tudo depende de alguma forma de energia, sobretudo da elétrica.

Com o crescimento da população mundial[1] e dos níveis de consumo (mesmo concentrados em parcela pequena da população mundial), a demanda por energia no planeta, seja para fins comerciais e industriais, seja para fins residenciais, tem crescido de forma constante.

No caso brasileiro, segundo dados do Ministério das Minas e Energia, "entre 1970 e 1980 a demanda total de energia (Oferta Interna de Energia) aumenta 71,5%, entre 1980 e 1990, 23,7%, entre 1990 e 2000, 34,3%, e, entre 2000 e 2005, 14,8%".[2]

---

[*] Doutor em direito da cidade, graduado em direito e mestre em sociologia e direito, é professor do Curso de Direito do Polo Universitário de Volta Redonda da Universidade Federal Fluminense, onde lidera o Grupo de Estudos em Meio Ambiente e Direito. Integra o quadro permanente do Programa de Pós-Graduação em Direito Constitucional da mesma Universidade. É pesquisador do Grupo de Pesquisa Energias Renováveis, Descentralização e o papel dos Entes Federados, da Universidade do Estado do Rio de Janeiro. Contato: pedroavzaradel@id.uff.br.

[**] Advogado, pós-graduado em direito público e tributário, mestrando em economia empresarial pela Universidade Candido Mendes (Ucam). Membro do IBDT e conselheiro consultivo da SBDT. Professor de direito tributário do Ibmec, da Fundação Getulio Vargas, e da Pós-Graduação em Direito Tributário da UFF.

[1] De acordo com dados de 2006 do Fundo das Nações Unidas para População, nos próximos 43 anos a população irá crescer em 2,5 bilhões de pessoas, número igual à população mundial em 1950, e atingir 9,2 bilhões em 2050. Esse crescimento tende a se concentrar em regiões pobres do mundo, especialmente nas áreas urbanas de países em desenvolvimento. Disponível em: <www.unfpa.org/pds/trends.htm>. Acesso em: 13 nov. 2007.

[2] BRASIL. Ministério das Minas e Energia. *Matriz energética nacional 2030*. Brasília: MME/EPE, 2007. p. 109.

Desde a década de 1980, a geração elétrica a partir das águas correntes possui destaque no Brasil. O sistema nacional de geração de energia está fortemente ancorado nas fontes hidroelétricas, que representam hoje, seguramente, mais de 70% da nossa matriz elétrica.[3]

Conforme dados do Ministério das Minas e Energia de 2007, temos cerca de 30% do nosso potencial hidroelétrico em aproveitamento e mais de 400 instalações, e pequena parcela dessas, menos de 30, concentra a maior parte da capacidade hidroelétrica instalada. Existe, assim, um grande potencial (70%) inexplorado.[4]

Levando-se em conta os cenários de crescimento da economia e o aumento da demanda por energia para fins residenciais e industriais, existe um planejamento por parte do Estado brasileiro para que se aumente a oferta interna de energia elétrica. E neste ponto, novamente, existe o foco, a prioridade conferida à geração hidroelétrica.

Tal não ocorre sem alguns importantes questionamentos. De um lado, a geração de energia hidroelétrica não depende exclusivamente de fatores topográficos (p. ex.: relevo, existência de quedas d'água) e tecnológicos (ex.: modelos de turbinas geradoras e reservatórios), mas sobretudo do insumo água. Esse vital insumo depende do regime das chuvas e da manutenção dos processos ecológicos essenciais ao ciclo do mesmo no planeta.

Ocorre que, atualmente, existem mudanças em curso e projetadas a médio prazo no regime das chuvas em razão das mudanças climáticas globais. Conforme o Painel Intergovernamental das Nações Unidas sobre Mudanças Climáticas (IPCC), serão intensificados os chamados extremos climáticos, o que pode significar períodos maiores de estiagem e chuvas concentradas em curtos períodos.

O IPCC relaciona uma série de riscos às mudanças climáticas capazes de impactar de maneira substancial a vida na terra. Dentre os vários exemplos possíveis destacamos o aumento de eventos climáticos extremos como secas, chuvas e ciclones, além de perda acelerada de biodiversidade. Esses riscos são em certa medida reforçados por indícios de que as temperaturas já estão mais altas e de que eventos climáticos extremos vêm se tornando mais frequentes e destrutivos.[5]

---

[3] Conforme dados de 2007 do Ministério de Minas e Energia, "essas usinas correspondem a 75% da potência instalada no país e geraram, em 2005, 93% da energia elétrica requerida no Sistema Interligado Nacional — SIN". Ibid., p. 28.
[4] Ibid., p. 23-25.
[5] IPCC. *Mudança do clima 2007: a base das ciências físicas*. Contribuição do Grupo de Trabalho I ao Quarto Relatório de Avaliação do Painel Intergovernamental sobre Mudança do Clima. Genebra, 2007.

As mudanças na disposição da água no planeta e na forma como ocorrerão as chuvas representam sérios riscos para várias instalações hidroelétricas em operação, em construção ou planejadas para operar com grandes escalas.

Embora se saiba que o uso dos recursos hídricos por instalações hidroelétricas é não consuntivo (não altera significativamente a quantidade disponível do recurso), o fato é que o uso por tais instalações compete com outros, o que pode gerar conflitos no futuro próximo.[6]

De outro, embora seja tratada como fonte renovável e limpa pelo governo brasileiro, o fato é que a energia a partir de plantas hidroelétricas vem sofrendo críticas contundentes, seja em relação à geração de gases de efeito estufa (p. ex.: a produção de gás metano), seja em relação aos impactos socioambientais (p. ex.: o deslocamento de comunidades e a transformação abrupta de pequenas cidades).

A emissão de gases de efeito estufa decorre da composição das matérias (p. ex.: árvores) nas áreas alagadas para criar os reservatórios. O principal gás emitido é o metano, várias vezes mais potente do que o carbono na retenção de calor e, logo, na contribuição para o efeito estufa.[7]

Para Salvador Pueyo e Philip M. Fearnside, as estimativas oficiais do governo brasileiro sobre as emissões de gás metano nos reservatórios existentes estão subestimadas.[8]

Contudo, são os impactos sociais aqueles que geram as maiores controvérsias. O deslocamento de populações locais e a atração de milhares de trabalhadores e prestadores de serviços frequentemente geram mudanças radicais em pequenas cidades, sem qualquer planejamento para a demanda por serviços e equipamentos públicos.

O risco de escassez dos recursos hídricos está ligado não somente às mudanças climáticas, mas também a práticas ambientalmente condenáveis, como, o desmatamento e a ocupação de áreas de preservação permanente (nascentes, faixas marginais de proteção etc.), à poluição industrial dos cursos d'água, ao desperdício no uso desse recurso etc.

---

[6] Vale lembrar que a Lei nº 9.433/1997, que aprova a Política Nacional de Recursos Hídricos, prioriza o uso múltiplo das águas, com atenção especial ao uso por seres humanos e para a dessedentação de animais.

[7] Os cientistas divergem sobre a relação entre os potenciais danosos dos gases metano e carbônico, havendo os que sustentam ser o metano 16 vezes mais potente e os que sustentam ser 21 vezes mais potente.

[8] FEARNSIDE, Philip M.; PUEYO, Salvador. Emissões de gases de efeito estufa em reservatórios de hidroelétricas: implicações de uma lei de potência. *Oecologia Australis*, p. 2010, 2011. Segundo os autores, a quantidade de gás metano emitida seria três vezes maior do que a oficialmente informada pelo governo brasileiro.

Pior, nesse cenário, para que não haja interrupção ou riscos para o abastecimento de energia, são utilizadas como *backup* as usinas termoelétricas a gás e a carvão, sendo as últimas altamente poluidoras, emissoras de gases de efeito estufa (GEE) em grandes quantidades.

Como parte de sua estratégia para redução das emissões de gases de efeito estufa, o Brasil editou a Política Nacional de Mudanças Climáticas (PNMC), Lei nº 12.187/2009. Dentre as diretrizes elencadas na PNMC, podemos citar as seguintes: (i) "a utilização de instrumentos financeiros e econômicos para promover ações de mitigação"; (ii) "o apoio e o fomento às atividades que efetivamente reduzam as emissões ou promovam as remoções por sumidouros de gases de efeito estufa".[9]

Hermann Scheer, célebre defensor da energia solar, associou em sua obra as energias fósseis às guerras por seu controle e a catástrofes naturais. Por seu turno, o fato de a energia do sol ser igualmente acessível a todos e limpa ambientalmente fez com ele defendesse a necessidade de transição rápida para uma economia solar.[10] Nas palavras dele:

> As iniciativas públicas podem e devem acelerar o abandono dos combustíveis fósseis. Em nenhum caso hão de esperar que estes se esgotem. Sua missão principal consiste em acabar com toda forma de uso privilegiado dos recursos fósseis — concretamente — com as numerosas subvenções diretas e indiretas e as absurdas isenções fiscais — e aplainar o caminho para os recursos solares. Se estes se generalizarem rapidamente, revolucionando o aproveitamento energético, existe a possibilidade de que o mundo tenha um desenvolvimento promissor, coincidindo com a fase crepuscular da revolução industrial fóssil.[11]

Retomando o pensamento do autor, ao menos do ponto de vista climático, não nos parece interessante que a descoberta de novas reservas de petróleo na chamada camada do pré-sal ofusque a necessidade de incentivo às fontes renováveis de energia.

Ao que tudo indica, para assegurar a médio prazo o fornecimento de energia num cenário cheio de incertezas significativas quanto à disponibilidade da água sem agravar a contribuição negativa para as mudanças no clima, dever-se-ia estimular, fomentar outras formas de energia não dependentes de água, tampouco emissoras de GEE.

---

[9] BRASIL. Lei 12.187, de 29 de dezembro de 2009, art. 5o, incs. VII e IX.
[10] SCHEER, Hermann. *Economia solar global*: estratégias para a modernidade ecológica. Rio de Janeiro: Cresesb-Cepel, 2002.
[11] Ibid., p. 312.

Por um lado, a oferta de energia eólica vem crescendo de forma considerável no Brasil. Segundo dados do último Balanço Energético Nacional (BEN), entre os anos de 2003 a 2012, tal fonte de energia deixou de responder por 61 para chegar aos 5.050 Gwh, crescendo 87% em relação ao ano anterior e se aproximando da nuclear produzida no país.[12]

Por outro, apesar de termos, notoriamente, um dos maiores potenciais mundiais para gerar energia a partir do sol, essa forma de produção de energia não consegue crescer, sendo incipiente.

> o Brasil, por ser um país localizado na sua maior parte na região intertropical, possui grande potencial para aproveitamento de energia solar durante todo ano. A utilização da energia solar traz benefícios a longo prazo para o país, viabilizando o desenvolvimento de regiões remotas onde o custo da eletrificação pela rede convencional é demasiadamente alto com relação ao retorno financeiro do investimento, regulando a oferta de energia em períodos de estiagem, diminuindo a dependência do mercado de petróleo e reduzindo as emissões de gases poluentes à atmosfera como estabelece a Conferência de Kyoto. Existe um grande leque de possibilidades a médio e longo prazo para aproveitamento dessa abundante forma de energia renovável, que vai desde pequenos sistemas fotovoltaicos autônomos até as grandes centrais que empregam energia solar concentrada, ou a sistemas de produção de hidrogênio para utilização em células de combustível para a produção de trabalho com emissão zero de CO_2. No entanto, hoje em dia essa energia ainda tem uma participação incipiente na matriz energética brasileira — apenas a energia solar térmica para aquecimento de água tem despertado interesse no mercado nacional, principalmente para o emprego entre as classes A e B da sociedade, na indústria e nos serviços de hotelaria.[13]

Daí a necessidade de o Estado brasileiro incentivar de forma efetiva e consistente o setor de produção de energia solar, valendo-se para tanto de instrumentos econômicos, como de um tratamento fiscal diferenciado, consoante o que prevê a Constituição Federal, em seu art. 170, VI.[14]

---

[12] BRASIL. Empresa de Pesquisa Energética (EPE). *Balanço energético nacional 2013*: ano base 2012. Rio de Janeiro: EPE, 2013. p. 14, 47, 175.
[13] ABREU, Samuel Luna de et al. *Atlas brasileiro de energia solar*. São José dos Campos : Inpe, 2006. p. 10-11.
[14] BRASIL. *Constituição da República Federativa do Brasil*, de 5 de outubro de 1988, art. 170: "A ordem econômica, fundada na valorização do trabalho humano e na livre-iniciativa, tem

2. A tributação como instrumento de intervenção econômica

Ao defender a intervenção estatal na economia e a correção das chamadas falhas de mercado por meio de uma política tributária ecológica, Paulo Henrique do Amaral sustenta que "essa política poderá comportar a utilização de incentivos fiscais com a finalidade de desonerar a produção por adotar mecanismos limpos e a instituição de tributos, objetivando desestimular a poluição ou na (sic) instituição de tributo sobre atividades agressoras do meio ambiente".[15]

Acerca da necessidade de intervenção estatal, já se manifestou José Marcos Domingues de Oliveira, ao tratar do princípio do poluidor-pagador:

> num sentido impositivo o princípio significa o dever estatal de cobrar do poluidor (no caso tributar) contribuições públicas em função de sua atividade objetivamente poluidora de forma a fazê-lo arcar com o custo dos serviços públicos gerais ou específicos necessários à preservação e recuperação ambientais (nesta perspectiva, o princípio se adequa a tributação fiscal).
>
> Noutro sentido, seletivo, o princípio determina prioritariamente ao Poder Público que gradue a tributação de forma a incentivar atividades, processos produtivos ou consumos *environmentally friendly* (literalmente, amistosos, adequados sob a ótica ambientalista, numa palavra, não poluidores), desestimular o emprego de tecnologias defasadas, a produção e o consumo de bens, *not environmentally friendly* (isto é, nefastos à preservação ambiental). É, como se percebe, o campo da tributação ambiental.[16]

De fato, o sistema tributário brasileiro, desenhado na Constituição Federal a partir do art. 145, tem como objetivo o atingimento da justiça fiscal, prevendo princípios como a capacidade contributiva e a isonomia da tributação.

Como se não bastasse, é cediço que os tributos podem funcionar como instrumento de intervenção econômica, com o objetivo de estimular ou desestimular a atividade e a produção.

---

por fim assegurar a todos existência digna, conforme os ditames da justiça social, observados os seguintes princípios: (...) VI — defesa do meio ambiente, inclusive mediante tratamento diferenciado conforme o impacto ambiental dos produtos e serviços e de seus processos de elaboração e prestação".

[15] AMARAL, Paulo Henrique do. *Direito tributário ambiental*. São Paulo: Revista dos Tribunais, 2007. p. 57.

[16] OLIVEIRA, José Marcos Domingues de. *Direito tributário e meio ambiente*. 2. ed. Rio de Janeiro: Renovar, 1999. p. 42.

Os tributos que externalizam tal característica são classificados como extrafiscais e são aqueles utilizados para intervir no domínio econômico, como é o caso do Imposto sobre Produtos Industrializados (IPI).

Nesse ponto, abre-se o campo de atuação do Direito Tributário enquanto interventor na ordem econômica, especialmente no caso do presente estudo, com a função de conduzir a uma ação ou omissão do particular no sentido de preservação de um meio ambiente não poluído. Isso pode ser feito, por exemplo, por intermédio da imposição de uma carga tributária mais benéfica para o empreendedor que demonstrar a observância das regras ambientais ou que venha a criar um programa de reflorestamento de uma determinada área devastada, dentre outras, o que podemos chamar de uma "tributação premiativa".
Também é possível vislumbrar uma condução a uma omissão (um não fazer), no sentido de se inibir a prática de determinada atividade nociva ao meio ambiente por meio da imposição de uma carga tributária mais elevada ou da impossibilidade de consideração de algumas despesas no cômputo do lucro tributável, de forma que o empreendedor venha a buscar outras alterações negativas em relação àquela atividade. Aí estamos diante de uma tributação "punitiva".[17]

Para Paulo de Barros Carvalho, extrafiscalidade deve ser interpretada da seguinte forma:

> A experiência jurídica nos mostra (...) que vezes sem conta a compostura da legislação de um tributo vem pontilhada de inequívocas providências no sentido de prestigiar certas situações, tidas como social, política ou economicamente valiosas, às quais o legislador dispensa tratamento mais confortável ou menos gravoso. A essa forma de manejar elementos jurídicos usados na configuração dos tributos, perseguindo objetivos alheios aos meramente arrecadatórios, dá-se o nome de extrafiscalidade.[18]

Um exemplo de extrafiscalidade transparece no Imposto sobre Operações Financeiras de Crédito, Câmbio, Seguros e com Valores Mobiliários (IOF), que a União federal utiliza como instrumento para influenciar no mercado cambial. Essa intervenção deve ser aplicada de forma mais efetiva na esfera

---

[17] OLIVEIRA, Gustavo Goiabeira de; PÉRLLIER, Eduardo Barros Miranda. A extrafiscalidade como instrumento de controle ambiental. In: GONÇALVEZ, Fabio Fraga et al. (Coord.). *Direito tributário ambiental*. Rio de Janeiro: Lumen Juris, 2006. p. 112.
[18] CARVALHO, Paulo de Barros. *Curso de direito tributário*. São Paulo: Saraiva, 1993. p. 148.

ambiental. "A utilização dos tributos não apenas em sua função arrecadatória, mas principalmente em seu caráter extrafiscal é de fundamental importância para o perfeito implemento das políticas ambientais (...)".[19]

Outro exemplo de extrafiscalidade que não considerou a relação com o meio ambiente ocorreu durante a crise econômica mundial de 2008. Com o objetivo de intervir no domínio econômico, a União reduziu o IPI incidente sobre a produção veículos para gerar mais competitividade para a indústria automobilística e aumentar a venda de veículos.

Tal decisão, sem a exigência de contrapartidas ambientais, demonstra a flexibilidade do sistema tributário para os tributos extrafiscais e a ausência de atendimento à proteção ao meio ambiente, uma vez que o aumento de carros nas ruas contribui para a poluição elevada do ar nos centros urbanos e, ainda, para as mudanças no clima.

Como se pode ver, a extrafiscalidade foi utilizada, por várias vezes, de forma negativa, incentivando a poluição. Por isso, faz-se mister que o direito tributário esteja atrelado à esfera ambiental, influenciando o domínio econômico de forma a proteger o meio ambiente.

3. A alta carga tributária — fator de desestímulo

A carga tributária incidente sobre a produção de energia solar ultrapassa os 20% do preço da energia. Não devem restar dúvidas de que a redução da carga tributária é um dos fatores determinantes para reduzir o preço final da energia solar, bem como para aumentar a competitividade do setor e proporcionar o crescimento dessa fonte em nossa matriz energética.

É importante frisar que não podemos nos limitar a tratar da tributação do consumo, mas também da tributação que encarece a produção, com uma série de impostos incidindo sobre equipamentos, serviços, componentes e até mesmo sobre matérias-primas e insumos que dificultam o desenvolvimento da cadeia produtiva e aumentam o preço final da energia solar.

Segundo dados publicados pela Associação Brasileira da Indústria Elétrica e Eletrônica (Abinee), temos a tabela[20] descritiva dos impostos incidentes

---

[19] TUPIASSU, Lise Vieira da Costa. *Tributação ambiental*: a utilização de instrumentos econômicos e fiscais na implementação do direito ao meio ambiente saudável. Rio de Janeiro: Renovar, 2006. p. 108.

[20] Disponível em: <www.silvaporto.com.br/admin/downloads/ENERGIA_SOLAR_EPE_2012.pdf>. Acesso em: 30 nov. 2014.

sobre os equipamentos e serviços associados à produção de energia solar no Brasil, presente na nota Técnica da EPE.

TABELA 1 Impostos sobre equipamentos e serviços associados

Componente	II	ICMS	IPI	PIS	COFINS	ISS	Total
Módulo	12%	0%	0%	1,65%	7,65%	0%	18%
Inversor	14%	12%	15%	1,65%	7,65%	0%	37%
Estruturas, cabos, conexão	0%	18%	10%	1,65%	7,65%	0%	31%
Projeto, registro, instalação	0%	0%	0%	1,65%	7,65%	5,00%	18%

Fonte: Grupo Setorial Fotovoltaico da Abinee.

Pode-se ver que a carga tributária é bastante proibitiva e desestimulante, ao passo que onera a adoção da energia solar em 25% somente para a instalação de geração de energia fotovoltaica. Como se não bastasse, também é tributado o consumo, com a incidência de ICMS sobre a comercialização da energia gerada, mesmo no sistema de compensação.

É inegável que uma das principais soluções para os problemas energéticos brasileiros é o estímulo à microprodução de energia elétrica pelo próprio consumidor. O sistema de Compensação de Energia está previsto na Resolução Normativa nº 482, de 17 de abril de 2012 como aquele

> no qual a energia ativa injetada por unidade consumidora com microgeração distribuída ou minigeração distribuída é cedida, por meio de empréstimo gratuito, à distribuidora local e posteriormente compensada com o consumo de energia elétrica ativa dessa mesma unidade consumidora ou de outra unidade consumidora de mesma titularidade da unidade consumidora onde os créditos foram gerados, desde que possua o mesmo Cadastro de Pessoa Física (CPF) ou Cadastro de Pessoa Jurídica (CNPJ) junto ao Ministério da Fazenda.[21]

Por meio do Convênio ICMS 6, de 5 de abril de 2013, o Confaz determina a incidência de ICMS sobre geração de energia solar fotovoltaica pelo consumidor no sistema de Compensação de Energia.

Em outras palavras, o referido imposto incide sobre o total de energia que entra na instalação do consumidor, o que inclui a energia gerada por ele

---

[21] BRASIL. Agência Nacional de Energia Elétrica (Aneel). *Resolução Normativa nº 482*, de 17 de abril de 2012, art. 2º, III. Redação dada pela Resolução Normativa Aneel nº 517, de 11 de dezembro de 2012.

mesmo durante o dia e que é enviada por empréstimo para a distribuidora armazenar e devolver à noite. Ou seja: o sistema traz avanço indiscutível, mas a tributação é um entrave que anula o benefício criado.

Como se pode ver, o custo de instalação é alto e, como se não bastasse, o consumo também é tributado, de modo que não há interesse em produzir energia solar, ante o cenário existente no Brasil.

4. Necessidade de desoneração

Como esclarece Carlos Eduardo Peralta Montero, "a tributação ambiental em sentido amplo compreende o uso de técnicas fiscais — incentivos e benefícios fiscais — para estimular a proteção ambiental, e os tributos ordinários que de maneira secundária ou indireta contemplam problemas de caráter ambiental".[22]

Nesse diapasão, ressalta Paulo Henrique do Amaral:

> Os incentivos fiscais na área ambiental cumprem o papel de estimular a adoção de condutas não poluidoras. Consequentemente, quando incentivos fiscais instituídos com esta finalidade provocarem, mesmo que indiretamente, a adoção de atividades ou produtos poluidores, caracterizarão flagrante descumprimento de sua função e estarão sujeitos à anulação.
>
> Os incentivos fiscais assumem papel preponderante para a realização da tributação extrafiscal, direcionando as condutas dos contribuintes para atingirem os objetivos e princípios assinalados em nossa Constituição Federal.[23]

Dessa forma, como destaca a professora Lise Vieira da Costa Tupiassu, faz-se:

> mister admitir que tributos eminentemente arrecadatórios e sem afetação ecológica específica podem redundar em efeitos extrafiscais, podendo ser utilizados como instrumentos de política ambiental através da inserção de elementos indutivos em seu bojo. Além do quê, mesmo a qualidade eminentemente extrafiscal do tributo ecológico não lhe retira a possibilidade de gerar receita.[24]

---

[22] MONTERO, Carlos Eduardo Peralta. *Tributação ambiental*: reflexões sobre a introdução da variável ambiental no sistema tributário. São Paulo: Saraiva, 2014. p. 187.
[23] AMARAL, Paulo Henrique do. *Direito tributário ambiental*. São Paulo: Revista dos Tribunais, 2007. p. 194.
[24] TUPIASSU, Lise Vieira da Costa. *Tributação ambiental*: a utilização de instrumentos econômicos e fiscais na implementação do direito ao meio ambiente saudável. Rio de Janeiro: Renovar, 2006. p. 108.

Considerando o já citado art. 170, inciso VI, da Constituição Federal, o estímulo à produção de energia limpa deve ser uma diretriz de todas as esferas de governo, considerando que a carga tributária que onera a produção passa pelas esferas municipal, estadual e federal.

Vale lembrar que a Política Nacional do Meio Ambiente prevê há muito tempo, dentre seus objetivos, "os incentivos à produção e instalação de equipamentos e a criação ou absorção de tecnologia, voltados para a melhoria da qualidade ambiental".[25] No mesmo sentido, o art. 13 do mesmo marco legal prevê que "o Poder Executivo incentivará as atividades voltadas ao meio ambiente".[26]

Como já dito, a exigência de tributos, principalmente o ICMS, sobre o consumo de energia de quem promove a geração doméstica consiste num entrave significativo para o desenvolvimento do setor no Brasil.

O ICMS exigido pelos estados é em torno de 25% sobre a energia. Frise-se que o ICMS incide "por dentro", de modo que o cálculo do imposto é feito sobre uma base de cálculo que inclui encargos e a própria tributação. Na prática, o ICMS com alíquota de 25%, ao incidir "por dentro", representa uma tributação de 33%.

Não devem restar dúvidas de que a concessão de isenção de ICMS é requisito para o sucesso do desenvolvimento da energia solar no Brasil.

Igualmente, outro imposto que poderia funcionar como fator de estímulo seria o IPTU, de competência municipal. Tal imposto poderia ser reduzido ou mesmo isentado para estimular o particular à microprodução de energia solar.

Na esfera federal está o maior impacto tributário sobre o setor de energia solar. Um importante fator de estímulo é a isenção fiscal para equipamentos, instalação e montagem, nos casos do imposto de importação, IPI, PIS e Cofins, e, sobretudo, de imposto de renda.

No entanto, como medida de urgência, em face dos aumentos da demanda por energia e das emissões globais de gases de efeito estufa, a União deveria agir imediatamente, desonerando os impostos extrafiscais, como é o caso do

---

[25] BRASIL. *Lei 6.938*, de 31 de agosto de 1981, artigo 9º, inciso V.
[26] Ibid., art. 13: "O Poder Executivo incentivará as atividades voltadas ao meio ambiente, visando: I — ao desenvolvimento, no País, de pesquisas e processos tecnológicos destinados a reduzir a degradação da qualidade ambiental; II — à fabricação de equipamentos antipoluidores; III — a outras iniciativas que propiciem a racionalização do uso de recursos ambientais. Parágrafo único. Os órgãos, entidades e programas do Poder Público, destinados ao incentivo das pesquisas científicas e tecnológicas, considerarão, entre as suas metas prioritárias, o apoio aos projetos que visem a adquirir e desenvolver conhecimentos básicos e aplicáveis na área ambiental e ecológica".

Imposto de Importação (II), do Imposto sobre Produtos Industrializados (IPI) e do Imposto sobre Operações Financeiras (IOF), ao passo que, na forma do art. 150, §1º, da CRFB, a alteração de tais alíquotas não carece de lei. Tal conduta demonstraria responsabilidade ambiental e uma forma de atingir os objetivos previstos na Constituição.

Essas medidas urgentes de desoneração do setor de produção de energia solar devem ser acompanhadas de outras que favoreçam a pesquisa tecnológica e a produção nacional dos equipamentos necessários. Dessa forma estará o país promovendo o desenvolvimento sustentável, com atenção à geração de empregos.

5. Promessas

Considerando as proposições anteriores, é importante destacar que algumas medidas já vêm sendo adotadas nas diferentes esferas de poder.

O Estado de Minas Gerais editou a Lei Estadual nº 20.824, que autoriza a redução para até 0% do ICMS incidente sobre as obras civis e as obras de transmissão, e conceder isenção de ICMS no fornecimento de energia elétrica produzida por essas usinas, durante 10 anos de operação.

Já na esfera federal, tramita no Congresso Nacional o Projeto de (PL) Lei nº 5539/2013, de autoria do deputado Julio Campos, que tem como objetivo ampliar os benefícios do Regime Especial de Incentivos para o Desenvolvimento da Infraestrutura (Reidi) para projetos de geração de energia elétrica por fontes solar ou eólica.

Tal projeto, caso aprovado com a redação proposta, tem como objeto a suspensão dos impostos de importação e sobre produtos industrializados nos casos de importação. Vejamos:

> Art. 1º A Lei nº 11.488, de 15 de junho de 2007, passa a vigorar com a seguinte redação:
> (...) Art. 3º-A. No caso de venda ou de importação de máquinas, aparelhos, instrumentos e equipamentos, novos, e de materiais de construção para utilização ou incorporação em obras de infraestrutura, destinadas ao ativo imobilizado, no setor de geração de energia a partir de fontes solar ou eólica, também fica suspensa a exigência:
> I — do Imposto sobre produtos industrializados-IPI quando os referidos bens ou materiais de construção forem adquiridos por pessoa jurídica beneficiária do Reidi; e

II — do imposto de importação-II quando os referidos bens ou materiais de construção forem adquiridos por pessoa jurídica beneficiária do Reidi.
Parágrafo único. Nas vendas ou importações de que trata o caput deste artigo aplica-se o disposto nos §§2º e 3º do art. 3º desta Lei. (NR)
Art. 5º O benefício de que tratam os arts. 3º, 3º-A e 4º desta Lei poderá ser usufruído nas aquisições e importações realizadas no período de 5 (cinco) anos, contado da data da habilitação da pessoa jurídica, titular do projeto de infraestrutura.

Não obstante, ficará permitida, aprovado o citado PL, a depreciação acelerada dos equipamentos utilizados, gerando um importante resultado no imposto sobre a renda.

Art. 2º Para efeito de apuração do imposto de renda, as pessoas jurídicas produtoras de energia elétrica a partir de fontes solar ou eólica, sem prejuízo da depreciação normal, terão direito à depreciação acelerada, calculada pela aplicação da taxa de depreciação usualmente admitida, multiplicada por 4 (quatro), das máquinas, equipamentos, aparelhos e instrumentos, novos, adquiridos a partir da data de publicação desta Lei, destinados ao ativo imobilizado e empregados em projeto de geração de energia aprovado de acordo com o §6º deste artigo.

Diante do que vimos, a aprovação desse projeto de lei e de outras iniciativas legislativas no mesmo sentido revela-se, igualmente, de suma importância para o desenvolvimento da energia solar no Brasil.

6. Conclusão

O Brasil passa por grandes dificuldades no setor energético com crescimento da demanda e dificuldade de atendimento das necessidades do sistema. Os riscos associados às mudanças no clima e a péssima gestão dos recursos hídricos no país fazem com que a energia hidroelétrica não seja tão confiável como se imaginava décadas atrás.
E o uso de usinas termoelétricas como plano de contingência representa não apenas o aumento do custo médio da energia, como também das emissões de gases de efeito estufa (GEE).
Ademais, os próprios impactos gerados pelas grandes usinas hidroelétricas vêm ganhando maior atenção, na medida em que se questionam as emissões de gás metano durante os primeiros anos de operação e, princi-

palmente, os impactos socioambientais nas comunidades e pequenos municípios vizinhos.

Vale destacar que o Brasil assumiu de forma voluntária perante a comunidade internacional o compromisso de reduzir suas emissões de GEE. E nada impede que, no futuro, tenhamos metas de redução obrigatórias aprovadas no seio das Nações Unidas, o que nos leva à necessidade de conciliar o aumento da oferta de energia elétrica com o cuidado em relação às emissões de gases de efeito estufa.

Como vimos, possuímos um enorme potencial de aproveitamento da energia solar, que atualmente representa parcela ínfima de nossa matriz energética e que, ao contrário do que ocorre com a energia eólica, não tem crescido de forma significativa nos últimos anos.

Portanto, o estímulo à produção de energia solar e outras modalidades de energia limpa é uma urgência que deve ser abraçada pelo poder público como forma de evitar problemas de abastecimento, bem como de criar alternativas de produção, conciliando tais necessidades com a tutela do sistema climático global e do ambiente nacional.

REFERÊNCIAS

ABREU, Samuel Luna de et. al. *Atlas brasileiro de energia solar*. São José dos Campos: Inpe, 2006.

AMARAL, Paulo Henrique do. *Direito tributário ambiental*. São Paulo: Revista dos Tribunais, 2007.

BRASIL. Agência Nacional de Energia Elétrica (Aneel). *Resolução Normativa n. 482*, de 17 de abril de 2012.

____. *Constituição da República Federativa do Brasil*, de 5 de outubro de 1988.

____. *Lei 6.938*, de 31 de agosto de 1981.

____. *Lei 12.187*, de 29 de dezembro de 2009.

____. Ministério das Minas e Energia. Matriz energética nacional 2030. Brasília: MME/EPE, 2007.

CARVALHO, Paulo de Barros. *Curso de direito tributário*. São Paulo: Saraiva, 1993.

FEARNSIDE, Philip M.; PUEYO, Salvador. Emissões de gases de efeito estufa em reservatórios de hidroelétricas: implicações de uma lei de potência. *Oecologia Australis*, v. 15, n. 2, p. 114-127, jun. 2011. Disponível em: <http://philip.inpa.gov.br/publ_livres/2011/Pueyo%20&%20Fearnside-Emissoes%20de%20hidreletricas-proofs.pdf >.

MONTERO, Carlos Eduardo Peralta. *Tributação ambiental*: reflexões sobre a introdução da variável ambiental no sistema tributário. São Paulo: Saraiva, 2014.

NAÇÕES UNIDAS. IPCC. *Mudança do clima 2007*: a base das ciências físicas. Contribuição do Grupo de Trabalho I ao Quarto Relatório de Avaliação do Painel Intergovernamental sobre Mudança do Clima. Genebra, 2007.

OLIVEIRA, Gustavo Goiabeira de; PÉRLLIER, Eduardo Barros Miranda. A extrafiscalidade como instrumento de controle ambiental. In: GONÇALVEZ, Fabio Fraga et al. (Coord.). *Direito tributário ambiental*. Rio de Janeiro: Lumen Juris, 2006. p. 103-122.

OLIVEIRA, José Marcos Domingues de. *Direito tributário e meio ambiente*. 2. ed. Rio de Janeiro: Renovar, 1999.

SCHEER, Hermann. *Economia solar global*: estratégias para a modernidade ecológica. Rio de Janeiro: Cresesb-Cepel, 2002.

TUPIASSU, Lise Vieira da Costa. *Tributação ambiental*: a utilização de instrumentos econômicos e fiscais na implementação do direito ao meio ambiente saudável. Rio de Janeiro: Renovar, 2006.

Tributação das externalidades como elementos de uma política de sustentabilidade ambiental

Elizabete Rosa de Mello[*]
Carlos Roberto Rodrigues Batista[**]

1. A difícil imbricação conceitual entre tributação e meio ambiente

Este trabalho aborda aspectos da relação entre direito tributário e meio ambiente. Discutiremos como a tributação, fundada no *ius imperium* do Estado, pode ser utilizada como instrumento de proteção ambiental e contribuir nos esforços em busca da sustentabilidade. Iniciativas em andamento em diversos países indicam que a tributação constitui realmente um instrumento viável na efetivação de políticas ambientais.

Os contornos da relação existente entre tributação e meio ambiente ainda não estão perfeitamente definidos. As políticas ambientais incluem dentro da espécie tributação ambiental uma ampla gama de tributos,[1] o que leva alguns a qualificar como *verde* qualquer tributo que destine parte de suas receitas para objetivos de natureza ambiental.

Além do largo espectro de abrangência do conceito de tributo ambiental, ainda nos deparamos com divergência doutrinária quanto ao seu alcance terminológico. A falta de univocidade da definição é, portanto, uma dificuldade que se deve superar para chegar a um linguajar comum no campo da política ambiental.

Na presença dessa falta de uniformidade semântica, parte da doutrina considera que o caráter ambiental do tributo lhe é conferido pela hipótese de incidência, outro grupo entende que a destinação das receitas arrecadadas é o elemento que caracteriza o tributo ambiental e, finalmente, há doutrinadores que consideram como tributos ambientais aqueles cuja denominação tenha

---
[*] Doutora em direito. Professora das disciplinas de direito administrativo e tributário da Universidade Federal de Juiz de Fora (UFJF).
[**] Doutorando do Programa de Pós-Graduação em Sociologia e Direito do PPGSD da Universidade Federal Fluminense (UFF). Professor da Universidade Estácio de Sá (Unesa).
[1] MONTERO, Carlos Eduardo Peralta. *Tributação ambiental*. São Paulo: Saraiva, 2014. p. 185.

algo a ver com a terminologia do meio ambiente, conforme descrito por Paulo Henrique do Amaral.[2]

A partir do objetivo de apresentar como a tributação pode ser utilizada como instrumento auxiliar de garantia de sustentabilidade ambiental, dividimos este trabalho em quatro partes. Na primeira apresentamos o conceito de externalidades ambientais, que são os efeitos da exploração ou do uso do meio ambiente, podendo ser negativas ou positivas. Iremos nos valer delas para demonstrar que toda política tributária sempre as terá como foco, servindo o incentivo de externalidades positivas, ou a restrição de externalidades negativas como fundamentação da escolha de determinadas políticas tributárias.

Na segunda ressaltamos as divergências de interesses entre a atividade econômica própria do capitalismo e a proteção do meio ambiente. Nesse contexto, a tributação desempenha papel relevante já que seu exercício pelo Estado, como forma compensatória de permissão estatal para exploração do meio ambiente, pode vir a representar uma contradição do próprio Estado na sustentação de uma ecologia bem dirigida.

Na terceira parte abordaremos aspectos conceituais e de terminologia. Entendemos que trazer à luz conceitos como tipos de sustentabilidade e sua relação com as formas de tributação, bem como a abordagem das diversas possibilidades de definição de tributos ambientais representam contribuições em busca de uma uniformização terminológica do direito tributário ambiental.

Na quarta e última parte deste trabalho voltaremos a nossa proposta inicial de indicar como a tributação pode vir a constituir instrumento das políticas ambientais na busca da sustentabilidade. Nela apresentaremos algumas opções de tributos capazes de estimular uma maior consciência ambiental, devido ao fato de direcionar iniciativas de sustentabilidade por parte do contribuinte. Para concluir, citaremos algumas experiências tributárias, conduzidas no exterior, voltadas para o estímulo de preservação do meio ambiente.

2. Externalidades ambientais

A fundamentação econômica do ambientalismo necessita de teorias que justifiquem manter o mercado em funcionamento, quando sua atuação

---

[2] AMARAL, Paulo Henrique do. *Direito tributário ambiental*. São Paulo: Revista dos Tribunais, 2007.

estiver compatível com a preservação do meio ambiente. Nessa linha, políticas de tributação ambiental podem ser justificadas a partir da definição do conceito de externalidades ambientais, abordado por Schwartz[3] como elementos que, por não fazer parte dos preços de mercado, necessitam ser inseridos no interior de um sistema legal para representar os efeitos das atividades poluidoras:

> Um aspecto teórico crucial nessa elaboração [das teorias de mercado] é o conceito de externalidades, debatido desde os anos 30. Externalidades são os efeitos indiretos das atividades de produção e consumo. Podem ser positivas ou negativas. Assim, atividades poluidoras colocam um problema no mercado que não é captado diretamente pelo sistema de preços. Surge a necessidade de algum tipo de informação sistemática adicional, de um sistema legal adicional que assimile esses efeitos à lógica do mercado.[4]

As externalidades ambientais constituem efeitos de processos de produção ou de processos de consumo sobre terceiros que não participam da transação. A poluição causada por veículos automotores desregulados é um exemplo de externalidade ambiental negativa. Por outro lado, o passageiro que ocupa um veículo movido a eletricidade encontra-se na presença de uma externalidade ambiental positiva, pois o funcionamento do veículo não modificará o nível de gás carbônico na atmosfera.

Dessa forma, muitas das externalidades ambientais são provocadas pela ação do mercado. Para satisfazer sua necessidade de desenvolvimento da atividade econômica, os agentes econômicos se apropriam de recursos ambientais do planeta que são finitos e nem sempre o fazem respeitando a capacidade de tolerância do entorno ambiental, que é uma *res communes ommium*.

Dentro dessa sua característica de ser "coisa de todos", o meio ambiente não é passível de apropriação privada. A utilização do meio ambiente com ênfase na atividade econômica de indivíduos ou grupos, produzindo externalidades ambientais negativas, é feita em detrimento da garantia de sustentabilidade ambiental que é de interesse de todos.

---

[3] Ver Schwartz: "A discussão de externalidades já se encontrava na obra de H. Sidgwick, *Principles of Political Economy*, em 1887. Marshall (1890) e Pigou (1920) também incorporaram a problemática em suas reformulações da teoria neoclássica. Mais recentemente, toda a teoria econômica voltada ao exame de bens públicos retoma a questão". SCHWARTZ, Gilson. A tese que é uma hipótese. *Lua Nova*, São Paulo, n. 32, p. 93-99, abr. 1994. p. 95.
[4] Ibid., p. 95.

É pensamento consolidado, dentro da economia, a necessidade de políticas estatais que exerçam controle sobre tais externalidades. Ao discutir a melhor forma de capitalismo, Parijs (1994) afirma que a iniciativa privada deve estar na posse da maior parte dos meios de produção. Ressalta, entretanto, que cabe ao Estado enfraquecer o grau dessa posse estabelecendo regulamentações que limitem seu uso pleno, dentre outras, medidas destinadas a conter as externalidades ambientais. É dentro dessa linha que se inserem institutos como o princípio do poluidor pagador, que fundamenta a tributação ambiental das externalidades negativas. O foco desse trabalho, entretanto, está restrito à análise exclusiva da tributação ambiental voltada à estimulação de externalidades positivas que, portanto, não está coberto pela fundamentação a partir do referido princípio.

3. A relação entre atividade econômica e tributação verde

Ao estudarmos a tributação ambiental observamos divergências de interesses entre o exercício da atividade econômica própria do capitalismo e a preservação do meio ambiente. A construção de barragens hidroelétricas, a exploração de minas, a atividade madeireira, são todos exemplos dessa contradição. Para gerar o lucro, o capital necessita, nos exemplos citados, de inundar áreas, de destruir terrenos, de derrubar árvores, situações em que a geração de lucros muitas vezes terá como consequências a degradação do meio ambiente. A questão que os ambientalistas colocam é até que ponto o empresariado estaria disposto a compensar os danos inerentes a essa exploração, e de que forma poderiam com a compensação auxiliar na recuperação do meio ambiente degradado.

Um conceito particular da economia, *free rider* (viajante de graça),[5] traduz com perfeição o comportamento de parte do empresariado. Em economia, o viajante de graça é aquele que se beneficia de recursos, bens ou serviços sem pagar pelo custo do benefício. "Viajar de graça" constitui um problema quando este uso implica degradação de um recurso comum. As empresas privadas dificilmente vão cobrir os custos derivados do consumo de recur-

---

[5] O termo *free rider* foi criado a partir de um exemplo apresentado em livro texto escolar, com o significado de passageiro que usa o transporte público sem pagar por ele. Se muitas pessoas passarem a fazer o mesmo, o sistema não terá suficientes recursos financeiros para continuar operando. O conceito se aplica com perfeição à questão ambiental. Para maiores detalhes sobre a teoria *free rider*, consulte ASCH, Peter; GIGLIOTTI, Gary A. The free-rider paradox: theory, evidence, and teaching. *The Journal of Economic Education*, v. 22, n. 1, p. 33-38, Winter 1991.

sos ambientais, uma vez que isso reduziria seus ganhos. Cabe, portanto, ao Estado intervir em face dessa anomalia.

Como *res communis omnium*, o meio ambiente recebe proteção do Estado garantida pela Constituição da República Federativa do Brasil de 1988 (CRFB/1988), que consagra no seu art. 170 as principais características do sistema capitalista. A ordem econômica brasileira, por força do comando constitucional, irá conjugar a obtenção do excedente social com os valores da função social da propriedade, defesa do consumidor, defesa do meio ambiente, redução das desigualdades regionais e sociais, busca do pleno-emprego e tratamento favorecido para as empresas de pequeno porte (CRFB/1988, art. 170, incisos III, V, VI, VII, VIII e IX, respectivamente).

Devemos ressaltar que o excedente de capital, que é a sobra depois da coisa produzida, constitui o lucro, finalidade maior do capitalismo e que, em tese, visa propiciar um excedente social para a coletividade. Assim, como explorar o meio ambiente, garantindo tal excedente social e o lucro para o empresariado, sem degradá-lo e sem comprometer a sustentabilidade para as gerações futuras?

No exercício de sua soberania, o Estado encontra na tributação um dos caminhos para regular a questão. Ele o faz de duas formas: ou onerando a atividade econômica, por meio de maiores tributos, ou beneficiando os que praticam ações protetivas do meio ambiente como a construção de edifícios verdes, a destinação correta de resíduos sólidos, ou o uso de energia renovável. Tais políticas variam de país para país. Alguns privilegiam a concessão de benefícios dentro de política ambiental, outros usam as penalidades como forma de desestímulo de ações danosas ao meio ambiente. A regra geral adotada pelos diversos países ao elaborar suas políticas nacionais envolve ambas as formas de atuação, como veremos.

Do ponto de vista econômico, um dos direcionadores de iniciativas de investimentos é o percentual de retorno do capital aplicado. Investidores necessitam analisar previamente o risco e o percentual esperado de rendimento antes de realizar uma aplicação. Dentre os elementos que reduzem o retorno do investimento está o nível de tributação incidente sobre o empreendimento. Conhecer a tributação é, portanto, elemento que leva o empresário a decidir investir ou deixar de investir.

O efeito da tributação nas decisões de investimentos levou a KPMG,[6] consultoria suíça de negócios, no assessoramento de seus clientes em questões am-

---

[6] A sigla KPMG marca os nomes dos principais membros-fundadores daquela organização: Klynveld, Peat, Marwick e Goerdeler.

bientais, a criar o Índice de Tributação Verde (Green Tax Index)[7] com o objetivo de identificar um indicador capaz de traduzir "a complexidade, a fragmentação e o rápido desenvolvimento do cenário da tributação verde em todo o mundo".[8] O objetivo é encorajar as companhias a explorar as oportunidades de incentivos baseados na tributação verde, ao mesmo tempo que ajuda a reduzir a exposição dessas empresas às penalidades ambientais.

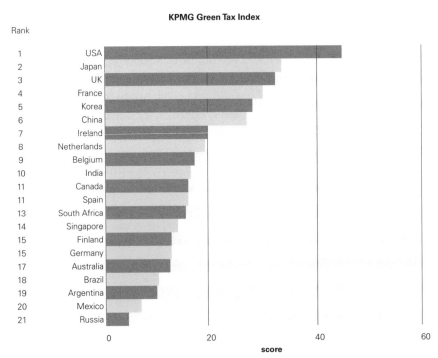

FIGURA 1 O índice de tributação verde como indicador da viabilidade de investimento nas 21 maiores economias do mundo

Fonte: KPMG Green Tax Index.

A figura mostra o *ranking* das 21 maiores economias do mundo, selecionadas pela KPMG dentre as nações pela sua capacidade de proporcionar

---

[7] Sobre a metodologia de cálculo do escore de cada um dos países, veja KPMG — cutting through complexity. *Methodology*. Disponível em: <www.kpmg.com/Global/en/IssuesAndInsights/ArticlesPublications/green->. Acesso em: 19 out. 2014.

[8] KPMG — cutting through complexity. *KPMG green tax index*. Disponível em: <www.kpmg.com/global/en/issuesandinsights/articlespublications/green-tax/Pages/default.aspx>. Acesso em: 29 out. 2014.

retorno para investimentos. O Brasil ocupa a 18ª posição, com um escore de 10 pontos, sendo a primeira posição pertencente aos Estados Unidos, que detém um escore de 44,5 pontos.

A partir dessa iniciativa da KPMG de estabelecer esse *ranking* das nações mais viáveis para investimento, tendo como critério sua política nacional de incentivos/finalidades em relação às condutas ambientais, podemos concluir que incentivos à sustentabilidade ambiental apresentam forte viés econômico, capaz de se constituir em motivador de condutas empresariais.

Não é pacífica, entretanto, a aceitação da internalização dos custos das externalidades negativas, com ônus para as atividades econômicas responsáveis pela ação ambiental desfavorável, sem uma completa abordagem das situações em que dentro do mesmo setor econômico são concedidos benefícios e incentivos. É necessário onerar a atividade econômica poluidora como forma de desestímulo, mas também é preciso avaliar se os incentivos e benefícios concedidos para outros empresários do setor estão em equilíbrio, para não se correr o risco de estabelecer uma política contraditória.

Para justificar esse ponto de vista, Leonardo de Andrade Costa[9] cita a oneração introduzida pelo sistema *cap and trade*[10] e a instituição de tributo específico sobre a emissão de CO_2 (*carbon tax*), a serem internalizadas pelas empresas responsáveis por sua emissão. Para o autor, esse tipo de oneração deve ser precedido ou realizado em concomitância com a revisão dos critérios para concessão de incentivos fiscais e regimes tributários privilegiados. Ao se referir à tributação ambiental da energia e aos benefícios concedidos à indústria petrolífera na área do pré-sal e a oneração da emissão de gases de efeito estufa, o citado autor conclui:

> De fato, o regime Aduaneiro especial de exportação e importação de bens, destinados às atividades de pesquisa e lavra das jazidas de petróleo e gás natural (REPETRO) beneficia e incentiva a atividade exploratória da indústria petrolífera por meio das desonerações em âmbito federal e estadual. Assim, da mesma forma que ocorre na situação em que o motorista acelera um veículo cujo freio

---

[9] COSTA, Leonardo de Andrade. A sustentabilidade ambiental na produção econômica de bens e serviços como requisito progressivo à concessão de incentivos e benefícios fiscais no Brasil. In: FLORES. Nilton Cesar (Org.). *A sustentabilidade ambiental em suas múltiplas faces.* Campinas: Millennium, 2012. cap. 6, p. 186-187.
[10] Emissões *trading* ou *cap and trade* (*cap* representando o limite legal aceitável de poluentes que a atividade econômica pode emitir a cada ano) são uma abordagem de mercado usada para controlar a poluição por meio de incentivos econômicos para os que reduzirem a emissão de poluentes.

de mão encontra-se acionado, viola a racionalidade humana a implementação de um tributo específico e/ou a fixação de limites à emissão dos denominados gases de efeito estufa decorrentes da atividade econômica, objetivando imputar os custos "invisíveis" aos principais responsáveis pelas externalidades negativas, sem a prévia ou concomitante realização da revisão de critérios para a concessão de incentivos e benefícios fiscais relacionado ao setor (...).[11]

Ocorre, portanto, um inevitável entrelaçamento entre a atividade econômica, o meio ambiente e o Estado, este último atuando na regulação e na tributação, muitas vezes com foco intervencionista, conforme discorre Cleucio Santos Nunes.[12] O empresariado tem se organizado para entender e maximizar os resultados da política tributária aplicada à exploração comercial do meio ambiente.

A própria metodologia de cálculo do Índice de Tributação Verde mostra que as áreas de atuação ambiental consideradas em sua formação têm peso diferenciado na constituição do índice, o que leva a investimentos direcionados de forma seletiva em função desses pesos. A KPMG identificou nove áreas[13] relevantes para desenvolvimento de ações ambientais, cuja condução por parte das empresas lhes renderá dividendos por meio de incentivos e redução de penalidades.

Em função disso, a decisão de investimentos por parte de um empresário passa, então, a considerar o peso das penalidades e dos benefícios na orientação das políticas empresariais de sustentabilidade ambiental. Daí a importância de reforçar as ações ambientais sobre as externalidades positivas como os edifícios verdes, a gestão de resíduos sólidos, o uso eficiente da água etc.

O grande desafio para o Brasil, inserido entre as 21 economias mais promissoras do mundo, é sair do último quartil do *ranking* dos países viáveis para investimentos, onde está juntamente com México, Argentina e Rússia, numa distância considerável dos países do primeiro quartil.[14]

É preciso ratificar que a "pontuação ecológica" de um determinado país é resultado da combinação de suas políticas de sustentabilidade. Dentro des-

---

[11] Ibid., p. 186-187.
[12] NUNES, Cleucio Santos. *Direito tributário e meio ambiente*. São Paulo: Dialética, 2005. p. 61.
[13] Estas áreas são eficiência energética; mudanças climáticas; inovações verdes; combustíveis e energias renováveis; construções verdes; veículos verdes; uso eficiente da água; gerenciamento de resíduos sólidos; controle de poluição e proteção do ecossistema.
[14] Os países mais avançados em medidas de estímulo empresarial para ações voltadas para a sustentabilidade são: Estados Unidos, Japão, França, Coreia do Sul e China. Esses países detêm o título de maiores usuários mundiais dos tributos verdes.

sas políticas, há duas formas de praticá-las: ou o país premia os que agem positivamente em relação ao meio ambiente ou os penaliza. Outra opção de política, também frequente, é a combinação dessas duas formas de atuação. Foi a partir da pontuação de políticas ambientais que o Brasil hoje se encontra na 18ª posição entre as economias mais promissoras do mundo. Ou seja, existem países mais interessantes para se investir, seja por sua permissividade ambiental, seja pelo incentivo que concede aos que se adequam aos esforços nacionais em busca da sustentabilidade.

4. Alguns conceitos e terminologia envolvendo a tributação verde

Ao nos referirmos à política de sustentabilidade ambiental devemos delimitar o conceito de desenvolvimento sustentável, de forma a assegurar ao leitor a compreensão do tema, especialmente no que diz respeito à abrangência do termo.

O conceito de desenvolvimento sustentável sob o ponto de vista de uma perspectiva normativa tem seus primórdios na década de 1960, com o Clube de Roma, que em 1968 inicia as discussões sobre o assunto.[15] Mas é somente em 1983 que o conceito de desenvolvimento sustentável se formaliza, a partir do relatório *Nosso futuro comum*, publicado pela Comissão Mundial sobre Meio Ambiente e Desenvolvimento, documento também conhecido como *Relatório Brundland*.

A partir dele, o desenvolvimento sustentável é definido como aquele que procura satisfazer as necessidades da geração atual, sem comprometer a capacidade das gerações futuras de satisfazerem as suas próprias necessidades, e que possibilita que as pessoas, agora e no futuro, atinjam um nível satisfatório de desenvolvimento social e econômico e de realização humana e cultural, fazendo, ao mesmo tempo, um uso razoável dos recursos da terra e preservando as espécies e os hábitats naturais.

A partir do comando desse conceito, ações e programas de desenvolvimento devem atender às necessidades e aspirações do presente sem comprometer a habilidade de as futuras gerações atenderem às suas próprias necessidades. Em resumo, um desenvolvimento sustentável é o que possibilita consumir de forma consciente no presente, garantindo o consumo no futuro daqueles que virão.

---

[15] THE CLUB OF ROMA. Disponível em: <www.clubofrome.org/?p=464>. Acesso em: 12 out. 2014.

É importante ressaltar que o termo desenvolvimento sustentável é amplo e abrange mais que simplesmente o meio ambiente, que seria a chamada sustentabilidade ambiental, conforme conteúdo dos indicadores escolhidos pela Comissão das Nações Unidas para o Desenvolvimento Sustentável.[16]

Até que ponto o desenvolvimento vigente pautado exclusivamente no crescimento contínuo e no aumento de consumo é aderente aos parâmetros de uma sustentabilidade ambiental plena? Carlos Eduardo Peralta Montero[17] alerta que a busca de desenvolvimento na atualidade está na contramão da sustentabilidade ambiental. O autor lembra que a sustentabilidade ambiental é firmada em três pilares: economia, sociedade e recursos naturais, que deveriam se relacionar de forma harmônica em busca do equilíbrio.

Na prática, o que se observa, entretanto, é o desequilíbrio entre esses pilares. Muitas vezes o interesse econômico prepondera em detrimento dos interesses da sociedade e da preservação dos recursos naturais. O triângulo de forças então se desequilibra, deslocando-se geralmente para o lado do interesse econômico. O citado autor chama isso de sustentabilidade fraca, que está sujeita a interesses particulares da economia sem respeitar a sociedade e o meio ambiente.

Contrastando com a sustentabilidade fraca, temos a sustentabilidade forte, em que a biosfera torna-se de fundamental importância. Nesse esquema, dos três pilares — economia, sociedade e recursos naturais —, quem prepondera é o meio ambiente, que pode existir sem os humanos, mas estes não poderão existir sem ele. Nessa situação, a economia e a sociedade se transformam nos parceiros fracos motivados pela perspectiva de que é o respeito pelo equilíbrio natural quem garantirá o uso continuado no tempo dos recursos ecossistêmicos, como fonte indispensável para a vida.

A tributação pode ser um reforço em busca de uma sustentabilidade forte. A questão ambiental, marca de uma sociedade em risco, é um problema que deverá ser considerado pela ética, pelo direito, pelas ciências naturais, pela

---

[16] Em 1995, a Comissão das Nações Unidas para o Desenvolvimento Sustentável aprovou um conjunto de indicadores de desenvolvimento sustentável, com o intuito de servirem como referência para os países em desenvolvimento ou revisão de indicadores nacionais de desenvolvimento sustentável, tendo sido aprovados em 1996 e revistos em 2001 e 2007. O quadro atual contém 14 temas: pobreza; perigos naturais; desenvolvimento econômico; governabilidade; ambiente; estabelecimento de parcerias econômicas; saúde; terra; padrões de consumo e produção; educação; oceanos, mares e costas; demografia; água potável, escassez de água e recursos hídricos; biodiversidade. Para um aprofundamento nos indicadores de desenvolvimento sustentável, ver CSD indicators of sustainable development. Disponível em: <www.un.org/esa/sustdev/natlinfo/indicators/factsheet.pdf>. Acesso em: 13 out. 2014.

[17] MONTERO, Carlos Eduardo Peralta. *Tributação ambiental*. São Paulo: Saraiva, 2014. p. 147.

política e pela economia. Podemos até pensar que a tributação pelo direito teria o dom de funcionar como freio na busca desmedida de lucro, se for capaz de consumir o próprio lucro por meio de taxação pesada. O problema é identificar se há limites para essa taxação, além do fato de que uma compensação financeira por um desastre ambiental nem sempre será capaz de recompor o meio ambiente destruído. Não se pode deixar de levar em conta a vedação ao confisco, ditada pela Constituição Federal (CRFB/1988, art. 150, inciso IV) ao se pretender instituir taxações pesadas.

Assim, o caminho que vislumbramos para o uso da tributação como instrumento de um desenvolvimento sustentável é justamente o que está traduzido no Índice de Taxação Verde, anteriormente descrito. Deve funcionar como elemento de estímulo a ações protetivas do meio ambiente, mais do que meio sancionatório de comportamentos indesejáveis. A questão é que muitas vezes a penalização tem maior efetividade que a premiação, como parece demonstrar a posição do Japão no *ranking* de países viáveis para investimentos com base nas suas políticas ambientais. O Japão é um dos países que mais penaliza o uso indevido do meio ambiente, o que o leva a ser visto pelos investidores como excelente opção para retorno de investimentos.

5. O estágio da tributação verde entre as nações de maior potencial de remuneração de investimentos

Das nove áreas de sustentabilidade ambiental que constituem o Índice de Tributação Verde, quase todas se prestariam ao uso da tributação como estímulo de ações ambientais. O Indicador de Tributação Verde, que ranqueia os países selecionados pela KPMG, possibilita estabelecer a posição relativa da viabilidade do país quanto a retornos de investimentos. A posição do país na tabela é resultado da combinação de sua política de concessão de benefícios e de aplicações de penalidades. Rigorosamente, um país poderia ocupar uma posição na tabela, ou somente por conceder benefícios fiscais, ou somente por aplicar penalidades. Mas na prática é a combinação de benefícios e de penalidades que irá determinar a posição do país no *ranking*. Os Estados Unidos ocupam a primeira posição no *ranking* devido ao fato de sua política privilegiar a eficiência energética, as energias renováveis e os edifícios verdes. Se considerarmos as penalidades aplicadas pelos Estados Unidos, o país cai para a 14ª posição, o que leva a concluir que sua política ambiental privilegia os incentivos em detrimento das penalidades.

Os Estados Unidos utilizam a estratégia de aplicação de penalidades em menor escala que outros países ocidentais, com exceção do Canadá. O que se observa, entretanto, é que países emergentes como Brasil, Índia, México e Rússia impõem menos penalidades que os Estados Unidos e Canadá (KPMG, 2013). Isso pode levar a pensar se estes países utilizam essa política de forma deliberada, ou se sua posição no *ranking* não seria mais do que o resultado da ausência de políticas.

É a partir das penalidades/benefícios constantes da política nacional de tributação verde que se desdobram as iniciativas de investimento das empresas nos diversos países. Dentro da política adotada pelo país, outras iniciativas, além da tributação verde, contribuem para a sustentabilidade. A importância da educação ambiental no Brasil, por exemplo, é ressaltada por Elizabete Rosa de Mello[18] como requisito para uma atuação sustentável por parte de toda a sociedade. A autora sugere que organizações não governamentais (ONGs) sejam inseridas como instrumentos de transformação. Poderiam, por exemplo, se encarregar do treinamento dos funcionários das empresas na reciclagem de lixo e no descarte de resíduos sólidos.

Segundo a autora, as escolas públicas, de todos os níveis, poderiam se engajar em projetos ambientais dentro da realidade e necessidade de cada município. No âmbito dos lares, campanhas deveriam estimular o hábito doméstico da separação e reciclagem do lixo. Os resíduos sólidos seriam separados em cada lar e devolvidos para os responsáveis pela fabricação e distribuição dos produtos que os geraram, evitando que embalagens sejam descartadas nos lixões misturando-se ao restante do lixo. O incentivo para isso seria, por exemplo, a redução do ICMS na forma de descontos na compra de novos produtos.

Com isso ganham todos, o consumidor que receberá descontos, a empresa que terá mais vendas e a sociedade por meio de um ambiente ecologicamente sustentável. Estabelece-se um círculo virtuoso em que embalagens são recicladas e devolvidas à sua origem depois de tratadas e reutilizadas.

Outra iniciativa de destaque, citada pela autora, é a da Oscip Bioma Brasil — Umras (Unidade de Manejo e reintegração de Animais Silvestres e Conservação do Meio Ambiente) que criou o Projeto Plantio,[19] com incentivo fiscal

---

[18] MELLO, Elizabete Rosa de. Os benefícios fiscais brasileiros como instrumentos de educação de proteção do meio ambiente. In: DE CARLI, Ana Alice; MARTINS, Saadia Borba. *Educação ambiental*: premissa inafastável ao desenvolvimento econômico e sustentável. Rio de Janeiro: Lumen Juris, 2014. cap. XIV, p. 366.

[19] A descrição desse projeto está disponível em: <http://projetosbiomabrasil.blogspot.com.br/>. Acesso em: 23 dez. 2013.

de isenção total ou parcial do IPTU para os proprietários de terrenos vazios localizados no município de Foz do Iguaçu, que permitirem a utilização desses imóveis para o plantio de produtos alimentícios por terceiros interessados. Nesse projeto, 80% da produção de alimentos ficam com as famílias envolvidas e os restantes 20% são utilizados pela Prefeitura na preparação de merenda escolar, uma contrapartida para a renúncia fiscal por parte do município.

O Projeto Plantio de educação ambiental e preservação do meio ambiente é disseminador de cultura de sustentabilidade, que se propaga por meio dos professores quando estes informam nas escolas a origem dos alimentos servidos. As famílias que lidam com a plantação são instruídas sobre como e onde plantar para obterem maior produção e melhor qualidade. O resultado do uso desses terrenos baldios é incrementar a função social da propriedade, e evitar que se transformem em matagais e depósitos de lixo, além do fato de seus proprietários se beneficiarem com a redução do valor do IPTU ou até mesmo com isenção total, sem falar na vantagem adicional de manter seus terrenos a salvo de invasores.

Em âmbito mundial, desde que os Estados Unidos e o Reino Unido iniciaram seus esforços de sustentação ambiental nos anos 1984-86, foram seguidos praticamente por todos os países desenvolvidos que modificaram seus sistemas fiscais para acomodar a variável ambiental. Em 1990, o governo Clinton apresentou um amplo projeto de tributação da energia, com base no seu potencial de poluição. O petróleo pagaria, por exemplo, tributos maiores do que os do gás natural. Tal projeto foi aprovado parcialmente, uma vez que pressões setoriais fizeram o governo recuar.

O que se observa em nível mundial é cada vez mais a incorporação de incentivos fiscais para ações voltadas para a sustentabilidade. O governo do Reino Unido, por exemplo, conforme noticiou o *The Guardian*, tem estimulado ações para aumentar o potencial de receita derivada da tributação ambiental. Sua política tributária é bem clara nesse sentido: procura fazer com que os tributos ambientais satisfaçam três princípios: 1º O objeto da tributação deve estar explicitamente relacionado com as finalidades ambientais do governo; 2º O objetivo primário da tributação é o de encorajar mudanças que incrementem as externalidades positivas; 3º O tributo é formatado conforme o comportamento ambiental que pretende atingir — por exemplo, a tributação devida é proporcional ao comportamento poluidor do contribuinte.[20]

---

[20] BAXTER, Martin. Environmental taxes need review to stay relevant. *The Guardian*. 17 dez. 2012. Disponível em: <www.theguardian.com/sustainable-business/blog/environmental-taxes-revenues-review-budget>. Acesso em: 13 out. 2014.

É certo que os próximos anos trarão muitas novidades nessa área. A sustentabilidade ambiental passará a ser cada vez mais exigida em face de escassez crescente. É nessa hora que o Estado necessita agir com mais foco. A tributação ambiental, em especial a que privilegia as externalidades positivas, terá um papel de importância crescente na tarefa de preparar este mundo para as futuras gerações.

6. Conclusões

Parece ser inevitável a exploração dos recursos naturais como forma de o capital amealhar seus lucros. Isso é demonstrado pela história ao longo dos séculos, em que a devastação da natureza pareceu ser a tônica. Se pelo menos o lucro obtido garantisse à sociedade um excedente social, saldo entre o que é aplicado nos investimentos e o resultado da venda dos produtos/serviços obtidos, teríamos a sinalização de trilhar o caminho correto.

É inevitável que a sociedade tome um posicionamento, uma vez que parte dela, o empresariado, já se mobilizou para entender como os Estados tratam a questão da preservação ambiental, tendo em vista que essa atuação contribui para aumentar ou para reduzir seus lucros. O Índice de Tributação Verde comprova essa assertiva: na medida em que os países são classificados num *ranking* a partir de suas políticas nacionais de sustentabilidade, o capital pode escolher de forma mais segura onde investir seus recursos e auferir maiores lucros. Conhecer as externalidades ambientais, tanto as positivas quanto as negativas, é requisito para buscar maior lucratividade, sem destruir o meio ambiente.

As duas formas dessas políticas são diametralmente opostas. Alguns países privilegiam o empresário que atua de forma proativa na preservação do meio ambiente, como os fabricantes de automóveis que empregam a energia elétrica para movimentar os motores. Outros partem para coibir atitudes danosas, como as políticas ambientais de compensação, em que o poluidor paga pelo dano causado.

Não há uma uniformidade de comportamento das grandes economias mundiais quanto a isso. O país em primeiro lugar no *ranking*, os Estados Unidos, privilegia comportamentos positivos. O segundo país do *ranking*, o Japão, já utiliza formas de coibições em suas políticas ambientais. E o que falar do Brasil? O mesmo estudo frisa que o país se caracteriza por utilizar as políticas punitivas de forma reduzida. Isso até poderia nos orgulhar, caso tivéssemos a certeza de que o Estado se voltou para privilegiar aqueles que fazem certo, como os produtores de automóveis verdes, os coletores de resíduos sólidos, os que geram baixo índice de poluição nas suas atividades.

Há muitas formas de praticar a tributação de forma a assegurar sustentabilidade ambiental. A *verde* parece ser a tônica de uma boa política de meio ambiente. Tudo o que puder contribuir com a sustentabilidade será bem-vindo. A educação e consciência ambiental precisam impregnar a coletividade de forma permanente. Se assim o fizermos, as futuras gerações, com certeza, irão agradecer.

REFERÊNCIAS

AMARAL, Paulo Henrique do. *Direito tributário ambiental.* São Paulo: Revista dos Tribunais, 2007.

ASCH, Peter; GIGLIOTTI, Gary A. The free-rider paradox: theory, evidence, and teaching. *The Journal of Economic Education*, v. 22, n. 1, p. 33-38, Winter 1991.

BAXTER, Martin. Environmental taxes need review to stay relevant. *The Guardian.* 17 dez. 2012. Disponível em: <www.theguardian.com/sustainable-business/blog/environmental-taxes-revenues-review-budget>. Acesso em: 13 out. 2014.

BIOMAS BRASIL – UMRAS. *Projeto Plantio.* Disponível em: <http://projetosbiomabrasil.blogspot.com.br/>. Acesso em: 23 dez. 2013.

CSD indicators of sustainable development. Disponível em: <www.un.org/esa/sustdev/natlinfo/indicators/factsheet.pdf>. Acesso em: 13 out. 2014.

COSTA, Leonardo de Andrade. A sustentabilidade ambiental na produção econômica de bens e serviços como requisito progressivo à concessão de incentivos e benefícios fiscais no Brasil. In: FLORES. Nilton Cesar (Org.). *A sustentabilidade ambiental em suas múltiplas faces.* Campinas: Millennium, 2012. cap. 6, p. 186-187.

KPMG — cutting through complexity. *KPMG green tax index.* Disponível em: <www.kpmg.com/global/en/issuesandinsights/articlespublications/green-tax/Pages/default.aspx>. Acesso em: 29 out. 2014.

____. *The KPMG green tax index 2013*: an exploration of green tax incentives and penalties. Disponível em: <www.kpmg.com/Global/en/IssuesAndInsights/ArticlesPublicati ons/green-tax/Documents/kpmg-green-tax-index-2013.pdf>. Acesso em: 20 out. 2014.

____. *Methodology.* Disponível em: <www.kpmg.com/Global/en/IssuesAndInsights/ ArticlesPublications/green->. Acesso em: 19 out. 2014.

____. *The index*: key findings. Disponível em: <www.kpmg.com/Global/en/Issues AndInsights/ArticlesPublications/green-tax/Pages/country-rankings.aspx>. Acesso em: 31 out. 2014.

MELLO, Elizabete Rosa de. Os benefícios fiscais brasileiros como instrumentos de educação de proteção do meio ambiente. In: DE CARLI, Ana Alice; MARTINS, Saadia Borba. Educação Ambiental: premissa inafastável ao desenvolvimento econômico e sustentável. Rio de Janeiro: Lumen Juris, 2014. cap. XIV, p. 366-368.

MONTERO, Carlos Eduardo Peralta. *Tributação ambiental*. São Paulo: Saraiva, 2014.

NUNES, Cleucio Santos. *Direito tributário e meio ambiente*. São Paulo: Dialética, 2005.

PARIJS, Philippe Van. Capitalismo de renda básica. *Lua Nova*, São Paulo, n. 32, p. 66-91, abr. 1994. Disponível em: <www.scielo.br/scielo.php?script=sci_arttext&pid=S0102. Acesso em: 16 nov. 2014.

SCHWARTZ, Gilson. A tese que é uma hipótese. *Lua Nova*, São Paulo, n. 32, p. 93-99, abr. 1994. Disponível em: <www.scielo.br/scielo.php?script=sci_arttext&pid=S0102>. Acesso em: 16 nov. 2014.

THE CLUB OF ROMA. Disponível em: <www.clubofrome.org/?p=464>. Acesso em: 12 out. 2014.

O financiamento do seguro de acidentes do trabalho como instrumento de aprimoramento do meio ambiente do trabalho

Fábio Zambitte Ibrahim[*]

1. Introdução

Desde o advento da Constituição de 1988, com seu emblemático preceito estampado no art. 225, ao estabelecer que todas as pessoas têm direito ao meio ambiente ecologicamente equilibrado, não resta dúvidas sobre a jusfundamentalidade dessa importante garantia, asseguratória da máxima efetividade dos direitos clássicos de liberdade e igualdade.

Sem embargo da importante previsão na Lei Maior, sua concretização sempre sofreu dificuldades. Seja pelas razões conhecidas que já enfrentam os direitos sociais, ou, também, por aspectos mais particulares dos direitos difusos, o fato é que somente mais recentemente, de forma visível, nota-se um incremento da preocupação nacional com o tema do meio ambiente.

No caso particular do meio ambiente do trabalho, a questão ainda é extremamente deficiente, haja vista a dominância, no âmbito empresarial e mesmo estatal, de uma precificação dos riscos a que o trabalhador é exposto, como que monetizando a saúde da pessoa humana em nome da produção. E tudo isso com aval dos órgãos de controle e mesmo entidades de representação profissional.

Uma importante mudança no marasmo estatal, no contexto laborativo, foi a adequação do financiamento de determinadas prestações previdenciárias, decorrentes de riscos ambientais do trabalho, o qual, no regramento vigente, busca uma tarifação dimensionada de acordo com o risco produzido, em uma forma adaptada da regra poluidor *versus* pagador. Todavia, como se verá, a

---

[*] Advogado. Doutor em direito público pela Universidade do Estado do Rio de Janeiro (Uerj). Mestre em direito previdenciário pela Pontifícia Universidade Católica de São Paulo (PUC-SP). Ex-auditor fiscal da Secretaria de Receita Federal do Brasil. Professor visitante da Uerj, coordenador e professor de direito previdenciário da Escola de Magistratura do Estado do Rio de Janeiro (Emerj), professor da FGV Direito Rio.

regulamentação da matéria foi precária, permitindo exclusões variadas, mais grave, impedindo, no limite, o atendimento do objetivo a que se propõe, que é dimensionar a imposição fiscal de acordo com a sinistralidade existente.

2. Previdência social e o meio ambiente do trabalho

Previdência social e saúde fazem parte do mesmo sistema, de seguridade social, com o objetivo central de alcançar a liberdade do querer. Como preceitua a Constituição, no art. 194 e seguintes, a seguridade social consolida o ideário da proteção plena, capaz de, na melhor medida, patrocinar a cobertura de todas as pessoas em face das adversidades da vida.

Apesar de a previdência social configurar subsistema autônomo de proteção, com características próprias, é evidente, até por formarem um sistema único de seguridade, que haja interações necessárias, como a adequação do meio ambiente do trabalho. Como didaticamente esclarece a Constituição, no art. 200, VIII, ao sistema único de saúde, compete, além de outras atribuições, *colaborar na proteção do meio ambiente, nele compreendido o do trabalho.*

Sabe-se, de antemão, que o meio ambiente é uno, e sua segmentação visa, unicamente, permitir identificar as demandas específicas de cada setor e direcionar ações e controle necessários a sua adequação constitucional. No caso específico do meio ambiente do trabalho, ao contrário do que possa parecer — até por inexistir qualquer limitação constitucional —, não está a se falar unicamente do empregado, trabalhador subordinado, mas sim todo e qualquer obreiro, submetido àquele conjunto de elementos tangíveis e intangíveis que compõe o espaço de convivência obrigatório da pessoa que, naquela localidade, busca o seu mister.

Ou seja, o meio ambiente do trabalho, dentro de suas particularidades, comporta uma de grande relevância, que é a convivência forçada com aquele espaço, por pior que seja, tendo em vista a necessária permanência como forma de obter a retribuição pecuniária devida por lei. Em regra, o obreiro passará mais tempo de sua vida em tais ambientes do que junto a sua família ou residência, sendo, portanto, aspecto de elevada importância.

Mais recentemente, a previdência social tem produzido avanços no controle, ainda que indireto, do meio ambiente do trabalho, estabelecendo nexos de causalidade entre diversas patologias e os contextos laborais, que, muito frequentemente, as propiciam. Tal cobertura, em geral, propicia atendimento mais adequado ao trabalhador e, também, propicia um incremento de contribuição social, com o objetivo duplo de impor o tributo, de forma mais onerosa, a quem produz o sinistro e, também, de gerar o necessário estímulo à gestão do meio ambiente do trabalho.

Como aponta o Anuário Estatístico da Previdência Social, os benefícios acidentários têm gasto bem superior à receita, com déficit de mais de R$ 4 bilhões e tendência de alta. O Brasil produz mais de quatro acidentes por minuto; 10 mortes por dia no trabalho, estando entre os piores índices do mundo na matéria.

Nesse contexto, a Lei nº 10.666/2003 trouxe importante inovação ao criar o fator acidentário de prevenção (FAP), permitindo, no financiamento das prestações previdenciárias derivadas de acidentes de trabalho, a tarifação individual, por empresa, da contribuição devida, como forma de quantificar o encargo social de acordo com a sinistralidade aferida. Ou seja, além da tarifação em três níveis da Lei nº 8.212/1991, de acordo com o segmento econômico, torna-se possível a quantificação do risco por empresa, como forma de ajuste fino.

Apesar da inovadora e ousada iniciativa, a regulamentação administrativa do tema, oriunda da tentativa de adensamento normativo do preceito geral estampado no art. 10 da Lei nº 10.666/2003, trouxe perplexidades variadas, especialmente pela patente falta de adequação aos fins propostos, em especial, a tarifação de acordo com a sinistralidade e o incentivo à gestão do meio ambiente do trabalho.

3. A contribuição para o seguro de acidentes do trabalho — o SAT básco

A contribuição ao seguro de acidentes do trabalho não possui qualquer definição constitucional de seu fato gerador ou base de cálculo (art. 7º, XXVIII, CRFB/1988), e o legislador continuou adotando a sistemática tradicional — incidência sobre a remuneração dos principais beneficiários, ou seja, empregados e avulsos, a cargo das empresas (art. 22, II, Lei nº 8.212/1991). Não existe qualquer vício nesta configuração exacional construída pelo legislador ordinário, pois há razoabilidade tanto no aspecto material da incidência como na respectiva base de cálculo, que, além de retratar a contraprestação pelo labor do segurado, reproduz base impositiva que já é de competência da União (art. 195, I, "a" da Constituição).

A contribuição, na forma atualmente prevista, incide sobre o total das remunerações pagas ou creditadas, no decorrer do mês, aos segurados empregados e trabalhadores avulsos, com as seguintes alíquotas (art. 22, II da Lei nº 8.212/1991):[1]

a) 1% para as empresas em cuja atividade preponderante o risco de acidentes do trabalho seja considerado leve;

b) 2% para as empresas em cuja atividade preponderante esse risco seja considerado médio;

c) 3% para as empresas em cuja atividade preponderante esse risco seja considerado grave.

Não há, na Lei nº 8.212/1991, uma definição das classes leve, média e grave, cabendo o tema ao Regulamento da Previdência Social, o qual disciplina a matéria no art. 202. Nisso reside parte da discussão sobre o SAT. Como se verá, apesar da manifestação favorável do STF, o tema está longe de ser superado.

3.1 Controvérsias atuais — o dever de fundamentar as alterações de enquadramento

Em geral, pode-se afirmar que, havendo insuficiência normativa quanto à delimitação da hipótese de incidência de determinado tributo, em quaisquer dos aspectos definidores, há a consequente vulneração do preceito da legalidade estrita, expressamente estabelecido no art. 150, I, da Constituição. Sem lei fixando todos os componentes do fato gerador, não há tributo, salvo, naturalmente, as exceções admitidas, taxativamente, pela própria Carta de 1988.

No entanto, por outro lado, a legalidade é somente um dos princípios fixados na Constituição, podendo, em tese, ser ponderado em situações de conflito com os demais interesses existentes. Esse aspecto, longe de ser revolucionário, tem ganhado corpo a partir da complexidade crescente das relações

---

[1] Já a cotização dos segurados especiais, assim como a contribuição básica, incide sobre a receita bruta da comercialização da produção rural, na alíquota de 0,1%. Para esses segurados, a base de contribuição é diferenciada, a alíquota é única, e é o próprio segurado que arca com a contribuição (ainda que outro possa ser o responsável pelo recolhimento). Na regra geral, a contribuição ao SAT referente a empregados e avulsos tem como base a remuneração desses segurados, a alíquota é variável, e é a empresa que figura no polo passivo da relação obrigacional (para empresas rurais, o SAT também é em regra calculado com alíquota única e incidindo sobre a receita da produção).

sociais, aliada à inaptidão do legislador para regulamentá-las. Nesse contexto, abre-se caminho para a chamada *crise da legalidade*.[2]

Ainda que a fixação de tributos tenha uma forte ligação com a legalidade, já que a Constituição expressamente determina a necessidade de lei para sua instituição (art. 150, I) — mesmo quando já havia previsto, genericamente, a necessidade de lei para a imposição de qualquer limitação à liberdade individual (art. 5º, II) —, é importante concluir que ainda está a se falar de um princípio, que pode ser ponderado em casos difíceis.

Também em matéria tributária, a Constituição prevê a necessidade de atendimento de outras diretrizes, como a isonomia. Traz a Carta de 1988 a regra geral de igualdade (art. 5º, *caput*) que é repetida no art. 150, II, para fins tributários. Interessante observar que aqui, ao contrário da legalidade, não se ouvem vozes louvando a criação, pelo Constituinte de 1988, de uma *isonomia estrita*, ou mais rigorosa, quando confrontada com as demais hipóteses fora do âmbito tributário. Já com relação à legalidade, não faltam autores a apontar, na afirmativa constitucional específica da legalidade tributária, uma explicitação do maior rigor necessário à criação de tributos.[3]

A parcialidade das análises frequentemente empreendidas pela doutrina pátria, em matéria tributária, é ainda guiada pelo fetichismo da legalidade, olvidando outras diretrizes constitucionais, mesmo quando reproduzidas no sistema tributário nacional.

O Estado social, com sua ampla rede de ações, aponta o anacronismo das concepções doutrinárias exageradamente legalistas. Ao pretender o legislador alcançar todas as situações possíveis, especialmente na tributação, cria verdadeiro emaranhado que acaba por ser desconhecido mesmo por especialistas da matéria. Em razão da tecnicidade cada vez maior da tributação, é comum o legislador aprovar projetos nos termos apresentados pelo Executivo, o qual, por sua vez, vê, na maioria das vezes, situações pontuais a serem resolvidas em detrimento do ordenamento global.

Em aparente observância à legalidade estrita, tentou o Estado contemporâneo fixar todas as suas incumbências nestes veículos normativos, gerando o caos atual. Melhor seria a administração tributária reconhecer que não é somente à lei, mas a todo o ordenamento e, em especial, à Constituição. A

---

[2] BINENBOJM, Gustavo. *Uma teoria do direito administrativo*: direitos fundamentais, democracia e constitucionalização. Rio: Renovar, 2006. p. 125.
[3] Por todos, ver Valdir de Oliveira Rocha. *Determinação do montante do tributo*. 2. ed. São Paulo: Dialética, 1995. p. 43.

vinculação administrativa é ao direito como um todo, ao *bloco de legalidade*, na concepção evoluída da *juridicidade administrativa*.[4]

A juridicidade administrativa interage com a legalidade, permitindo que haja uma regulamentação razoável pela administração, mesmo em matéria tributária, de forma razoável, dentro de um consenso livremente obtido, a partir da admissão da racionalidade prática voltada ao diálogo jurídico.

Certamente não se pretende com isso que a legalidade seja deixada de lado (ainda é fundamento de qualquer estado de direito), mas sim a importante (e evidente) conclusão de que a mesma é somente mais um princípio do Estado moderno, ao lado, por exemplo, da isonomia, que não é somente atingida por meio da previsibilidade formal do direito. Embora o direito tributário submeta-se, é certo, com maior rigor aos ditames da lei, não está o tributo dispensado de obediência às demais normas constitucionais.

Enfim, a legalidade, isoladamente, não atende aos ditames constitucionais no sentido de alcançar-se a segurança social, em um ambiente de bem-estar e justiça social. Há que se reconhecer suas limitações, sem, contudo, desconhecer a garantia dos direitos fundamentais e a necessidade de ponderação da legalidade, em casos difíceis, com outros princípios constitucionais.

É certo que se deve adotar o *standard* de que o tributo somente pode ser cobrado nos estritos limites da lei. Todavia, isso não exclui a possibilidade de limitação dessa premissa, em casos de maior complexidade, especialmente visando a máxima eficiência de outros princípios, como a isonomia. Essa é a concepção da juridicidade administrativa em matéria tributária. Ainda que se reconheça a necessidade de maior ônus argumentativo para a superação em concreto desse *standard*, isso é certamente possível.[5]

---

[4] Nesse sentido, ver BINENBOJM, Gustavo. *Uma teoria do direito administrativo*, 2006, op. cit., p. 142. Por isso ainda afirma que "Tal ideia, de vinculação ao direito não plasmado na lei, marca a superação do positivismo legalista e abre caminho para a um modelo jurídico baseado em princípios e regras, e não apenas nestas últimas". Ou seja, "A ideia de *juridicidade administrativa*, elaborada a partir da interpretação dos princípios e regras constitucionais, passa, destarte, a englobar o campo da *legalidade administrativa*, como um de seus princípios internos, mas não mais altaneiro e soberano como outrora. Isso significa que a atividade administrativa continua a realizar-se, via de regra, (i) segundo a lei, quando esta for constitucional (atividade *secundum legem*), (ii) mas pode encontrar fundamento direto na Constituição, independente ou para além da lei (atividade *praeter legem*), ou, eventualmente, (iii) legitimar-se perante o direito, ainda que contra a lei, porém com fulcro numa ponderação da legalidade com outros princípios constitucionais (atividade *contra legem*, mas com fundamento numa otimizada aplicação da Constituição)". (p. 143). Grifos no original.
[5] Sobre o tema da ponderação e a fixação de *standards* como meio de redução do voluntarismo judicial, ver BARCELLOS, Ana Paula de. *Ponderação, racionalidade e atividade jurisdicional*. Rio: Renovar, 2005.

Isso não significa, novamente, superar a legalidade por um pretenso ideal de justiça, mas é inevitável que se leve em consideração, na composição da hipótese de incidência, valores expressos em princípios constitucionais. Por isso seria perfeitamente aceitável, nesse contexto, que uma exação de complexa materialidade possa ser mais bem regulamentada em âmbito administrativo, como o seguro de acidentes de trabalho (SAT).[6]

A regulamentação técnica da matéria, adicionalmente, permite a participação de vários profissionais da sociedade, em um debate aberto e franco, buscando a melhor opção para o financiamento do sistema acidentário, em correspondência com os melhores meios de proteção à saúde do trabalhador.

Uma atenuação da legalidade, com a adoção, *e.g.*, de conceitos indeterminados ou cláusulas gerais, há de ser situação excepcional, a ser justificada na exação específica. A atual consagração da mal chamada *tipicidade fechada* no direito tributário brasileiro evidencia uma supremacia absoluta da segurança jurídica formal perante os demais princípios constitucionais.

A ponderação não é a saída para todos os males, devendo o aplicador da lei cotejar os interesses envolvidos em todas as questões postas a sua frente. Como já apontado, essa é restrita aos casos mais difíceis, sendo a subsunção (ainda que não em uma perspectiva exclusivamente lógica) o meio mais comum de aplicação do direito.

Ao contrário do que possa parecer, tal procedimento não é contrário à segurança jurídica, em uma perspectiva material, pois a previsibilidade da decisão, para gerar a segurança desejada, deve consistir em uma decisão razoável e justa. Não há segurança em saber de antemão que o resultado de lide será contrário aos valores defendidos pela Constituição.

Ademais, para reduzir o possível voluntarismo derivado da ponderação, deve a dogmática jurídica fixar *standards* de resolução, ou seja, soluções *a priori* para determinadas situações conflituosas, gerando a segurança jurídica que é realmente desejada pela sociedade, aliando previsibilidade com razoabilidade. É certo que, em determinados casos concretos, o *standard* pode se mostrar inadequado, podendo então o julgador decidir em contrário, mas terá a seu desfavor um maior ônus argumentativo.

A abertura ao Executivo, enfim, é natural e até desejável naqueles campos em que, por sua alta complexidade, demandam um corpo técnico bem

---

[6] O STF, no RE 343.446-SC, rel. min. Carlos Velloso, definiu que "Em certos casos (...) a aplicação da lei, no caso concreto, exige aferição de dados e padrões. Nesses casos, comete ao regulamento essa aferição", e por isso admitiu-se, no caso, o regulamento *intra legem*, ou delegado, especialmente em razão da complexidade técnica da matéria.

formado e aparelhado. Nesses casos, o Judiciário deve limitar sua atuação, deixando maior margem de manobra à *expertise* e à experiência dos órgãos e entidades da administração.[7] No entanto, esse é somente parte do problema em torno do SAT.

3.2 Da delegação válida ao abuso de confiança

Pelo exposto, e com o aval do Supremo Tribunal Federal (STF), pode-se dizer, com alguma certeza, que a hipotética possibilidade de delegação legal ao Executivo, mesmo em temas tributários, é perfeitamente possível e, eventualmente, necessária. Todavia, no caso particular do SAT, muito embora a complexidade técnica exista e, corretamente, tenha o STF admitido a delegação, é fato que, desde o advento do Decreto nº 6.957, de 9 de setembro de 2009, houve um abuso de confiança por parte do Executivo.

Como se observa, com toda a clareza, o art. 22, §3º, da Lei nº 8.212/91[8] exige, para fins de readequação da alíquota SAT, a necessária mensuração estatística e acompanhamento epidemiológico, para fins de realização do ideal da isonomia tributária. A delegação legal, ao contrário do que parece imaginar a administração, não revela carta branca para impor qualquer regramento que julgar conveniente, mas, ao revés, um dever de fundamentar com robustez as previsões vigentes e eventuais inovações, em respeito e deferência à confiança depositada pelo legislador ordinário. Qualquer pessoa de boa índole sabe que, ao ter a confiança de outrem depositada em suas ações, assume, com isso, maior responsabilidade pelos atos praticados.

Infelizmente, a realidade é exatamente oposta ao que o senso comum e a Constituição exigem. Além de inexistir qualquer fundamento na edição do Decreto nº 6.957/2009, o que se observa é a majoração de mais da metade dos diversos segmentos de atividade econômica, com incrementos desprovidos de

---

[7] BINENBOJM, Gustavo. *Uma teoria do direito administrativo*, 2006, op. cit., p. 41. De modo até mais claro, o aludido autor afirma que "(...) há inúmeras situações em que os princípios da moralidade, da proteção da confiança legítima e da vedação do enriquecimento sem causa operarão, mediante juízos de ponderação racional, no sentido da relativização do princípio da legalidade, *validando* atos originariamente ilegais ou pelo menos os seus efeitos pretéritos". (p. 71). Grifos no original.

[8] "O Ministério do Trabalho e da Previdência Social poderá alterar, com base nas estatísticas de acidentes do trabalho, apuradas em inspeção, o enquadramento de empresas para efeito da contribuição a que se refere o inciso II deste artigo, a fim de estimular investimentos em prevenção de acidentes."

qualquer base científica ou estatística, mas fundados, unicamente, no intuito de majorar a arrecadação da aludida contribuição.

É certo que, na atualidade, a receita do SAT pode ser inadequada para os gastos realizados pela previdência social. No entanto, em tal situação, o eventual incremento de alíquota deve se submeter ao rito estabelecido na Constituição, que requer a majoração por lei. O aumento de receita pela simples elevação generalizada de alíquotas, a pretexto de readequação de graus de risco, nada mais camufla que uma violação à legalidade.

Nesse sentido, o Decreto nº 6.957/2009 não incorre, somente, em ilegalidade, mas também em inconstitucionalidade direta, por violar o princípio da legalidade e, ao mesmo tempo, a isonomia tributária, permitindo tratamento diverso para contribuintes em mesma situação. É um claro abuso de confiança por parte do Executivo, que pretende adotar a delegação legislativa e o aval do STF como prerrogativa para vulnerar garantias fundamentais dos contribuintes.

O novo anexo V do RPS (previsão do SAT básico), com a redação dada pelo Decreto nº 6.957/2009, não teve qualquer fundamento ou justificativa, expondo arbitrariedade com finalidade unicamente arrecadatória; usando-se das liberdades legais na regulamentação para — sob o pretexto de complexidade técnica — impor majoração pura e simples de alíquotas. Com isso, também se perde parte do estímulo à prevenção de acidentes.[9]

No entanto, as irregularidades não se limitaram ao SAT básico, mas alcançaram, também, o FAP, com previsões que, de modo algum, permitem alcançar as finalidades justificadoras desse importante instrumento de justiça fiscal e estímulo a condições adequadas de trabalho.

4. O fator acidentário de prevenção — problemas e soluções

O FAP, resumidamente, consiste num multiplicador variável num intervalo contínuo de cinco décimos (0,5000) a dois inteiros (2,0000), aplicado com quatro casas decimais, considerado o critério de arredondamento na quarta casa decimal, a ser aplicado à respectiva alíquota do seguro de acidentes (1, 2 ou 3%). A variação é feita de acordo com índices de frequência, gravidade e

---

[9] A experiência internacional demonstra, empiricamente, que a ausência de reajustes periódicos, bem dimensionados e fundamentados, compromete a finalidade preventiva do custeio acidentário. Sobre o tema, ver FERNÁNDEZ AVILÉS, José Antonio. *El accidente de trabajo en el sistema de seguridad social* (su contradictorio proceso de institucionalización jurídica). Barcelona: Atelier, 2007. p. 193-194.

custo. Ou seja, é possível ao FAP aumentar ou reduzir o SAT básico, de acordo com as condições efetivas de cada empresa.[10]

Ou seja, o modelo atual comporta, além do enquadramento genérico por atividade econômica, de acordo com a classificação CNAE, que impõe alíquotas idênticas para todas as empresas de mesma atividade predominante, o dimensionamento da sinistralidade por empresa, em análise comparativa, estabelecendo os encargos previdenciários de maneira mais equânime. Essa última tarefa é cumprida pelo fator FAP.

A possibilidade de adequação de alíquota de acordo com variáveis concretas já era prevista na Lei nº 7.787/1989, no art. 4º. A Lei nº 8.212/1991, desde sua publicação, prevê, no art. 22, §3º, a possibilidade de adequação das alíquotas de financiamento do seguro de acidentes do trabalho como forma de estimular investimentos em prevenção de acidentes. Nesse sentido, além de uma alteração de alíquota do SAT básico, a Lei nº 8.212/1991, ainda que implicitamente, já permitia a adequação por empresa. Além da prevenção, o FAP vivifica o *princípio da equivalência*, fixando o financiamento de acordo com a sinistralidade de cada empresa.[11]

Com isso, dificilmente seria admissível apontar o art. 10 da Lei nº 10.666/03 — fundamento normativo do fator acidentário de prevenção — como algo inédito e inovador no direito previdenciário. A inovação, em verdade, surgiu na regulamentação do dispositivo, o qual, desde 1989, sempre fora mera previsão abstrata desprovida de concretude.

Apesar de o Conselho Nacional de Previdência Social (CNPS) ter editado a Resolução nº 1.101/1998, com vistas à Metodologia para Avaliação e Controle dos Acidentes de Trabalho, somente houve uma disciplina efetiva com a Resolução nº 1.236/2006 e o Decreto nº 6.042/2007. Com o pretexto de aprimorar o mecanismo, as Resoluções nº 1.308/2009 e nº 1.309/2009, combinadas com o Decreto nº 6.957/2009, adulteraram as premissas iniciais, produzindo, juntamente com o SAT básico, incremento generalizado de alíquotas. Em seguida, a metodologia foi novamente alterada pela Resolução CNPS nº 1.316, de 31 de maio de 2010.

---

[10] Não é proposta traçar o detalhamento do FAP e seu funcionamento. Para tanto, ver o meu *Curso de direito previdenciário*. 17. ed. Niterói: Impetus, 2012. Na mesma obra, justifico a referência ao SAT, ao invés de RAT ou Gildrat, não obstante o novo escopo de atuação do antigo seguro de acidentes do trabalho, revisto pela Lei nº 9.732/1998.

[11] Sobre o princípio da equivalência, ver DURAND, Paul. *La política contemporánea de seguridad social*. Madri: MTSS, 1991. p. 272. No Brasil, ver BALERA, Wagner. *Noções preliminares de direito previdenciário*. São Paulo: Quartier Latin, 2004.

A delegação da Lei nº 10.666/2003 ao Poder Executivo para disciplinar o funcionamento do mecanismo — razoável pelas complexidades técnicas da matéria e a necessária avaliação estatística, de forma continuada — serviu, novamente, para prejudicar a ferramenta e atender interesses alheios à saúde e segurança do trabalhador.[12]

Não se deve, com toda a certeza, ignorar o FAP como um dos melhores instrumentos de incentivo à melhoria do meio ambiente do trabalho o qual, portanto, deve ser robustecido e aprimorado.[13] Sem embargo, a disciplina atual, aliada à base de dados frágil, demanda revisões urgentes, sob pena de inviabilizar sua utilização de forma continuada.

Pessoalmente, mesmo antes de o STF decidir o RE nº 343.446-SC, já havia me manifestado pela possibilidade e mesmo necessidade de delegação, ao Poder Executivo, da disciplina específica do custeio das prestações acidentárias, haja vista a complexidade técnica do tema e a *expertise* do Executivo na matéria. No entanto, o problema aqui é outro. Trata-se do abuso de confiança por parte da administração, que derroga as regras vigentes sem qualquer justificativa. Em situações como essa, o dever de fundamentação é ainda maior, expondo à sociedade os motivos de tamanha modificação. Nada disso ocorreu.

Outro grave problema na atual sistemática de cálculo do FAP é a adoção, como parâmetro de quantificação, da divisão do grupo econômico em *percentis*, o que ignora as variadas situações das empresas, com características muito diversificadas, além de em grande parte das situações concretas, no período avaliado, não haver acidente algum, impondo, não raramente, incremento indevido de alíquota.[14]

---

[12] Nesse sentido, é emblemática a forte crítica do criador do FAP, ao comentar a nova sistemática: "Diga-se de passagem, essa nova versão não recebeu absolutamente nenhuma contribuição da minha parte, pois foi elaborada e conduzida pelo Departamento de Saúde Ocupacional do MPS, ao longo de 2009, em parceria com o Instituto de Psicologia da UnB, mediante convênio para, exatamente, 'aprimorar' o método. Coloco aspas no 'aprimorar', pois em verdade, como à frente discuto, houve uma deterioração técnica e científica desses instrumentos, uma vez que muitas de suas definições metodológicas simplesmente não são explicadas, foram, por assim dizer, sacadas do nada, com aquiescência dos trabalhadores e empresários que deliberaram na sessão plenária do CNPS, que votou as Resoluções nº 1.308/09 e 1.309/09" (OLIVEIRA, Paulo Rogério Albuquerque de. *Nexo Técnico Epidemiológico Previdenciário — NTEP, Fator Acidentário de Prevenção — FAP*: um novo olhar sobre a saúde do trabalhador. 2. ed. São Paulo: LTr, 2010. p. 125).
[13] No mesmo sentido, ibid., p. 127.
[14] Um reflexo do mecanismo de *percentis*, em prejuízo das empresas, foi a negativa de redução de alíquota — FAP 0,5 — para empresas sem qualquer acidente. Obviamente, não havendo qualquer infortúnio, as variáveis de frequência, gravidade e custo são nulas e, por conseguinte, o FAP deveria ser o menor possível. Com a divisão em *percentis*, isso não ocorre. O erro era tão flagrante que, nesse caso, foi corrigido pela Resolução CNPS nº 1.316/2010.

A categorização por *percentis*, conceitualmente, parte da premissa da divisão em determinado universo em partes iguais, que é exatamente o que não ocorre no aglomerado de empresas em determinada atividade econômica, em especial pelo porte dos mais variados, aliado a uma dominância, em determinados setores, por pequenas empresas. A identificação das distâncias relativas é justamente o que se busca no FAP. Mas, com o critério de *percentis*, é exatamente o que não se consegue.[15] A estrutura básica do fator foi desnaturada.

Para piorar, há, ainda, as dificuldades específicas da base de dados, com informações conflitantes e mesmo equivocadas. Não raramente, os elementos do Cadastro Nacional de Informações Sociais (CNIS) padecem de vícios e equívocos, muitos dos quais gerados por erros de informação ou processamento.

Por natural, nenhuma base de dados é imune a erros, e o CNIS não seria exceção. O problema ocorre quando tais erros geram incremento de sinistralidade da empresa, com consequente majoração de contribuição, e a reavaliação demanda esforço elevado das empresas envolvidas, as quais, em regra, devem comparar empregado a empregado, acidente por acidente, de forma a identificar os vícios de informação porventura existentes.

É importante que a Receita Federal do Brasil, em conjunto com os demais órgãos envolvidos, traga as fontes de cálculo do FAP da maneira mais acessível possível, com possibilidade de recursos efetivos e com rápida avaliação, de forma a não macular esse importante instrumento de estímulo ao meio ambiente de trabalho salubre.

Além das questões citadas, há outros problemas na atual metodologia do FAP. Primeiramente, não é correta a contagem, na frequência de acidentes, das comunicações de acidente do trabalho (CAT) sem benefício previdenciário, o qual, em regra, exige mais de 15 dias de afastamento. O acidente do trabalho é aquele que, além do nexo causal, traz a necessária incapacidade, temporária ou permanente, além do óbito. Nada impede, portanto, que haja um acidente com curto período de afastamento — sendo inclusive correta a comunicação — mas tal evento, por não gerar benefício, não deveria ser computado.

No mesmo contexto, erra o sistema ao inserir, na quantificação de acidentes, as prestações previdenciárias oriundas de sinistros *in itinere*, ou seja, nos trajetos da residência para o trabalho e vice-versa. O empregador não possui,

---

[15] OLIVEIRA, Paulo Rogério Albuquerque de. *Uma sistematização sobre a saúde do trabalhador*. Do exótico ao esotérico. São Paulo: LTr, 2011. p. 283.

em regra, qualquer responsabilidade ou mesmo condição de interferir em tais eventos e, portanto, submetê-lo a sanções indiretas por sinistros provocados além muros — nessa hipótese — é absurdo.

A inclusão de tais situações acaba, em verdade, por criar efeito reverso no estímulo à prevenção acidentária, pois contabiliza evento fora do alcance dos empregadores. Para fins de comparação, a disciplina da União Europeia sobre acidentes do trabalho explicitamente exclui os acidentes *in itinere* da quantificação.[16]

Também os índices compostos do novo FAP, com variação de peso de 35, 50 e 15%, para fins de frequência, gravidade e custo do fator, não foram justificados, sendo, simplesmente, apresentados na nova regulamentação, demonstrando total falta de comprometimento com uma motivação mínima à sociedade do que ocorreu.

Outro ponto obscuro diz respeito ao cálculo em si do FAP. Sabe-se que, para apurar o fator, há uma avaliação comparativa com as demais empresas do segmento econômico. Como tais informações não são prestadas, sob alegação de sigilo fiscal, qualquer reavaliação do FAP calculado, por parte da empresa interessada, é inviável. Na verdade, a defesa, hoje, limita-se a identificar erros na base de dados, mas sem enfrentar o âmago da questão, que é a fixação da empresa dentro do grupamento econômico.

A alegação de sigilo é descabida, pois não se está expondo o quanto determinada empresa deve ou pagou de contribuição social, mas somente exibindo o grau de sinistralidade daquele empreendimento. Tais informações, em geral, já são de conhecimento dos sindicatos, por exemplo, além dos segurados que, no trabalho diário, têm notícia dos acidentes e doenças provocados no dia a dia.

A questão do sigilo fiscal existe, desde sempre, como forma de proteger o sujeito passivo diante das exposições invasivas e mesmo vexatórias de sua condição fiscal, o que poderia prejudicar investimentos futuros, afastar clientes ou mesmo levar o negócio à bancarrota. Nunca será finalidade de o sigilo fiscal omitir os números acidentários de determinada empresa, especialmente pelo potencial moralizador e incentivador na adequação do meio ambiente do trabalho.

---

[16] Disponível em: <www.hsa.ie/eng/Statistics/ESAW_Methodology.pdf>. Acesso em: 30 mar. 2012. p. 12. Sobre o tema, ver também FERNÁNDEZ AVILÉS, José Antonio. *El accidente de trabajo en el sistema de seguridad social*, 2007, op. cit., p. 199.

5. Conclusão

Historicamente, os infortúnios laborais, tanto pelas vítimas como por seus algozes, foram rotulados como algo oriundo da *vontade divina*,[17] sobre a qual nada se podia fazer. Essa época, felizmente, se foi. A normatização vigente, em gradual e importante evolução, trouxe nova luz ao tema, escapando às premissas clássicas da matéria, passando a observar, também, o meio ambiente do trabalho como um todo, identificando patologias não somente no trabalhador, mas na própria empresa.

A disciplina vigente é capaz de produzir, desde já, forte estímulo à construção de ambiente salubre e adequado de trabalho, perpetuando a dignidade do trabalhador e reduzindo as pressões financeiras do sistema previdenciário, em interesse das gerações atual e futuras. Sem embargo, é importante que os mecanismos existentes, frutos da desejada evolução protetiva brasileira, amadureçam por meio de aprimoramentos necessários, com a razoabilidade inerente a instrumentos desejosos de equidade, os quais, na busca da medida igual de consideração e respeito, podem suscitar dúvidas na sua aplicação, mas nunca injustiças e arbitrariedades.

As prerrogativas estatais na construção de um ambiente adequado de trabalho não podem, em hipótese alguma, descambar em imposições desproporcionais e injustificadas aos empregadores, especialmente quando comprovado o comprometimento com o bem-estar de seus empregados. A regulação atual da matéria, tanto no SAT como no FAT, por qualquer perspectiva, é insubsistente, não permitindo alcançar os resultados referidos.

Importa notar que não se trata, somente, de ilegalidade dos atos administrativos referidos, mas sim verdadeira inconstitucionalidade, pela possibilidade de efeitos autônomos, especialmente quanto aos encargos tributários, e pela forte violação a preceitos relevantes da Constituição de 1988, em especial, a isonomia tributária e a equidade no custeio.

---

[17] FERNANDEZ, Anníbal. *Os acidentes do trabalho*: do sacrifício do trabalho à prevenção e à reparação: evolução legislativa: atualidades e perspectivas: lei, doutrina e jurisprudência. 2. ed. rev. com participação de Sérgio Pardal Freudenthal. São Paulo: LTr, 2003. p. 20.

REFERÊNCIAS

BALERA, Wagner. *Noções preliminares de direito previdenciário*. São Paulo: Quartier Latin, 2004.

BARCELLOS, Ana Paula de. *Ponderação, racionalidade e atividade jurisdicional*. Rio de Janeiro: Renovar, 2005.

BINENBOJM, Gustavo. *Uma teoria do direito administrativo*: direitos fundamentais, democracia e constitucionalização. Rio de Janeiro: Renovar, 2006.

DURAND, Paul. *La política contemporánea de seguridad social*. Madri: MTSS, 1991.

FERNANDEZ, Anníbal. *Os acidentes do trabalho*: do sacrifício do trabalho à prevenção e à reparação: evolução legislativa: atualidades e perspectivas: lei, doutrina e jurisprudência. 2. ed. rev. com participação de Sérgio Pardal Freudenthal. São Paulo: LTr, 2003.

FERNÁNDEZ AVILÉS, José Antonio. *El accidente de trabajo en el sistema de seguridad social (su contradictorio proceso de institucionalización jurídica)*. Barcelona: Atelier, 2007.

IBRAHIM, Fabio Zambitte. *Curso de direito previdenciário*. 17. ed. Niterói: Impetus, 2012.

OLIVEIRA, Paulo Rogério Albuquerque de. *Nexo Técnico Epidemiológico Previdenciário — NTEP, Fator Acidentário de Prevenção — FAP*: um novo olhar sobre a saúde do trabalhador. 2. ed. São Paulo: LTr, 2010.

____. *Uma sistematização sobre a saúde do trabalhador*. Do exótico ao esotérico. São Paulo: LTr, 2011.

ROCHA, Valdir de Oliveira. *Determinação do montante do tributo*. 2. ed. São Paulo: Dialética, 1995.

O controle ambiental dos benefícios fiscais: o próximo (e necessário) passo na evolução do instituto

Andressa Guimarães Torquato Fernandes[*]

1. Introdução

A existência de controles jurídicos acerca da concessão de benefícios fiscais no Brasil é um fenômeno relativamente recente. Nos ordenamentos constitucionais anteriores, não havia uma disciplina específica que delimitasse os contornos a serem obedecidos pela administração pública na sua concessão. De certo, o fato de não haver limites expressos não conduz a uma interpretação segundo a qual sua implementação não precisaria atender ao princípio da isonomia, da moralidade, da legalidade, entre outros que, ao fim e ao cabo, buscam concretizar o princípio da supremacia do interesse público. Contudo, é inegável que apenas com a implementação da Constituição de 1988 e o estabelecimento de uma disciplina jurídica mais precisa sobre o tema foi que o país começou a engatinhar no sentido de utilizá-los como efetivos mecanismos de promoção do interesse público.

Ao analisar a evolução do instituto, é possível perceber os motivos pelos quais, nesse *primeiro momento*, o Brasil, a exemplo de outros países, não continha em seu ordenamento jurídico disposições nesse sentido: benefícios fiscais não eram vistos como gastos tributários, ou melhor expondo, como efetiva disposição de recursos públicos em favor de um particular, pessoa física ou jurídica.

A alteração nesse paradigma, que se iniciou nos Estados Unidos a partir dos estudos desenvolvidos por Surrey, promoveu o que se passa a chamar de *segundo momento da regulação dos benefícios fiscais*, no qual demonstrações acerca do seu impacto positivo para a economia e para o orçamento público passaram a ser exigidas de maneira expressa, primeiramente, pela Constitui-

---

[*] Professora adjunta de direito financeiro e tributário da Universidade Federal Fluminense (UFF). Doutora em direito financeiro pela Universidade de São Paulo (USP). *Visiting Researcher*, University of Dundee, Escócia.

ção Federal de 1988 e, posteriormente, pela Lei de Responsabilidade Fiscal (Lei Complementar nº 101/2000).

No entanto, diante do modelo de desenvolvimento econômico sustentável consagrado pela ordem constitucional vigente, defende-se no presente estudo a imperiosidade de que o Estado brasileiro dê mais um passo na evolução do instituto, por meio da implementação do *terceiro momento da regulação dos benefícios fiscais*, caracterizado fundamentalmente pela submissão da sua concessão ao *princípio da consideração da variável ambiental no processo decisório de políticas de desenvolvimento*, preconizado por Edis Milaré.

Para tanto, faz-se inicialmente uma breve explanação acerca da doutrina do *tax expenditure*, desenvolvida nos Estados Unidos da América a partir do final da década de 1960, que influenciou o Brasil na passagem do primeiro para o segundo momento mencionado.

Após, com o objetivo de justificar a proposta de passagem para o terceiro momento, discorrer-se-á inicialmente acerca do conceito de desenvolvimento sustentável estabelecido pela ordem constitucional vigente. Em seguida, será analisado o papel da tributação nesse modelo desenvolvimentista como um dos principais mecanismos à disposição do Estado para induzir comportamentos dos agentes econômicos no sentido de adotar práticas menos agressivas ao meio ambiente.

2. Do primeiro ao segundo momento de regulação dos benefícios fiscais: cenários pré e pós-Constituição de 1988

A concessão de incentivos, também chamados de benefícios fiscais,[1] representa uma das políticas mais praticadas por Estados com vistas a incentivar o desenvolvimento de determinados setores da economia. Por longos anos (mais precisamente, até o final da década de 1960) foram empregados em todo o mundo sem qualquer controle quanto aos reais efeitos positivos que supostamente trariam para a sociedade. Do ponto de vista econômico, não havia sequer metodologia capaz de auferir se de fato sua implementação propiciaria o aumento da arrecadação de recursos públicos no longo prazo.

---

[1] Tratamos no presente estudo as expressões *benefícios fiscais, renúncias fiscais, renúncias de receita* e *incentivos fiscais* como sinônimos, atribuindo-lhes significado amplo para designar toda espécie de benefício financeiro ou tributário atribuído pelos entes políticos a pessoas físicas ou jurídicas, públicas ou privadas, cuja administração caiba a suas respectivas administrações tributárias.

A mudança nesse panorama teve início a partir dos estudos desenvolvidos por Stanley S. Surrey, no âmbito da Secretaria do Tesouro dos Estados Unidos da América, que mais tarde fundamentariam a publicação do *Annual Report of the Secretary of the Treasure*, em 1968. Segundo Elcio Fiori Henriques, esse seria o primeiro "Orçamento de Gastos Tributários" da história dos Estados Unidos.[2]

O grande mérito do trabalho realizado por Surrey está em atribuir aos benefícios fiscais natureza equivalente à das despesas diretas realizadas pelos entes públicos, motivo pelo qual passaram a ser conhecidos na literatura como *tax expenditures* ou gastos tributários.

Em sua obra clássica, *Pathways to reform*, ressalta a importância de uma correta compreensão acerca da natureza dos incentivos fiscais, demonstrando a necessidade de implementação de mecanismos claros de controle dos seus efeitos no orçamento público. Ao analisar os ensinamentos de Surrey, Elcio Fiori assim os resume:

> Em seu trabalho, o autor mostra que a linguagem tributária sob a qual se revestem os benefícios fiscais é perigosamente enganadora. Ela parece perfeita em sua forma técnica de prover auxílio para quem o necessita, sem nenhum prejuízo aparente. Entretanto, ao se traduzir os benefícios fiscais para a linguagem de gastos, comparando os custos dos benefícios fiscais com os gastos diretos, pode-se chegar a conclusões muito diversas.
>
> Partindo dessa premissa, o objetivo do autor era, de alguma forma, integrar os benefícios ficais no processo orçamentário, de modo que os valores gastos com estes pudessem ser comparados em condições de igualdade com os gastos diretos, submetendo-se aos mesmos controles. Para tanto, mostrava-se necessário criar um ponto de ligação entre as despesas públicas e os efeitos gerados pelos benefícios fiscais. (...)
>
> Percebeu-se que a melhor forma de integrar os benefícios fiscais no processo orçamentário seria por meio da quantificação, ainda que por estimativa, dos seus efeitos ao Erário público, integrando estimativas com as despesas do orçamento público.[3]

Contudo, apenas a partir dos anos 1980 é que se verifica uma intensificação entre os países na adoção de regras capazes de introduzir um maior grau de transparência acerca dos impactos provocados pela concessão de

---

[2] HENRIQUES, Elcio Fiori. *Os benefícios fiscais no direito financeiro e orçamentário*: o gasto tributário no direito brasileiro. São Paulo: Quartier Latin, 2010. p. 48.
[3] Ibid., p. 52-53.

incentivos fiscais em seus orçamentos. Por exemplo, na reforma administrativa empreendida pela Nova Zelândia a partir de 1984, referência em todo o mundo pelos padrões de eficiência que conseguiu alcançar, a transparência dos incentivos fiscais foi uma preocupação relevante, conforme relata Liliane Chaves Murta de Lima, os quais deveriam ser "claramente definidos e publicamente abertos, ou seja, deve haver transparência no processo".[4]

Ademais, contribuíram para reforçar a importância da adoção de mecanismos de controle dos gastos tributários pelos entes públicos a publicação do Código de Boas Práticas para a Transparência Fiscal, pelo Fundo Monetário Internacional, em 1998, bem como do *Oecd best practices for budget transparency*, em 1999.

No Brasil, a Constituição de 1988 foi pioneira ao tratar do tema. Primeiramente, em seu art. 70, atribuiu ao Congresso Nacional, mediante controle externo, e ao sistema interno de cada Poder competência para fiscalizar a aplicação de subvenções e renúncia de receita, sob os aspectos contábil, financeiro, orçamentário, operacional e patrimonial, no que tange a sua legalidade, legitimidade e economicidade.[5]

Adiante, o art. 165, §6º,[6] estabeleceu que o Projeto de Lei Orçamentária deve vir acompanhado de *demonstrativo regionalizado do efeito*, sobre as receitas e despesas, decorrente de isenções, anistias, remissões, subsídios e benefícios de natureza financeira, tributária e creditícia.

Percebe-se que o mandamento constitucional contido no §6º, do art. 165, seguiu a tendência internacional, de tratar benefícios de natureza fiscal como efetivos gastos, marcando no Brasil o fim do *primeiro momento de regulação dos benefícios fiscais*. Tal consiste em um período no qual o controle jurídico desses incentivos se ancorava unicamente em uma base principiológica, responsável por reger não apenas os atos concessórios de benefícios fiscais, mas todo e qualquer ato administrativo, como os princípios da primazia do

---

[4] LIMA, Liliane Chaves Murta de. *Controle interno na administração pública*: o controle público na administração como um instrumento de *accountability*. Monografia (especialização) — Instituto Serzedello Corrêa, Tribunal de Contas da União, Brasília, 2012. p. 45-46.

[5] Art. 70. A fiscalização contábil, financeira, orçamentária, operacional e patrimonial da União e das entidades da administração direta e indireta, quanto à legalidade, legitimidade, economicidade, aplicação das subvenções e renúncia de receitas, será exercida pelo Congresso Nacional, mediante controle externo, e pelo sistema de controle interno de cada Poder.

[6] Art. 165. Leis de iniciativa do Poder Executivo estabelecerão: §6º — O projeto de lei orçamentária será acompanhado de demonstrativo regionalizado do efeito, sobre as receitas e despesas, decorrente de isenções, anistias, remissões, subsídios e benefícios de natureza financeira, tributária e creditícia.

interesse público, da moralidade, da legalidade, entre outros, implícitos ou explícitos no ordenamento jurídico precedente.

Assim, passa-se a um *segundo momento de regulação dos benefícios fiscais*, por meio do qual se busca implementar o princípio da responsabilidade na gestão fiscal, concretizador daqueles outros mais abrangentes mencionados.

A imposição de que o Projeto de Lei Orçamentária venha acompanhado de um demonstrativo sobre o impacto dessa política fiscal nas receitas e despesas propicia a tomada de decisões racionais por parte do chefe do Executivo, responsável por encaminhá-lo ao Congresso Nacional, bem como auxilia os congressistas que irão avaliá-lo; os quais terão a sua disposição dados suficientes para embasar uma decisão, seja sobre sua implementação ou manutenção, seja com relação a sua revogação e consequente utilização dos recursos em outras finalidades que se mostrem mais vantajosas.

No plano infraconstitucional, a matéria foi regulada pela Lei de Responsabilidade Fiscal, que, dada a importância do tema, já em seu art. 1º, §1º,[7] refere-se à necessidade da imposição de limites e condições à renúncia de receita como sendo esta uma condição para a implementação da responsabilidade na gestão fiscal.

Em seu art. 5º, determina que deve ser cumprido o disposto no art. 165, §6º, da CF, que impõe a elaboração de demonstrativo de impacto de renúncias de receita sobre as receitas e despesas previstas no Orçamento.

Contudo, uma abordagem com maior profundidade verifica-se adiante, no seu art. 14. Veja-se:

> Art. 14. A concessão ou ampliação de incentivo ou benefício de natureza tributária da qual decorra renúncia de receita deverá estar acompanhada de estimativa do impacto orçamentário-financeiro no exercício em que deva iniciar sua vigência e nos dois seguintes, atender ao disposto na lei de diretrizes orçamentárias e a pelo menos uma das seguintes condições: (Vide Medida Provisória nº 2.159, de 2001) (Vide Lei nº 10.276, de 2001)
> I — demonstração pelo proponente de que a renúncia foi considerada na estimativa de receita da lei orçamentária, na forma do art. 12, e de que não afetará

---

[7] A responsabilidade na gestão fiscal pressupõe a ação planejada e transparente, em que se previnem riscos e corrigem desvios capazes de afetar o equilíbrio das contas públicas, mediante o cumprimento de metas de resultados entre receitas e despesas e a obediência a limites e condições no que tange a renúncia de receita, geração de despesas com pessoal, da seguridade social e outras, dívidas consolidada e mobiliária, operações de crédito, inclusive por antecipação de receita, concessão de garantia e inscrição em Restos a Pagar (grifos nossos).

as metas de resultados fiscais previstas no anexo próprio da lei de diretrizes orçamentárias;

II — estar acompanhada de medidas de compensação, no período mencionado no *caput*, por meio do aumento de receita, proveniente da elevação de alíquotas, ampliação da base de cálculo, majoração ou criação de tributo ou contribuição.

§1º A renúncia compreende anistia, remissão, subsídio, crédito presumido, concessão de isenção em caráter não geral, alteração de alíquota ou modificação de base de cálculo que implique redução discriminada de tributos ou contribuições, e outros benefícios que correspondam a tratamento diferenciado.

§2º Se o ato de concessão ou ampliação do incentivo ou benefício de que trata o *caput* deste artigo decorrer da condição contida no inciso II, o benefício só entrará em vigor quando implementadas as medidas referidas no mencionado inciso.

§3º O disposto neste artigo não se aplica:

I — às alterações das alíquotas dos impostos previstos nos incisos I, II, IV e V do art. 153 da Constituição, na forma do seu §1º;

II — ao cancelamento de débito cujo montante seja inferior ao dos respectivos custos de cobrança.

Do exposto no dispositivo, conclui-se pela necessidade do cumprimento dos seguintes requisitos para a concessão de benefícios fiscais no sistema jurídico brasileiro:

(i) Elaboração de documento que realize uma estimativa do impacto orçamentário-financeiro no exercício em que deva iniciar sua vigência e nos dois seguintes.

(ii) O atendimento ao disposto na Lei de Diretrizes Orçamentárias; e,

(iii) A adoção, alternativamente, de:

a) demonstração pelo proponente de que a renúncia foi considerada na estimativa de receita da lei orçamentária, na forma do art. 12, e de que não afetará as metas de resultados fiscais previstas no anexo próprio da lei de diretrizes orçamentárias; ou

b) estar acompanhada de medidas de compensação, no período mencionado no caput, por meio do aumento de receita, proveniente da elevação de alíquotas, ampliação da base de cálculo, majoração ou criação de tributo ou contribuição.

Diversamente do que ocorre no *demonstrativo de impacto sobre receitas e despesas*, exigido pela Constituição Federal, documento que deve acompanhar o Projeto de Lei Orçamentária, os requisitos exigidos pelo art. 14 da LRF devem obrigatoriamente ser apresentados em conjunto com o próprio Projeto de Lei que visa conceder os incentivos, sob pena de nulidade formal.

Diante dessa série de exigências a serem cumpridas, caberá aos órgãos de controle fiscalizar seu atendimento, não apenas no que diz respeito aos aspectos formais, mediante um controle de legalidade, mas também seu conteúdo, se de fato os dados apresentados espelham uma perspectiva de cenário fidedigna, capaz de atender o interesse público (legitimidade), segundo uma melhor relação de custo benefício (análise quanto a sua economicidade).

3. Terceiro momento de regulação dos benefícios fiscais: a variável ambiental

3.1 Considerações preliminares

Conforme exposto, a preocupação com a gestão responsável dos recursos públicos levou à criação de uma série de requisitos a serem cumpridos pela administração pública no processo de implementação de um benefício fiscal.

Tais requisitos, contudo, não são as únicas limitações a que se submetem as normas introdutoras de incentivos tributários. Devem estar em harmonia com todo o ordenamento jurídico, inclusive com o princípio da defesa do meio ambiente, norteador da ordem econômica, previsto no inciso VI, do art. 170, da CF.

Nas lições de José Afonso da Silva, tal mandamento implica condicionar a atividade produtiva ao respeito ao meio ambiente e possibilita ao poder público interferir drasticamente, se necessário, para que a exploração econômica preserve a ecologia.[8]

Para lhe garantir maior concretude, a Emenda Constitucional nº 42/2003 introduziu no referido inciso VI determinação segundo a qual este deve ser efetivado: "inclusive mediante tratamento diferenciado conforme o impacto ambiental dos produtos e serviços e de seus processos de elaboração e prestação". Para Renata Brandão, ao incluir a expressão, o constituinte derivado não inova, "pois essa possibilidade de ser conferido tratamento diferenciado em face da degradação ambiental já poderia ser extraída do princípio da

---

[8] SILVA, José Afonso da. *Curso de direito constitucional positivo*. 28. ed. São Paulo: Malheiros, 2006. p. 796.

defesa do meio ambiente, preexistente no rol dos princípios norteadores da atividade econômica".[9] A autora conclui dispondo ser notório que "uma das formas de o Estado intervir sobre a economia com base no critério ambiental é justamente desonerando bens e atividades ditas 'limpas' e onerando aqueles cujo resultado final ou processo produtivo acabem por impactar de forma mais grave o meio ambiente".[10]

Na prática, referida desoneração das atividades ambientalmente desejáveis finda por ser promovida por meio da concessão de benefícios fiscais. Isso ocorre porque a utilização de bens ecologicamente preferíveis, em geral, é preterida em virtude do seu custo ser superior ao daqueles tradicionais, que causam impacto ecológico negativo. Assim, uma forma de minimizar essa diferença, tornando seu preço competitivo, se daria por meio da concessão de incentivos fiscais. Por sofrer uma carga tributária menor, conseguiriam alcançar preços melhores ou equivalentes aos dos seus concorrentes poluidores.

A título de exemplo, o Brasil tem concedido uma série de benefícios fiscais visando incentivar fontes renováveis de energia — eólica, solar, biomassa e hidrelétricas — consideradas mais limpas do que aquelas tradicionais provenientes da queima de combustíveis fósseis como petróleo, carvão mineral e gás natural.

Estudo realizado no âmbito da consultoria legislativa da Câmara dos Deputados, por Wagner Marques Tavares, sumariza os benefícios fiscais incidentes sobre a energia elétrica gerada a partir de fontes alternativas e os equipamentos utilizados em sua produção:

- Criação de alíquota diferenciada de ICMS para a energia proveniente de fontes alternativas consumida pelos consumidores livres de energia elétrica;
- Diferenciação das alíquotas de ICMS aplicadas aos consumidores residenciais de eletricidade, de acordo com o consumo verificado;
- Concessão de isenção da Contribuição ao Pis/Pasep e da Cofins às empresas que gerem energia a partir de fontes alternativas, com a garantia da apropriação do crédito correspondente à isenção para as etapas posteriores da cadeia de comercialização de energia elétrica;
- Adoção de alíquota zero da Contribuição ao Pis/Pasep e da Cofins incidente sobre as receitas de biocombustíveis utilizados para a geração de energia elétrica;

---

[9] BRANDÃO, Renata Figueirêdo. *Incentivo fiscal ambiental*: parâmetros e limites para sua instituição à luz da Constituição Federal de 1988. Tese (doutorado) — Faculdade de Direito, Universidade de São Paulo, São Paulo, 2012. p. 54-55.
[10] Ibid., p. 55.

- Isentar as concessionárias dos serviços de energia elétrica do recolhimento das quotas da RGR, para o caso dos investimentos realizados em geração a partir de fontes alternativas;
- Excluir a energia originária de fontes alternativas do montante que compõe a base de cálculo do encargo referente à Conta de Desenvolvimento Energético — CDE;
- Excluir os consumidores livres que adquirirem energia diretamente de fontes alternativas da participação do rateio dos custos do Proinfa;
- Adoção de alíquota 0% de IPI para os motores a pistão de explosão e diesel estacionários movidos a biocombustíveis destinados à geração de eletricidade; para as turbinas a gás estacionárias, que utilizem derivados da biomassa para geração de energia elétrica; e para os acumuladores elétricos (baterias) utilizados em sistemas de geração de energia elétrica solar ou eólica;
- Criação de regimes especiais referentes à Contribuição para o Pis/Pasep e à Cofins, com alíquotas diferenciadas, para serem aplicados a equipamentos utilizados na produção de energia alternativa;
- Adoção de alíquotas diferenciadas de ICMS, com valores mais baixos, incidentes sobre os equipamentos utilizados na produção de energia alternativa renovável.

Incentivos como esses são importantes e colaboram com o modelo de desenvolvimento sustentável visado pela Constituição Federal. Contudo, o mesmo estudo denuncia a aplicação de alíquota zero da Contribuição para o Pis/Pasep e da Cofins, tanto sobre a receita bruta decorrente da venda de carvão mineral destinado à geração de energia elétrica quanto sobre a receita bruta decorrente da venda de gás natural canalizado, destinado à produção de energia elétrica pelas usinas integrantes do Programa Prioritário de Termoeletricidade.

Esse é apenas um exemplo, dentre tantos outros existentes no Estado brasileiro, de concessão de incentivos fiscais a inúmeros setores ou empresas cuja atividade tem o condão de promover a degradação do meio ambiente, em frontal contradição com o princípio constitucional da defesa do meio ambiente.

Embora não haja disposição expressa no ordenamento jurídico pátrio no sentido de coibir esse tipo de prática, tal vedação se encontra prevista na Constituição Federal por meio dos princípios (i) da defesa do meio ambiente; (ii) da economicidade; e (iii) da proporcionalidade.

3.2 Princípio da defesa do meio ambiente

Complementando o que já foi dito acerca do princípio da defesa do meio ambiente, como uma decorrência lógica do mesmo, Édis Milaré defende a existência do *princípio da consideração da variável ambiental no processo decisório de políticas de desenvolvimento*.

A seu respeito, afirma que "este princípio diz com a elementar obrigação de se levar em conta a variável ambiental em qualquer ação ou decisão — pública ou privada — que possa causar algum impacto negativo sobre o meio".[11] Tal princípio assenta-se, segundo o autor, no artigo art. 225, §1º, IV, da Constituição Federal e impõe que, "em contraposição, se há de procurar o maior incremento possível de qualidade ambiental mediante impactos positivos".[12]

Aplicando tal princípio à matéria dos benefícios fiscais, impõe-se que a decisão sobre a escolha dos seus beneficiários deve levar em consideração, necessariamente, o impacto de suas atividades sobre o meio ambiente. Portanto, se o objetivo é aumentar o número de empregos, desenvolver novas tecnologias, diversificar a produção, será beneficiado aquele setor que colabore de maneira mais positiva com uma política de desenvolvimento sustentável. Assim, bens ecologicamente mais favoráveis, como a energia produzida por meio de fontes renováveis, seriam preferíveis diante de fontes de energia poluentes; fabricação de embalagens biodegradáveis seriam contempladas, enquanto empresas produtoras de embalagens plásticas não. Ou seja, entre produtos concorrentes, privilegiar-se-ia sempre aquele ambientalmente preferível.

No mesmo sentido, Regis de Oliveira alude ser "essencial que os governos compreendam a grandeza da responsabilidade que devem ter na preservação ambiental e se mostrem dispostos a investir em tal valor consolidado na Constituição".[13] Explica que, para alcançar tal finalidade, devem se servir de todos os instrumentos fiscais postos a sua disposição, sejam eles financeiros ou tributários, seja por meio da renúncia de receita e pelo gasto público. Assim, afirma que:

> como bem essencial que é, os doutrinadores debruçam-se sobre fórmulas tributárias como instrumentos de preservação do meio ambiente. De tal ordem as

---

[11] MILARÉ, Édis. *Direito do ambiente*: a gestão ambiental em foco. 6. ed. São Paulo: RT, 2009. p. 826.
[12] Ibid.
[13] OLIVEIRA, Regis Fernandes de. *Curso de direito financeiro*. 3. ed. São Paulo: Revista dos Tribunais, 2010. p. 322.

> políticas ambientais devem utilizar-se não só dos instrumentos tributários mas também dos financeiros para incentivar o atendimento aos princípios delineados na Constituição. Podemos fazer uso de tributos, subsídios, depósitos em garantia ao início da atividade poluidora, disciplina das licenças e prêmios ou sanções na proteção da natureza. (...)
> sem prejuízo da análise tributária e seus inúmeros aspectos, releva notar que a preservação do meio ambiente, o uso de materiais, móveis, máquinas, utensílios, veículos e pessoas depende do gasto que se irá despender para preservação do meio ambiente.[14]

Tem-se, com isso, que decisões sobre políticas fiscais no Brasil não podem ignorar a variável ambiental, sendo imperativa sua observância.

3.3 Princípio da economicidade

Um segundo princípio expresso na CF a nortear a concessão de benefícios fiscais é o princípio da economicidade. Representa, segundo Modesto Carvalhosa:

> um método rigorosamente científico, em que prevalecem os critérios de avaliação comparativa do sacrifício efetivamente suportável para se conseguir um certo resultado, tendo em vista, ainda, o custo mínimo que seria alcançável em decorrência de uma racional utilização dos meios à disposição.[15]

O autor está a explicar que, diante da fixação de um determinado resultado ou objetivo pela legislação, a escolha do meio mais adequado para sua consecução deverá obedecer uma lógica de custo-benefício em que, diante dos caminhos disponíveis para concretizá-lo, seja escolhido aquele que propicia um maior benefício para a sociedade, com um menor custo. Resume bem quando aduz acerca dos objetivos do Estado que "os fins são políticos e os meios econômicos".[16] Assiste total razão ao seu comentário, pois se as finalidades perquiridas pelo Estado encontram-se dispostas de maneira geral no texto constitucional, representando uma escolha política dos representantes do povo, sua implementação depende do emprego da receita pública, sendo

---

[14] Ibid., p. 303 e 322.
[15] CARVALHOSA, Modesto. *Direito econômico*. São Paulo: RT, 1973. p. 330.
[16] Ibid.

tanto maior o cumprimento do interesse público quanto maior for a destreza na gestão da coisa pública, no sentido de que se faça mais com o mínimo de recursos disponíveis. Neste sentido, afirma:

> Não será de Direito Econômico a norma que despreze os critérios de eficácia econômica, na medida em que a sua elaboração deve levar em conta, necessariamente, a racionalidade das relações entre meios e fins, ou seja, com que viabilidade os meios estão efetivamente ajustados aos fins.[17]

Arremata seu pensamento explicando que, por meio do princípio em questão, "deve-se conciliar e compor os dois critérios, o da eficiência econômica com o da eficiência social".[18]

Portanto, se representa um comando de adequação entre meios e fins, e tendo posto a preservação do meio ambiente como objetivo constitucionalmente protegido, viola a lógica estabelecida pelo princípio a atribuição de benefícios fiscais a empresas ou setores que contribuam para a degradação do meio ambiente; ainda que o resultado almejado pela política fiscal seja, por exemplo, o aumento no número de empregos ou outro objetivo constitucionalmente protegido, deve ele caminhar em harmonia com o desenvolvimento sustentável.

> O assunto reveste-se da maior importância, pois houve nos últimos anos o abuso na concessão de incentivos, camuflados ou não, com reflexos negativos sobre as finanças e a economia do país. **O controle da economicidade, no que tange aos incentivos, consistirá no exame da adequação entre os fins almejados pela lei concessiva e o resultado efetivamente alcançado, entre o custo para o Tesouro com as renúncias de receitas e com os gastos tributários e os benefícios social e econômico realmente produzido.** Sabe-se da perversidade dos incentivos concedidos no Brasil nos últimos anos, **alguns em franca contradição com os interesses ecológicos**, econômicos e regionais, o que vem fazendo com que o Congresso reoriente as concessões e lhes diminua o número, a exemplo, aliás, do que ocorre em outras nações.[19]

Com base em todo o exposto, conclui-se pela imperiosidade de se dar um passo no Brasil em direção à implementação do terceiro momento de regu-

---

[17] Ibid.
[18] Ibid., p. 323.
[19] Ibid., p. 280.

lação dos benefícios fiscais, tornando a obrigatoriedade da consideração do desenvolvimento sustentável do empreendimento um requisito obrigatório para sua concessão por qualquer ente político. Impede a inversão da lógica do princípio do poluidor pagador — que tem se transformado no poluidor receptor.

Ademais, sugere-se a título de *lege ferenda* a necessidade de se disciplinarem regramentos específicos no sentido de dar contornos mais precisos aos limites ambientais no manejo da política fiscal, o que certamente contribuiria para um ganho de efetividade dessa política, tal qual ocorreu com a passagem na legislação brasileira do primeiro para o segundo momento.

REFERÊNCIAS

BONAVIDES, Paulo. *Curso de direito constitucional*. São Paulo: Malheiros, 1997.

BRANDÃO, Renata Figueirêdo. *Incentivo fiscal ambiental*: parâmetros e limites para sua instituição à luz da Constituição Federal de 1988. Tese (doutorado) — Faculdade de Direito, Universidade de São Paulo, São Paulo, 2012.

CARVALHOSA, Modesto. *Direito econômico*. São Paulo: RT, 1973.

HENRIQUES, Elcio Fiori. *Os benefícios fiscais no direito financeiro e orçamentário*: o gasto tributário no direito brasileiro. São Paulo: Quartier Latin, 2010.

LIMA, Liliane Chaves Murta de. *Controle interno na administração pública*: o controle público na administração como um instrumento de *accountability*. Monografia (especialização) — Instituto Serzedello Corrêa, Tribunal de Contas da União, Brasília, 2012.

MILARÉ, Édis. *Direito do ambiente*: a gestão ambiental em foco. 6. ed. São Paulo: RT, 2009.

OLIVEIRA, Regis Fernandes de. *Curso de direito financeiro*. 3. ed. São Paulo: Revista dos Tribunais, 2010.

SILVA, José Afonso da. *Curso de direito constitucional positivo*. 28. ed. São Paulo: Malheiros, 2006.

TAVARES, Wagner Marques. *Encargos e incentivos fiscais referentes às fontes alternativas de energia elétrica*. Disponível em: < http://www2.camara.leg.br/documentos-e-pesquisa/publicacoes/estnottec/2007-14016-Paulo-Teixeira.pdf>. Acesso em: 4 de dez. de 2014.

TORRES, Ricardo Lobo. *Tratado de Direito Constitucional e Tributário*. Volume 5. O Orçamento na Constituição. 3 ed. Rio de Janeiro: Renovar, 2008.

O diálogo hermenêutico entre o direito ambiental e o direito tributário: ou de como a sustentabilidade depende de políticas tributárias

Ana Paula Caldeira[*]
Claudio Carneiro[**]

1. Introdução

A relação existente entre o direito ambiental e o direito tributário pode tangenciar diversos campos de investigação, passando por um instituto que vem sendo denominado de "tributação verde", chegando a alcançar um prisma mais amplo e complexo que seria a implementação de políticas públicas adequadas como forma de incentivo à preservação ambiental ou, dito de outra forma, a sustentabilidade.

O diálogo hermenêutico entre os ramos do direito em comento significa a utilização da hermenêutica filosófica como fonte de contribuição para se buscar o real sentido para o problema, e não simplesmente encarar a questão

---

[*] Doutora em direito público na Universidade do Vale do Rio dos Sinos (Unisinos). Mestre em direito público e evolução social pela Universidade Estácio de Sá (Unesa). Extensão em direitos humanos pela Universidade de Burgos (UBU) e Universidade de Sevilla, ambas na Espanha. Especialista em direito público, em direito civil e direito privado. Avaliadora *ad hoc* da *Revista de Direito do Ministério Público do Estado do Rio Grande do Sul*. Membro do Conselho Editorial da *Revista de Direito da Escola Superior de Advocacia da OAB/Barra*. Membro da Academia Brasileira de Direito Constitucional. Professora no Curso de Pós Lato Sensu do Ibmec. Atua profissionalmente como oficial de Registro Civil Titular do Cartório de Registro Civil de Pessoas Naturais da 3ª Zona Judiciária de Niterói. (RJ).

[**] Advogado tributarista. Sócio fundador do Escritório Carneiro & Oliveira Advogados. Doutor em direito pela Universidade Estácio de Sá (Unesa). Mestre em direito tributário. Pós-graduado em direito tributário e legislação de impostos. Avaliador *ad hoc* da *Revista de Direito do Ministério Público do Estado do Rio Grande do Sul*. Editor chefe da *Revista de Direito da Escola Superior de Advocacia da OAB/Barra*. Membro da *International Fiscal Association*. Membro da Academia Brasileira de Direito Tributário. Membro da Associação Brasileira de Direito Financeiro. Professor de direito financeiro e tributário da Fundação Getulio Vargas (FGV) e da Pós-graduação da Unesa, PUC-RJ e Uerj. Autor de diversas obras jurídicas e dos livros: *Manual de direito tributário*; *Curso de direito tributário & financeiro*; *Processo tributário (administrativo e judicial)* e *Impostos federais, estaduais e municipais*.

da sustentabilidade à luz de um pacto federativo em que cada ente federativo cria sua política fiscal como se sua missão ali iniciasse e ao mesmo tempo terminasse, isto é, como se as consequências que ora enfrentamos fossem atribuídas simplesmente a, por exemplo, questões climáticas do planeta, partindo assim a todo instante de um "grau zero" de sentido.

2. O papel do Estado no campo tributário

A intervenção econômica do Estado se mostrou, historicamente, permanente e, nesse sentido, várias tipologias distintas surgiram, como o intervencionismo, o dirigismo e a planificação. Contudo, compartilhamos a posição de Moncada[1] no sentido de que "o fomento econômico não se deixa encerrar numa tipologia muito definida e menos ainda dentro do espartilho de uma taxatividade legal".

Em classificação bastante utilizada pela doutrina, Eros Grau[2] aduz que a intervenção pode dar-se de forma direta ou indireta, no domínio econômico e/ou sobre o domínio econômico, sustentando três espécies de intervenção: a primeira seria a intervenção por absorção ou participação, em que o Estado exerce diretamente alguma participação nas atividades econômicas; por direção, quando o Estado impõe comportamentos; e a terceira seria a intervenção por indução, quando a máquina estatal estimula ou desestimula determinados comportamentos.

É fato que o Estado precisa intervir na economia tanto de maneira direta como indireta, para sua própria sobrevivência, e para isso utiliza instrumentos jurídicos para o sucesso e a eficácia da intervenção, obedecendo aos limites e ditames legais. Entre tantos instrumentos jurídicos de que se vale o Estado para a atuação sobre a ordem econômica, surgem as chamadas normas tributárias indutoras, ou seja, normas com aspecto extrafiscal acentuado e finalístico.[3]

---

[1] MONCADA, Luís S. Cabral de. *Direito econômico*. 3. ed. Coimbra: Coimbra, 2003. p. 495.
[2] GRAU, Eros. *A ordem econômica na Constituição de 1988*. 11. ed. São Paulo: Malheiros, 2004. p. 25.
[3] SCHOUERI, Luís Eduardo. *Normas tributárias indutoras e intervenção econômica*. Rio de Janeiro: Forense, 2005. p. 78.

2.1 As normas tributárias indutoras

A utilização de normas tributárias como mecanismo de indução econômica encontra-se diretamente relacionada com o surgimento e o fortalecimento do estado democrático de direito em sua feição social. A evolução da ordem financeira do Estado deve ser analisada na linha da historicidade, em que há mudanças de paradigmas quando da passagem dos períodos absolutista, clássico e moderno.

O Estado passou então a exercer ingerência no domínio econômico utilizando as finanças públicas como instrumento intervencionista iniciando-se o período moderno. Após o L'État-Gendarme dos liberais surge o Welfare State, encarregado de assegurar o bem-estar dos cidadãos.[4]

Na Idade Média era pouco comum o emprego das normas tributárias indutoras. Na Idade Moderna, surge o cameralismo,[5] cuja base econômica assentava-se no fato de que todos os fenômenos econômicos poderiam ser conduzidos por normas estatais. Duas características marcam o período moderno: a intervenção estatal por meio da utilização de tributos e de políticas intervencionistas, e a personalização do tributo por meio da medida da capacidade contributiva e da aptidão econômica de cada contribuinte, cujo respaldo reside na seara constitucional.

Considerando as formas direta e indireta de intervenção estatal, Eros Grau[6] reserva para a primeira classificação a expressão "intervenção no domínio econômico", subdividindo-a em intervenção por absorção, quando o Estado assume por inteiro o controle dos meios de produção, atuando em regime de monopólio, e em intervenção por participação, quando parcela da produção no setor é reservada e detida pelo Estado.

Não obstante a necessidade e importância do conhecimento sobre a pretérita classificação, para o direito tributário interessa mais veemente a feição estimuladora e desestimuladora do Estado, por meio da intervenção indireta, pois constitui o objeto das normas indutoras, quando relacionadas

---

[4] ROSA JÚNIOR, Luiz Emygdio Franco da. *Manual de direito financeiro e direito tributário*. 17. ed. Rio de Janeiro: Renovar, 2004. p. 75.
[5] Para Schoueri: "(....) os cameralistas, a economia apresentava-se como um sistema de vasos comunicantes, em que cada agente dependia dos demais, cabendo ao Estado regular este sistema, incentivando os ramos produtivos subdesenvolvidos, já que eles limitavam os demais ramos, por sua baixa produção ou baixo consumo, e desincentivando os ramos extremamente desenvolvidos, para que eles não prejudicassem os demais". SCHOUERI, Luís Eduardo. *Normas tributárias indutoras e intervenção econômica*, 2005, op. cit., p. 82.
[6] GRAU, Eros. *A ordem econômica na Constituição de 1988*, 2004, op. cit., p. 156.

ao tributo. O Estado, agindo de forma indireta na economia, atua sobre o domínio econômico, não se comportando como sujeito da economia, mas como orientador, estimulador, limitador, fiscalizador e regulador da economia e do mercado.

A intervenção sobre o domínio econômico pode dar-se por indução e por direção, em consonância com o art. 174 da Constituição. Neste cenário, o Estado se comporta como agente normativo e regulador da atividade econômica.

Na modalidade por direção, o Estado determina normas cogentes, ou seja, comandos imperativos, nos quais os agentes econômicos devem pautar necessariamente seus comportamentos, prevendo-se condutas de caráter proibitivo ou obrigatório. Um exemplo de normas por direção é a que instrumentaliza o controle de preços.

As normas por indução possuem feição dispositiva, em que o agente econômico recebe estímulos e desestímulos direcionados ao caminho proposto pelo legislador, sem caráter imperativo. É possível optar pela proposta e vincular-se às normas por ela estabelecidas ou adotar comportamento diverso, com a garantia de não estar cometendo um ilícito. Tais normas são chamadas de Market-Based Incentives, expressão que evidencia o fato de essas normas estarem coligadas e vinculadas ao mercado.

Por intermédio das normas de indução, o Estado privilegia determinadas atividades em detrimento de outras, orientando e direcionando os agentes econômicos no sentido de adotar as opções economicamente mais vantajosas, restando ausente qualquer tipo de sanção pela não adesão às propostas estatais.[7]

O Estado procura trabalhar com as normas indutoras pela oferta de atrativos e vantagens no mercado, conseguindo, portanto, mudar e intervir na economia por meio da seara normativa. Nesse campo das normas indutoras o Estado pode valer-se da política fiscal, "com a concessão de incentivos fiscais setoriais ou regionais, utilizando a maior ou menor incidência de carga tributária como mecanismo redutor de custos e estimulador de atividades econômicas".[8]

---

[7] SCAFF, Fernando Facury. *Responsabilidade civil do Estado intervencionista*. 2. ed. Rio de Janeiro: Renovar, 2001. p. 78.
[8] CAVALCANTI, Francisco de Queiroz Bezerra. Reflexões sobre o papel do Estado frente à atividade econômica. *Revista Trimestral de Direito Público*, v. 1, n. 20, p. 73-74, 1997.

2.2 Algumas experiências brasileiras na tributação ambiental

As ações do Estado sobre o domínio econômico não podem afastar-se dos fundamentos constitucionais, devendo-se pautar nos princípios e nos objetivos fixados na Carta Maior. A Constituição de 1988 prevê, em seu art. 170, alguns fundamentos que devem necessariamente ser perquiridos pelo Estado, tais como a livre-iniciativa, a redução das desigualdades regionais e sociais, a garantia do desenvolvimento social, entre outros. A livre-iniciativa, importante salientar, não significa que o Estado deve abster-se da economia; antes, deve vitalmente intervir nela, realizando um plano de ação global normativo para o Estado e para a sociedade, pautado pelos preceitos da Constituição.

A Constituição de 1988 prevê no artigo supramencionado que a ordem econômica é fundada na valorização do trabalho humano e na livre-iniciativa, e tem por fim assegurar a todos uma existência digna, conforme os ditames da justiça social. A ação do Estado sobre o domínio econômico deve ter como limites os fundamentos, os princípios e os objetivos fixados no texto constitucional, tais como a redução das desigualdades regionais e sociais, a busca do pleno-emprego e a garantia do desenvolvimento nacional.

Como visto, a estreita relação entre tributação e ordem econômica é antiga, pois o Estado brasileiro já usava o direito tributário como forma de participação nas atividades econômicas, estabelecendo tributos dotados de larga extrafiscalidade.[9]

Atualmente,[10] pode-se dizer que o grande tributo de caráter indutor trazido pelo legislador de 1988 é a contribuição de intervenção no domínio econô-

---

[9] Em relação à questão da extrafiscalidade referente aos impostos, recomendamos a leitura de nossa obra: CARNEIRO, Claudio. *Impostos federais, estaduais e municipais*. 4. ed. São Paulo: Saraiva. 2013.

[10] Muitos são os casos na história da utilização de normas tributárias indutoras. Baleeiro ilustra uma série de normas tributárias indutoras a partir de uma análise geral em diversos países, entre elas: "a) proteção à produção nacional, agrícola ou fabril, pelas tarifas aduaneiras, que Veneza adotou desde o fim da Idade Média, a França desde o século XVII, pelo menos, ou ainda por gravames sobre a navegação mercante que concorre com a nacional (atos de navegação de Cromwell etc.); b) medidas de amparo à saúde pública e à higiene alimentar por impostos sobre produtos inferiores, que concorrem com outros de maior valor nutritivo e ricos em vitamina etc. (impostos que agravam o custo da margarina, nos Estados Unidos, em favor do maior consumo da manteiga de leite); c) fragmentação dos latifúndios ou remembramento de minifúndios e punição do ausentismo por impostos progressivos sobre a área desocupada ou sobre heranças recebidas por pessoas residentes fora da jurisdição do governo, que exerce o poder de tributar (...); d) incentivos por isenções às indústrias novas; e) estímulos à construção e ao aproveitamento de áreas urbanas por meio de tributação drástica sobre os terrenos baldios ou ocupados por prédios velhos, mesquinhos ou em ruínas". BALEEIRO, Aliomar. *Uma introdução à ciência das finanças*. 17. ed. rev. e atual. por Hugo de Brito Machado Segundo. Rio de Janeiro: Forense, 2010. p. 229-230.

mico (Cide), prevista no art. 149, com o objetivo de influenciar a economia, regulando muitos setores econômicos.

De modo a dar uma demonstração prática de como a tributação pode influenciar na questão ambiental citamos os seguintes exemplos:

a) Descontos para energias alternativas; isto porque o que tem limitado a exploração do potencial de fontes limpas e renováveis é seu custo mais alto em comparação com as fontes convencionais, como as hidrelétricas e termoelétricas. Por esse motivo, é oportuna a redução da carga tributária incidente sobre essas fontes alternativas, de modo a dar a elas condições para seu desenvolvimento e exploração no Brasil. Nesse sentido, propõe--se (Projeto de Lei do Senado nº 311) a criação do Regime Especial de Tributação para o Incentivo ao Desenvolvimento e à Produção de Fontes Alternativas de Energia Elétrica (Reinfa), em moldes semelhantes a outros já existentes na legislação pátria, como aqueles voltados para a exportação de serviços de tecnologia da informação (Repes) e aquisição de bens de capital para empresas exportadoras (Recap);

b) Imposto sobre Produtos Industrializados, o Imposto de Importação, a Contribuição para o PIS/Pasep, e a Contribuição para o Financiamento da Seguridade Social (Cofins);

c) Participação dos municípios no que se refere ao "IPTU Ecológico". Diversas são as características do imóvel urbano que podem credenciá-lo ao recebimento de benefícios na forma de descontos percentuais de seu imposto, sendo as mais relevantes: 1. Conservação de conjuntos arbóreos e/ou exemplares significativos da flora; 2. Manutenção de espaços verdes de solo permeável, permitindo a infiltração da precipitação pluvial; 3. Implantação de "telhados verdes" com funções de melhoria climática e ambiental; 4. Geração local e uso de energias alternativas; 5. Uso de aquecimento de água *com energia solar* e; 6. Conservação de água via captação e uso locais;

d) Participação dos estados por meio do ICMS Ecológico ou verde. O Estado deve contribuir com sua parcela concedendo benefícios de ICMS para as empresas que venham a preservar o meio ambiente;

e) Fixação de alíquotas progressivas do Imposto Territorial Rural, de forma a desestimular a manutenção de propriedades improdutivas;

f) Fixação da progressividade no tempo do IPTU, como forma de exigir do proprietário do solo urbano não edificado, subutilizado ou não utilizado que promova seu adequado aproveitamento.

2.3 "Direito tributário das futuras gerações" como instrumento de sustentabilidade: administração pública como paradigma de mudança

Entendemos que as políticas públicas devem centrar seus esforços no seu caráter preventivo, em especial, em medidas que incentivem ações reparadoras do meio ambiente, bem como incentivos fiscais àquelas sociedades empresariais que fomentem o uso de tecnologias "limpas", isto é, que não maculem o meio ambiente sadio e não dificultem a sustentabilidade.

Necessário, portanto, que as ações sejam assumidas de modo conglobado em todas as esferas de governo, não se podendo esperar que o efeito protetor desejado surja de uma atitude isolada, mas sim de um esforço cooperativo visando o bem comum: o meio ambiente hígido.

Frise-se, no entanto, que tal tratamento diferenciado encontra-se no próprio texto constitucional como um dos princípios gerais da atividade econômica ao dispor no art. 170, *in verbis*:

> Art. 170. A ordem econômica, fundada na valorização do trabalho humano e na livre-iniciativa, tem por fim assegurar a todos existência digna, conforme os ditames da justiça social, observados os seguintes princípios: (...)
> VI — defesa do meio ambiente, inclusive mediante tratamento diferenciado conforme o impacto ambiental dos produtos e serviços e de seus processos de elaboração e prestação.

Ou seja, é preciso, para o alcance de diferentes resultados uma mudança de "mirada" para o problema (ou uma visão em paralaxe, conforme Zizek).[11] Se o que se busca é um meio ambiente hígido e que esteja assentado na sustentabilidade, é preciso que se investigue se a política tributária fomenta esse resultado, sem o que de nada adiantarão as medidas governamentais paliativas que são tomadas na defesa ambiental.

Sustentamos, portanto, na mesma trilha que ensinou Scaff,[12] que é imperiosa a reflexão sobre um "direito tributário das futuras gerações". E a necessidade de proteção de um meio ambiente digno para as gerações vindouras passa por esse novo modelo de gestão tributária.

---

[11] Citado por Alexandre Morais da Rosa em diversas passagens de sua obra. ROSA, Alexandre Morais da. *Diálogos com a Law & Economics*. Rio de Janeiro: Lumen Juris, 2009. passim.
[12] SCAFF, Fernando Facury; TUPIASSU, Lise Vieira da Costa. Tributação e políticas públicas: o ICMS Ecológico. In: TÔRRES, Heleno Taveira (Org.). *Direito tributário ambiental*. São Paulo: Malheiros, 2005. p. 724.

Na esteira desse raciocínio pensamos que, para o alcance da plena sustentabilidade e para a existência de um meio ambiente hígido, se faz necessário refletir não só a partir de políticas tributárias que podem ser tomadas, mas também em outras medidas administrativas que integrem a agenda ambiental governamental.

Entre elas, que, em homenagem à coerência, a própria administração pública exemplarmente seja um modelo na racionalização de recursos naturais e não seja, ela mesma, poluidora e degradadora do meio ambiente.[13]

3. Hermenêutica filosófica como idealizadora da "pergunta adequada"

Na redação do Código Tributário Nacional (CTN), como, *v. g.*, em seu art. 111, havia uma clara tendência à limitação do âmbito de aplicação do direito tributário, numa tentativa de se eliminarem subjetivismos e dar mais certeza ao direito. A tarefa de se tentar aplicar a norma sem interpretar é uma anomalia, pois não corresponde ao processo natural de racionalização do ser humano, no qual a aplicação e a compreensão se dão simultaneamente, como ensina Gadamer:[14]

> Assim, fica claro o sentido da aplicação que já está de antemão em toda forma de compreensão. A aplicação não é o emprego posterior de algo universal, compreendido primeiro em si mesmo, e depois aplicado a um caso concreto. É, antes, a verdadeira compreensão do próprio universal que todo texto representa para nós. A compreensão é uma forma de efeito, e se sabe a si mesma como tal efeito.

---

[13] À guisa de ilustração, trazemos estudo que demonstra que apenas com papel estima-se que haja um desperdício anual de 4 mil folhas por servidor. Considerando que os Ministérios possuem nos seus quadros aproximadamente 50 mil servidores ativos, o uso total por ano poderia alcançar a quantia de 200 milhões de folhas por ano, o equivalente a 400 mil resmas, num custo para os cofres públicos de R$ 4 milhões de reais. Isso significa, em termos ambientais, quase 20 mil árvores desperdiçadas... pelo Poder Público que deveria ser o principal "economizador" de recursos ambientais! CAMBAÚVA, Daniella. *Eficiência contra o desperdício na administração pública*. São Paulo: 2013. Disponível em: <www.ipea.gob.br>. Acesso em: 26 nov. 2014. Com base nisso, importante se tornou a criação de Agenda Ambiental na Administração Pública (A3P), que, conforme preleciona o próprio programa, visa, *in verbis*: a) Combater todas as formas de desperdício de recursos naturais; b) Gerir adequadamente os resíduos; c) Incluir critérios socioambientais nos investimentos, compras e contratações de serviços dos órgãos governamentais; d) Sensibilizar os servidores públicos em relação aos aspectos ambientais e de melhoria da qualidade do ambiente de trabalho. Disponível em: <www.mudancasclimaticas.andi.org.br/node/219>. Acesso em: 26 nov. 2014.

[14] GADAMER, Hans-Georg. *Verdade e método*. 5. ed. Petrópolis: Vozes, 2003. v. 1, p. 446-447.

No plano teórico, o tema referente aos princípios e à força jurídica a estes atribuída está intimamente ligado ao questionamento surgido no pós-positivismo, contrário às ideias positivistas, concebendo o sistema jurídico como um conjunto de regras e princípios, e não somente como um sistema de regras como ocorria no positivismo clássico. No mesmo sentido assinala Bobbio:[15] "(...) O nome de princípios induz em engano, tanto que persiste uma velha questão entre juristas, isto é, se os princípios são ou não normas. Para mim não há dúvida: os princípios gerais são normas como todas as demais".

Destaca-se que o intérprete deve partir do pressuposto de que os princípios constitucionais, que são o conjunto de normas que espelham a ordem jurídica, instituem a ideologia da Constituição, seus "postulados"[16] *básicos e seus fins. Os princípios constitucionais são as normas eleitas pelo* constituinte como fundamentos ou qualificações essenciais do ordenamento.[17] E, nesse sentido, também entram em cena os postulados normativos[18] (para Alexy, metarregras) que são normas metódicas, que estruturam a interpretação e aplicação de princípios e regras imediatamente após a exigência, mais ou menos específica, de relações entre elementos com base em critérios. Segundo o autor, alguns postulados aplicam-se sem pressupor a existência de elementos e de critérios específicos, e outros dependem de determinadas condições, como o postulado da igualdade, razoabilidade e proporcionalidade.

Na esteira desse raciocínio, a hermenêutica jurídica é o estudo do direito que se preocupa com a interpretação da lei a ser aplicada pelos tribunais. A tendência apresentada, atualmente, no estudo (interpretação e aplicação) dos princípios constitucionais tributários e a teoria dos direitos fundamentais, no contexto de uma "outra" hermenêutica, é poder refletir uma nova expectativa relacionada com a normatividade dos princípios constitucionais tributários e sua eficácia social, na qual o intérprete vai balizar os limites de sua discricionariedade por meio de uma interpretação subjetiva de princípios, normas abertas e conceitos indeterminados. Não é apenas um pendor, mas uma reflexão em torno dos direitos e garantias dos contribuintes, que não podem ser ignorados ou enquadrados num sistema irreal de formalismo jurídico, no qual

---

[15] BOBBIO, Norberto. *Teoria dell ordinamento giurídico*; Turim: Giappichelli Editore, s.d. p. 181-182.
[16] Expressão utilizada por Humberto Ávila.
[17] BARRROSO, Luis Roberto. *Interpretação e aplicação da Constituição*. São Paulo: Renovar, 2003. p. 226-227.
[18] ÁVILA, Humberto. *Teoria dos princípios jurídicos*. Da definição à aplicação dos princípios jurídicos. 12. ed. São Paulo: Malheiros. 2011. p. 194.

se consagra a tipicidade fechada da norma, como se bastasse para alcançar seu objetivo e garantir a justiça e o bem-estar social tão contemplado pelo estado social de direito e pelo estado democrático de direito.

A teoria dos direitos fundamentais é um mecanismo social que se inseriu no Estatuto do Contribuinte como um instrumento para demarcação de parâmetros quando se trata de ponderação de valores e interesses. Se a origem dos direitos fundamentais se encontra diretamente nas correntes políticas e jurídicas dos Estados Unidos e da França do século XIX, a elaboração dogmática da categoria ganha força na Alemanha em meados do século seguinte em ambiente bem diferente. Evidentes são as diferenças que separam a Alemanha das grandes democracias ocidentais, mas quando falamos em direitos fundamentais percebe-se um avanço universal dos direitos, seja apresentando diferenças materiais, seja em sua concepção ou em suas garantias. Assim, o mesmo direito fundamental poderia significar algo absolutamente diferente em uma Constituição socialista e em um texto constitucional de uma democracia ocidental. Mas os direitos humanos assim coletivizados buscam, entre outras metas, o direito ao desenvolvimento, à paz e à proteção do meio ambiente ou o direito de participar do patrimônio comum da humanidade.

Valemo-nos da lição de Streck[19] no sentido de que:

> Em tempos de enfrentamento entre neoconstitucionalismo, positivismo (e os vários positivismos) e tudo o que isso representa para uma sociedade díspar e carente de realização de direitos como a brasileira, é de fundamental importância discutir o problema metodológico representado pela tríplice questão que movimenta a teoria jurídica contemporânea em tempos de pós-positivismo: como se interpreta, como se aplica e se é possível alcançar condições interpretativas capazes de garantir uma resposta correta (constitucionalmente adequada), diante da (in)determinabilidade do direito e da crise de efetividade da Constituição.

Contudo, o problema é saber como seria feita essa escolha, daí o autor apontar o "calcanhar de Aquiles", não só da teoria de Alexy, como também de todas as teorias argumentativas, que seria o deslocamento da hierarquização ponderativa em favor da subjetividade, o que por sua vez se incompatibiliza com a circularidade hermenêutica, uma vez que o círculo atravessa o esquema sujeito-objeto. Diz Streck: "É através dele que se dá a antecipação de sentido,

---

[19] STRECK, Lenio Luiz. *Verdade e consenso*. Constituição, hermenêutica e teorias discursivas da possibilidade à necessidade de respostas corretas em Direito. Rio de Janeiro: Lumen Juris, 2009. p. 1.

impedindo qualquer interpretação em etapas". É nessa linha que o autor propôs a crítica hermenêutica do direito (ou a nova crítica do direito), tendo como base teórica a filosofia hermenêutica de Heidegger[20] e a hermenêutica filosófica de Gadamer.[21] A tese desenvolvida pelo autor deve ser entendida como o processo de desconstrução da metafísica vigorante no pensamento dogmático do direito, ou seja, a metafísica que na modernidade recebeu o nome de teoria do conhecimento ou filosofia da consciência fez com que ficasse esquecida justamente a diferença que separa ser e ente. Dito de outro modo, enquanto a dogmática jurídica tenta explicar o direito a partir da ideia de que o ser é um ente, ou seja, tendo como base essa análise hermenêutica proposta pelo autor, pretende também mostrar que há uma clivagem entre nós e o mundo, porque nunca atingimos o mundo dos objetos de maneira direta, mas sempre pelo discurso. É com a hermenêutica que melhor se propiciam as condições para encontrar respostas corretas no direito. O autor busca a aplicação e desenvolvimento de uma teoria da decisão efetiva, tendo como fundamento básico a análise de como se decide atualmente no campo do direito brasileiro, isto é, tecendo críticas muito bem fundamentadas sobre o que ele chama de decisionismo solipsista para indicar as decisões proferidas por aqueles julgadores que acreditam que suas concepções são corretas, aceitáveis e válidas, mesmo que muitas vezes contrárias à lei, ou simplesmente destoantes do senso de justiça.

A hermenêutica filosófica critica algumas teorias procedurais-argumentativas pelo fato de estas não levarem em consideração a pré-compreensão, que não significa visão de mundo ou experiência de vida, mas sim a "razão hermenêutica". A falsa concepção do que vem a ser a pré-compreensão leva a alguns equívocos por parte de alguns julgadores e, consequentemente, pelo Judiciário, como se percebe na afirmativa de que o juiz deve decidir conforme sua consciência ou ainda, o que é pior, o julgador achar que a sua solução não só é a melhor para o caso concreto, como também a mais correta. Não se deve confundir a consciência do julgador (solipsista)[22] com os conceitos introduzidos por Heidegger e Gadamer como a tradição, a faticidade e o círculo hermenêutico, que, em grande parte, contribuíram para que se conclua que o julgador não pode optar por uma modalidade de hermenêutica. Se isso é verdade, voltamos (ou talvez nunca a tenhamos superado) para a tão combatida

---

[20] HEIDEGGER, Martin. *Ser e tempo*. 3. ed. Petrópolis: Vozes, 2008. p. 551.
[21] GADAMER, Hans-Georg. *Verdade e método*: traços fundamentais de uma hermenêutica filosófica. 9. ed. Petrópolis: Vozes, 2008. p. 459.
[22] Expressão utilizada por Lenio Streck na obra *Verdade e consenso*, 2009, op. cit., p. 50.

discricionariedade da corrente positivista.²³ Por isso podemos afirmar que alguns autores, como, *v.g*, Alexy, apesar de ser intitulado de pós-positivista, não teriam vencido a relação sujeito-objeto do positivismo.

Há que se destacar, portanto, os traços distintivos entre a hermenêutica filosófica e a teoria da argumentação. A teoria da argumentação e suas variações, neste estudo fundado na teoria alexyana, não conseguiu fugir do velho problema da discricionariedade (subjetivismo). Ademais, o próprio Alexy²⁴ reconheceu que os direitos fundamentais não são um objeto passível de ser dividido em uma forma tão refinada que inclua impasses estruturais, de modo a torná-los praticamente sem importância, e, nesse caso, não há uma discricionariedade (tanto do legislador como do julgador) para sopesar.²⁵ Para melhor distinção entre a hermenêutica e a teoria da argumentação, trazemos a lição de Streck,²⁶ que com maestria estabelece que:

> Enquanto a teoria da argumentação compreende os princípios (apenas) como mandados de otimização, portanto, entendo-os como abertura interpretativa, o que chama à colação necessariamente, a subjetividade *do* intérprete (filosofia da consciência), a hermenêutica — como já referido à saciedade — parte da tese de que os princípios introduzem o mundo prático no direito, "fechando" a interpretação, isto é diminuindo, ao invés de aumentar, o espaço de discricionariedade do intérprete. Claro que, para tanto, a hermenêutica salta na frente para dizer que, primeiro, são incidíveis os atos de interpretação e aplicação (com o que se supera o método) e, segundo, não há diferença estrutural entre hards cases e easy cases.

As normas constitucionais tributárias não diferem das outras normas constitucionais — e não poderia ser diferente. Não há uma dicotomia entre a interpretação e a aplicação. A interpretação não é *um ato posterior e oportunamente complementar à compreensão, porém compreender é sempre interpretar e, por conseguinte, a interpretação é a forma explícita da compreensão.*²⁷ A aplicação é um *momento do processo hermenêutico tão essencial e integrante como a compreensão e a interpretação.*²⁸ Dito de outra forma, não

---

[23] Entre os autores, citamos Kelsen e Hart que apostavam na delegação ao juiz.
[24] No pósfácio de sua obra clássica, *Teoria da argumentação*, e também em outra posterior denominada *Conceito e validade do direito*.
[25] ALEXY, Robert. *Teoria dos direitos fundamentais*. Tradução de Luis Virgilio Afonso da Silva. São Paulo: Malheiros, 2008. p. 611.
[26] STRECK, Lenio Luiz. *Verdade e consenso*, 2009, op. cit., p. 181.
[27] GADAMER, Hans-Georg. *Verdade e método*, 2008, op. cit. p. 459.
[28] Ibid., p. 460.

queremos instigar a ideia maniqueísta do "Estado mau"–"cidadão bom", mas sim demonstrar, por meio da trilogia paradoxal já exposta, que todo esse contexto acaba provocando uma autofagia do sistema. Pedindo vênia para usar uma expressão popular, essa autofagia ocorre tal qual um "cachorro correndo atrás de seu próprio rabo", pois ao se prestigiar a arrecadação sob a simples alegação de que o Estado não sobrevive sem receita e que a legalidade formal (a simples existência de lei tratando da matéria) seria suficiente para se reconhecer a constitucionalidade de uma lei, permitiria uma contradição em termos: dizer que pelo simples fato de uma lei existir ela é válida não a valida apenas por existir. Da mesma forma, podemos citar a hipótese de um juiz que, ao julgar a constitucionalidade de uma lei quanto ao seu conteúdo, invoque um princípio, ponderando-o sobre os demais, sob o argumento de que o Estado não pode abrir mão de tal receita de natureza tributária e, por isso, declara a constitucionalidade da lei para não proporcionar a quebra dos cofres públicos com a devolução do tributo pago indevidamente.

Buscamos então na crítica hermenêutica do direito a teoria mais adequada para a solução do problema epistemológico, posto que a hermenêutica não afasta a epistemologia. A separação entre o epistemológico e o nível concreto não é o mesmo que dividir o transcendental e o empírico. A posição hermenêutica não pretende eliminar procedimentos, pois ela sempre compreende essa circunstância (porque é capaz de analisar filosoficamente os elementos da pré-compreensão).

4. Considerações finais

Desde a Constituição de 1988 vários foram os casos de normas fiscais indutoras, abrangendo tanto as de ordem constitucional como infraconstitucional. Contudo, essas normas, apesar de possuírem uma causa nobre, não são de alcance ilimitado, pois encontram limite na Constituição, isto é, em seus objetivos, princípios e, principalmente, na essência do desenvolvimento econômico e social.

Os tributos de caráter meramente financeiro encontram-se na espécie de tributos fiscais, cuja característica principal consiste no fato de que o produto arrecadado serve para prover as necessidades de gastos públicos. Por outro lado, os tributos extrafiscais visam atender a situações sociais, políticas e econômicas nacionais e, nesse contexto, por que não dizer, a questões ambientais. Por esse motivo entendemos que é dever do governo em suas três esferas se valer do poder de tributar como forma de intervir na relação ambiental, seja criando situações de tributação mais pesada para aqueles que descumprirem normas afetas ao meio ambiente, seja pela tributação mais branda para aqueles que colaborarem com a implementação de políticas públicas que vise a sustentabilidade.

Assim, não buscamos simplesmente solucionar o problema da utilização das normas tributárias indutoras para solucionar a questão ambiental por meio de seus problemas, mas sim buscar a pergunta adequada, que ao nosso sentir seria: em que medida, diante do princípio da autonomia dos entes federativos e do pacto federativo, os municípios, os estados e a União contribuem para a sustentabilidade ambiental mediante ações conexas e orquestradas para a interpretação e aplicação das normas tributárias como forma de solucionar questões dessa natureza? Dito de outra forma, seria o seguinte: o estado de São Paulo e o município de São Paulo, à guisa de ilustração, concedem uma série de benefícios fiscais para quem economizar água diante da seca que assola o referido estado. Na verdade, isso seriam apenas medidas paliativas que reforçam nossa tese de que a resposta correta não resolve o problema, mas sim a pergunta adequada. Eis a questão!

REFERÊNCIAS

ALEXY, Robert. *Teoria dos direitos fundamentais*. Tradução de Luis Virgilio Afonso da Silva. São Paulo: Malheiros, 2008.

ÁVILA, Humberto. *Teoria dos princípios jurídicos*. Da definição à aplicação dos princípios jurídicos. 12. ed. São Paulo: Malheiros. 2011.

BALEEIRO, Aliomar. *Uma introdução à ciência das finanças*. 17. ed. rev. e atual. por Hugo de Brito Machado Segundo. Rio de Janeiro: Forense, 2010.

BARROSO, Luis Roberto. *Interpretação e aplicação da Constituição*. São Paulo: Renovar, 2003.

BOBBIO, Norberto. *Teoria dell ordinamento giurídico*. Turim: Giappichelli Edeitore, s.d.

CAMBAÚVA, Daniella. Eficiência contra o desperdício na administração pública. São Paulo, 2013. Disponível em: <www.ipea.gov.br>.

CARNEIRO, Claudio. *Impostos federais, estaduais e municipais*. 4. ed. São Paulo: Saraiva. 2013.

CAVALCANTI, Francisco de Queiroz Bezerra. Reflexões sobre o papel do Estado frente à atividade econômica. *Revista Trimestral de Direito Público*, v. 1, n. 20, 1997. p. 67-75.

GADAMER, Hans-Georg. *Verdade e método*. 5. ed. São Paulo: Vozes, 2003. v. 1.

____. *Verdade e método*: traços fundamentais de uma hermenêutica filosófica. 9. ed. Petrópolis: Vozes, 2008.

GRAU, Eros. *A ordem econômica na Constituição de 1988*. 11. ed. São Paulo: Malheiros, 2004.

HEIDEGGER, Martin. *Ser e tempo*. 3. ed. Petrópolis: Vozes, 2008.

MONCADA, Luís S. Cabral de. *Direito económico*. 3. ed. Coimbra: Coimbra, 2003.

ROSA, Alexandre Morais da. *Diálogos com a Law & Economics*. Rio de Janeiro: Lumen Juris, 2009.

ROSA JÚNIOR, Luiz Emygdio Franco da. *Manual de direito financeiro e direito tributário*. 17. ed. Rio de Janeiro: Renovar, 2004.

SCAFF, Fernando Facury. *Responsabilidade civil do Estado intervencionista*. 2. ed. Rio de Janeiro: Renovar, 2001.

____; TUPIASSU, Lise Vieira da Costa. *Tributação e políticas públicas*: o ICMS Ecológico. In: TÔRRES, Heleno Taveira (Org.). *Direito tributário ambiental*. São Paulo: Malheiros, 2005. p. 724-747.

SCHOUERI, Luís Eduardo. *Normas tributárias indutoras e intervenção econômica*. Rio de Janeiro: Forense, 2005.

STRECK, Lenio Luiz. Verdade e consenso. *Constituição, hermenêutica e teorias discursivas*: da possibilidade à necessidade de respostas corretas em direito. 3. ed. Rio de Janeiro: Lumen Juris, 2009.

Impressão e acabamento: